CORRESPONDANCE GÉNÉRALE

DE

MME DE MAINTENON

IV

ŒUVRES DE Mme DE MAINTENON

Publiées pour la première fois, dans la *Bibliothèque-Charpentier*, d'après les textes originaux ou copies authentiques, avec un commentaire et des notes, par M. Théophile Lavallée.

Ces Œuvres se vendent séparément comme suit :

LETTRES ET ENTRETIENS sur l'Éducation des filles. . . . . . 2 vol.
LETTRES HISTORIQUES ET ÉDIFIANTES adressées aux Dames de Saint-Cyr. . . . . 2 vol.
CONSEILS AUX DEMOISELLES qui entrent dans le monde. . . . 2 vol.

Sous presse :

MÉMOIRES SUR MADAME DE MAINTENON, contenant : 1° *Souvenirs de madame de Caylus* ; 2° *Mémoires inédits de mademoiselle d'Aumale* ; 3° *Mémoires des Dames de Saint-Cyr*. . . . 2 vol.

Paris. — Imprimerie de P.-A. Bourdier et Cie, rue des Poitevins, 6.

CORRESPONDANCE GÉNÉRALE

DE MADAME

DE MAINTENON

Publiée pour la première fois

SUR LES AUTOGRAPHES ET LES MANUSCRITS AUTHENTIQUES
AVEC DES NOTES ET COMMENTAIRES

PAR

THÉOPHILE LAVALLÉE

PRÉCÉDÉE D'UNE
ÉTUDE SUR LES LETTRES DE Mme DE MAINTENON
PUBLIÉES PAR LA BEAUMELLE

TOME QUATRIÈME

PARIS
CHARPENTIER, LIBRAIRE-ÉDITEUR
28, QUAI DE L'ÉCOLE
—
1866

Réserve de tous droits.

CORRESPONDANCE GÉNÉRALE

DE

Mme DE MAINTENON

TROISIÈME PARTIE
(1634-1697)
(suite.)

ANNÉE 1695.

NOTE PRÉLIMINAIRE

Cette année est importante dans l'histoire de madame de Maintenon; c'est celle où M. de Noailles, évêque de Châlons, est nommé archevêque de Paris.

Madame de Maintenon regardait sa propre vie comme un miracle. Dieu, pensait-elle, l'avait conduite par la main à la place qu'elle occupait; ce n'était que dans un but, faire le salut du roi. Elle avait cru atteindre ce but, cinq ou six ans auparavant, tant le roi paraissait disposé à suivre en tout ses conseils; puis il s'était refroidi, et ne témoignait plus qu'une tiédeur qui la désespérait. Madame de Maintenon se croyait mal secondée, d'un côté, par un confesseur trop indulgent qui, après avoir toléré longtemps les désordres du monarque, se contentait maintenant des marques extérieures de sa piété; d'un autre côté, par un archevêque de Paris, « ce pape en deçà des monts, » comme l'appelle l'abbé Legendre, pasteur indigne, décrié pour ses mauvaises mœurs, pour lequel le roi n'avait que de l'éloignement. Ce prélat vint à mourir. Elle le fit remplacer par un prêtre vertueux, de vie édifiante, de mœurs irréprochables, à qui le roi pouvait donner toute sa confiance, et qui ferait avec elle une sorte d'alliance, « pour la gloire de Dieu, le bien de l'Église et le salut du roi. » Elle en éprouva une joie sans pareille, et sembla changer de vie et de caractère.

Les lettres de l'année 1695 sont au nombre de trente-six, dont trente-deux adressées à M. de Noailles, évêque de Châlons, puis archevêque de Paris. Madame de Maintenon semble n'avoir plus d'autres affaires que celles de la nomination et de l'installation de ce nouveau pasteur, et l'on trouve à peine quelques mots sur la campagne de 1695 et les affaires de la guerre. Cette femme si réservée, et l'on pourrait dire si défiante, se livre, s'abandonne, se confie à M. de Noailles « pour le bien qu'elle peut faire dans la place où Dieu l'a mise; » les secrets du roi, les secrets de l'État, elle les lui sacrifie avec une joie d'enfant : elle n'a plus pour son évêque que de l'admiration et de l'enthousiasme; c'est un véritable engouement, et dont elle eut plus tard amèrement à se repentir.

En outre de ces lettres, il y en a seize adressées aux Dames de Saint-Cyr (*Lettres histor. et édifiantes*, t. I) : à madame de Fontaines, supérieure, neuf; à madame de Berval, deux; à madame du Tour, une; à madame de la Maisonfort, une; à madame de Radouay, une; à madame de Glapion, une; à madame du Pérou, une; enfin, deux au noviciat.

LETTRE CCCXLVII

A M. L'ÉVÊQUE DE CHALONS[1].

Ce 17 janvier 1695.

M. l'évêque de Meaux est ici, et m'a vue ce matin. Il est résolu à finir l'affaire[2] avant de partir;

---

1. *Autographe* du cabinet de M. le duc de Cambacérès.
2. L'affaire du quiétisme pour laquelle des conférences étaient entamées à Issy. M. de Meaux était venu à Paris pour les terminer, et il invitait M. de Châlons à en faire autant.

c'est donc de vous présentement, monsieur, qu'elle dépend. J'ai toujours les mêmes raisons de souhaiter qu'on parle à nos amis [1] ; ils le désirent aussi, et m'en assurèrent encore hier. Madame Guyon est établie où vous savez. On en a encore parlé au dernier vendredi [2] ; et si ceci ne finit, nous ne pourrons cacher que madame Guyon ne soit trop protégée. Je ne m'explique peut-être pas d'une manière intelligible ; mais, monsieur, vous n'y perdez rien, et nous nous entendrons bien quand vous serez ici. M. de Meaux vous y souhaite, et m'a priée de vous presser ; mais je me contente par respect de vous proposer et de vous rendre compte de l'état des choses. Je ne vous dis plus, monsieur, à quel point je suis, etc.

LETTRE CCCXLVIII

A M. L'ÉVÊQUE DE CHALONS [3].

Dimanche, à sept heures du matin (février).

Votre lettre me fut rendue hier au soir après dix heures [4]. Je suis bien fâchée de ce contre-temps. Je ne crois pas que vous puissiez venir demain à Versailles ; il est sûr de m'y trouver ou à Saint-Cyr. Tout ce qui se passe sur madame Guyon pourroit m'être envers le roi un prétexte pour lui dire que j'ai désiré d'avoir l'honneur de vous voir, sinon j'enverrai demain

---

1. Les ducs de Beauvilliers et de Chevreuse.
2. C'est-à-dire au dernier conseil *de conscience*.
3. *Autographe* du cabinet de M. le duc de Cambacérès.
4. Par laquelle il annonçait son arrivée à Paris.

comme nous étions convenus. Votre lettre sera brûlée, dès que je l'aurai lue. Donnez-moi devant Dieu des marques de la bonté dont vous m'honorez.

LETTRE CCCXLIX

A M. L'ÉVÊQUE DE CHALONS [1].

A Versailles, ce 28 avril 1695.

J'ai lu et relu plusieurs fois, monsieur, ce que vous m'avez fait l'honneur de me confier [2], et pour obéir simplement à ce que vous m'ordonnez, je vous dirai qu'il me semble que vous dites tout ce qu'il faut pour préserver de l'illusion et de l'oisiveté, et pour soutenir l'oraison même dans toute la simplicité où Dieu appelle quelques âmes. Ce n'est pas à moi à en dire davantage, et je n'en aurois pas tant dit à tout autre qu'à vous.

M. le duc de Noailles a eu une dernière conversation avec le roi dont j'ai été bien plus contente que des autres. Il me parut qu'ils sont de même l'un et l'autre, qu'ils se sont séparés en bonne amitié, et bien résolus qu'il ne retournera plus dans ce pays-là [3]. Je n'oublierai rien, monsieur, pour lui adoucir cette campagne dans tout ce qui me sera possible, et pour vous marquer en tout la vérité des protestations que je vous ai faites.

1. *Autographe* du cabinet de M. le duc de Cambacérès.
2. Sur les doctrines de madame Guyon.
3. Le duc de Noailles, à cause de sa santé, vouloit quitter le commandement de l'armée de Catalogne. Voir les *Mémoires* du maréchal de Noailles, rédigés par l'abbé Millot, t. I, p. 322 et suiv.

LETTRE CCCL

A M. L'ÉVÊQUE DE CHALONS[1].

A Versailles, ce 18 mai 1695.

Je suis très-aise, monsieur, de voir votre ordonnance publique et j'espère que Dieu y donnera sa bénédiction[2]. Il me semble que si j'avois été aussi bien avertie qu'on le sera désormais, je n'aurois point commis toutes les fautes que vous savez, monsieur, qui se sont passées à Saint-Cyr[3].

Je n'ai pu encore montrer au roi ce que vous m'avez envoyé; il est tout occupé présentement de faire partir ses généraux et de les instruire avant qu'ils partent. Celui où nous prenons tant d'intérêt[4] a certainement une mauvaise affaire entre les mains, mais le roi la connoîtra-t-il aussi bien que le public? Ainsi, monsieur, on lui sera obligé, s'il s'en tire passablement, et l'on ne pourra lui savoir mauvais gré si les choses vont mal. J'espère beaucoup en Dieu, et qu'il donnera une protection particulière à M. le maréchal de Noailles. Il ne faut point qu'il y re-

---

1. *Autographe* du cabinet de M. le duc de Cambacérès.
2. Les commissaires d'Issy, après huit mois d'examen, avaient condamné les doctrines de madame Guyon dans un *formulaire* en trente-quatre articles (10 mars 1695) que Fénelon signa, « non par persuasion, disait-il, mais par déférence. » Les évêques de Meaux et de Châlons publièrent, chacun dans son diocèse, une ordonnance qui reproduisit ce formulaire.
3. Madame de Maintenon avait accueilli avec une grande faveur madame Guyon à Saint-Cyr. (Voir l'*Hist.* de cette *Maison*, p. 181.)
4. Le maréchal de Noailles.

tourne[1], et je vous assure encore qu'il ne tenoit qu'à lui de demeurer ici ; il a pris le parti d'un homme zélé et affectionné ; et quand on a de telles impressions, on ne se repent point[2].

J'ai revu aujourd'hui M. l'abbé de Fénelon embarrassé de son sacre[3]. Car tous messieurs vos confrères s'élèvent contre M. de Chartres sur ce qu'il

1. A l'armée de Catalogne.
2. Le duc de Noailles n'était parti pour l'armée de Catalogne qu'avec la promesse du roi qu'il n'achèverait pas la campagne et aurait un successeur : « Les incommodités de M. de Noailles, dit Dangeau, l'ont mis hors d'état de pouvoir servir cette année ; il a demandé son congé au roi et revient ici. Le roi donne à M. de Vendôme le commandement de l'armée de Catalogne. J'appris que M. de Noailles, avant que de partir d'ici, avoit confié au roi le mauvais état de sa santé, et qu'il ne croyoit pas pouvoir faire la campagne, priant Sa Majesté de lui donner un successeur pour le commandement. Le roi, dès ce temps-là, jeta les yeux sur M. de Vendôme, ordonna à M. de Barbezieux de lui expédier les patentes de général de l'armée de Catalogne, et lui défendit d'en parler ni à lui ni à personne, et M. de Noailles emporta ces lettres patentes-là avec lui. » (T. V, p. 217.) Saint-Simon prétend que le duc de Noailles ne demanda son rappel que par complaisance pour le roi, qui voulait donner le commandement de l'armée de Catalogne au duc de Vendôme. « C'étoit, dit-il, un chausse-pied pour M. du Maine. » Et il fait là-dessus un conte qui n'a pas même de vraisemblance. (Voir les *Mémoires* du maréchal de Noailles, t. I, p. 322 et suiv.)
3. Fénelon avait été nommé archevêque de Cambrai par le crédit de madame de Maintenon, qui n'avait point douté de la pureté de sa doctrine, malgré ses liaisons avec madame Guyon. Il demanda à être sacré par Bossuet et à Saint-Cyr. L'évêque de Chartres, quoique Saint-Cyr fût de son diocèse, céda à celui-ci l'honneur de prélat consacrant, et il devait être assisté de l'évêque de Châlons. Cela produisit un petit démêlé dont madame de Maintenon va parler, dans la lettre suivante, avec une prolixité qui ne lui est pas ordinaire.

veut céder la première place dans son diocèse. Il me paroît, monsieur, que vous n'augmenterez pas les difficultés, et que vous êtes également prêt à y être ou à n'y être pas. Plût à Dieu que les autres fussent ainsi! Ce qui me console, c'est que j'apprends qu'une affaire vous amènera encore ici, et que j'aurai la joie de vous assurer du respect que j'ai pour vous.

M. de Chartres m'a envoyé un petit mémoire de votre part pour une petite demoiselle que vous voulez mettre à Saint-Cyr; je m'en vais en être la solliciteuse auprès du père de La Chaise[1]. Permettez-moi d'assurer ici madame la duchesse de Noailles de ma reconnaissance et de mon respect.

LETTRE CCCLI

A M. L'ÉVÊQUE DE CHALONS[2].

A Saint-Cyr, ce 25 mai 1695.

Je suis bien aise, monsieur, de vous rendre compte de ce qui s'est passé sur le sacre de M. l'archevêque de Cambrai. Vous savez avec quelle liberté, quelle confiance je m'explique avec vous. La première difficulté est venue par vous, monsieur, et la suite montre assez qu'elle n'étoit pas sans fondement. Je la fis à M. de Cambrai et je fus longtemps ensuite sans en entendre parler. Enfin il m'écrivit à Compiègne qu'il avoit consulté et trouvé que M. l'évêque de Chartres

---

1. Voir plus loin, p. 10.
2. *Autographe* du cabinet de M. de Cambacérès.

pouvoit fort bien céder la première place dans son diocèse. Je reçus en même temps une lettre de lui qui me mandoit qu'il étoit prêt à être le troisième. Jusque-là je n'avois rien dit au roi, mais voyant tout le monde d'accord, je lui dis que j'avois prié M. de Cambrai de se faire sacrer à Saint-Cyr, et que nous avions choisi M. de Meaux, M. de Châlons et M. de Chartres. Le roi répondit que ce seroit donc M. de Chartres qui présideroit à la cérémonie. Je dis que non, que vous aviez dit d'abord que c'étoit à l'évêque diocésain à présider, mais qu'on avoit consulté et trouvé que M. de Chartres pouvoit céder sans rien faire contre les règles. Je vis bien que le roi n'étoit pas persuadé, mais je crus qu'il n'y avoit qu'à en demeurer là. Dès le lendemain, le roi me dit qu'il avoit parlé à M. l'évêque de Soissons qui soutenoit que ce que M. de Chartres vouloit faire n'étoit pas raisonnable. J'écoutai sans répondre. On alla à Liancourt et le roi en parla à M. de Rheims qui décida encore plus fortement. Je ne me pressai point de mander tout cela à M. de Cambrai et encore moins à M. de Chartres croyant que rien ne pressoit. J'arrivai ici ; je vis M. de Cambrai qui savoit déjà, je crois, par M. de Beauvilliers, ce qui s'étoit passé, et qui étoit embarrassé par égard pour M. de Meaux. Il m'envoya quelques jours après une lettre de M. de Chartres, qui lui mandoit qu'il ne changeroit point d'avis ; qu'il croyoit qu'on lui feroit tort de prétendre de le précéder dans son diocèse ; mais qu'il croit aussi pouvoir céder sa chaire pour la parole, ses fonctions pour les sacrements, et la préséance dans l'église à des prélats beaucoup plus anciens que lui dans l'épiscopat, et si au-dessus par leur mérite; qu'il ne voyoit pas que Jésus-Christ ni l'Église eussent rien réglé de contraire et qu'il demeuroit ferme dans son sentiment. Je montrai cette lettre au roi à qui je demandai conseil. Il me répondit qu'il ne seroit jamais d'avis que M. de Chartres commençât une chose qui déchaîneroit les évêques contre lui. Voilà, monsieur, comment cette affaire s'est passée. J'en rendis compte à M. de Cambrai qui me manda hier au soir qu'il vous avoit écrit à vous et à M. de Meaux ce changement. Je voulois que pour avoir les trois évêques choisis, on fît le sacre à Versailles; mais M. de Cambrai a des raisons de ne pas le vouloir ainsi; il en faudra demeurer à choisir des évêques moins anciens que M. de Chartres. Je suis bien scandalisé qu'un évêque ne puisse être accommodant sans blesser les autres, et j'aurois mieux aimé voir notre ami M. de Chartres troisième comme nous l'avions projeté que premier où il sera, ce que je ne sais pas encore[1]. Dans tout ceci, je n'ai pas ouï parler de M. de Meaux, et comme de raison je ne m'en suis mêlée que lorsqu'il a fallu parler au roi.

M. de Cambrai ne me dit pas un mot de vos ordonnances[2]. On n'a pas manqué de vouloir les attaquer auprès du roi, comme mal faites, comme dangereuses, et comme concertées. Je crois avoir répondu

1. L'évêque de Chartres fit mettre à sa place l'évêque d'Amiens (M. de Broue), et Bossuet présida la cérémonie, qui se fit le 10 juin. (Voir *la Maison royale de Saint-Cyr*, p. 193.)

2. Les ordonnances pastorales faites sur le *formulaire* adopté dans les conférences d'Issy.

à tout et avoir même persuadé. Ceci n'est que pour vous.

J'ai reçu une lettre de M. le duc de Noailles[1]. Il ne se porte point bien; il trouve les choses en mauvais état; il n'a pas laissé de mettre la main à l'œuvre dès le lendemain qu'il a été arrivé. J'espère que Dieu le protégera. Je n'oublierai rien pour soulager ses peines.

Votre lettre du 14 de ce mois m'a été rendue le soir du 23. Je suis bien aise, monsieur, de vous en avertir. Je vous supplie et madame la duchesse aussi de me croire pour toute votre maison telle que je le dois.

LETTRE CCCLII

A M. L'ÉVÊQUE DE CHALONS[2].

A Saint-Cyr, ce 9 juin 1695.

J'ai fait faire un placet pour mademoiselle de Chaunac[3]; j'ai prié le roi de l'accorder, et j'ai tiré de la supérieure de Saint-Cyr l'ordre au généalogiste de faire les preuves, après que la femme préposée pour la visite des demoiselles aura jugé qu'elle peut être reçue dans la maison de Saint-Louis. Il faut donc, monsieur, porter les preuves de noblesse à d'Hozier, et montrer la petite fille à sa femme. D'Hozier donnera ensuite son certificat et l'enverra avec le placet ré-

---

1. De l'armée de Catalogne.
2. *Autographe* du cabinet de M. de Cambacérès.
3. De Chaunac de Montlogis. — Voir la liste des demoiselles élevées à Saint-Cyr dans l'*Histoire* de cette *Maison*, p. 428.

pondu par le roi à M. de Pontchartrain, qui fera expédier un brevet en vertu duquel la petite demoiselle sera reçue. Voilà des cérémonies qu'on n'a pu abréger et que le père de La Chaise n'a pas encore comprises[1]. Je ne me mêle plus de ces entrées, mais je me suis rendue la solliciteuse de celle-ci, parce qu'il me paroît que le bon père les traîne un peu en longueur.

Je suis bien fâchée, monsieur, du mal de M. le maréchal de Noailles et bien aise de ce qu'il a pris son parti[2]. Nous l'aurons bientôt et je n'oublierai rien pour adoucir sa peine. Ce changement est fâcheux pour M. votre neveu qui trouvera en M. de Vendôme un gouverneur très-différent de M. de Noailles. J'espère avoir bientôt l'honneur de vous voir.

LETTRE CCCLIII

A M. L'ÉVÊQUE DE CHÂLONS[3].

Ce 13 août 1695.

Si l'on vous offre la place vacante[4], la refuserez-

---

1. C'étaient en effet les formalités exigées pour l'admission des demoiselles à Saint-Cyr. (Voir *la Maison royale de Saint-Cyr*, ch. VIII.)
2. Il se démit de son commandement. Voir la note 2 de la page 6.
3. *Autographe* du cabinet de M. le duc de Cambacérès.
4. Le 6 août 1695, Harlay de Champvallon, archevêque de Paris, mourut subitement, frappé d'apoplexie. Madame de Maintenon vit dans cette mort une occasion marquée par la Providence, et, sans en parler à personne, même au père de La Chaise, elle sollicita vivement le roi de nommer au siége de Paris l'évêque

vous, monsieur, sans consulter des gens de bien? En trouverez-vous qui ne vous disent pas qu'il faut souffrir les maux déjà faits et sans vous, dans la vue de tout changer à l'avenir? Y eut-il jamais une cause de translation plus forte que le bien de l'Église et le salut du roi? Est-il permis de préférer le repos au travail et de refuser une place que la Providence nous donne sans que nous y ayons contribué? Gardez-moi le secret de ce billet, monsieur, et sans aucune exception que pour madame votre mère.

LETTRE CCCLIV

A M. L'ÉVÊQUE DE CHALONS[1].

A Versailles, 18 août 1695.

Je comprends en partie la pesanteur et l'importance du joug qu'on veut vous imposer; mais, monsieur, il faut travailler. Vous avez de la jeunesse et de la santé, ce n'est pas à moi à vous exhorter à la sacrifier à la gloire de Dieu, au bien de l'Église et au salut du roi. Voici une lettre d'un de vos amis qui sait une partie de ce qui se passe[2]; vous nous garderez le secret à tous. Il faut quelquefois tromper le roi pour le servir, et j'espère que Dieu nous fera la grâce de le tromper encore à pareille intention et de concert avec vous.

de Châlons. En même temps, elle pressa immédiatement celui-ci d'accepter. Tout cela se fit dans le plus grand secret.

1. *Autographe* du cabinet de M. le duc de Cambacérès.
2. Nous n'avons point cette lettre, et cet ami est probablement l'évêque de Chartres.

APPENDICE A LA LETTRE CCCLIV.

Il est difficile de voir ce que madame de Maintenon veut dire par cette phrase qui semble si contraire à son caractère, à sa conduite et à sa devise : *Recté*. Est-ce une plaisanterie, comme la fin de la phrase paraît le faire croire? Comment fallait-il tromper le roi pour lui faire nommer M. de Noailles au siége de Paris? Ce qui est certain, c'est que ce prélat refusa très-fortement par deux fois sa nomination : il céda sur le commandement exprès du roi.

M. de Noailles fut nommé archevêque de Paris le 20 août. « Il arriva, dit Saint-Simon, peut-être pour la première fois que le père de La Chaise ne fut point consulté; madame de Maintenon osa peut-être aussi pour la première fois en faire son affaire... Il lui importoit que l'archevêque de Paris ne fût point à eux (les jésuites) pour qu'il fût à elle; M. de Noailles lui étoit un bon garant; en un mot elle l'emporta, et M. de Châlons fut nommé à son insu et à l'insu du père de La Chaise. Le camouflet étoit violent, aussi les jésuites ne l'ont-ils jamais pardonné à ce prélat. » (T. I, p. 117.)

La renommée de M. de Noailles était si pure et si sainte, que le choix du roi fut d'ailleurs universellement approuvé, et que madame de Maintenon en reçut de tous côtés des félicitations. La maison de Noailles en eut sa part, et l'on trouve dans les archives de cette maison un grand nombre de lettres qui furent écrites au maréchal sur l'élévation de son frère au premier siége de France. Deux de ces lettres sont curieuses : elles ont été écrites par madame de La Vallière au nom des Carmélites, et par madame de Montespan, comme supérieure de la communauté de Saint-Joseph. Voici la première[1] :

21 août 1695.

« *Jésus † Maria.*

« Dieu nous a donné, monsieur, un si saint pasteur, que je ne puis m'empêcher de m'en réjouir avec vous comme

1. *Autographe* de la bibliothèque du Louvre.

avec le meilleur de nos amis. Je n'ai point l'honneur d'être connue de lui : je vous supplie, monsieur, de vouloir bien lui demander pour nous sa bénédiction et sa protection pour notre monastère. Nous avons fait ici de grandes prières pour obtenir un digne ministre de Jésus-Christ; nous l'avons par sa grâce : c'est à nous à profiter de cet avantage, et à demander sa conservation et la vôtre. Je souhaite, monsieur, que votre santé se rétablisse ; j'ai été touchée de votre état, et toute pauvre que je suis, j'ai prié pour vous de tout mon cœur. J'espère que vous êtes bien persuadé, monsieur, que je vous dis la vérité, en vous assurant que personne ne vous honore plus que je fais, et n'est plus à vous en Notre-Seigneur que

« SŒUR LOUISE DE LA MISÉRICORDE. »

Voici maintenant la lettre de madame de Montespan, et d'un autre style [1] :

Samedi au soir 27 août.

« Les personnes de communauté ne sauroient trop prendre de précautions pour se mettre bien auprès de leur archevêque : c'est dans cette vue, monsieur, que je vous demande votre protection, et que j'ose vous assurer que madame Marthe et moi sommes les supérieures de Paris les plus contentes d'avoir affaire à vous.

« FR. DE ROCHECHOUART. »

Comme contraste avec ces deux lettres, j'ajoute ici celle d'un grand seigneur, le duc de Gramont [2] :

A Bayonne, le 31 août.

« Vous ne doutez pas, je crois, de ma joie sur le choix que le roi a fait de monsieur votre frère pour l'archevêché de Paris, car vous savez depuis longues années comme je suis vif et sensible pour toutes les choses qui vous touchent. Sa Majesté, dont les connoissances passent celles des autres

---

1. *Autographe* de la bibliothèque du Louvre.
2. *Autographe* de la bibliothèque du Louvre.

hommes, ne pouvoit prendre un meilleur ni un plus digne sujet, et il falloit les bonnes œuvres de M. de Châlons dans la métropolitaine pour rectifier les *culletis* du pauvre défunt. Ce beau trait d'imagination vous fera rire, je m'assure, mais gardez-m'en au moins le secret, et n'allez pas faire part de ma lettre à la maréchale de Noailles. Adieu, mon cher duc; je vous embrasse de tout mon cœur, et me fais un plaisir très-sensible de vous embrasser et de vous revoir bientôt.

« LE DUC DE GRAMONT. »

LETTRE CCCLV

A MADAME DE BRINON [1].

Ce 28 août 1695.

Je vous assure, madame, que ce n'est ni par oubli, ni par dureté, ni par négligence, ni par aucun mauvais office que j'ai été si longtemps sans vous écrire, mais le peu de temps que j'ai, et cela est au delà de tout ce que vous avez su et de tout ce que je pourrois vous en dire. Les Dames de Saint-Louis me donnent bien des affaires; le mauvais temps oblige le roi à garder la chambre; il a eu la goutte; enfin, madame, je ne l'ai pu; il y a eu peu de jours que je n'en aie eu envie. Je ne puis jamais cesser de vous aimer et de vous estimer; s'il me revenoit quelque chose de vous, ou je ne le croirois point, ou vous seriez la première et, s'il plaît à Dieu, la seule à qui j'en ferois mes plaintes. Vous m'avez écrit plusieurs lettres où j'avois bien envie de vous répondre, mais surtout à celle qui traitoit

---

1. *Manuscrits de mademoiselle d'Aumale.*

du roi ; je lui montrai, et je vous assure, madame, qu'il la lut avec plaisir et beaucoup de reconnoissance du zèle dont elle étoit remplie pour lui. La mère Trioche sait-elle votre vivacité sur ce chapitre? Je voudrois joindre un peu de jalousie à sa passion. A propos de bonne mère, est-ce vous qui achevez de tourner la tête à celle de Gisors? car le style est encore plus étonnant qu'il ne l'étoit, et la *mère des Anges*[1] me fait espérer des vers pour *notre monarque*. C'est le plus simple des noms qu'elle lui donne. Il se porte à merveille, *notre monarque*, et son âme va mieux que jamais; avec cela, tout est bon. Adieu, madame; ne me soupçonnez jamais de vous manquer; priez Dieu pour moi et pour Saint-Cyr, et croyez que personne au monde ne désire plus que moi que vous soyez heureuse dans le ciel et sur la terre.

LETTRE CCCLVI

A M. L'ARCHEVÊQUE DE PARIS[2].

A Meudon, ce 29 août 1695.

M. et madame de Montchevreuil ne sont pas ponctuels,[3]. Je pencherois plus à M. Tiberge, s'il n'y a rien dans ce choix qui vous soit désagréable.

La lettre que j'ai écrite à Rome est partie dès le

---

1. Religieuse de Gisors qui était un objet de raillerie à cause de l'enflure de son langage.
2. *Autographe* du cabinet de M. de Cambacérès.
3. Comme intermédiaires de la correspondance de madame de Maintenon et de M. de Noailles.

lendemain que vous m'eûtes ordonné de l'écrire : j'en ai chargé M. Bontemps.

Il y auroit eu de l'affectation à ne pas prendre M. de Rheims et M. de Meaux dans la conjoncture présente[1]. J'oubliai, monsieur, de vous dire que le roi m'avoit dit que M. de Noyon pressoit fort pour donner l'évêché de Châlons à M. l'abbé de Tonnerre, afin qu'on vît trois pairs du même nom[2]. Je priai le roi de préférer un bon choix à cette symétrie.

Il n'est plus nécessaire, monsieur, que vous signiez, ni que vous finissiez vos lettres par aucun compliment ; j'aimerois mieux votre bénédiction. Vous n'aurez aucune brebis ni si zélée, ni si soumise, ni si attachée, ni si respectueuse que moi ; je ne vous le dirai plus.

Selon ce qu'on a vu aujourd'hui par l'état des armées, il pourroit bien y avoir une grande action cette nuit ; vous en connoissez la conséquence.

APPENDICE A LA LETTRE CCCLVI.

Les dernières lignes de la lettre précédente sont relatives aux opérations militaires qui amenèrent la reprise de Namur par le prince d'Orange, opérations rendues fameuses par le rôle odieux que les *Mémoires de Saint-Simon* y font jouer au duc du Maine.

Le 4 juillet, le prince d'Orange était venu assiéger

---

1. Pour le sacre du nouvel archevêque.
2. M. de Clermont-Tonnerre (Voir le portrait qu'en fait Saint-Simon, t. I, p. 153). L'abbé de Tonnerre était son neveu, et son frère était évêque de Laon. Noyon, Laon et Châlons étaient des comtés-pairies ecclésiastiques. On verra que M. de Clermont-Tonnerre n'eut pas Châlons pour son neveu, mais qu'il réussit pourtant plus tard à avoir trois pairs ecclésiastiques du même nom.

Namur avec 70,000 hommes; le prince de Vaudemont, avec 30,000 autres, couvrait le siége; Boufflers, avec 15,000 hommes, défendait la place; Villeroy, avec 80,000, avait l'ordre de la délivrer. Celui-ci, qui aurait pu écraser Vaudemont, le 14 juillet, en manqua l'occasion et le laissa échapper. Saint-Simon prétend que ce fut par la faute du duc du Maine, qui commandait l'aile gauche et qui reçut vainement par cinq ou six fois l'ordre d'attaquer. « M. du Maine, dit-il, voulut d'abord reconnaître, puis se confesser, après mettre son aile en ordre, qui y était depuis longtemps... Montrevel, lieutenant général le plus ancien, pressa M. du Maine, lui montra l'instance des ordres réitérés qu'il recevait... il se jeta à ses mains; il ne put retenir ses larmes... tout fut inutile... Ce récit a été répété par tous les historiens, et le *pauvre gambillard*, dont nous avons vu la brillante conduite à Fleurus (voir tom. III, p. 134), est allé à la postérité avec la plus complète renommée de *lâcheté*. » C'est une calomnie. Les autres mémoires du temps, principalement ceux de Saint-Hilaire, témoin oculaire et parfaitement informé, témoignent que ce fut au contraire le duc du Maine qui avertit le maréchal de Villeroy de la position aventurée de l'ennemi et qui le pressa d'attaquer, que celui-ci refusa obstinément d'en donner l'ordre : « Son incrédulité nous fait manquer un beau coup, » dit le duc du Maine. (Voir l'ouvrage : *Saint-Simon considéré comme historien de Louis XIV*, par M. Chéruel, p. 623.) Par suite de cette grosse faute, la ville de Namur capitula le 4 août. Mais le château tenait encore, et le roi ordonna à Villeroy d'être moins circonspect et de livrer bataille pour le délivrer. Tout le destin de la guerre en dépendait. Villeroy trouva l'ennemi dans une position si formidable qu'il n'osa l'attaquer; mais le roi et la cour s'attendaient à « une grande action, » comme le dit madame de Maintenon, et ils furent dans l'anxiété pendant plusieurs jours. Dangeau dit, à la date du samedi 27 : « On compte ici que l'action se passera lundi ou mardi, et on attend la nouvelle avec l'impatience que mérite le plus grand événement du monde; cependant le roi est dans une tranquillité parfaite, et il ne lui paroit pas la moindre agitation. » Le château de Namur capitula le 2 septembre.

LETTRE CCCLVII

A M. L'ARCHEVÊQUE DE PARIS[1].

Ce 9 septembre 1695.

Le roi ne m'a pas encore nommé l'abbé de Charost. Il seroit bon de s'informer à fond s'il est dans cette malheureuse doctrine; car il faut savoir à quoi s'en tenir soit pour l'occasion présente, soit pour les autres[2].

Rien n'est égal au *bon père*[3], mais, monsieur, Dieu instruit le roi malgré lui; et je vis hier des dispositions qui vous raviroient, si je pouvois vous les confier dans une lettre. Redoublez vos prières, monsieur; faites-en faire par vos bonnes âmes de Châlons; je n'eus jamais de si grandes espérances que celles que j'ai depuis hier; et je n'ai pu vous les taire.

On[1] est bien content de votre dernière conversation; et *on* ne veut plus se mêler des affaires ecclésiastiques que pour vous aider à soutenir le bien.

1. *Autographe* du cabinet de M. de Cambacérès.
2. La duchesse de Charost, fille de Fouquet, était l'une des amies de madame Guyon, et l'abbé de Charost, l'un de ses adhérents. Nous avons dit que madame Guyon avait marié sa fille au comte de Vaux, frère de la duchesse de Charost.
3. Le père de La Chaise; c'est le nom que lui donnait ordinairement et par dérision madame de Maintenon.
4. On, c'est-à-dire *le roi*.

Comment faut-il que je fasse, monsieur, à l'égard de ceux qui s'adressent à moi, comme par exemple les capucines de Paris, qui me prient de parler au roi sur quelque chose qui les regarde? Il me répond avec raison que ce n'est pas à lui à y entrer. Faut-il que je vous renvoie ces placets, quand vous serez archevêque de Paris? Instruisez-moi une fois pour toutes, s'il vous plaît.

LETTRE CCCLVIII

A M. LE MARÉCHAL DE NOAILLES [1].

Dimanche, 12 septembre 1695.

On m'avoit appris l'emportement de Madame [2] sur les évêques dévots, et effectivement, c'est un grand abus de mettre dans de pareilles places des gens qui croient en Dieu. Mais, mon cher duc, nous sommes tombés dans cet inconvénient, et il faut prendre patience. Comptez donc que notre cher pasteur sera blâmé, quoi qu'il fasse. S'il attaque les spectacles, tous ceux qui les aiment se déchaîneront; s'il ne les attaque pas, tous les dévots en seront scandalisés, et quoi qu'il puisse faire, il ne parviendra pas à contenter tout le monde. Il contentera Dieu, et sa conscience lui rendra témoignage. Il fera mille biens

1. *Autographe* du cabinet de M. le duc de Cambacérès.
2. Madame, comme on peut le voir dans sa correspondance, s'était faite catholique pour épouser le duc d'Orléans. Elle était restée luthérienne dans le cœur et même à peu près incrédule. (Voir les *Lettres nouvelles de la princesse Palatine*, publiées par M. Rolland, p. 143, 165, etc.)

par son exemple, il évitera mille maux par son ombre seule; tout ce qui est à Dieu se joindra à lui, et ce petit nombre fera sa couronne et sa joie.

Il me paroît que vous vous fortifiez... (*fragment déchiré*). M. Brisacier m'avoit conté ce qu'on avoit dit sur le chapitre de Notre-Dame; tout cela n'est rien; il n'y a qu'à bien faire et à laisser dire. Je crois que notre archevêque tiendra ferme sur les règles de l'Église... (*fragment déchiré*).

Je ne doute pas que tout le quiétisme ne tombe sur M. de Paris; il s'est déclaré contre avant d'être en place, et il ne le favorisera pas étant dans celle qui doit donner l'exemple aux autres. Je sais qu'on a dit qu'il ne se mêlera que de son diocèse; ce seroit bien assez, mais vous verrez croître tous les jours la confiance du roi pour lui.

Je ne doute pas que l'archevêché[1] ne soit rétabli et entretenu modestement, et que Conflans[2] ne se trouve un peu négligé; tout sera, s'il plaît à Dieu, en place.

Je sors aussi d'une violente migraine; mais quand quelque chose me fâche, je rappelle dans ma mémoire que M. l'évêque de Châlons est archevêque de Paris[3].

Je tire un bon augure de ce que vous ne me dites

---

1. Le palais de l'archevêché, qui était contigu à l'église Notre-Dame.

2. Maison de campagne des archevêques de Paris, et où M. de Harlay faisait ordinairement son séjour.

3. On voit que madame de Maintenon sort de sa froideur ordinaire et qu'elle est dans l'enthousiasme.

rien de la duchesse de Guiche[1]. Je prie Dieu de la guérir parfaitement de tous ses maux. Adieu, mon cher duc.

LETTRE CCCLIX

A M. L'ARCHEVÊQUE DE PARIS[2].

28 septembre 1695.

Je prie Dieu, monseigneur, de vous bien inspirer : de quel côté que vous tourniez, vous serez blâmé.

Le quiétisme fait plus de bruit que je ne pensois ; et bien des gens à la cour en sont plus effrayés que ne l'a été M. de Chartres.

Je n'aime guère à me mêler des affaires des autres, et je ne connois personne de la congrégation de Saint-Maur.

Tous les jours me sont égaux, monseigneur, pour avoir l'honneur de vous voir, car si vous ne me trouvez pas à Versailles, vous viendrez à Saint-Cyr. Le roi prend médecine lundi ; vous me trouverez sûrement mercredi ; mais il est très-vrai que tous les jours seront bons.

J'ai eu ce matin une grande conversation avec le père de La Chaise sur l'amour de Dieu. Il veut que la satire de Despréaux soit donnée au public[3].

1. Fille aînée du maréchal de Noailles.
2. *Autographe* du cabinet de M. le duc de Cambacérès.
3. Ce n'est point une satire, mais une épître que Boileau a faite *sur l'amour de Dieu*. Voici ce qu'il dit dans la préface de cette épître : « Ce saint archevêque, dans le diocèse duquel j'ai le bonheur de me trouver, ce grand prélat, dis-je, aussi éminent

LETTRE CCCLX

A M. L'ARCHEVÊQUE DE PARIS[1].

Dimanche, septembre 1695.

Je suis si enrhumée que je ne puis aller à Saint-Cyr. Venez à Versailles le plus matin que vous pourrez. Je dirai que je vous en ai prié pour vous lire tout ce qui se passe sur madame Guyon et pour vous presser de conclure. Je vous réponds avec une grande précipitation attendant le roi d'un moment à l'autre.

LETTRE CCCLXI

A M. L'ARCHEVÊQUE DE PARIS[2].

Ce 1er octobre 1695.

Vos bulles sont en chemin, et le pape a donné toutes les marques possibles de l'approbation du choix que le roi a fait. Je suis persuadée que le ciel en est de même. Pour moi, je suis ravie de voir cette affaire consommée, et d'être la brebis d'un tel pas-

en doctrine et en vertu qu'en dignité et en naissance; que le plus grand roi de l'univers, par un choix visiblement inspiré du ciel, a donné à la ville capitale de son royaume, pour assurer l'innocence et détruire l'erreur, monseigneur l'archevêque de Paris, en un mot, a daigné examiner soigneusement mon épître et a eu même la bonté de me donner sur plus d'un endroit des conseils que j'ai suivis, et m'a enfin accordé son approbation, avec des éloges dont je suis également ravi et confus. »

1. *Autographe* du cabinet de M. le duc de Cambacérès.
2. *Autographe* du cabinet de M. le duc de Cambacérès.

teur. Vous n'en aurez jamais une plus soumise et plus affectionnée.

Ce billet, monseigneur, n'est que mon premier compliment. J'aurois d'autres choses à vous dire, mais elles ne pressent point. J'espère une visite à Saint-Cyr, et que vous aurez la complaisance d'y venir dire la messe, et de voir notre communauté. Je suis, monseigneur, avec tous les sentiments que vous connoissez et tout le respect que je dois, votre très-humble et très-obéissante servante.

LETTRE CCCLXII

A M. L'ARCHEVÊQUE DE PARIS[1].

A Fontainebleau, ce 6 octobre 1695.

Nous avons appris ici, monseigneur, la manière dont le pape en a usé pour vous, et j'en suis bien plus aise que si ma recommandation avoit été écoutée; celle du roi n'étoit pas arrivée; et il me l'a dit ainsi, quand je lui ai fait vos remercîments de la part de M. le maréchal de Noailles. M. le cardinal de Janson prétend avoir fait des merveilles, et je suis très-persuadée de ses bonnes intentions; mais il me paroît qu'il n'a pas trouvé de grandes difficultés dans l'esprit de Sa Sainteté.

Le roi ne veut point vous donner un évêque à Châlons que vous ne soyez ici, et quand j'ai voulu lui dire que vous auriez des mesures à prendre avec

1. *Autographe* du cabinet de M. le duc de Cambacérès.

lui, il m'a répondu qu'il faudra toujours bien que vous les preniez à Paris, et que quand votre successeur seroit nommé, il n'iroit pas sitôt à Châlons. Je n'ai guère insisté parce que j'ai cru qu'il étoit bon que cette affaire se conclût avec vous.

Nous partons le 26 de ce mois pour Meudon. Nous y séjournerons le 27, et nous serons le 28 à Versailles. Je vous renvoie, monseigneur, la lettre de M. le nonce; vous trouverez encore celle de M. le cardinal de Janson qu'il faut brûler, s'il vous plaît.

LETTRE CCCLXIII

A M. L'ARCHEVÊQUE DE PARIS [1].

Ce 9 octobre 1695.

Je crois avoir oublié, monseigneur, de vous mander que le roi trouve très-bon que vous écriviez au pape pour le remercier.

J'ai répondu sur l'évêque de Châlons, que l'on veut vous voir auparavant. Je crois devoir dire au roi de quoi l'abbé de Charost est accusé [2], mais j'espère, monseigneur, que j'aurai l'honneur de vous entretenir avant qu'il soit question de cette affaire [3].

---

1. *Autographe* du cabinet de M. le duc de Cambacérès.
2. De quiétisme.
3. La Beaumelle ajoute de son invention : « Quand je songe à mon personnage, je crains toujours d'avoir des amis : il y a un malheur attaché à tout ce que je protége. »

LETTRE CCCLXIV

A M. L'ARCHEVÊQUE DE PARIS[1].

Fontainebleau, 12 octobre 1695.

J'ai travaillé aujourd'hui avec M. de Chamillart pour les affaires de Saint-Cyr; et entre autres il a été question des taxes du clergé qui sont, à ce qu'il prétend, exorbitantes à proportion du revenu de l'abbaye de Saint-Denis[2]; sur cela, il a dit que l'archevêché de Paris n'avoit jamais porté ce qu'il devroit porter. Je lui ai demandé s'il en seroit toujours de même; il m'a répondu que oui, à moins que le nouvel archevêque ne voulût se faire justice. J'ai cru, monseigneur, devoir vous donner cet avis comme je ferai sur tout ce qui me reviendra; vous en ferez tant et si bon usage qu'il vous plaira, et ne m'en ferez pas réponse qu'en cas de nécessité.

Le père de La Chaise a dit au roi dans le commencement que nous avons été ici, que je disois tout au curé de Versailles[3], qui de son côté redit beaucoup de choses à M. Boileau[4]. Une des choses que j'ai dites, c'est que je vous ai fait archevêque de Paris,

---

1. *Autographe* du cabinet de M. de Cambacérès.
2. La manse abbatiale de Saint-Denis faisait partie de la dotation de la maison de Saint-Cyr.
3. M. Hébert, depuis évêque d'Agen.
4. Secrétaire de l'archevêque de Paris. « C'étoit une belle plume, dit l'abbé Legendre (*Mémoires*, p. 117); c'est lui qui, pendant sept ans, a été le fabricateur des mandements, lettres, ordonnances et autres pièces qui ont passé sous le nom de M. de Noailles. »

et plusieurs autres aussi fausses ; mais ce que je dois vous répéter, monseigneur, c'est qu'il y a déjà longtemps que M. l'archevêque de Cambrai m'avertit que le curé rapportoit tout ce que je lui disois ; ainsi il y auroit de ma faute à m'y exposer. Je crois qu'il est bon que vous en soyez averti.

Je dînai il y a quelques jours chez M. de Pontchartrain ; il fit beaucoup de railleries assez aigres sur le *monseigneur*, que les évêques se donnent, et dit que saint Ambroise, et saint Augustin ne s'en étoient jamais servi [1].

Madame de Pontchartrain, à qui je fais la guerre sur le jansénisme, dit qu'on verroit comme vous en useriez avec son confesseur, et qu'elle jugeroit par là du goût que vous auriez pour les honnêtes gens ; elle affecte fort de dire qu'elle n'a point d'autres sentiments que ceux du père de La Tour [2] ; s'il n'est pas janséniste, il doit s'en expliquer ; car on veut le confondre avec eux.

Je voulois attendre à vous dire ce que je vous écris ; mais il reviendra autre chose, et ce qu'a dit M. de Chamillart m'a déterminée. Je veillerai pour vous sur tout, monseigneur, et vous saurez bien distinguer ce qui mérite de l'attention ou non.

Je ne doute pas que nous ne vous trouvions tout établi à Paris. Je prie Dieu souvent pour qu'il vous

---

1. La Beaumelle ajoute : « Voyez si dans tous les temps les Pères de l'Église ne sont pas bons à suivre. »

2. Oratorien célèbre et qui était, en effet, suspect de jansénisme. Nous verrons qu'il était alors le directeur de madame de Caylus. (Voir *Saint-Simon*, t. VIII, p. 106.)

y soutienne; et j'entretiens quelquefois le roi de tout ce qui va s'élever contre vous; il me paroît bien disposé à vous aider[1].

LETTRE CCCLXV

A M. L'ARCHEVÊQUE DE PARIS[2].

14 octobre 1695.

Le roi me dit à peu près, monseigneur, ce qui s'étoit passé entre vous et qu'il ne vous pressoit point pour déterminer le confesseur[3]. Cela étant, vous pouvez ne venir à Versailles qu'à votre commodité. Je crois qu'il suffiroit de lui écrire l'élection du général de l'Oratoire et qu'en tout, monseigneur, vous devez vous mettre dans une grande liberté soit pour venir rarement dans des temps, fréquemment dans les autres, et pour écrire quand vous voudrez et par qui vous voudrez. Je ne doute pas, monseigneur, que votre censure ne fâche les deux partis. C'est la destinée de ceux qui vont droit.

M. de Pontchartrain rapporta mercredi dernier l'affaire du sieur Davant[4]; le roi lui dit de vous re-

1. La Beaumelle ajoute ici une longue liste de chiffres dont madame de Maintenon, d'après lui, propose à l'archevêque de se servir pour sa correspondance. Il n'y en a pas un mot dans l'autographe.
2. *Autographe* du cabinet de M. le duc de Cambacérès.
3. Il s'agissait de donner un confesseur au duc de Bourgogne.
4. Il est question d'un sieur Davant dans une lettre du 29 août 1697; mais je n'ai pu accorder ce que dit madame de Maintenon dans cette lettre avec ce qu'elle dit dans la lettre du 14 octobre 1695.

mettre tous les écrits et de ne rien faire là-dessus
que par vous. M. de la Reynie voudroit tout lire et
même composer un livre pour prouver la folie de ces
opinions.

Pourquoi, monseigneur, refusez-vous à l'abbé
Testu de l'employer, et de commencer par de petites
commissions pour avancer plus ou moins selon qu'il
s'en acquitteroit? Il est plein de bonnes maximes et
je lui dois ce témoignage que dans les temps de sa
vie où il étoit le plus dissipé, et noyé dans le commerce des dames, je l'ai toujours vu droit, sincère,
et même sévère sur la religion [1]. Je ne suis chargée
de rien, c'est une pure question que je vous fais par
la liberté que vous me donnez et dont je ne veux
jamais abuser.

M. le curé m'a parlé du père Émerique [2]; je ne
manquerai pas de dire ce qu'il en pense.

LETTRE CCCLXVI

A M. L'ARCHEVÊQUE DE PARIS [3].

Ce 19 octobre 1695.

J'eus l'honneur de vous écrire hier avec tant de
précipitation que j'oubliai ce que j'avois à vous dire
de plus pressé. On m'a proposé de nommer pour
l'évêché de Montpellier M. de Beaufort qui est au-

---

1. Voir t. I, p. 134.
2. Pour confesseur du duc de Bourgogne.
3. *Autographe* du cabinet de M. Cambacérès.

près de vous¹. Je n'ai pas cru, monseigneur, que je le dusse faire sans savoir ce qui vous convient.

Par ce qu'il m'est revenu, je crains que ce mariage que j'approuvois tant ne puisse se faire. Je n'avois pas bien compris l'affaire de Saint-Malo.

LETTRE CCCLXVII

A M. L'ARCHEVÊQUE DE PARIS².

Ce 22 octobre 1695.

Ce n'est pas le père de La Tour qui est confesseur de la dame dont je vous ai écrit³ : c'est un M. Ameline qui est je ne sais quoi à Notre-Dame⁴. Mais je vous ai mandé, monseigneur, qu'elle s'autorisoit fort du père de La Tour et soutenoit que lui, elle et son confesseur pensent les mêmes choses.

M. l'archevêque de Cambrai a fait un merveilleux sermon, le jour de Saint-François, dans lequel il marque fort le dessein qu'il avoit de faire son devoir conjointement avec tous les gens de bien; qu'il convioit tous les religieux sans aucune exception, sans distinction; que tout lui seroit également bon pourvu qu'on voulût aller au bien. C'est M. le duc de Beauvilliers qui me l'a ainsi rapporté en le louant fort de ce qu'il n'a pas voulu prêcher plus tôt que le jour qu'on a accoutumé de le faire, ne voulant rien inno-

---

1. Au dire de l'abbé Legendre, c'était le confesseur de l'archevêque de Paris.
2. *Autographe* du cabinet de M. le duc de Cambacérès.
3. Voir plus haut, p. 27.
4. Il était archidiacre.

ver. J'ai une grande envie, monseigneur, d'avoir l'honneur de vous voir.

LETTRE CCCLXVIII

A M. L'ARCHEVÊQUE DE PARIS [1].

22 octobre 1695.

Le père de La Chaise a porté au roi un testament de M. Arnauld [2] qui court en manuscrit et qu'il prétend être fort mauvais et réveiller les questions de jansénisme. Il propose au roi de le faire examiner et condamner par la Sorbonne ou de tâcher de le supprimer sans bruit. Je suis, monseigneur, toujours la même pour vous.

Je reçois dans ce moment, monseigneur, votre lettre du 11 de ce mois. Je suis ravie de vos réponses, parce qu'elles m'instruisent; cependant je ne voudrois point prendre votre temps ni que vous crussiez devoir répondre à tous les avis que je vous donnerai. Usez-en, monseigneur, dans une entière liberté avec moi et laissez tomber tout quand il n'y aura pas d'utilité à me tenir informée. Je crois que vous voyez mes intentions qui vont à m'unir à vous pour le bien que je pourrai faire dans la place où Dieu m'a mise. Quant au *monseigneur* que je vous donne, je ne crois pas que toute votre humilité veuille

---

1. *Autographe* du cabinet de M. de Cambacérès.
2. Antoine Arnauld, le grand Arnauld, le patriarche du jansénisme. Il était mort l'année précédente à Bruxelles.

exiger de moi que je vous respecte moins que votre prédécesseur à qui j'ai toujours écrit de même. Je vous donnerai à Saint-Cyr ce que vous voulez bien avoir de commun avec moi, et nous ne nous en servirons que rarement.

LETTRE CCCLIX

A M. L'ARCHEVÊQUE DE PARIS[1].

A Marly, le 2 de novembre 1695.

Le roi m'ordonne de vous dire, monseigneur, qu'il juge à propos de vous voir avant que vous preniez possession, et que vous pouvez venir à son lever le jour qu'il vous plaira. J'espère si je suis ici ce jour-là que vous viendrez à ma chambre, car il faut accoutumer le monde au commerce dont vous voulez bien m'honorer[2].

LETTRE CCCLXX

A M. L'ARCHEVÊQUE DE PARIS[3].

A Marly, ce 6 novembre 1695.

Le roi me demanda hier si vous ne seriez pas toujours en habit long; et sur ce que je lui dis que tous

---

1. *Autographe* du cabinet de M. le duc de Cambacérès.
2. La Beaumelle invente et ajoute tout ceci : « Le bon père m'a poussée à bout et bientôt je serai aussi janséniste, moi. Je crains que bien des gens n'aient été poursuivies pour un crime dont ceux qui les accusoient ne les croyoient pas coupables. »
3. *Autographe* du cabinet de M. le duc de Cambacérès.

vos confrères en seroient bien fâchés; il me répondit que vous étiez le seul qui fussiez dans votre diocèse et qu'ainsi ce n'est point une conséquence pour eux.

Quand viendrez-vous, monseigneur, prendre le *pallium?*[1] M. l'évêque de Chartres est à Saint-Cyr et sera, je crois, mardi à Paris, mais vous m'avez offert de faire cette cérémonie chez nous.

On m'écrit souvent pour le retour du père de Sainte-Marthe; dois-je me mêler de cette affaire?

Je compte que madame la duchesse de Noailles sera samedi dans ma chambre de Versailles avant cinq heures pour y attendre le roi.

LETTRE CCCLXXI

A M. L'ARCHEVÊQUE DE PARIS [2].

A Marly, ce 8 novembre 1695.

Je suis ravie, monseigneur, de ce que vous prendrez possession jeudi. Je joindrai mes prières aux vôtres pour que Dieu donne sa bénédiction à tout ce que vous allez faire. Je suis du reste fort contente de mes dispositions pour mon pasteur.

Le roi saura que le chapitre de Notre-Dame est content de vous, et qu'il ne s'en est jamais plaint.

Vous prendrez tel jour qu'il vous plaira avec M. de Chartres pour le *pallium.* Je vous prie seulement que j'en sois avertie de bonne heure afin d'aller à Saint-Cyr pour avoir l'honneur de vous voir.

1. Ornement que le pape envoie aux archevêques.
2. *Autographe* du cabinet de M. le duc de Cambacérès.

Je serois bien fâchée que madame la duchesse de Noailles ne pût venir à Versailles samedi, puisque ce seroit sa santé qui l'en empêcheroit.

Il n'est pas possible, monseigneur, que le père de La Chaise manque à vous rendre ses respects; s'il ne le fait pas, je croirai fort bon de lui rendre les vôtres. Accoutumez-vous, monseigneur, à faire une lettre à part de ce que vous voulez que je montre au roi : il n'y faut rien mêler qui marque notre grand commerce, mais seulement que vous me chargez de vos commissions, puisque je l'ai bien voulu.

LETTRE CCCLXXII

A M. L'ARCHEVÊQUE DE PARIS [1].

15 novembre 1695.

Ne me rendez point raison, monseigneur, du papier que je vous ai envoyé à moins qu'il n'y eût quelque chose à faire ou à dire au roi. Souvenez-vous, s'il vous plaît, que vous m'avez promis de ne m'écrire que pour le nécessaire; votre temps est précieux.

Je me sais bien mauvais gré d'avoir oublié de vous recommander un prêtre de Saint-Germain nommé M. Michel. Il étoit vicaire, il s'est brouillé avec le curé et il n'est plus rien. Il est homme intelligent, actif, laborieux, capable, et c'est lui qui s'est toujours mêlé des charités de ce lieu-là tant pour les Français que pour les Anglais. La reine d'Angleterre

---

1. *Autographe* du cabinet de M. le duc de Cambacérès.

doit vous en parler et vous lui ferez un extrême
plaisir, monseigneur, si vous pouviez le placer. Elle
croit lui être obligée et ne peut le récompenser : jugez
de ce que son cœur doit souffrir. On m'a encore priée
de vous recommander M. Varet, vicaire de Saint-
Eustache ; depuis longtemps il a servi plusieurs de
mes proches dans leur conversion. Ce sont eux qui
me pressent de lui rendre de bons offices auprès de
vous.

Vous n'en êtes pas encore quitte, monseigneur,
car on veut croire que j'ai du crédit à l'archevêché.
La comtesse de Mailly veut que je vous présente le
sieur Lallemant, receveur général de la généralité de
Soissons. Il veut être votre fermier et, en vérité, je
ne veux point qu'il le soit, et je me contente de vous
le présenter, et de vous prier de lui dire que je vous
ai parlé en sa faveur.

Voilà toutes mes affaires : voici les vôtres. Défiez-
vous, monseigneur, de tout le monde et particulièrement de M. le premier président qui est un ra-
vaudeur[1]. Il est venu parler au roi sur vous, sur la
conduite que vous devez tenir en tout, et particulièrement sur le service de feu M. l'archevêque.
Comptez, monseigneur, que presque tous les hommes noient leurs parents et leurs amis pour dire un
mot de plus au roi et pour lui montrer qu'ils lui
sacrifient tout. Ce pays-ci est effroyable, il n'y a pas
de tête qui n'y tourne. Je ne vous raconte point ce

1. Un diseur de riens, un *cancanier*. C'est M. de Harlay que
madame de Maintenon qualifie ainsi ; elle lui écrit pourtant des
lettres de recommandations bien polies et presque affectueuses.

que le premier président a dit[1] parce que cela ne change rien à votre projet et qu'il convient que vous ne devez pas officier au service de feu M. l'archevêque. Il a fort recommandé au roi de ne pas dire un mot de tout ce qu'il lui disoit. Jugez par ce soin s'il ne se doute pas lui-même qu'il n'a fait pas son devoir[2].

Le roi de son côté m'a imposé un entier secret que je confie à mon évêque, parce que je le crois nécessaire[3]; mais souvenez-vous que ma confiance n'est que pour vous seul, et que si je pouvois croire que votre famille le sût, je serois plus circonspecte. Il y aura bien des choses que je consentirai à leur dire, et je suis rien moins que mystérieuse, mais le personnage que je veux faire avec vous doit être ignoré de tout le monde, excepté de M. de Chartres pour qui je n'ai point de secret. Rassurez-moi là-dessus, je vous en conjure, et pardonnez-moi la liberté avec laquelle je vous parle.

On parla encore hier de M. l'abbé de Noailles[4] et

---

1. Sur le service du défunt archevêque.
2. A la place de cette phrase La Beaumelle met ceci, qu'il invente : « Le roi lui a répondu : Pourquoi ce silence si vous ne faites que votre devoir! »
3. Tout cela est étrange, et madame de Maintenon a raison de dire : « Ce pays-ci est effroyable : il n'y a pas de tête qui n'y tourne. » Le premier président vient faire des *cancans* au roi contre l'archevêque en présence de madame de Maintenon, et il recommande à ce prince de n'en pas dire un mot; le roi impose là-dessus un entier secret à madame de Maintenon, et celle-ci se hâte de le confier à son évêque, « parce qu'elle le croit nécessaire. »
4. Frère de l'archevêque de Paris; il s'agissait de le nommer à l'évêché de Châlons.

de sa jeunesse, sans rien conclure et sans m'en nommer d'autres.

M. le duc de Beauvilliers me conta hier votre conversation. Je crois que cet homme-là est bien droit.

Je vis aussi M. l'archevêque de Cambrai qui m'assura fort de l'envie qu'il a d'être bien avec vous. Nous parlâmes de madame Guyon. Il ne change point là-dessus et je crois qu'il souffriroit le martyre plutôt de convenir qu'elle a tort.

Encore une fois, Monseigneur, défiez-vous de tout ce que vous estimez le plus. Je suis à la source, et c'est ce qui me fait voir trahisons sur trahisons. Mon naturel ne me porte point à la défiance; j'aurois vécu longtemps sans croire les hommes aussi mauvais qu'on le dit; mais la cour change les meilleurs.

Vous avez trop de bonté de vous intéresser à mon confesseur; il est mieux. Nous ne dîmes rien de M. Ameline. Il faut pourtant que je sache à peu près ce que vous en pensez. Voilà un chiffre, si vous voulez vous en servir au besoin ; sinon, il n'y a qu'à le jeter au feu. J'en ai une copie.

LETTRE CCCLXXIII

A M. L'ARCHEVÊQUE DE PARIS [1].

15 novembre 1695.

J'ai rendu compte de ce que le nonce vous a dit et cette précaution étoit nécessaire : vous avez besoin

---

1. *Autographe* du cabinet de M. le duc de Cambacérès.

d'une grande retenue avec ces gens-là. J'ai parlé du ministre de la Haye, mais cela n'est rien. *On* est bien disposé pour vous, et j'espère que chaque jour augmentera l'estime et la confiance que je désire. C'est l'œuvre de Dieu : il la bénira.

J'avois oublié cet article dans ma grande lettre.

LETTRE CCCLXXIV
A M. L'ARCHEVÊQUE DE PARIS [1].

26 novembre 1695.

Le roi vient de me dire que M. de Niert [2] est sur vos louanges de ce que vous avez défendu à votre secrétaire de rien prendre pour les dispenses des bans, que vous avez ordonné qu'on s'adressât à vous-même, et que vous marqueriez ce qu'on donneroit, qui seroit porté aux hôpitaux. Il m'a paru que le roi l'approuvoit autant que Niert, mais qu'il croyoit que la taxe devoit être modique et au-dessous de ce qu'on donnoit au secrétaire. Voilà, monseigneur, de ces avis que je vous donnerai, afin que vous sachiez comment les choses sont prises ici, et sur lequel avis vous n'en changerez pas vos mesures, s'il vous plaît.

1. *Autographe* du cabinet de M. de Cambacérès.
2. L'un des valets de chambre du roi.

LETTRE CCCLXXV

A M. L'ARCHEVÊQUE DE PARIS [1].

A une heure et demie, décembre 1695.

Je viens de voir M. le curé[2] qui a fort insisté pour faire l'abbé de Charost évêque. Je lui ai dit qu'il passoit pour être comme le reste de sa famille dans toutes les liaisons avec madame Guyon; il ne m'a pas paru que M. le curé compte cela pour grand'-chose, et voyant que je n'étois pas de même, il m'a dit qu'il faudroit le faire examiner par M. Tronson[3]. M. le curé m'a dit ensuite que M. le duc de Chevreuse étoit très-net sur toutes ces opinions-là et qu'on ne devoit pas en être en peine[4].

Je vous en prie, monsieur, de ne rien confier au père de La Chaise que vous ne veuilliez qui soit su du roi et de bien d'autres. Vous serez encore assez heureux, s'il ne redit que ce qui sera[5]. Sur M. l'abbé de Noailles, il n'y aura qu'à dire que vous ne le nommeriez pas, si vous en connoissiez un meilleur, et que vous le trouvez trop jeune pour le proposer à tout autre évêché que Châlons.

M. le curé m'a parlé fortement sur M. l'abbé de

---

1. *Autographe* du cabinet de M. de Cambacérès.
2. Le curé de Versailles.
3. La Beaumelle ajoute : « Je n'ai rien répliqué : il s'est tu, et il a bien fait. »
4. La Beaumelle ajoute : « Il auroit mieux fait de se taire encore. »
5. On voit que madame de Maintenon, avec on pasteur, sort de sa réserve ordinaire.

Mailly et sur M. l'abbé de Vaubecour, mais moins que sur M. l'abbé de Charost. Ne me faites jamais de réponses par civilité.

LETTRE CCCLXXVI.

A M. L'ARCHEVÊQUE DE PARIS [1].

Mardi, à sept heures du soir, décembre 1695.

Le roi m'ordonne, monseigneur, de vous mander que madame Guyon est arrêtée [2] et de savoir de vous ce que vous jugerez à propos de faire de cette femme, de ses amis, de ses papiers. Le roi sera encore ici tout le matin. Écrivez-lui, s'il vous plaît, tout droit.

1. *Autographe* du cabinet de M. le duc de Cambacérès.
2. Depuis que Bossuet et M. de Noailles avaient publié leurs ordonnances contre le quiétisme, madame Guyon s'était retirée à Meaux, dans le couvent de la Visitation, et elle y avait signé un acte de soumission par lequel elle s'engageait à ne plus écrire, ni dogmatiser, ni se mêler de la conduite des âmes. « Puis elle demanda à aller aux eaux, et Bossuet l'ayant accordé, elle s'en alla à Paris et s'y cacha dans une maison du faubourg Saint-Antoine, où elle n'étoit visible que pour ses intimes qui s'autorisoient de sa soumission pour continuer à prendre dans ses avis spirituels une entière confiance. Le roi fut averti de cette supercherie par Bossuet, et jugea qu'il ne falloit pas laisser en liberté une femme si dangereuse : il donna ordre de l'arrêter. » (*Mémoires de Languet de Gergy*, p. 38.) « Ce fut un coup de foudre, dit Saint-Simon, pour M. de Cambrai, pour ses amis et pour le petit troupeau qui ne s'en réunit que davantage. » (*Mémoires*, t. I, p. 129.)

LETTRE CCCLXVII
A MADAME DE BRINON [1].

Ce 12 décembre 1695.

C'est avec plaisir, madame, que je vous assure de la joie que j'ai eue quand j'ai su que vous étiez hors de danger. Tout Saint-Cyr a fait son devoir en cette occasion soit pour demander votre vie, soit pour remercier quand on l'a crue en sûreté. Le roi se porte très-bien, et je ne me porte pas trop mal. Notre prince de Dombes vient bien, et madame sa mère s'est tirée avec vigueur de cette grande affaire [2].

Il est vrai que je n'aurois pas cru que cette grande princesse d'Hanovre fit tant de bruit, mais j'ai été fort aise de son établissement [3], conservant beaucoup de zèle et de respect pour madame sa mère. J'espère beaucoup sur le mariage de mademoiselle de Chateaubriand [4] : elle a inspiré une grande passion à un homme que j'ai vu naître, et qui n'en est pas plus jeune pour cela [5], car je suis bien vieille, mais grâce à Dieu, j'en suis très-contente. Adieu, madame, réjouissez-vous, et ne vous laissez pas gagner par les vapeurs, et croyez-moi à vous pour toujours. Mes compliments, je vous prie, à madame Fagon [6], je remercierai de votre part M. son neveu.

1. *Manuscrits de mademoiselle d'Aumale.*
2. La duchesse du Maine était accouchée, le 27 novembre, d'un fils qui fut appelé le prince de Dombes. Il mourut trois ans après.
3. Elle venait d'épouser le duc de Modène.
4. Ce mariage eut lieu au mois de mars suivant.
5. Voir t. III, p. 278.
6. Tante du médecin, retirée à Maubuisson.

LETTRE CCCLXXVIII

A M. L'ARCHEVÊQUE DE PARIS [1].

13 décembre 1695.

J'ai toujours tant de choses à vous dire, monseigneur, et une si grande envie de vous faire connoître ceux dont il a plu à Dieu de vous charger [2] que j'oublie toujours mille choses. Ne parlez point à ... que je n'aie encore eu l'honneur de vous entretenir.

Souvenez-vous, monseigneur, que vous m'avez promis une messe à Saint-Cyr, une visite à notre communauté et une conversation avec moi; il faut que ce soit un dimanche, ou un jeudi, ou une fête afin que mes filles aient la consolation de communier de votre main.

Il faut être à Saint-Cyr avant huit heures que l'on dit la messe de la communauté. Un dîner avec les missionnaires vous convient fort. M. l'évêque de Chartres m'a mandé que vous étiez aussi maître dans son diocèse que dans le vôtre. Nos filles veulent votre bénédiction. Je confierai au roi la complaisance que voulez bien avoir pour moi et à la faveur de cette visite, nous prendrons des mesures pour l'avenir.

Il faut attendre, monseigneur, que vous veuilliez décider la difficulté que je vous fis hier et m'avertir ensuite quelques jours d'avance; je sais que vous êtes accablé, mais vous me l'avez promis et ce sera un

---

1. *Autographe* du cabinet de M. le duc de Cambacérès.
2. La Beaumelle met ici : « Une si grande envie de vous développer l'homme énigmatique dont Dieu vous a chargé. »

jour de repos pour vous en le comparant à tout ce que vous faites. M. le chancelier me dit hier des merveilles de votre conduite et me fournit une occasion naturelle de dire bien des choses au roi qui seront utiles.

Je ne cesse de prier pour vous, monseigneur, et je m'y sens toujours portée.

LETTRE CCCLXXIX

A M. L'ARCHEVÊQUE DE PARIS[1].

21 décembre 1695.

Le roi approuve tout à fait ce que j'ai eu l'honneur de vous dire, monseigneur, sur la table que vous pourriez tenir. Il goûte fort les démonstrations d'amitié pour les jésuites et sait par le *bon père* combien ceux de Châlons se louent de vous. Je lui ai glissé que vous les traiteriez bien, mais qu'ils ne vous gouverneroient pas et que c'est à vous à gouverner les autres. Il faut l'accoutumer à cette idée.

Le roi croit, mais non pas positivement, que M. de N... lui a dit qu'il vous avoit parlé de l'affaire de l'Université. Il trouve très-malhonnête qu'il ne l'ait pas fait et ne me paroît pas bien vif sur cette affaire dont M. le premier président l'a entretenu comme vous me l'avez dit. Ce n'étoit point malice, monseigneur; *on* avoit et l'*on* a encore de véritables va-

1. *Autographe* du cabinet de M. le duc de Cambacérès.

peurs avec un chagrin qui est ordinaire dès qu'*on* a le moindre mal.

J'ai parlé fortement pour les carmélites; *on* m'a refusée d'abord séchement, mais *on* ne m'a pas paru inflexible, quand j'ai dit que vous approuviez cet usage du bien d'Église et surtout pour un temps, et que j'ai appris les vœux de la reine. *On* m'a répliqué sur cette dernière raison qu'une femme ne pouvoit faire un vœu ou du moins l'accomplir sans la permission de son mari. J'ai répondu que cela pouvoit être en justice; mais qu'il n'y avoit guère de particuliers avec de la religion qui n'acquittassent le vœu de leur femme, quand il n'incommodoit pas leurs affaires. S'il persiste à refuser, monseigneur, ce ne sera pas votre faute, et s'il accorde, ce sera vous à qui ces bonnes filles le devront.

J'ai oublié de vous dire qu'on dit que vous voulez ôter la foire Saint-Germain pendant le carême, et que le roi répondit que cela regardoit les juges séculiers.

En racontant au roi le refus que vous avez fait à M. de Montgon sur sa fille, il m'a dit : « Il faut que « M. l'archevêque fasse ce qu'il doit faire, et qu'il « laisse crier contre lui. » Il m'a demandé ensuite pourquoi vous avez refusé d'envoyer cette enfant; il ignoroit qu'il fallût des raisons pour les dispenses. Il croyoit qu'elles dépendoient de votre volonté seule.

Je vous dis peut-être bien des choses inutiles, monseigneur, mais je ne songe qu'à bien vous instruire de ce que le roi pense sur toutes choses.

Voici une lettre qu'on lui a écrite il y a deux ou trois ans. Il faudra me la rendre ; elle est bien faite. Mais de telles vérités ne peuvent le ramener : elles l'irritent ou le découragent ; il ne faut ni l'un ni l'autre, mais le conduire doucement où l'on veut le mener. J'ai dans l'esprit que si l'on ne l'avoit pas éloigné de moi, que nous aurions continué comme il commençoit il y a cinq ou six ans. Je ne méritois pas un tel bonheur et je serois bien contente s'il vous est réservé.

M. Fagon craint que le mal de M. de Beauvilliers ne soit long ; j'espère que vous aurez bien soin de lui en cette occasion.

APPENDICE A LA LETTRE CCCLXXIX.

« Voici une lettre qu'on lui a écrite il y a deux ou trois ans. Il faudra me la rendre : elle est bien faite. Mais de telles vérités ne peuvent le ramener : elles l'irritent ou le découragent ; il ne faut ni l'un ni l'autre, etc. »

Et le 27 décembre, dans une autre lettre : « Je suis bien aise que vous trouviez la lettre que je vous ai confiée trop dure ; elle m'a toujours paru ainsi ; ne connoissez-vous point le style ? »

On ne sauroit douter que madame de Maintenon ne veuille parler d'une lettre écrite par Fénelon au roi vers l'année 1692 ou 1693. Elle n'a été connue qu'en 1787, où elle fut publiée par d'Alembert (*Hist. des membres de l'Acad. française*, t. III, p. 351), et a été réimprimée en 1825 par le libraire Renouard, et d'après le manuscrit original qui existe encore. Cette lettre anonyme, mais dont Louis XIV put aisément reconnaître l'écriture et le style, est tout entière de la main de Fénelon, et elle est accompagnée d'une note d'un petit-neveu du prélat, attestant qu'elle fut remise au roi par le duc de Beauvilliers. Les éditeurs des œuvres de Fénelon, en reproduisant cette lettre (t. XXV, p. 350 et suiv.), émettent le doute que cette lettre ait jamais été connue de Louis XIV, mais ils n'apportent aucune preuve à l'appui de leur opinion, et nous avons, pour le contraire, le témoignage irrécusable du marquis de Fénelon et les deux fragments cités de madame de Maintenon ; de qui pourrait-elle parler à M. de Noailles, si ce n'est de Fénelon en disant : « Ne connoissez-vous pas le style? »

Il est donc impossible de douter que Louis XIV ait reçu, lu, gardé et fait lire, au moins à madame de Maintenon, la lettre de Fénelon; il n'en continua pas moins à conserver auprès de lui, dans sa cour, et presque dans sa familiarité, l'auteur de cette lettre; il le laissa précepteur de ses petits-fils; il le nomma archevêque de Cambrai. Or, en agissant ainsi, ce prince, réputé si orgueilleux, fit un acte de patience, d'oubli des injures, de résignation et d'humilité chrétienne dont il y a peu d'exemples dans l'histoire, et on ne peut l'expliquer que par la dévotion sincère dont il donnait à cette époque de nombreux témoignages, et par l'ascendant qu'avait alors sur lui madame de Maintenon.

Cette lettre, à part quelques reproches justes et vrais, est non-seulement dure, comme le dit avec trop d'indulgence madame de Maintenon, mais injurieuse, exagérée, insensée; elle semble n'avoir été inspirée que par les pamphlets de la Hollande et les diatribes des protestants; elle est l'œuvre non d'un prêtre éclairé et courageux, mais d'un rhéteur ignorant et mu d'une secrète ambition. On peut affirmer que, même de nos jours, aucun prince ne supporterait patiemment de telles remontrances, et l'on explique comment, quelques années plus tard, et quand l'affaire du quiétisme eut comblé la mesure, Louis XIV chassait de sa cour ce bel esprit chimérique, cet homme capable, disait-il, « de former un grand parti dans son État, » et comment il vint à défendre que son nom même fût prononcé devant lui.

Voici quelques extraits de cette lettre :

« Vous êtes né, sire, avec un cœur droit et équitable, mais ceux qui vous ont élevé ne vous ont donné pour science de gouverner que la défiance, la jalousie, l'éloignement de la vertu, la crainte de tout mérite éclatant, le goût des hommes souples et rampants, la hauteur et l'attention à votre seul intérêt.

« Depuis environ trente ans, vos principaux ministres ont ébranlé et renversé toutes les anciennes maximes de l'État pour faire monter jusqu'au comble votre autorité qui étoit devenue la leur, parce qu'elle étoit dans leurs mains. On n'a plus parlé de l'État ni des règles; on n'a parlé que du roi et de son bon plaisir. On a poussé vos revenus et vos dépenses à l'infini; on vous a élevé jusqu'au ciel pour avoir effacé, dit-on, la grandeur de tous vos prédécesseurs ensemble, c'est-à-dire pour avoir appauvri la France entière afin d'introduire à la cour un luxe monstrueux et incurable... Ils ont été durs, hautains, injustes, violents, de mauvaise foi. Ils n'ont connu d'autre règle ni pour l'administration du dedans de l'État, ni pour les négociations étrangères, que de menacer, que d'écraser, que d'anéantir tout ce qui leur résistoit. Ils vous ont accoutumé à recevoir sans cesse des louanges outrées qui vont jusqu'à l'idolâtrie, et que vous auriez dû, pour votre honneur, rejeter avec indignation. On a rendu votre nom odieux, et toute la nation française insupportable à nos voisins... La guerre de Hollande n'a eu pour fondement qu'un motif de gloire et de vengeance, ce qui ne peut jamais rendre une guerre juste; d'où il s'ensuit que toutes les frontières que vous avez étendues par cette guerre sont injustement acquises dans l'origine... Les traités de paix signés par les vaincus ne sont point signés librement. On signe le couteau sous la gorge; on signe malgré soi, pour éviter de plus grandes pertes; on signe comme on donne sa bourse, quand il la faut donner ou mourir...

« En voilà assez, sire, pour reconnoître que vous avez passé votre vie entière hors du chemin de la vérité et de la justice, et par conséquent hors de celui de l'Évangile. Tant de troubles affreux qui ont désolé toute l'Europe depuis plus de vingt ans, tant de sang répandu, tant de scandales commis, tant de provinces saccagées, tant de villes et de villages mis en cendres, sont les funestes suites de cette guerre de 1672, entreprise pour votre gloire et pour la confusion des faiseurs de gazettes et de médailles de la Hollande. Examinez, sans vous flatter, avec des gens de bien, si vous pouvez garder tout ce que vous possédez en conséquence des traités auxquels vous avez réduit vos ennemis par une guerre si mal fondée.

« Elle est encore la vraie source de tous les maux que la France souffre. Depuis cette guerre, vous avez toujours voulu donner la paix en maître et imposer les conditions au lieu de les régler avec équité et modération. Voilà ce qui fait que la paix n'a pu durer. Vos ennemis, honteusement accablés, n'ont songé qu'à se relever et qu'à se réunir contre vous. Faut-il s'en étonner? Vous n'avez pas même demeuré dans les termes de cette paix que vous aviez donnée avec tant de hauteur... Une telle conduite a réuni et animé toute l'Europe contre vous. Ceux même qui n'ont pas osé se déclarer ouvertement, souhaitent du moins avec impatience votre affoiblissement et votre humiliation comme la seule ressource pour la liberté et pour le repos des nations chrétiennes... Les alliés aiment mieux faire la guerre avec perte que de conclure la paix avec vous, parce qu'ils sont persuadés sur leur propre expérience que cette paix ne seroit point une paix véritable, que vous ne la tiendriez non plus que les autres, et que vous vous en serviriez pour accabler séparément sans prise chacun de vos voisins, dès qu'ils seroient désunis.

« Cependant vos peuples meurent de faim. La culture des terres est presque abandonnée; les villes et les campagnes se dépeuplent; tous les métiers languissent et ne nourrissent plus les ouvriers. Tout commerce est anéanti... La France entière n'est plus qu'un grand hôpital désolé et sans provisions. Les magistrats sont avilis et épuisés. La noblesse, dont tout le bien est en décret, ne vit que de lettres d'État... Le peuple même, qui vous a tant aimé, commence à perdre l'amitié, la confiance, et même le respect. Vos victoires et vos conquêtes ne le réjouissent plus; il est plein d'aigreur et de désespoir. La sédition s'allume peu à peu de toutes parts...

« Voilà, sire, l'état où vous êtes. Vous vivez comme ayant un bandeau fatal sur les yeux... Dieu saura bien enfin lever le voile. Il y a longtemps qu'il tient son bras levé sur vous; mais il est lent à vous frapper, parce qu'il a pitié d'un prince qui a été toute sa vie obsédé de flatteurs. Il saura bien séparer sa cause juste d'avec la vôtre qui ne l'est pas, et vous humilier pour vous convertir, car vous ne serez chrétien que dans l'humiliation. Vous n'aimez pas Dieu, vous ne le craignez même que d'une crainte d'esclave; votre religion ne consiste qu'en superstition, et en pratiques superficielles... Vous rapportez tout à vous, comme si vous étiez le Dieu de la terre et que tout le reste n'eût été que pour vous être sacrifié. C'est au contraire vous que Dieu n'a mis au monde que pour votre peuple. Mais hélas! vous ne comprenez point ces vérités : comment les goûteriez-vous? Vous ne connoissez point Dieu, vous ne l'aimez pas, vous ne le priez point du cœur, et vous ne faites rien pour le connoître.

« Vous avez un archevêque corrompu, scandaleux, incorrigible, faux, mutin, artificieux, ennemi de toute vertu, et qui fait gémir tous les gens de bien. Vous vous en accommodez, parce qu'il ne songe qu'à vous plaire par ses flatteries...

« Pour votre confesseur, il n'est pas vicieux; mais il craint la solide vertu, et il n'aime que les gens profanes et relâchés... Vous êtes seul en France, sire, à ignorer qu'il ne sait rien, que son esprit est court et grossier... les jésuites même le méprisent... c'est un aveugle qui en conduit un autre...

« Votre conseil n'a ni force, ni vigueur pour le bien. Du moins, madame de Maintenon et M. le duc de Beauvilliers pourroient-ils se servir de votre confiance en eux pour vous détromper; mais leur foiblesse et leur timidité les déshonorent et scandalisent tout le monde. La France est aux abois; qu'attendent-ils pour vous parler franchement? A quoi sont-ils bons, s'ils ne vous montrent pas que vous devez restituer les pays qui ne sont pas à vous, préférer la vie de vos peuples à une fausse gloire, etc. ? »

LETTRE CCCLXXX

A M. L'ARCHEVÊQUE DE PARIS[1].

Le jour de Noël 1695.

Le roi a bien compté que vous ne viendrez ici que demain lui amener M. l'abbé de Noailles[2]. Le père de La Chaise a très-bien fait. On m'assure qu'il est toujours sur vos louanges[3].

Je n'espère point avoir l'honneur de vous voir demain; et cela n'en sera pas plus mal; il faut garder vos visites pour les choses nécessaires. J'espère que M. l'abbé de Noailles n'en croira pas moins que je suis ravie qu'il soit votre successeur. La raison qui a le plus déterminé le roi contre cette jeunesse qu'il craignoit tant, c'est qu'il compte qu'il n'y aura rien de changé dans tout ce que vous avez établi, et que vous conduirez ce diocèse encore quelque temps. Je suis bien aise de cette affaire, monseigneur, et d'avoir entendu dire au roi de très-bon cœur qu'il avoit été ravi de vous faire plaisir. Il ajouta qu'il avoit dit à son confesseur que cette raison étoit trop humaine, mais qu'il la croyoit permise quand d'ail-

1. *Autographe* du cabinet de M. de Cambacérès.
2. Il avait été nommé la veille pour succéder à son frère dans le siége de Châlons.
3. La Beaumelle ajoute : « Vous allez dire : *Timeo Danaos et dona ferentes.* »

leurs le sujet étoit bon; le père de La Chaise le confirma dans son opinion.

Je vous rendrai compte une autre fois d'une conversation que j'ai eue avec lui sur sa conscience. J'espère tout, monseigneur, de la bonté de Dieu, de vos prières et de vos soins.

Vous me faites un grand plaisir, quand vous finissez vos lettres par quelques mots de piété, je vous conjure d'y ajouter toujours votre bénédiction.

Je serai bien aise que vous ne me rendiez la lettre[1] que lorsque j'aurai l'honneur de vous voir.

Ne me permettez-vous pas, monseigneur, de faire ici mes compliments à madame la duchesse de Noailles et à M. le maréchal, pour leur sauver la peine de me faire réponse?

LETTRE CCCLXXXI

A M. L'ARCHEVÊQUE DE PARIS[2].

26 décembre 1695.

Ce n'est pas par mon inclination, monseigneur, que je remets à une autre fois l'honneur de vous voir, vous et M. l'évêque de Châlons, mais je crois qu'il faut éviter tout ce qui n'est que compliment et garder nos entrevues pour ce qui sera nécessaire. Le petit mot que vous dites sur M. de Noyon m'afflige parce qu'il me fait voir qu'on a fait un mauvais

---

1. La lettre de Fénelon dont il est question plus haut.
2. *Autographe* du cabinet de M. le duc de Cambacérès.

choix. Le père de La Chaise ne se rend aux évêques dévots que par des raisons particulières. Ne lui en direz-vous rien, monseigneur?

LETTRE CCCLXXXII

A M. L'ARCHEVÊQUE DE PARIS [1].

A Saint-Cyr, ce 27 décembre 1695.

J'ai eu l'honneur de vous écrire ce matin bien à la hâte, monseigneur : je voulois arriver ici pour la messe de la communauté et j'en use avec vous dans une liberté sans rien diminuer au moins dans mon cœur du respect que je vous dois pour tant de raisons.

Nous avons ce que nous désirons pour Châlons; mais qu'il est triste de voir que ce qui est bon s'arrache par la force et que ce qui est mal se fait aisément! Ne tâcherez-vous point, monseigneur, de guérir le père de La Chaise, ou du moins, de lui faire honte de cette maxime : que les dévots ne sont bons à rien. Il est bien vrai qu'il y a des dévots qui ne sont point propres à gouverner ; mais c'est la faute de leur esprit et non pas la faute de leur dévotion. La maxime du *bon père* est publique [2], ainsi vous pourrez lui en parler librement. Ne le piquerez-vous point d'honneur en lui disant que ce seroit lui qui

---

1. *Autographe* du cabinet de M. le duc de Cambacérès.
2. La Beaumelle ajoute et invente : « La maxime du bon père est générale, tombe sur tous les dévots et semble dire que la pratique de l'Évangile rend imbécile et sot. »

devroit être le protecteur de la piété, au lieu de faire dire que nous sommes mal ensemble, parce que j'aime les gens de bien et qu'il ne les peut souffrir ? Il n'y a rien là, ce me semble, qu'il osât redire au roi et qui ne fût contre lui. C'est à vous, monseigneur, à rectifier ce que je vous propose.

C'est mal nommer ce qui s'est passé entre le roi et moi, la veille qu'il fit ses dévotions, que de l'appeler conversation, car je ne pus jamais le faire parler. Je lui contai quelque chose de saint Augustin qu'il écouta avec plaisir ; sur cela je pris occasion de lui dire que je ne comprenois pas pourquoi il ne vouloit jamais que nous fissions quelque lecture qui l'instruiroit et même le divertiroit, et que je croyois que le père de La Chaise s'y opposoit. Il me dit qu'il ne lui en parloit point et qu'au contraire il le lui avoit proposé. Je répliquai que j'avois peine à le croire quand je pensois que je l'avois vu me presser de lui lire des écrits de M. de Fénelon, en lire de saint François de Sales, prier avec moi et être si touché qu'il vouloit faire et fit en effet une confession générale ; que tout cela étoit tombé en vingt-quatre heures et que depuis il ne me disoit pas un mot sur la dévotion. Il me répondit pour toute chose qu'il n'étoit pas un homme de suite, voulant dire qu'il ne suivoit rien. Je ne le crois pas menteur, ce n'est donc pas le père de La Chaise qui l'éloigne de moi par rapport à la piété[1].

1. La Beaumelle ajoute et invente : « Il ne ment jamais et vous savez que cela n'est guère possible à un roi : ce n'est donc pas le père de La Chaise qui l'éloigne du commerce de piété et de

Mais, monseigneur, si le père de La Chaise est justifié, quelle conséquence en devons-nous tirer? et quel malheur si c'est le roi qui craint que je lui parle! Il se fait un scrupule d'aimer à vous faire plaisir en donnant un saint évêque à Châlons et, en même temps, il en donne un à Langres[1], qui est sans piété, au moins si j'en crois M. le curé qui vient de m'en parler[2].

Je suis bien aise que vous trouviez la lettre que je vous ai confiée trop dure; elle m'a toujours paru ainsi : ne connoissez-vous point le style[3]? Mais, monseigneur, souffrez que je revienne à l'évêque de Langres. N'en direz-vous rien au père de La Chaise? Au reste, je crois voir par une lettre que j'ai reçue de M. l'évêque de Chartres, que, pourvu que je contribue à faire de bons évêques, il me passera tout le reste[4].

A Versailles, ce 27.

Le roi est bien content, monseigneur, de tout ce qui s'est passé entre vous, et bien aise que cette an-

---

prières que je voudrois avoir pour lui et pour lequel j'ai consenti à me donner à lui. » — Madame de Maintenon n'a jamais pu écrire cela!

1. L'abbé de Tonnerre, aumônier du roi, frère de l'évêque de Laon et neveu de l'évêque de Noyon. Aussi Dangeau dit : « Il y a présentement, dans la maison de Tonnerre, trois des six anciennes pairies ecclésiastiques : Noyon, Langres et Laon. »

2. La Beaumelle ajoute : « Quel mélange de délicatesse et d'endurcissement! et que cette conscience-là me coûte de pleurs! »

3. Voir l'appendice de la lettre CCCLXXIX.

4. La Beaumelle ajoute : « Vous savez que je ne suis point ici pour cela; mais il m'est impossible de ne pas aimer le bien, l'Église et le roi. »

née, vous ne touchiez ni à la foire ni à la comédie. Vous faites merveille de le préparer ainsi, il faut l'accoutumer et ne le pas surprendre. Je l'ai fort loué de ce qu'il m'a dit qu'il vous seroit soumis; j'ai ajouté qu'il devoit l'être et que c'étoit l'ordre de Dieu. Je le prie de tout mon cœur de se servir de vous pour son salut. Il m'a dit que vous n'aviez pas voulu lui dire quand vous donneriez le jubilé. J'ai répondu que vous ne l'aviez peut-être pas encore résolu, mais que j'étois ravie que vous ne lui disiez que ce qui vous plaisoit. Enfin, monseigneur, il s'accoutume à vous; soyez libre et hardi avec lui, je vous en conjure.

LETTRE CCCLXXXIII[1]

A M. L'ABBÉ TIBERGE[2].

1695.

Vous avez tant travaillé pour Saint-Cyr, monsieur, que j'espère que vous voudrez bien achever cet ouvrage, autant que vous le pourrez. Nos filles se forment tous les jours, les voilà presque toutes seules sur leur bonne foi; il me semble que nous devons les instruire sur toutes leurs affaires, et les mettre en état de se passer de nous. Je vous conjure très-sérieusement de faire imprimer leurs *constitutions* dans l'état où on a jugé de les mettre, de leur don-

---

1. *Manuscrits des Dames de Saint-Cyr.*
2. L'un des supérieurs des Missions étrangères, en qui madame de Maintenon avait grande confiance.
3. Les *constitutions* de la maison de Saint-Louis ne furent im-

ner ces livres qu'il y a si longtemps qu'elles attendent, et si vous jugez ne pouvoir leur rendre ce service par le grand nombre de vos affaires, de vouloir du moins nous donner votre conseil pour le faire faire. M. Vacherot est veuf, il faut l'employer; il est intelligent et affectionné, ne pourroit-il pas nous rendre ce service?

J'ai un bel esprit qui est M. Duché, dont nous pourrions encore nous servir [1].

Ne faut-il pas imprimer le cérémonial qui va être approuvé?

Il faudroit qu'elles sussent où nous en sommes pour les amortissements, et de quelles places elles peuvent disposer présentement et à l'avenir.

Elles devroient avoir les contrats que vous avez faits pour leur sûreté, et les quittances qu'elles auront à donner pour ce qui est encore dû.

Je suis persuadée que tout ce que vous faites, monsieur, est en bon ordre; mais vous êtes mortel, et il leur sera très-avantageux que vous les instruisiez vous-même. Comme elles nous survivront sûrement, nous devons, ce me semble, les mettre le plus que nous pourrons en état de ne sentir notre mort que par leur bon cœur.

primées qu'en 1699 à l'imprimerie royale. Elles ont été plusieurs fois réimprimées.

1. Duché de Vancy, né en 1668, mort en 1704. C'est l'auteur de *Jonathas*, de *Jephté*, de *Débora*, tragédies qui furent faites pour Saint-Cyr. Il avait une sœur Dame de Saint-Louis.

ANNÉE 1696.

NOTE PRÉLIMINAIRE

Cette année renferme cinquante-trois lettres authentiques et deux apocryphes : il y en a quarante-trois de madame de Maintenon et douze à madame de Maintenon. Sur les premières, vingt-cinq sont adressées à l'archevêque de Paris ; comme dans l'année précédente, c'est la partie de sa correspondance la plus active, la plus secrète, mais elle ne traite que des affaires de l'Église, principalement du quiétisme, et madame de Maintenon, occupée uniquement du salut du roi, semble étrangère aux affaires de l'État.

On remarquera les lettres relatives à l'arrivée en France de la duchesse de Bourgogne, qui jettent de l'animation sur la correspondance un peu monotone de madame de Maintenon.

On trouvera, en outre, pour cette année, dans le tome Ier des *Lettres historiques et édifiantes*, dix-huit lettres aux Dames de Saint-Cyr, dont neuf à madame de Fontaines, et les neuf autres à madame du Tour, de la Maisonfort, de Berval, de Radouay, de Glapion et du Pérou.

LETTRE CCCLXXXIV

A M. L'ARCHEVÊQUE DE PARIS[1].

Le premier jour de l'an 1696.

Je prie Dieu, monseigneur, de vous combler de bénédictions. Je vous demande la vôtre pour étrennes et je n'en puis recevoir de plus agréable.

Madame Guyon a déjà nommé les duchesses de

1. *Autographe* du cabinet de M. le duc de Cambacérès.

Guiche, de Mortemart et de Charost, la première pour lui renvoyer un perroquet, et les autres pour mettre entre leurs mains l'argent qu'on lui a trouvé. M. de la Reynie devoit l'interroger hier. Tout vous sera renvoyé, monseigneur, mais nous ne pouvons éviter un bruit fâcheux ; ma consolation est qu'il ne sera pas sur votre compte. Je dis à Marly à madame la duchesse de Chevreuse que la cabale de cette femme étoit traitée de *petite Église;* elle n'en fut nullement choquée dans le premier mouvement, mais après avoir consulté M. son mari, elle revint l'après-dîner me dire que madame Guyon n'entendoit peut-être pas les choses comme nous les prenions. Je vous avoue, monseigneur, que cet entêtement me dégoûte fort de ces dames.

LETTRE CCCLXXXV

A M. L'ARCHEVÊQUE DE PARIS [1].

2 janvier 1696.

En répondant à une lettre de M. de Meaux, je lui mandai que madame Guyon étoit arrêtée. Il me mande aujourd'hui qu'il en est ravi, et que ce mystère cachoit bien des maux à l'Église. Il ajoute que M. de Cambrai entre dans l'approbation qu'il vouloit lui proposer, et que lui, M. de Meaux, voit, par une conversation qu'il a eue avec un de nos amis [2],

---

1. *Autographe* du cabinet de M. le duc de Cambacérès.
2. Les ducs de Chevreuse, de Mortemart et de Beauvilliers.

qu'ils commencent à sentir où ils s'étoient engagés. Il doit venir ici au commencement de cette année.

J'aurois une grande joie si nos amis revenoient ; je ne sais quel est celui que M. de Meaux a entretenu. M. le duc de Noailles nomma hier au soir au roi Du Puis [1], comme celui qui a persuadé madame la duchesse de Guiche [2] : cela fera une peine à M. le duc de Beauvilliers.

M. de Noailles est trop sincère avec le roi : il n'est pas aisé d'effacer les impressions qu'on lui a données, et c'est ce qui m'oblige à lui cacher beaucoup de choses, quoique je n'y sois pas portée par mon naturel.

LETTRE CCCLXXXVI

LE PAPE INNOCENT XII A MADAME DE MAINTENON [3].

3 janvier 1696.

Salut et bénédiction apostolique à notre chère fille en Jésus-Christ.

Illustre dame, votre insigne piété envers Dieu, jointe à votre singulière dévotion pour nous et pour le saint-siége apostolique, nous engagent, par notre affection paternelle pour votre personne, de vous en donner des marques, en procurant, en ce qui

1. Gentilhomme du duc de Bourgogne, très-infatué du quiétisme, et qui avait été placé auprès du prince par le duc de Beauvilliers.
2. Nous avons déjà dit que la duchesse de Guiche était la fille aînée du duc de Noailles.
3. *Manuscrits des Dames de Saint-Cyr.*

dépend de nous, votre consolation spirituelle et l'avancement du salut de votre âme. C'est pour cela que nous vous envoyons cette couronne de la bienheureuse vierge Marie de Lapis, avec la médaille d'or qui y est attachée, représentant d'un côté l'image de notre Sauveur, et de l'autre côté celle de la bienheureuse vierge Marie, étant porté favorablement pour les choses qui peuvent vous faire croître de plus en plus dans la piété et assurer le salut de votre âme.

Tant que vous porterez sur vous cette couronne et que vous réciterez l'office divin ordinaire, ou bien celui de la bienheureuse vierge Marie, ou celui des morts, ou bien les sept psaumes pénitentiaux ou graduels, en quelque jour de dimanche ou de fête, après vous être approchée du sacrement de pénitence et de la sainte communion, vous gagnerez une fois chaque semaine l'indulgence plénière de tous vos péchés.

Donné à Rome, à Sainte-Marie-Majeure, sous l'anneau du pêcheur, le troisième jour de janvier de l'année 1696 et de notre pontificat la cinquième.

LETTRE CCCLXXXVII

A M. L'ARCHEVÊQUE DE PARIS [1].

Ce 5 janvier 1696.

Ce qui a rapport à la lettre de M. l'évêque de

---

1. *Autographe* du cabinet de M. le duc de Cambacérès.

Meaux s'est passé entre le roi et M. le duc de Noailles qui vous en rendra compte.

M. de Pontchartrain vient de lire une longue et ennuyeuse interrogation de madame Guyon, où il n'y a rien qui mérite de vous être mandé.

La cassette a été ouverte, et M. de la Reynie mande qu'elle ne contient que des papiers de doctrine que madame Guyon dit être le double de ce qu'elle a mis entre les mains de M. de Meaux avant d'aller à Meaux. J'ai dit que ces papiers ne traitant que de spiritualités, il faudroit, monseigneur, vous les envoyer; mais le roi et son ministre ont répondu qu'il falloit auparavant avoir interrogé tous ceux qu'on a pris avec madame Guyon, et avoir su d'elle ce que c'est que les commerces qu'elle a auprès de Po (*sic*)[1], de sorte qu'il me paroît que cette affaire va tirer en longueur et prendre un tour assez désagréable; car ne trouvant rien de nouveau, il n'y auroit pas autre chose à faire que de mettre cette femme en lieu de sûreté. *On* me répond à cela que les choses doivent se traiter dans les formes et que M. de la Reynie n'en manquera aucune. Cela se dit en riant, mais on ne conclut rien de sérieux. Vous pourriez, monseigneur, m'écrire une lettre que je pourrois montrer, et qui les presseroit peut-être de vous renvoyer cette affaire. D'un autre côté, je me console de tout ceci, parce qu'il n'y a rien sur votre compte.

Je n'ai pu encore tirer une réponse sérieuse sur

---

1. Sans doute de Pau.

le duché de Saint-Cloud¹. On n'y est pas accoutumé et l'on trouve que ce nom-là sonne mal; n'est-ce pas une bonne raison?

M. de Meaux revient-il? Sa présence pourra finir l'affaire de madame Guyon, puisqu'il veut bien s'en charger.

Il me semble que vous m'avez écrit aujourd'hui par honnêteté; gardez votre temps, je vous supplie, pour le nécessaire, il ne me faut nul ménagement.

LETTRE CCCLXXXVIII

A M. L'ARCHEVÊQUE DE PARIS².

9 janvier 1696.

Je me plains, monseigneur, de ce que vous me remerciez d'avoir entré dans vos intérêts sur l'affaire du *Conservateur*³. Vous devez compter une fois pour toutes que je serai vive pour vous.

Le roi m'a dit, dès qu'il m'a vue, ce qui s'étoit passé entre vous, et ce qu'il dira demain à M. de Meaux. Je suis ravie de ce que vous l'avez édifié

---

1. La terre de Saint-Cloud appartenait aux archevêques de Paris, et leur avait été donnée, dit-on, par saint Cloud, petit-fils de Clovis. Cette terre fut érigée en duché-pairie par lettres patentes du 7 avril 1674, à la demande de l'archevêque Harlay de Champvallon. M. de Noailles sollicitait le renouvellement de ces lettres patentes.
2. *Autographe* du cabinet de M. le duc de Cambacérès.
3. *Conservateur* des priviléges de l'Université. C'était un titre qui avait appartenu au dernier archevêque, et que M. de Noailles avait demandé. Il fut donné à Bossuet le 14 décembre 1695.

par la douceur avec laquelle vous traitez ce qui est arrivé[1]. Il étoit tout scandalisé du procédé de M. de Meaux, et me parut bien aise de ce que vous ne romprez point l'un avec l'autre.

M. de Pontchartrain lut hier un petit procès-verbal de M. de la Reynie, qui ne dit rien, mais il le finit en faisant envisager qu'en approfondissant cette affaire, on pourra trouver plus qu'on ne pense; ce que je ne crois pas.

Vous avez donc fini, monseigneur, sur le duché de Saint-Cloud? je crois que j'y aurois échoué. J'aurai l'honneur de vous mander le jour de notre dîner aussitôt que je le saurai : ce sera apparemment jeudi ou vendredi.

LETTRE CCCLXXXIX

A M. L'ARCHEVÊQUE DE PARIS[2].

25 janvier 1696.

On ne m'a pas dit un mot du père de Sainte-M.... On me conta seulement que Monsieur a grand peur que l'opéra ne soit défendu pendant le jubilé. Le roi n'en doute pas et l'approuve fort; il ajouta qu'il ne savoit comment vous feriez pour la foire pendant ce temps-là, mais qu'il n'y avoit qu'à vous laisser faire. Sa soumission me paroît du fond du cœur; Dieu veuille qu'elle soit de même quand il

---

1. Sur l'affaire du *Conservateur*.
2. *Autographe* du cabinet de M. de Cambacérès.

s'agira de lui! Je crois, monseigneur, qu'il faut que vous soyez averti de tout.

Madame la duchesse de Noailles voudroit-elle venir à Saint-Cyr la veille de la fête de la Purification? Si cela lui convient, j'arrangerai son voyage comme vous me l'avez permis et par rapport à mon état qui n'est pas tout à fait libre.

LETTRE CCCXC

A M. L'ARCHEVÊQUE DE PARIS [1].

Ce 28 janvier 1696.

Prenez toutes vos mesures avec M. le premier président, monseigneur, sans en rien dire ou mander au roi, car vous ignorez ce que je vous ai mandé de ses dispositions, et je ne voudrois pas que les vôtres lui revinssent par un autre que vous.

Que madame la duchesse de Noailles ne change pas son projet pour la fête de la Purification; tous les jours sont égaux pour Saint-Cyr, pourvu que j'en sois avertie, et plus ils seront longs, plus je profiterai de l'honneur et du plaisir de la voir.

L'affaire qui regarde mon frère [2] est bien affligeante, monseigneur, et mérite que je vous consulte la première fois que j'aurai l'honneur de vous voir.

1. *Autographe* du cabinet de M. le duc de Cambacérès.
2. J'ignore quelle est cette affaire: les dernières années de la vie de M. d'Aubigné sont très-obscures. Il était alors gouverneur du Berri et demeurait ordinairement à Paris. Nous en parlerons plus loin.

LETTRE CCCXCI

A M. L'ARCHEVÊQUE DE PARIS[1].

2 février 1696.

Jamais succès ne fut égal à celui du père Séraphin[2]. Toute la cour en est charmée ; mais ce qui est considérable, c'est que le roi a trouvé son sermon court, en a retenu une grande partie, et m'a dit que cet homme donnoit envie d'être dévot. Il n'a point fait de compliment, et on n'en est point choqué. Il a dit qu'un roi étoit plus obligé qu'un autre à savoir l'Évangile, parce qu'il avoit à l'observer et à le faire observer aux autres. Tout cela est goûté ; il en faudra voir la suite. Le roi croit que ce succès va augmenter le nombre des ennemis du religieux. Cette affaire, monseigneur, a besoin de votre attention et de votre sagesse et j'ai cru devoir vous dire ce qui se passe ici, afin que vous redoubliez vos soins pour empêcher l'éclat et pour ne vous pas laisser surprendre.

LETTRE CCCXCII

A M. DE HARLAY[3].

5 mars 1696.

M. l'évêque de Chartres m'a priée mille fois, monsieur, de vous remercier des bontés que vous avez

---

1. *Autographe* du cabinet de M. le duc de Cambacérès.
2. Voir sur ce capucin, Saint-Simon, t. II, p. 151.
3. *Autographe* de la Bibliothèque impériale.

pour lui, et je n'en ai pas trouvé le temps. Il me demande aujourd'hui de vous faire une sollicitation, et je le fais sur-le-champ, quoique ce procédé me paroisse fort intéressé. Je vous supplie donc, monsieur, de ne pas permettre qu'on se prévale de sa résidence dans un temps où un saint évêque comme lui ne doit pas quitter son diocèse. Souffrez, monsieur, que je me serve de cette occasion pour vous témoigner ma joie de tout ce que le roi fait pour vous, ce qui n'ira jamais plus loin que mes désirs, étant sincèrement, monsieur, votre, etc.

LETTRE CCCXCIII

A M. DE HARLAY [1].

Ce 6 mars 1696.

Je suis très-persuadée, monsieur, avec tout le monde, que vous rendez justice, et l'intérêt que je prends à M. de Beaulieu ne me fera pas douter qu'il ne soit bien jugé. Je crains seulement qu'il ne demeure encore en prison et dans l'extrême nécessité où il a été si longtemps. Vous avez trop de bonté, monsieur, de prendre la peine de me dire vous-même comment cette affaire est terminée ; je sens vos honnêtetés, monsieur, comme je le dois, et je suis plus que je ne puis l'exprimer, monsieur, votre, etc.

1. *Autographe* de la Bibliothèque impériale.

LETTRE CCCXCIV

FÉNELON A MADAME DE MAINTENON[1].

7 mars 1696.

Votre dernière lettre qui devroit m'affliger sensiblement, madame, me remplit de consolation ; elle me montre un fond de bonté qui est la seule chose dont j'étois en peine. Si j'étois capable d'approuver une personne qui enseigne un nouvel Évangile, j'aurois horreur de moi plus que du diable : il faudroit me déposer et me brûler, bien loin de me supporter comme vous faites. Mais je puis me tromper sur une personne que je crois sainte, parce je crois qu'elle n'a jamais eu intention d'enseigner ni d'écrire rien de contraire à la doctrine de l'Église catholique.....

Je dois savoir les vrais sentiments de madame Guyon, mieux que tous ceux qui l'ont examinée pour la condamner, car elle m'a parlé avec plus de confiance qu'à eux. Je l'ai examinée en toute rigueur, et peut-être que je suis allé trop loin pour la contredire. Je n'ai jamais eu aucun goût naturel pour elle ni pour ses écrits. Je n'ai jamais rien éprouvé d'extraordinaire en elle qui ait pu me prévenir en sa faveur.....

<small>Fénelon entre ici dans le détail des erreurs attribuées à madame Guyon, et les excuse toutes.</small>

Je suis si persuadé qu'elle n'a rien cru de mauvais, que je répondrois encore de lui faire donner une

---

1. *Œuvres de Fénelon*, t. XXX, p. 229.

explication très-précise et très-claire de toute sa doctrine pour la réduire aux justes bornes et pour détester tout ce qui va plus loin.... Peut-être croirez-vous, madame, que je ne fais cette offre que pour la faire mettre en liberté? Non, je m'engage à lui faire faire cette explication précise et cette réfutation de toutes ses erreurs condamnées, sans songer à la tirer de prison. Je ne la verrai point, je ne lui écrirai que des lettres que vous verrez et qui seront examinées par les évêques : ses réponses passeront toutes par le même canal; on fera de ces explications l'usage que l'on voudra. Après tout cela, laissez-la mourir en prison. Je suis content qu'elle y meure, que nous ne la voyions jamais, et que nous n'entendions jamais jamais parler d'elle. Il me paraît que vous ne me croyez ni fripon, ni menteur, ni traître, ni hypocrite, ni rebelle à l'Église. Je vous jure devant Dieu, qui me jugera, que voilà les dispositions du fond de mon cœur. Si c'est là un entêtement, du moins c'est un entêtement sans malice, un entêtement pardonnable, un entêtement qui ne peut nuire à personne ni causer aucun scandale; un entêtement qui ne donnera jamais aucune autorité aux erreurs de madame Guyon ni à sa personne. Pourquoi donc vous resserrez-vous le cœur à notre égard, madame, comme si nous étions d'une autre religion que vous? Pourquoi craindre de parler de Dieu avec moi, comme si vous étiez obligée en conscience à fuir la séduction? Pourquoi croire que vous ne pouvez avoir le cœur en repos et en union avec nous? Pourquoi défaire ce que Dieu avoit fait si visiblement? Je pars avec l'espérance que Dieu qui voit nos cœurs les réunira, mais avec une douleur inconsolable d'être votre croix.

J'oubliois à vous dire, madame, que je suis plus content que je ne l'ai jamais été de M. l'évêque de Chartres. Je l'ai cru trop alarmé, mais je n'ai jamais cru qu'il agît que par un pur zèle de religion et une tendre amitié pour moi. Nous eûmes ces jours passés une conversation très-cordiale, et je suis assuré qu'il sera bientôt très-content de moi. Je m'expliquerai si fortement vers le public[1], que tous les gens de bien seront satisfaits, et que les critiques n'auront rien à dire. Ne craignez pas que je contredise M. de Meaux, je n'en parlerai jamais que comme de mon maître, et de ses *propositions*[1], comme de la règle de la foi. Je consens qu'il soit victorieux et qu'il m'ait ramené de toute sorte d'égarements ; il n'est pas question de moi, mais de la doctrine qui est à couvert ; il n'est pas question de termes que je ne veux employer qu'à son choix, pour ne le point scandaliser, mais seulement du fond des choses où je suis content de ce qu'il me donne. Il paroîtra en toutes choses que je ne parle que son langage et que je n'agis que de concert et par son esprit : sincèrement, je ne veux avoir que déférence et docilité pour lui.

1. Il préparait son livre des *Maximes des saints*.
2. Les 34 articles d'Issy.

LETTRE CCCXCV

A M. L'ARCHEVÊQUE DE PARIS[1].

Ce 9 mars 1696.

Le roi m'a dit à mon retour de Saint-Cyr, que vous vouliez l'embarquer dans une affaire à laquelle il ne pouvoit consentir, qui est de prendre l'abbaye de Coulon, pour le dédommagement de l'évêché de Chartres; qu'il faudroit en donner une autre à Monsieur, et qu'il était impossible qu'il donnât une abbaye qui ne seroit pas dans son apanage. J'ai répondu que vous entendriez bien toutes ces raisons-là, et que vous n'affectiez rien en particulier. Je vous conjure, monseigneur, de traiter cette affaire, de sorte que le revenu de M. l'évêque de Chartres n'augmente point, mais qu'on songe uniquement au bien de l'évêché pour l'avenir. Il ne faut pas que notre saint ami scandalise personne, et qu'il paroisse intéressé ne l'étant pas. Je crois qu'il m'avoueroit ce que je dis.

L'entreprise d'Angleterre est manquée; ne le dites point le premier, s'il vous plaît[2].

M. l'archevêque de Cambrai, en disant il y a quelques jours combien il seroit utile que les évê-

---

1. *Autographe* du cabinet de M. le duc de Cambacérès.
2. Sur la nouvelle qu'il se préparait en Angleterre un mouvement contre le prince d'Orange, des troupes et des vaisseaux avaient été secrètement rassemblés à Calais pour faire un débarquement, et le roi Jacques II était venu en prendre le commandement; mais les Anglais eurent vent du projet et réunirent trente vaisseaux de ligne entre Calais et Gravelines : l'entreprise manqua.

chés eussent peu d'étendue, ajouta que, si l'on vouloit séparer Cambrai, bien loin de demander un dédommagement, il donneroit une partie de son revenu.

LETTRE CCCXCVI

NOTE PRÉLIMINAIRE

Cette lettre renferme une phrase qui éclaire singulièrement la question des prétendues lettres écrites, selon La Beaumelle, par madame de Maintenon à madame de Saint-Géran. Dans cette lettre, madame de Maintenon dit :

« Madame de Saint-Géran, à qui je n'avais pas parlé, *il y a bien des années,* m'a demandé une audience, et en m'assurant qu'elle veut être dévote, elle a voulu me persuader de la faire aller à Marly. Je lui ai parlé avec une grande franchise sur sa mauvaise conduite, etc. »

On voit quelle intimité il y avait entre les deux dames, la confiance qu'on doit avoir dans les lettres données par La Beaumelle, et quelle femme était madame de Saint-Géran. Nous la verrons à la fin de cette année disgraciée et exilée de la cour. A la date même de cette lettre, qui condamne si clairement ses mensonges, La Beaumelle ne craint pas de mettre, comme nous allons le voir, une lettre de son invention.

A M. L'ARCHEVÊQUE DE PARIS[1].

11 mars 1696.

Si ce que j'avois à faire à Saint-Cyr, mardi eût pu se remettre, je n'aurois pas manqué de le faire; mais il falloit donner le voile à trois filles, qui auroient été bien affligées de n'être pas traitées comme les

1. *Autographe* du cabinet de M. le duc de Cambacérès.

autres. M. le curé m'a dit ce matin que le jubilé commence ici avec un zèle qu'il n'a pas vu dans les autres. J'espère bien, monseigneur, que Dieu bénira vos travaux et vous donnera la force de soutenir en paix les contradictions.

Monsieur est celui qui paraît le plus peiné de la piété. Il dit l'autre jour au roi qu'il y avait eu beaucoup de masques et de bals, et que l'on avoit défendu le jeu à la foire[1]; que M. le Duc ayant demandé des dés, qu'on lui en refusa, et qu'il demanda un *totam*[2]; que l'on ne vouloit pas qu'on y bût et qu'on y mangeât; que les crocheteurs, les porteurs d'eau ne pouvoient plus se montrer les dimanches; et dans toutes ces plaintes qu'il faisoit sans y joindre aucune réflexion, on voyoit bien qu'il croyoit être devant des gens qui pensent à peu près comme vous, et qu'ils l'empêchoient d'en dire davantage. Le roi ne répondoit presque rien; mais quand Monsieur fut parti, il me dit que vous ne lui aviez rien dit sur le jeu, mais qu'il craignoit pourtant que vous ne l'eussiez défendu; et il m'a dit depuis qu'il étoit vrai que le jeu étoit compris dans les défenses de M. de la Reynie[3].

Le roi est sage; il vous respecte; il ne vous résistera pas; il me disoit l'autre soir qu'il ne chargeroit pas sa conscience, en s'opposant à ce que vous

1. On lit dans le *Journal de Dangeau*, lundi 5 mars : « Le jubilé commença, tous les spectacles et mascarades sont défendus; on a même défendu aux marchands de la foire Saint-Germain de donner à jouer. »
2. Je ne sais ce que veut dire ce mot. La Beaumelle met : *Du rogum*.
3. La Beaumelle met : Messieurs de la police.

voudriez. Voilà ses dispositions : du reste, il craint les nouveautés en tout; mais elles ne seront plus des nouveautés, quand il y sera accoutumé.

Vous savez, monseigneur, ce que je vous ai mandé par 48 sur 480[1]. Il a dit au roi que vous vous étiez mis derrière M. de Lamoignon.

La haine, qui étoit entre eux, est encore augmentée. M. de Lamoignon, entre vous et moi, est mal avec le roi. L'union du premier président[2] avec vous seroit bien plus importante pour le bien public. C'est à votre prudence à nous ménager.

J'ai déjà parlé sur la Trappe, conformément à vos intentions. Je crois qu'on veut consulter le père de La Chaise[3]. Je ne sais rien sur M. de Roynette. Le roi m'a dit que vous en faisiez grand cas, à l'occasion de M. l'évêque de Châlons, à qui vous deviez le prêter quelquefois. Vous ferez très-bien, monseigneur, de parler au roi, sur les mauvais offices qu'on rend aux gens de bien; et si l'affaire de la Trappe n'est point consommée, de lui en dire un mot. Il faut l'accoutumer à lui parler de tout ce qui a rapport à sa conscience[4].

J'ai reçu une lettre anonyme qui me querelle sur ce qu'on donne la liberté tout l'été de se faire tuer

---

1. Ces chiffres sont dans l'*autographe* : je n'ai nul moyen de les traduire.

2. Au lieu du *roi* et du *premier président*, La Beaumelle met : 100 et 480.

3. La Beaumelle, au lieu du *Père de La Chaise*, met encore un chiffre, 80.

4. La Beaumelle ajoute : « Ne fût-ce que pour accoutumer ses oreilles à entendre la vérité. »

et ruiner et que l'hiver on défend les divertissements. On ajoute qu'aussitôt que les troupes seront assemblées, elles passeront aux ennemis. Je n'ai rien dit de cette lettre qui n'est rien.

Madame de Saint-Géran à qui je n'avois pas parlé, il y a bien des années, m'a demandé une audience; et en m'assurant qu'elle vouloit être dévote, elle a voulu me persuader de la faire aller à Marly. Je lui ai parlé avec une grande franchise sur sa mauvaise conduite, et je l'ai renvoyée à madame la maréchale de Noailles pour juger s'il faut pour la détacher du monde la mener à Marly [1].

J'attends le père de La Chaise [2] pour l'envoyer prier de me voir. Je lui parlerai du père de Sainte-Marthe et de madame de Mondonville.

J'ai eu de grands commerces avec M. de Cambrai qui roulent toujours sur madame Guyon [3]; mais nous ne nous persuadons ni l'un ni l'autre. La froideur entre les dames et moi augmente tous les jours.

Je fais mon jubilé, monseigneur, et je prie de bon cœur pour vous. Je vous conjure de vous intéresser à mon salut.

1. La Beaumelle ajoute : « Que de conversions fausses ! le péché vaut encore mieux que l'hypocrisie. »
2. La Beaumelle met le chiffre 28.
3. La Beaumelle, au lieu de ces noms qui sont en toutes lettres dans l'autographe, met 25 et *chef des modernes*.

LETTRE CCCXCVII (La B.)

A MADAME DE SAINT-GÉRAN[1].

Versailles, 12 mars 1696.

Tout le monde est malade; le roi a la fièvre tierce; le père de La Chaise un gros rhume, le duc de Bourgogne la migraine, madame du Lude et moi des vapeurs; enfin le château est un hôpital, madame de Mornay seule résiste héroïquement au changement de la saison[2]. Nous sommes fort tristes[3]; je languis bien que cette retraite à Saint-Cyr soit finie. On nous promet la paix avant la fin de l'année; le roi y travaillera efficacement en continuant à vaincre, et surtout en détachant des alliés M. de Savoie. Madame de Montespan se défait de tous ses bijoux; elle a été surprise elle-même du nombre et du prix. Mes filles ne me sont point une ressource contre l'ennui. Je suis du matin au soir occupée à terminer leurs différends, et à prévenir la désunion; j'aimerois mieux avoir un empire à gouverner; j'ai résolu de renvoyer la petite de Chaumont chez ses parents, le plus poliment qu'il me sera possible[4]; si vous ne l'approuvez

1. La Beaumelle, t. II, p. 56 de l'édit. de Nancy. *M'est inconnue*, dit L. Racine. D'après la lettre précédente, elle est impossible.
2. Il n'y a pas un mot de vrai dans tout cela : le roi se portait très-bien, le duc de Bourgogne aussi, etc. On peut voir le *Journal de Dangeau* à la date du 12 mars. Quant à madame de Mornay (l'édition de Nancy dit : *la Mornay!*), on verra par la lettre suivante que précisément, à cette époque, elle était malade, et que madame de Maintenon se portait bien.
3. *Depuis l'absence de mademoiselle d'Aumale*, ajoute l'édition de Nancy. Or mademoiselle d'Aumale ne fut placée auprès de madame de Maintenon qu'en 1704. En 1696, elle avait douze ans.
4. Il n'y avait pas à cette époque de demoiselle de Chaumont

point, vous me le direz sans détour; mais il me semble, que le bon ordre le demande. Je crains de prendre les choses trop vivement, et presqu'autant d'être accusée de mollir mal à propos. Je suis vieille; je puis me prévenir; et à mon âge il n'est que trop ordinaire de se conduire comme une personne de l'autre siècle. Je me suis mise au-dessus des discours de ce pays-ci; mais je n'ai pas la même fermeté à l'égard des jugements qu'on porte de mes actions dans le pays où vous vivez[1].

APPENDICE A LA LETTRE CCCXCVII.

Six jours après la date que donne La Beaumelle à cette lettre si maladroitement inventée, un événement survint dans la vie de madame de Saint-Géran, avec lequel il est surprenant qu'il n'ait pas fabriqué quelque autre lettre: M. de Saint-Géran mourut (18 mars 1696). « M. de Saint-Géran, dit Dangeau, est mort le matin à Paris, en entrant à Saint-Paul: il est tombé aux pieds de son confesseur. (T. V. p. 380.) » Il venait de faire ses dévotions, dit Saint-Simon. Et il ajoute : « Il étoit gros, court et entassé, avec de gros yeux et de gros traits, qui ne promettoient rien moins que l'esprit qu'il avoit. Il avoit été auprès de quelques princes d'Allemagne, lieutenant général, chevalier de l'ordre en 1688, fort pauvre, presque toujours à la cour, mais peu de la cour, quoique dans les meilleures compagnies. Sa femme, charmante d'esprit et de corps, l'avoit été pour d'autres que pour lui; leur union étoit moins que médiocre. M. de Seignelay, entre autres, l'avoit fort aimée. Elle avoit toujours été recherchée dans ce qui l'étoit le plus à la cour, et dame du palais de la reine, recherchée elle-même dans tout ce qu'elle avoit... Sa viduité ne l'affligea pas; elle ne sortoit pas de la cour, et n'avoit

à Saint-Cyr, et madame de Saint-Géran n'avait rien à approuver de ce qui se passait dans cette maison.

1. Quel pays? « Elle ne sortoit pas de la cour et n'avoit pas d'autre demeure, » va nous dire Saint-Simon.

pas d'autre demeure. C'étoit en tout une femme d'excellente compagnie et extrêmement aimable, et qui fourmilloit d'amies et d'amis. » (T. I, p. 149.)

Nous avons vu ce qu'en dit madame de Maintenon dans la lettre cccxcvi, et dorénavant je crois superflu de démontrer la supercherie des lettres prétendues de madame de Maintenon à madame de Saint-Géran.

LETTRE CCCXCVIII

A MADAME DE BRINON [1].

Ce 17 mars 1696.

Je voulois avoir vu madame la marquise de Lassay, madame, avant de vous faire mes compliments, et à madame Fagon [2], sur ce mariage tant désiré, tant promis, tant remis, et enfin conclu, à la satisfaction des deux amants [3]; l'élève de madame Fagon m'a

---

1. *Manuscrits des Dames de Saint-Cyr.*
2. Madame Fagon, tante du médecin, avait élevé mademoiselle de Châteaubriand à Maubuisson.
3. On lit dans le *Journal de Dangeau* (18 février 1696) : « M. le marquis de Lassay épouse mademoiselle de Châteaubriand, fille naturelle de M. le Prince; elle aura en mariage la lieutenance de roi de Bresse qui vaut 10,000 livres de rente, que le roi donna il y a quelque temps à M. le Prince, pour l'aider à la marier, et M. le Prince donne, outre cela, 100,000 francs dont il payera la rente. Le roi a témoigné à M. le Prince qu'il approuvoit fort ce mariage; madame la Princesse le souhaitoit depuis longtemps. » Et le lundi, 5 mars : « M. de Lassay épousa à Paris mademoiselle de Châteaubriand; la noce se fit à l'hôtel de Condé, et fut très-magnifique. » — On trouve un grand nombre de lettres d'amour de M. de Lassay à mademoiselle de Châteaubriand dans le *Recueil de différentes choses*, t. II, et en tête de ce volume la note suivante : « M. de Lassay eut bien des traverses à essuyer avant que

paru fort aimable, l'esprit brille sur son visage, elle est timide, et je l'en estime davantage. Madame la Princesse la présenta au roi dans ma chambre; le cœur lui battoit; vous entendrez bien que c'est de madame de Lassay dont je parle; mais revenons à vous, madame.

Je suis ravie de ce que vous êtes mieux; j'ai dit à madame la Princesse mes raisons pour que vous ne sortiez point de Maubuisson, si vous pouvez vous en passer. Je voulois lui proposer l'entrée de madame de Canteleu qui seroit plus propre à réformer un couvent qu'à le gâter, mais M. le Prince vint se mettre en tiers et se rendit maître de la conversation. Voilà madame de Guise[1] morte en quatre jours et nous vivons encore! nous ne devrions penser qu'à nous préparer à mourir. Madame la Princesse ne parle que de l'augmentation de votre piété; si cela est, vous n'êtes pas mal avec Dieu, car il y a longtemps que

de conclure cette alliance; des rapports vrais ou faux indisposèrent contre lui M. le Prince. Ces obstacles ne servirent qu'à donner plus de vivacité à sa passion, et il réussit à les surmonter. Mademoiselle de Châteaubriand sembloit alors le payer de retour; mais lorsque le mariage fut prêt à être conclu, elle parut n'avoir plus que de l'indifférence; et enfin lorsque tout fut terminé, le marquis, toujours amoureux, mais toujours traité avec beaucoup de froideur, se vit contraint de se séparer de sa femme au bout de quelques années. Cette dame mourut le 10 mars 1710. » — Madame de Lassay est surtout connue par un mot spirituel sur madame de Maintenon, et que rapporte madame de Caylus. Nous l'avons cité t. I, p. 87.

1. Madame de Guise était fille de Gaston d'Orléans, frère de Louis XIII. Elle était née en 1646 et mourut le 17 mars 1696. « Elle est morte, dit Dangeau, dans la tranquillité d'une personne qui a mené une vie aussi innocente que celle qu'elle menoit. »

vous le servez. Madame de Montchevreuil est souvent malade ; je me porte fort bien, et j'en suis toujours étonnée. Vous souvenez-vous de Baudart, Veilleine, et Lastic[1] ? Elles veulent être Carmélites. Sainte Thérèse prend toutes nos filles ; il n'importe pas du chemin, pourvu que nous les menions à Dieu. Je vous embrasse, ma très-chère, et je serois ravie de causer avec vous ; mais il faut s'en passer et ne rien désirer sur la terre.

LETTRE CCCXCXIX

NOTE PRÉLIMINAIRE.

« Madame de Miramion se nommait Bonneau, et avait épousé M. de Beauharnais, seigneur de Miramion, conseiller au Parlement, de qui elle n'eut qu'une fille, madame de Nesmond. Bussy-Rabutin, qui en devint amoureux après la mort de son mari, la fit enlever pour l'épouser, mais il n'y put réussir, et cette femme vertueuse consacra le reste de ses jours à des établissements vraiment utiles ; elle mourut âgée de 66 ans. » (Note du duc de Luynes dans le *Journal de Dangeau*, t. V, p. 384.) — Dangeau ajoute : « C'est une grande perte pour les pauvres, à qui elle faisoit beaucoup de bien ; elle avoit travaillé à de bons établissements de charité, qui presque tous avoient réussi. Le roi l'aidoit beaucoup dans les bonnes œuvres qu'elle faisoit, et ne lui refusoit rien. » — Voir aussi Saint-Simon, t. II, p. 150.

La lettre suivante fut écrite par madame de Miramion, la veille de sa mort, et remise à madame de Maintenon par madame de Nesmond, fille de madame de Miramion.

1. Demoiselles de Saint-Cyr.

MADAME DE MIRAMION A MADAME DE MAINTENON[1].

24 mars 1696.

J'ai chargé ma fille, madame, d'avoir l'honneur de vous aller voir un peu après ma mort, pour vous remercier de toutes les bontés que vous avez eues pour moi pendant ma vie, et vous assurer, madame, que je meurs dans les sentiments de reconnoissance et d'estime pour les grâces et vertus que Dieu a mises en vous, et vous assurer que s'il me fait miséricorde, comme je l'espère de sa bonté, je le prierai de vous donner la persévérance et augmentation. Permettèz-moi, madame, de vous demander une dernière grâce, qui est d'obtenir du roi une partie de la continuation de ses aumônes de quartier, qu'il m'a données à distribuer depuis la mort de madame de Lamoignon, pour aider à faire subsister l'apothicairie des pauvres, que nos sœurs pansent tous les jours au nombre de cent, et quelquefois deux cents. Cela fait un très-grand bien, et aussi pour la maison des retraites; c'est une œuvre fort utile, et aussi pour aider à faire subsister la chambre de travail de Saint-Nicolas; dix-huit cents livres ou deux mille livres tous les ans aident bien à soutenir ces trois œuvres, sans quoi elles ne peuvent subsister; notre communauté n'est pas en état de le pouvoir faire, quelque bonne volonté qu'elle ait. Je demande donc cette grâce au roi par votre entremise, madame; je ne demande cette charité que pour quelques années,

---

1. *Manuscrits des Dames de Saint-Cyr.*

parce qu'il y a des personnes qui ont promis après leur mort. Si ce secours manquoit, il y auroit bien de la dépense perdue que j'ai faite pour établir les retraites. J'espère en Dieu et en la bonté du roi ; cela lui attirera de grandes bénédictions du ciel ; je les demanderai au Seigneur pour Sa Majesté, incessamment, si je suis assez heureuse pour le posséder dans l'éternité. J'espère qu'il continuera aussi de donner sur ses aumônes deux mille livres pour les pauvres malades de la Villeneuve[1] ; cela est fort utile. J'espère, madame, que vous n'abandonnerez pas toutes ces bonnes œuvres, et que vous voudrez bien continuer votre protection à nos sœurs. Je meurs dans les sentiments que j'ai vécu d'être, madame, votre très-humble et très-obéissante servante,

M. DE MIRAMION.

Permettez-moi de vous supplier d'avoir toujours de la bonté pour la bourse cléricale, cette œuvre a besoin de votre protection.

Et les pauvres filles de la Providence, qui font beaucoup de bien, elles ont besoin que le roi leur continue son aumône de douze cents livres.

1. On appelait ainsi le quartier de Bonne-Nouvelle. Ce nom est resté à une rue : *Bourbon-Villeneuve*.

LETTRE CD[1]

LA REINE D'ANGLETERRE A MADAME DE MAINTENON[2].

Chaillot, ce lundi à trois heures (29 mars 1696).

Quoique je ne doute pas que vous n'ayez fait un fidèle rapport au roi de ce qui s'est passé l'autre jour à Saint-Germain, entre M. Talbot, vous et moi, ce qui aura sans doute convaincu Sa Majesté de la fausseté de ce qu'on disoit au préjudice du roi, mon mari, auquel il est impossible de faire un plus grand tort, que de le faire paroître ingrat et orgueilleux, lui qui est le plus reconnoissant de tous les hommes, et le plus humble, aussi bien que le plus humilié de tous les rois; cependant, je ne puis être en repos là-dessus, et j'ose me promettre de la bonté et de la justice du roi qu'il ne se contentera pas de dire simplement à vous et à moi, qu'il ne croit pas la chose, mais qu'il voudra bien aussi prendre les mesures nécessaires pour en découvrir l'auteur, afin que la réparation soit aussi publique que l'a été la calomnie. J'ai d'autres raisons, outre celles que vous

---

1. *Autographe* des archives du château de Mouchy.
2. « La reine d'Angleterre ayant su que Talbot, colonel anglais qui a un des anciens régiments dans le service de France, avoit fait tenir quelques discours au roi d'Angleterre qui auroient pu blesser le roi, la reine, dis-je, fit venir Talbot devant elle à Saint-Germain, madame de Maintenon présente, et Talbot s'étant mal justifié, le roi lui a ôté son régiment et l'a fait mettre à la Bastille, et le roi a donné le régiment à milord Clare : ce régiment vaut plus de 20,000 livres de rente. » (*Dangeau*, t. V, p. 387.)

savez, et que je vous dirai samedi à Saint-Cyr, pour croire M. Talbot tout autre homme que ce que je vous avois dit au commencement de notre conversation. Mais je le laisse avec la réputation du roi, mon mari, entre les mains du roi qui, sans doute, voudra en avoir encore un plus grand soin, puisqu'il est absent et qu'il ne peut pas parler au roi lui-même. Mais je suis sûre que cet outrage le touchera autant qu'il m'a touchée, quoique peut-être il ne le fera pas tant paroître; car pour moi j'en suis outrée et ne le saurois dissimuler. Je me fie à votre amitié dans cette affaire pour nous obtenir justice. Vous avez toujours été la meilleure de mes amies, mais dans cette occasion vous avez été la seule. Achevez ce que vous avez si bien commencé, et faites voir à tout le monde que vous avez eu raison, quand vous avez soutenu que le roi, mon mari, n'étoit pas capable d'être ingrat. Je la suis aussi peu que lui. Jugez par là quelle obligation je vous aurai, si, par votre moyen, je vois le roi, mon mari, justifié, et tout le monde convaincu que le roi ne permettra jamais que l'on nous outrage impunément.

MARIE, REINE.

LETTRE CDI[1]

A M. DE VILLETTE[2].

Ce 1ᵉʳ avril 1696.

L'état où je vous ai vu ne me sort pas de l'esprit,

1. *Manuscrits de mademoiselle d'Aumale.*
2. M. de Villette ayant perdu sa première femme, épousa en

et si vous saviez à quel point j'en suis touchée, vous verriez que la peine que vous me donnez n'a pas diminué l'amitié que j'ai toujours eue pour vous. C'est par cette même amitié que je vous conjure de bien considérer ce que vous allez faire si vous abandonnez Mursay ; vous serez dans la nécessité de demeurer à Paris ; votre femme est belle, N... est dangereuse ; elles seront naturellement liées, et je crains pour vous une suite de déplaisirs plus cuisants que ceux que vous avez. Je sais que madame votre femme est sage ; mais je connois aussi le danger des occasions ; et que Paris est tourné de manière que les pères, mères et maris voudroient leurs filles et femmes à Versailles, comme en un lieu de sûreté, par rapport à la dépravation de Paris. C'est par amitié encore une fois que je vous conjure de faire vos réflexions sur un article dont le repos de votre vie dépend.

secondes noces, le 3 avril 1695, mademoiselle Deschamps de Marsilly, née en 1675, entrée à Saint-Cyr en 1686, sortie de cette maison en 1690, et placée par madame de Maintenon dans la communauté des filles de madame de Miramion. « Elle est fort jolie et n'a nul bien, dit Dangeau. M. de Villette a attendu que M. de Mursay, son fils, fût marié, pour conclure cette affaire. » Il avait 63 ans, étant né en 1632. Il mourut en 1707, laissant trois enfants de sa deuxième femme. Sa veuve épousa, en 1725, lord Bolingbroke, et mourut en 1750. Nous en parlerons plus loin.

LETTRE CDII

A M. L'ARCHEVÊQUE DE PARIS [1].

Saint-Cyr, ce 2 avril 1696.

Messieurs des missions étrangères m'ont parlé sur madame de Nesmond, comme espérant qu'elle entrera dans une partie des bonnes œuvres de feue madame de Miramion ; elle doit me venir voir et on veut que je l'exhorte sur ce pied-là. Ce n'est pas à moi à exhorter les autres [2], mais je crois devoir tout simplement faire ce qu'on me dit ; c'est de vous, monseigneur, dont je dois recevoir les ordres et la mission ; personne ne peut le faire avec plus de soumission que moi.

Le roi me demanda hier au soir à qui il donneroit l'argent qui passoit par les mains de madame de Miramion. Je lui dis d'attendre encore quelques jours et que je lui rendrois réponse. Madame la princesse d'Harcourt me mande qu'elle a bien des choses à dire sur madame de Nesmond. Il faudra l'écouter. Madame de Pontchartrain me dit hier qu'il falloit engager madame de Nesmond à entreprendre d'imiter sa mère autant qu'elle en est capable [3]. Les pauvres de Notre-Dame de Bonne-Nouvelle m'écrivent pour me prier que le roi charge quelque dame d'avoir

---

1. *Autographe* du cabinet de M. le duc de Cambacérès.
2. La Beaumelle ajoute : « Ce n'est pas à moi non plus à avoir des délicatesses quand il s'agit du bien des pauvres. »
3. La Beaumelle met : « A nous rendre en entier le zèle de sa mère. »

soin d'eux, comme faisoient madame de Lamoignon et madame de Miramion.

Ordonnez, et je ferai ou ne ferai pas selon votre volonté.

LETTRE CDIII

A M. L'ARCHEVÊQUE DE PARIS [1].

Ce 8 avril 1696.

Je vis hier madame la présidente de Nesmond, monseigneur, qui, avec beaucoup d'humilité et de zèle, veut bien se charger des bonnes œuvres que madame sa mère lui a recommandées comme de sa communauté, qui comprend le soin des pauvres, des écoles, des retraites, et le reste, de la Providence, des nouveaux convertis, du refuge, de la chambre de travail et de la bourse cléricale. J'écrivis cette liste devant elle, afin de l'engager davantage. Elle me parut désirer que madame la duchesse de Noailles voulût bien se charger des pauvres de la paroisse de Notre-Dame-de-Bonne-Nouvelle.

Le roi continuera à madame de Nesmond les aumônes qu'il faisoit; mais par un malentendu, il a cru qu'on ne lui demandoit pour ce quartier que cinq cents écus; ainsi il n'a destiné que cette somme et en a envoyé une bien plus forte qu'à l'ordinaire à madame la duchesse de Noailles.

Monseigneur, il faudroit, ce me semble, que vous en donnassiez quelque chose pour cette paroisse, et

---

1. *Autographe* du cabinet de M. de Cambacérès.

que vous convinssiez pour l'avenir de ce que madame de Nesmond remettra entre les mains de madame votre mère ou de M. Teckre sous ses ordres.

Madame la présidente de Nesmond me témoigna une grande envie, monseigneur, de s'unir à madame la duchesse de Noailles pour les bonnes œuvres sous votre protection.

Mais ce qui la presse le plus et avec raison, c'est de se défaire de madame la grande-duchesse[1]. Le roi me dit hier au soir que je pouvois vous en solliciter de sa part. Songez donc, monseigneur, s'il vous plaît, à cette affaire. Cette princesse ne part plus de la maison, et craint moins ce qui y reste qu'elle ne craignoit madame de Miramion; ainsi tout est à craindre pour l'honneur de cette communauté.

LETTRE CDIV

LE DUC DE BEAUVILLIERS A MADAME DE MAINTENON[2].

Ce 9 avril 1696.

J'ai su, madame, par ce que M. comte de B... m'a dit de votre part, l'équivoque qui étoit entre vous et moi au sujet des livres de madame Guyon. Je n'ai

---

1. C'était la fille aînée du second mariage de Gaston d'Orléans, frère de Louis XIII; elle avait été mariée en 1661 avec Côme de Médicis, grand-duc de Toscane. Elle vécut fort mal avec son mari, s'en sépara à l'amiable, et revint en France en 1669 sous la condition qu'elle passerait sa vie dans un couvent. Elle vécut ainsi obscurément, occupée de bonnes œuvres, mais étant à charge aux personnes avec lesquelles elle les faisait.

2. OEuvres de Fénelon, t. XXX, p. 396.

pas eu de peine à l'éclaircir par la seule exposition de mes sentiments. Je ne doute pas qu'il ne vous en rende un compte fidèle. Cependant je suis bien aise de vous répéter dans ce billet les mêmes choses qu'il doit vous avoir rapportées. Je suis très-ignorant, madame, de la matière dont il s'agit, vous le savez, et que, par moi-même, je serois incapable d'en juger. Mais depuis longtemps Dieu m'a fait la grâce d'être soumis à ceux qui ont autorité sur moi. Je n'ai donc ni répugnance à juger des livres de madame Guyon, par la décision de mon pasteur, et je me soumets pleinement et sans restriction à la condamnation que M. l'archevêque de Paris en a faite. Je ne veux les excuser ni directement, ni indirectement, et dans les occasions je m'expliquerai toujours en conformité de ce que je vous marque ici.

Je ne vous parlerai plus, au reste, madame, de ce qui me regarde personnellement. Vous savez assez l'éloignement que j'ai toujours eu pour les nouveautés. Rien ne me paroît plus dangereux en fait de religion, et surtout j'ai regardé le quiétisme avec horreur, parce qu'il est contraire à la foi et qu'il détruit les bonnes mœurs.

Il est très-inutile que je m'étende ici sur cette matière. Je suis connu de vous, madame; vous êtes persuadée, et vous m'avez dit qu'il ne s'agissoit à mon égard que de m'expliquer nettement sur la condamnation qu'on a faite des livres de madame Guyon.

Si je n'étois certain que vous n'oublierez pas à faire voir au roi ce billet, je vous supplierois très-humblement de le lui montrer. Vous pouvez aussi, madame, en faire tel autre usage que vous jugerez convenable, et je vous en laisse maîtresse absolue. Je suis avec mon respect ordinaire, etc.

LETTRE CDV

A M. L'ARCHEVÊQUE DE PARIS [1].

13 avril 1696.

Je suis bien surprise, monseigneur, de ce que vous me dites de l'édit sur la juridiction ecclésiastique, car j'ai cru que ce qu'on y a réformé avoit été réglé par M. l'évêque de Meaux et M. le duc de Beauvilliers, et j'ai eu lieu de le croire.

Madame la princesse de N... me paroît une bonne femme se défiant d'elle-même et voulant prendre conseil. Je crois, monseigneur, qu'elle fera bien sous votre conduite.

Le père de La Chaise est venu me voir en m'apportant une lettre de cachet pour une fille de Saint-Cyr ; il étoit gai, libre en sa taille, et sa visite avoit plus l'air d'une insulte que d'une honnêteté.

J'ai vu aussi le père de la Bourdonnaye qui me parla sur l'absolution comme vous auriez fait, monseigneur, me laissant entendre qu'il n'avoit nulle part à la communion que Monsieur a faite au jubilé. Il me dit que des personnes fort éclairées l'avoient empêché de quitter, disant qu'un autre n'auroit de longtemps la liberté et l'autorité qu'il avoit et qu'il pour-

1. *Autographe* du cabinet de M. de Cambacérès.

roit s'en servir utilement dans les occasions que la Providence pourroit fournir.

Il est difficile, monseigneur, de prendre le dessus avec..... (je n'ai pas mon chiffre), quand on veut se tenir dans son devoir, qu'on craint d'offenser Dieu, et qu'on tâche d'imiter la douceur et la patience de celui qui doit être notre modèle; nous en parlerons quand j'aurai l'honneur de vous voir.

Madame la comtesse de Gramont me prioit, il y a quelques jours, de demander permission au roi d'aller passer la semaine sainte au Port-Royal. Je lui dis que cette proposition ne seroit pas bien reçue et je lui demandai de quoi elle s'avisoit présentement. Elle me répondit qu'elle n'avoit osé le faire pendant la vie de M. l'archevêque, qui avoit trop d'aversion pour ces filles-là; je fus bien prête à lui dire que vous n'étiez pas plus favorable au jansénisme, mais je crus qu'il valoit mieux que la chose manquât par le roi, qui en effet trouva assez mauvais qu'on osât demander cette permission.

Madame la comtesse de Gramont ne garde plus de mesures là-dessus; elle a et montre sans façon (dans une chambre qu'elle a au couvent de la Madeleine) tous les portraits de Jansénius, de M. Arnauld, de Saci, etc.

Je suis en peine de savoir où est votre affaire et si elle s'accommodera.

Ne pourriez-vous point, monsieur, essayer de ce M. Michel, autrefois vicaire à Saint-Germain[1]? Il

---

1. Voir page 34.

charge la reine d'Angleterre qui n'a rien à lui donner et vous lui feriez un grand plaisir de l'ôter d'où il est, où il n'a plus rien à faire.

LETTRE CDVI

A M. L'ARCHEVÊQUE DE PARIS[1].

Lundi de Pâques, 21 avril 1696.

Le père Séraphin[2] a soutenu son carême, et le finit hier de manière à faire pleurer bien des gens. Il m'est venu voir ce matin et m'a parlé de ses affaires. Je lui ai conseillé de les traiter avec vous, monseigneur; et il s'y dispose. Il a pris congé du roi dans mon antichambre et en a reçu plus de louanges que tous les prédicateurs ensemble n'en ont donné à Sa Majesté depuis trente ans. M. le maréchal de Noailles en a entendu une partie. Le roi doit vous parler là-dessus. C'est à vous, monseigneur, à voir ce que vous avez à faire. Mais comptez que c'est sans entêtement, sans exagération, que je vous dis que jamais homme n'eut un tel succès, et que le roi et monseigneur en particulier en sont touchés jusqu'à la tendresse pour sa personne. Je crois de la gloire de Dieu de ne pas scandaliser cet homme; du reste, il en arrivera ce qui lui plaira.

Le père de La Chaise ne perd plus d'occasion de me voir, il vint m'annoncer hier que le roi prenoit l'abbé

1. *Autographe* du cabinet de M. le duc de Cambacérès.
2. Dangeau dit : « Le roi fut fort touché du père Séraphin; il le trouva un des meilleurs prédicateurs qu'il ait jamais entendus. »

de Caylus[1] pour aumônier. Nous eûmes ensuite une longue conversation. Je vis que le roi n'est pas si docile que je le croyois, et que le bon père lui donne de très-bons conseils; il m'exhorta à le prêcher en m'assurant que personne ne le pouvoit mieux que moi. Nous nous excusâmes l'un l'autre, et nous étions de même avis. Mais j'allai parler d'amour de Dieu, et là-dessus, on me voulut persuader qu'il y en avoit un très-parfait dans la crainte : ainsi nous nous séparâmes après avoir un peu disputé.

Il est charmé des dispositions de Monseigneur.

LETTRE CDVII

A M. L'ARCHEVÊQUE DE PARIS[2].

A Marly, ce 27 avril 1696.

Je suis ravie de voir une lettre datée de Conflans et de penser, monseigneur, que vous vous y reposez un peu.

J'ai vu finir vos affaires avec bien de la joie. M. le maréchal de Noailles et M. le cardinal de Bouillon m'ont assurée l'un et l'autre qu'ils étoient contents.

Il n'est pas possible, monseigneur, que le roi ne montre les avis qu'il reçoit, surtout quand il y veut remédier, car l'ordre doit passer par le secrétaire d'État qui est chargé de ces sortes d'affaires. Je ne sais pas comment il aura parlé à M. de Pontchartrain,

---

1. Frère du comte de Caylus, et depuis évêque d'Auxerre.
2. *Autographe* du cabinet de M. le duc de Cambacérès.

mais il me parut, après avoir lu les deux lettres d'un bout à l'autre, qu'il pensoit comme vous, et qu'il trouvoit le procédé trop violent, quoique l'abbé ait tort dans le commencement. Il n'est que trop vrai que les ministres n'aiment pas que le roi soit averti par d'autres que par eux-mêmes. Je crois les y accoutumer un peu [1]; il n'y a sorte d'avis qu'on ne m'adresse, et souvent contre eux, je les donne tous.

Quant à la disposition essentielle, il est vrai qu'elle n'est pas propre à vous contenter, monseigneur, *on* est pourtant mieux qu'au commencement du carême; *on* est ébranlé, mais point touché, par ce qui seul peut faire courir dans la voie. J'espère en la bonté de Dieu et le secours de vos prières.

Ce que je vous ai demandé, Monseigneur, sur cette ordination faite par M. de Perpignan est pour être toujours en état de répondre sur ce qui vous regarde, qui ne m'est pas indifférent.

Oserois-je encore vous demander ce qui s'est passé entre vous et les filles de la Conception par rapport aux *ténèbres?* Il ne faut pas cacher vos bonnes œuvres, monseigneur, surtout au roi [2].

Est-il possible que vous ne soyez pas assez bien averti de nos voyages, pour faire les vôtres à propos? Je croyois que M. votre frère vous instruiroit de tout. Nous retournons demain à Versailles et nous

---

1. La Beaumelle ajoute : « Ma réputation se répare : on me regarde comme la protectrice des malheureux et des opprimés. »
2. La Beaumelle ajoute : « Ce sera peut-être pour lui un attrait au bien; il aura honte de ne pas soulager son peuple, puisque vous soulagez vos pauvres. »

irons mercredi prochain à Meudon, pour en revenir le samedi suivant.

M'avez-vous permis de dire au roi ce que le *bon père* vous a conté de leur conversation sur mon sujet, et de ce que le roi dit que je ne lui ferois pas ma cour de n'aimer pas les jésuites? Cela seroit bon à placer, quand vous voudrez que je travaille à leur ruine.

M. de Pontchartrain, ni M. de la Reynie n'approuvent pas une chapelle à Vincennes, mais le roi l'a voulu. Madame Guyon est bien embarrassante.

LETTRE CDVIII

A M. L'ARCHEVÊQUE DE PARIS [1].

30 avril 1696.

Il faut bien se garder, monseigneur, de voir le père Émerique [2]. Le père de La Chaise a conté au roi qu'il étoit ici; qu'il y est venu sans permission, qu'il a dit que des puissances l'ont mandé, et qu'on le destine à un grand emploi [3]; qu'au reste, il a été visité à Rome par le cardinal protecteur du jansénisme; que le père Émerique est un homme de bien, mais qui pousse la dévotion bien loin. Vous entendrez ce que cela veut dire. Les jésuites nous déclarent la guerre

---

1. *Autographe* du cabinet de M. le duc de Cambacérès.
2. Jésuite qui avait été appelé à Versailles par M. de Noailles, soit pour être le confesseur du duc de Bourgogne, soit pour remplacer le père de La Chaise.
3. Il paraît qu'un petit complot avait été formé entre madame de Maintenon et l'archevêque pour évincer le père de La Chaise. Il ne réussit pas.

hautement de tous côtés, et ceux qui aiment la paix sont à plaindre. J'ai vu M. de Meaux, et de quel côté que je me tourne, je ne vois que croix et obstacles au bien. J'ai dit au roi que je vous ai entendu dire que vous voudriez que ce bon père passât ici, et que vous seriez ravi de le voir, et que je le visse; et du reste, j'ai paru tout ignorer. Je ne sais que vous conseiller là-dessus, monseigneur. Je vois tous les gens de bien se partager. Si le roi est de bonne foi, il sera bien embarrassé de prendre le bon parti; s'il est peu touché, il va avoir de beaux prétextes pour en demeurer où il est. Le parti le plus naturel, ne seroit-il pas de m'écrire une lettre qui ne contiendroit que ces mots : « Le père Émerique est ici; vous savez le bien que je vous en ai dit; voudriez-vous en juger vous-même ou à Saint-Cyr ou à Versailles; » et du reste, quelque autre chose que je pourrois montrer? Soyez sur vos gardes; ne m'écrivez rien de mystérieux; nous sommes épiés de tous côtés; et si Dieu ne me soutenoit, je serois désespérée d'être attachée où je suis. Faites part de cette lettre, monseigneur, à M. l'évêque de Chartres.

LETTRE CDIX

A M. L'ARCHEVÊQUE DE PARIS [1].

Samedi, ce 5 mai 1696.

Je verrai le père Émerique quand il vous plaira, monseigneur, je voudrois que ce pût être demain ou

---

1. *Autographe* du cabinet de M. de Cambacérès.

lundi à Saint-Cyr ; j'ai ma permission et je veux bien hasarder ce qui en pourra arriver. Je ne veux pas me décourager, mais je vois toutes mes bonnes intentions renversées ; c'est peut-être que je m'aide trop de moyens humains, et que Dieu qui est jaloux veut que je n'aie nulle part à ce que nous désirons. Quoi qu'il en soit, monseigneur, je me tiendrai ferme à votre suite[1].

LETTRE CDX

M. LE CARDINAL DE JANSON A MADAME DE MAINTENON[2].

A Rome, 15 mai 1696.

J'ai reçu, madame, avec le respect que je dois, la lettre que vous m'avez fait l'honneur de m'écrire avec celle pour le pape, que je lui ai rendue, dont il a été fort touché ; il m'a témoigné d'avoir une estime infinie pour votre personne et pour votre vertu. Je lui ai ensuite demandé des indulgences pour les Dames de Saint-Louis, lui ayant expliqué le détail de tout ce qui se faisoit en cette sainte maison pour l'éducation d'un si grand nombre de demoiselles, dont il a été très-édifié, et a ordonné en même temps à M. le cardinal Albano, secrétaire des brefs, de faire expédier des indulgences dans la forme la plus ample qu'on ait accoutumé de les donner, et pour les dames

---

1. A la place de ces derniers mots, La Beaumelle met : « Je ferai encore quelques campagnes sous vos drapeaux et si nous ne vainquons pas le roi, du moins je mourrai pour lui. »

2. *Manuscrits des Dames de Saint-Cyr.*

religieuses, et pour les demoiselles qui sont élevées dans leur maison, et même pour tous ceux qui visiteront leur église un jour de l'année désigné par M. l'évêque de Chartres, et je vous envoie les brefs.

J'ai été pénétré de joie d'apprendre par vous-même, madame, le bon état de la précieuse santé du roi dont dépend tout notre bonheur; il paroît visiblement que la main de Dieu le soutient, et il ne faut pas douter qu'il n'achève d'humilier ses ennemis et de les réduire à demander la paix. Je fais aussi des vœux ardents au ciel pour votre conservation, madame, et je serai en tous lieux, et jusqu'au dernier soupir, avec respect et reconnaissance;

Votre très-humble et très-obéissant serviteur.

LE CARDINAL DE JANSON FORBIN.

LETTRE CDXI

A M. L'ARCHEVÊQUE DE PARIS[1].

A Marly, 18 mai 1696.

Que ne donnerois-je pas, monseigneur, pour assister au sacre qui se fera dimanche, et pour être témoin de la joie de madame la duchesse de Noailles? Ce sont là, ce me semble, les fêtes et les plaisirs permis aux chrétiens. Mais Dieu ne veut pas me donner de telles consolations. Je lui demanderai de tout mon cœur de combler de ses grâces le consacrant et le consacré, de pardonner à leurs ennemis, et d'être leur force pour porter les travaux de l'épiscopat.

1. *Autographe* du cabinet de M. le duc de Cambacérès.

Demandez-lui, monseigneur, de me donner celle qu'il me faut pour porter les plaisirs de la cour. Il y a huit jours que je suis sans relâche, il y en a presque autant que je succombe à la tristesse de n'entendre rien dire de raisonnable. Le chapitre des pois dure toujours, l'impatience d'en manger, le plaisir d'en avoir mangé, et la joie d'en manger encore sont les trois points que j'entends traiter depuis quatre jours. Il y a des dames qui, après avoir soupé avec le roi, et bien soupé, trouvent des pois chez elles pour manger avant de se coucher[1]. Vous avez d'étranges brebis, monseigneur. Pardonnez cet épanchement de mon chagrin et faites-en part si vous le voulez à l'évêque de Saint-Cyr.

Le roi a à la joue un érésipèle qui n'est rien; il sera saigné lundi, se reposera mardi, sera purgé mercredi, et ira jeudi à Trianon. Voilà son projet. Je serai, je crois, lundi à Saint-Cyr où j'attends M. de Chartres, et MM. Brisacier et Tibèrge; mais monseigneur, vous serez toujours le bienvenu.

LETTRE CDXII

A M. DE HARLAY [2].

28 mai 1696.

Ce n'est pas pour vous demander justice pour les Carmélites du faubourg Saint-Germain que j'ai l'hon-

---

1. La Beaumelle ajoute : « C'est une mode, une fureur, et l'un suit l'autre. »
2. *Autographe* de la Bibliothèque impériale.

neur de vous écrire, car vous ne la refusez à personne ; mais c'est, monsieur, pour vous supplier de finir le plus tôt qu'il se pourra, les affaires qu'elles ont avec la succession de madame la princesse de Carignan. Pardonnez la liberté que je prends, monsieur, de vous faire une telle sollicitation. Leur communauté est remplie de demoiselles de Saint-Cyr, qu'elles ont reçues avec un désintéressement peu ordinaire aux religieuses, et j'ai sujet de croire que si elles se rétablissoient, elles en recevroient autant que je voudrois leur en donner. Vous voyez, monsieur, que c'est tout l'intérêt qui me fait agir. Je suis, monsieur, votre, etc.

LETTRE CDXIII

A M. L'ARCHEVÊQUE DE PARIS [1].

1ᵉʳ juin 1696.

Je crois, monseigneur, que je suis assez connue de vous pour que vous ne croyiez pas que ce que j'ai eu l'honneur de vous écrire, du déchaînement de MM. des finances contre MM. les évêques, soit par rapport aux intérêts de Saint-Cyr. Quand je désirerai quelque chose de vous, je vous le demanderai bien directement, et si vous me le refusez, je serai très-persuadée que vous n'aurez pu me l'accorder. Comptez donc une fois pour toutes que je suis simple et que je n'aurai jamais, s'il plaît à Dieu, d'adresse avec vous. Je ne me livrerai à personne, et je suis,

1. *Autographe* du cabinet de M. le duc de Cambacérès.

monseigneur, de votre cabale contre toutes les autres cabales; vous savez la fin qui est la fin de la vôtre. C'est donc pour vous tenir averti que je vous dis que ces messieurs prétendent que MM. les évêques font fort mal et qu'on vous attend pour voir ce que vous ferez, parce que vous avez un bas clergé que les autres n'ont pas, qui vous met en état de soulager les gros bénéficiers.

Encore une fois, monseigneur, ne m'écrivez jamais par honnêteté, mais tenez-moi avertie de tout pour être en état de répondre sur tout ce qu'on pourroit me dire de vous; car je veille pour vous avec une grande attention croyant veiller pour Dieu et son Église.

LETTRE CDXIV

LE ROI A MADAME DE MAINTENON [1].

8 juin 1696.

Je crois que vous ne serez pas fâchée de la nouvelle que je viens de recevoir. M. de Vendôme, avec douze cents chevaux, a battu toute la cavalerie allemande au nombre de 4,500. Tous les officiers généraux y ont fait merveille. Longueval y a été tué. Vous en saurez tantôt davantage [2].

LOUIS.

1. *Manuscrits des Dames de Saint-Cyr.*
2. Voir le *Journal de Dangeau*, t. V, p. 422. — Le combat eut lieu le 3 juin en Catalogne à Riu de Arenas. Les ennemis perdirent 1,000 à 1,100 hommes.

LETTRE CDXV

M. L'ÉVÊQUE DE CHARTRES A MADAME DE MAINTENON[1].

21 juin 1696.

Je suis ravi, madame, de la bonne nouvelle que vous avez la bonté de me mander[2]. Il faut espérer en Dieu contre toute espérance humaine; lorsque l'on croit tout perdu, il est à la veille de faire éclater ses plus grandes miséricordes, afin que nulles créatures ne se glorifient du succès, et que toute la gloire lui en soit rendue. Je vais, madame, le remercier à l'autel d'un si grand bienfait.

LETTRE CDXVI

A MADAME LA MARQUISE DE CAYLUS[3].

A Trianon, ce 24 juin 1696.

Je ne sais, madame, si vous avez de bonnes raisons pour faire casser les lettres d'État[4] de M. votre fils; mais je crois que vous ne ne voudrez pas traiter vos affaires en son absence. Madame votre belle-fille ne

---

1. *Manuscrits des Dames de Saint-Cyr.*
2. Une trêve qui se négociait avec le duc de Savoie. Voir plus loin la lettre du 16 juillet.
3. *Autographe* de la Bibliothèque impériale. — On lit sur la suscription : rue Jacob, faubourg Saint-Germain, à Paris.
4. On appelait ainsi des lettres royales portant surséance de poursuites judiciaires contre les biens d'un gentilhomme occupé au service du roi. Ces lettres n'avaient de valeur que pour six mois, mais elles pouvaient être renouvelées.

les entend pas et se défendroit mal. Je n'ose vous rien demander là-dessus, madame, de peur d'abuser de la bonté dont vous m'avez toujours honorée et que je mériterai toute ma vie par être parfaitement votre très-humble et très-obéissante servante.

LETTRE CDXVII

A M. DE HARLAY[1].

À Versailles, 8 juillet 1696.

La comtesse de Mailly vouloit vous porter elle-même, monsieur, une recommandation de ma part que je ne puis lui refuser et que je crois inutile. Je suis souvent persécutée pour vous en faire, parce qu'on voit la bonté que vous avez pour moi ; mais je ne veux pas en abuser. Le sieur Carnot, mon notaire et celui de Saint-Cyr, est un de ceux-là, et veut que je vous supplie d'avancer le jugement d'un procès dont il prétend que le retardement peut le ruiner. J'aurois à vous faire des remerciements de tout ce que vous faites pour M. l'évêque de Chartres, qui en est bien reconnoissant, et pour les Carmélites du faubourg Saint-Germain, qui espèrent tout de votre protection ; mais ce qui me presse le plus, monsieur, est de vous assurer que je suis bien véritablement votre, etc.

1. *Autographe* de la Bibliothèque impériale.

LETTRE CDXVIII

A M. L'ARCHEVÊQUE DE PARIS [1].

A Saint-Cyr, ce 11 juillet 1696.

Votre lettre, monseigneur, a été prise comme je le désirois ; cela suffit, je crois, pour que vous en soyez content. On me demanda si vous n'aviez pas dit un mot là-dessus au *bon père,* et je répondis que je n'en doutois pas.

Je vous demande, monseigneur, le petit bénéfice de Corbeil pour madame de Saint-Bazile : elle vous en a écrit ; il n'importe à qui d'elle ou de moi vous adressiez cette expédition.

LETTRE CDXIX

NOTE PRÉLIMINAIRE

Louis XIV n'avait cessé, depuis le commencement de la guerre, d'offrir la paix aux conditions les plus modérées, et voyant ses efforts inutiles, il avait cherché à détacher de la ligue le duc de Savoie. Il réussit à lui faire signer une trêve, mais ce fut à la condition qu'on lui céderait Pignerol, clef de l'Italie, qui appartenait depuis plus de cent ans à la France ; sa fille dut épouser le duc de Bourgogne ; enfin, il eut dorénavant le traitement des têtes couronnées. Cette trêve jeta le désordre dans la ligue d'Augsbourg, et amena l'année suivante la paix de Ryswick.

---

1. *Autographe* du cabinet de M. le duc de Cambacérès.

LE ROI A MADAME DE MAINTENON[1].

16 juillet 1696.

Il vient d'arriver un courrier du maréchal de Catinat, qui m'apporte la nouvelle de la conclusion de la trêve ; les otages ont été donnés : Tessé et Bouzzoles de ma part, le marquis de Tana et le marquis d'Aix de celle de Savoie[2]. J'ai cru que vous ne seriez pas fâchée de savoir cette nouvelle qui marque la bonne foi du duc de Savoie, et que les affaires approchent de la conclusion.

LOUIS.

LETTRE CDXX

A M. DE HARLAY[3].

31 juillet 1696.

Ce n'est que la qualité de prisonnier et de misérable qui m'a obligée à vous importuner en faveur du sieur de Beaulieu. M. de Bréauté m'a souvent

---

1. *Manuscrits des Dames de Saint-Cyr.*
2. « Le matin, pendant que le roi étoit au conseil, M. de Barbezieux entra qui lui apporta la nouvelle d'une trêve signée en Piémont, pour trente jours à commencer du 10 de ce mois. Nous avons donné pour otages de cette trêve M. le comte de Tessé et le marquis de Bouzzoles, gendre de M. de Croissy. M. de Savoie a donné pour otages le comte de Tana et le marquis d'Aix. Le Pô servira de barrière entre les armées. M. de Savoie a envoyé aux alliés pour leur dire qu'il a été contraint de prendre ce parti-là et les prie de vouloir accepter la neutralité pour l'Italie que le roi lui fait offrir. M. de Léganez, le prince Eugène, et Milord Galloway ont fait leurs remontrances en vain. » (*Dangeau*, t. V, p. 438.)
3. *Autographe* de la Bibliothèque impériale.

répondu de son innocence, et je ne puis douter, monsieur, qu'il n'ait été trompé. Je ne puis me repentir aussi de toutes les sollicitations que je vous ai faites, monsieur, puisqu'elles m'ont attiré tant de marques de votre bonté, et donné des occasions de vous assurer, monsieur, qu'on ne peut vous honorer plus particulièrement, ni être plus que je le suis, votre, etc.

LETTRE CDXXI

A M. L'ARCHEVÊQUE DE PARIS [1].

A Marly, ce 3 août 1696.

Je n'ai plus parlé de mesdemoiselles de Castelnault, monseigneur, ne voulant pas vous commettre à un nouveau refus. M. de Pontchartrain fit mercredi une dernière tentative, et il fut refusé avec chagrin de la part du roi.

Le roi refuse les bonnes œuvres plus que jamais, et voici son raisonnement : il dit que ses aumônes ne sont que de nouvelles charges pour ses peuples; que plus il donnera, plus il prendra sur eux; que ses aumônes sont sans mérite, puisqu'il ne les prend pas sur lui et qu'il n'en a ni plus ni moins, et le nécessaire, et tout ce qui lui est agréable [2]. Je ne

---

1. *Autographe* du cabinet de M. le duc de Cambacérès.
2. La Beaumelle ajoute ici tout un dialogue qui a été répété par tous les historiens : « Un roi fait l'aumône en dépensant beaucoup et à propos. Je lui réponds : Cela est vrai; mais tant de gens que vos guerres, vos bâtiments et vos maîtresses ont réduits à la mendicité par la nécessité des impôts, il faut bien les soulager aujourd'hui. Nommez cela pension ou aumône; mais il

vois, en effet, que sur son plaisir qu'il pourroit prendre, et ce plaisir est son jardin ; il n'y fait que des dépenses médiocres.

Fournissez-moi des raisons, monseigneur, s'il y en a de meilleures que les siennes. Il ne m'a dit qu'un mot sur le père de La Tour : il étoit en si mauvaise humeur ce jour-là, que je crus devoir le ménager.

Les dames se donnent assez de mouvement pour être auprès de madame la duchesse de Bourgogne[1], monseigneur, pour que vous puissiez faire parler madame la duchesse de Noailles sur madame de Créqui, la duchesse du Lude ou la duchesse de Ventadour. La dernière est séparée d'avec son mari. Sa réputation n'est pas sans tache ; elle traîne une mauvaise suite dans sa famille ; elle est toute liée à Saint-Cloud dont on voudroit éloigner la jeune princesse[2].

est bien juste que ces malheureux vivent par vous, puisqu'ils ont été ruinés par vous-même. Si ce n'est pas une aumône, c'est une restitution. » — Il n'y a pas un mot de tout cela dans la lettre autographe.

1. Nous avons vu que l'une des conditions du traité fait avec le duc de Savoie était le mariage de sa fille aînée, Adélaïde, avec le duc de Bourgogne. Cette princesse n'avait que onze ans et devoit être élevée en France ; mais on lui formait une maison, et les dames « se donnoient du mouvement » pour être auprès d'elle.

2. On peut voir dans les *Lettres de madame de Sévigné* (t. VI, p. 52), à la date du 16 octobre 1679, l'aventure qui força madame de Ventadour à se séparer de son mari et qui fait dire à madame de Maintenon : « Sa réputation n'est pas sans tache. » Cependant elle devint dame d'honneur de Madame, madame de Maintenon en fit l'une de ses amies les plus familières, et plus tard, la gouvernante des enfants de France.

Vous avez trop de vertu, monseigneur, pour qu'on ne puisse pas vous tout dire sans aucun ménagement. L'abbé Testu prétend que vous ne vous taxez pas à la proportion des autres [1]. Je sais répondre en général à ces discours, mais si vous voulez m'instruire, je répondrai encore mieux.

Les ennemis paraissent vouloir tenter quelque chose. On seroit honteux de prier publiquement; mais je crois, monseigneur, que vous priez et faites prier autant qu'il vous est possible.

LETTRE CDXXII

A M. L'ARCHEVÊQUE DE PARIS [2].

5 août 1696.

Si M. l'abbé Testu se plaint de vous, monseigneur, il sera dans son tort, mais je croirois être dans le mien, si je ne vous avertissois pas de tout ce qui viendra à ma connoissance sur votre sujet.

Il y a deux jours que le roi me dit en sortant de ma chambre : Je m'en vais voir un homme que vous croyez bon homme, mais sans esprit, et me nomma le père de La Chaise. Je lui répondis : Vous le croyez encore plus que moi, car vous le voyez plus souvent. Le roi répliqua : Il est vrai, et cela baisse tous les jours. Je crus l'occasion favorable, et je lui dis : N'allez pas me donner quelque stu-

---

1. A la *capitation* qui avait été établie en 1695.
2. *Autographe* du cabinet de M. le duc de Cambacérès.

pide pour confesseur de la princesse; et ordonnez au Père de La Chaise de consulter M. l'archevêque qui estime fort certains sujets de la compagnie [1]. Il me dit : Informez-vous de quelque chose de bon, et je le demanderai. Me voilà donc en état, monseigneur, de vous consulter à notre première entrevue.

Ne venez point ici; *on* a regret de tout le temps qu'on passe hors des jardins; *on* n'ira plus à Trianon. Nous irons, s'il plaît à Dieu, à Versailles samedi. Nous y serons environ huit jours, et de là à Meudon.

Je m'aperçois avec plaisir que le roi reprend son ancienne familiarité avec M. votre frère.

LETTRE CDXXIII.

A M. L'ARCHEVÊQUE DE PARIS [2].

A Saint-Cyr, 14 août 1696.

Je ne puis vous exprimer ma joie, monseigneur, voyant ce que Dieu fait dans le cœur du roi pour vous. Il y a déjà longtemps que je m'aperçois qu'il s'approche de vous, que la confiance augmente, ou, pour parler plus juste, qu'il se rassure sur vous : car il vous estimoit, vous goûtoit, quand vous étiez M. de Châlons; mais, monseigneur, il ne se peut taire du premier mouvement qu'il a vu en vous au

---

1. Il était d'usage de ne prendre les confesseurs des princes et princesses que dans la compagnie de Jésus.
2. *Autographe* du cabinet de M. de Cambacérès.

dernier discours qu'il vous a fait. Il en est édifié au dernier point : je ne le suis pas moins que lui. Je lui dis combien vous avez toujours été ferme sur la résidence, et que vous n'aviez jamais consenti que M. de Cambrai demeurât précepteur, et devînt archevêque en même temps. Le roi est naturellement exact et sévère : ainsi ces maximes sont de son goût ; il vous voit ferme en même temps qu'on vous accuse d'être trop doux. Ne croyez pas, monseigneur, que ce soit là un mauvais office auprès de lui. Il craint les naturels rudes et âpres, quoiqu'il les veuille fermes. Dieu fait bien toutes choses et les dispose, ce me semble, pour le salut du roi, dès qu'il l'approche de son pasteur. Après cela, je n'aurai qu'à mourir en repos [1]. Continuez d'attaquer ce qu'il y a de mauvais dans les jésuites avec votre douceur naturelle, en le chargeant lui-même quelquefois de leur parler. Je ne sais peut-être ce que je vous dis, car, en vérité, je fais tout avec précipitation. Pardonnez toutes mes fautes.

LETTRE CDXXV (La B.)

NOTE PRÉLIMINAIRE

Cette lettre ne se trouve que dans la collection de La Beaumelle (édit. de Nancy, t. II, p. 52 ; édit. d'Amsterdam, t. II, p. 145.) Louis Racine l'annote : *m'est très-inconnue*. Elle est inventée.

La lettre est datée de Maintenon le 24 août ; or le 24 août,

---

1. La Beaumelle ajoute : « Sûre qu'entre vos mains mon roi deviendra agréable à Dieu. »

madame de Maintenon n'était pas à se reposer dans son château, mais à Versailles, fort inquiète de la santé du roi, qui était gravement malade d'un anthrax (voir le *Journal de Dangeau*, t. V, p. 458). De plus, La Beaumelle fait apprécier par madame de Maintenon l'instruction pastorale de l'archevêque de Paris sur le livre : *Exposition de la foi touchant la grâce et la prédestination,* livre qu'on soupçonnait de jansénisme, et elle dit qu'il « s'en est démêlé en homme très-prudent. » Madame de Maintenon se serait bien gardé d'exprimer ainsi son opinion, et nous n'en trouvons en effet aucune trace dans ses lettres, car cette instruction faisait beaucoup de bruit et mécontenta tout le monde; l'archevêque, tout en condamnant le livre, reproduisit ses erreurs, et exprima des idées sur la grâce, qui le firent accuser de jansénisme; enfin cette instruction fut en grande partie l'origine des querelles qui troublèrent la fin du règne de Louis XIV.

« S'ils me fâchent, je prierai le pape de le faire cardinal. » Quelle opinion La Beaumelle a-t-il de ses lecteurs, pour qu'il prête un tel langage à madame de Maintenon? Je ne dis rien de « la princesse Adélaïde, qui est le *nœud* du traité de Ryswick, » ni de « l'empereur qui voulait *l'avoir* pour le roi des Romains; » mais madame de Maintenon ajoute : « Je vous envie votre solitude, votre tranquillité. » Or, à cette époque, madame de Saint-Géran, veuve à peine de quelques mois, était de la société un peu folle et des plaisirs trop bruyants de la duchesse de Bourbon, et elle menait même une vie tellement dissipée et si voisine du scandale que le roi, trois mois après, y mit fin en la renvoyant de la cour et en l'exilant à trente lieues de Paris. C'est ce que nous verrons dans les lettres suivantes.

A MADAME DE SAINT-GÉRAN.

Maintenon, 24 août 1696.

Je ne suis pas surprise des différents jugements qu'on porte de l'instruction de M. de Paris. Ce premier pas étoit difficile; et toutes les personnes désintéressées qui l'ont lue conviennent qu'il s'en est démêlé en homme très-prudent. Certainement le roi en sera satisfait. Les jésuites ne lui pardonneront pas de s'être élevé au siége de Paris sans leur participation; s'ils me fâchent, je prierai le pape de le faire cardinal. Il falloit à la première Église du royaume un prélat de mœurs sans tache, et d'un caractère modéré, doux, simple, d'une piété éclairée et solide; le roi a cru voir toutes ces qualités réunies dans M. de Châlons; il s'est consulté, il a consulté des gens de bien, il a consulté Dieu; et rien n'est plus vrai que, s'il eût connu en France un plus honnête homme, il l'auroit donné à sa capitale. Plût à Dieu que ces guerres de religion fussent aussi près de leur fin que celle qui divise les princes de l'Europe! La paix est faite avec M. le duc de Savoie, et le roi est disposé à la donner au reste de l'Europe. La princesse Adélaïde sera le nœud de ce traité. L'empereur vouloit l'avoir pour le roi des Romains; mais le duc de Bourgogne l'a emporté sur son rival; cette princesse est fort aimable, mais elle est bien jeune; il faudra l'élever; voilà de nouveaux embarras. Je vous envie votre solitude, votre tranquillité; et je ne suis plus surprise que la reine Christine soit descendue du trône pour vivre avec plus de liberté.

LETTRE CDXXVI

A M. L'ARCHEVÊQUE DE PARIS[1].

29 août 1696.

Madame de Montchevreuil m'a apporté, monseigneur, le mémoire que je vous envoie, et le livre

---

1. *Autographe* du cabinet de M. de Cambacérès.

marqué sur ce même papier avec l'endroit marqué;
M. l'abbé de Fénelon est nommé. Je ne sais point
faire d'autre usage de toutes ces choses-là que de
vous les envoyer et d'agir selon que vous me l'or-
donnerez.

M. de Pontchartrain, travaillant aujourd'hui avec
le roi, lui a demandé s'il vouloit ou s'il ne vouloit
pas qu'on poussât le quiétisme; qu'il savoit qu'un
nommé Davant écrivoit pour soutenir cette illusion,
et que si le roi vouloit en donner l'ordre, il feroit
arrêter cet homme dès qu'il auroit découvert sa
demeure. Je lui ai dit que je la savois, et nous avons
conclu que je lui enverrai ce soir. J'ai pris ce délai
pour demander au roi qu'on ne fasse rien là-dessus
que par vous, monseigneur, qui êtes un peu plus
doux et plus juste qu'un ministre; et je n'ai envoyé
que la seule demeure de M. Davant, de peur qu'on
ne fît trop de bruit en arrêtant toutes les personnes
qui sont nommées dans ce mémoire. Le roi trouve
bon que je mande à M. de Pontchartrain de ne rien
faire en tout cela que par vous. En effet, monseigneur, dans une affaire ecclésiastique, nous ne devons avoir que le mouvement que vous nous donnerez; c'est bien mon intention, quoi qu'on en puisse
dire. Le mal du roi[1] va fort bien.

Suit une note écrite par madame de Maintenon donnant
la demeure de M. Davant et de cinq autres personnes, avec
le titre d'un livre sur le quiétisme, publié à Amsterdam, et
où se trouve le passage suivant : « Les quiétistes avoient

1. Voir sur ce mal le *Journal de la santé du roi*, p. 230.

en horreur les superstions romaines, et ils vouloient les ensevelir dans l'oubli en ne les enseignant et ne les pratiquant point, aussi bien que M. de Fénelon.

LETTRE CDXXVII

A M. L'ARCHEVÊQUE DE PARIS [1].

4 septembre 1696.

Voici un mémoire d'Andresy qu'on m'assure être de votre diocèse. Souvenez-vous donc, monseigneur, une fois pour toutes, de faire de mes avis l'usage qu'il vous plaira, sans me répondre un mot quand il n'y a pas de nécessité. Je crains toujours de vous faire perdre du temps.

Ce n'est point à moi à me mêler entre des religieuses et leur évêque; mais si, sans me nommer, vous disiez à M. de Saint-Flour les plaintes qu'on fait de lui, et que vous savez qu'elles sont venues jusqu'à la cour, peut-être feriez-vous un bien, car, monseigneur, tous les évêques n'ont pas toujours raison.

Hé bien! voilà les dames nommées [2]! et la maré-

1. *Autographe* du cabinet de M. de Cambacérès.
2. Les dames de la princesse de Savoie. « Le roi m'appela après sa messe, dit Dangeau, et me dit qu'il m'avoit choisi pour être chevalier d'honneur de la duchesse de Bourgogne; que la duchesse du Lude seroit la dame d'honneur et le comte de Tessé son premier écuyer; qu'en attendant le mariage, il nous envoieroit, la duchesse du Lude et moi, recevoir la princesse au Pont-de-Beauvoisin, mais que nous n'entrerions en charge que quand elle seroit madame la duchesse de Bourgogne. Le roi me rappela ensuite pour me dire qu'il avoit choisi madame de Dan-

chalé désespérée[1]! Mon état et ma vocation présentement est d'affliger et de desservir tout ce que j'aime. Je vous avoue, monseigneur, que j'en souffre beaucoup[2].

On a parlé du père Émerique[3]. Il a le plus grand défaut de tous les défauts : il est très-dévot, et la dévotion ne sied guère mieux à un confesseur qu'à un évêque[4]. Voilà, monseigneur, où en sont les intérêts de Dieu.

LETTRE CDXXVIII

A M. DE HARLAY[5].

Aux Carmélites, ce 6 septembre 1696.

Vous voyez, monsieur, où je suis, et j'y trouve des filles bien alarmées. Elles ont fait un mémoire pour suppléer à l'incapacité dont je suis sur les

geau pour être dame du palais. Elles seront six : voici l'ordre dans lequel le roi les a nommées : Madame de Dangeau, la comtesse de Roucy, la marquise de Nogaret, la marquise d'O, la marquise du Châtelet, la comtesse de Montgon (*Dangeau*, t. V, p. 462). » — Saint-Simon fait sur ces nominations une longue note remplie de contes ridicules.

1. La maréchale de Rochefort, qui avait été dame d'atours de la Dauphine et qui espérait être dame d'honneur de la duchesse de Bourgogne.
2. La Beaumelle ajoute : « Mais je ne varierai point dans la loi que je me suis faite de sacrifier mes amis à la vérité et au bien. »
3. Pour confesseur de la princesse. Ce fut le père Lecomte qui fut nommé le 1ᵉʳ octobre.
4. « C'est un monstre ! » ajoute La Beaumelle.
5. *Autographe* de la Bibliothèque impériale.

affaires. Je vous conjure seulement, monsieur, de faire pour elles bien mieux que vous ne feriez pour moi; car c'est sans exagération que j'y suis plus sensible, et que je vous assure qu'on ne peut être avec plus de reconnoissance que je le suis, monsieur, votre, etc.

LETTRE CDXXIX

A M. L'ARCHEVÊQUE DE PARIS[1].

7 septembre 1696.

Je ne sais, monseigneur, si vous savez ce que c'est qu'un cordelier qu'on a fait curé de la Trinité de Montfort. Cet homme est lié avec madame de Nogaret qui est fort zélée contre le quiétisme et qui a beaucoup contribué aux découvertes qui sont faites. Il a plusieurs papiers qu'il veut me remettre entre les mains et me dire tout ce qu'il sait du sieur Davant. Il croit que les livres qu'on a pris chez lui ne devroient pas être confiés à d'autres qu'à vous, et qu'ils seront très-scandaleux dans les mains des juges séculiers. Mais pour en revenir à moi, monseigneur, je n'ai point cru devoir ni entrer en connaissance avec ce curé ni même le voir, et je lui ai seulement fait demander s'il voudroit vous aller trouver, et vous confier tout ce qu'il fait et tout ce qu'il a. Il y est tout disposé et dit que madame de Nogaret vous a parlé de lui, mais qu'étant allé chez vous, son vi-

---

1. *Autographe* du cabinet de M. de Cambacérès.

sage ne vous a pas été connu. Voulez-vous qu'il se présente à vous avec une lettre de moi?

Racine est charmé de votre ordonnance, monsieur, et l'a dit au roi, qui ne l'a pas encore vue. Pour moi, je la trouve admirable; mais mon avis est peu de chose surtout en telle matière. M. le curé m'avoit dit que vous aviez tout à fait marqué les jésuites, en disant que des personnes d'autorité accusoient de jansénisme fort gratuitement. Vous dites tout le contraire, car il y a « des personnes sans autorité. »

A dix heures du soir.

Je ne puis continuer ma lettre. On parle d'ouvrir le mal du roi en quatre[1]; je ne sais plus où nous en sommes. Je crains tout. Ne viendrez-vous pas vous mettre à portée d'en savoir des nouvelles?

LETTRE CDXXX

A M. L'ARCHEVÊQUE DE PARIS[2].

Ce 8 septembre 1696.

C'est pour obéir à M. l'évêque de Chartres, monseigneur, que je vous envoie ce que vous trouverez dans ce paquet qui, ce me semble, ne vous apprendra rien de nouveau. Vous êtes assez instruit de la doctrine de madame Guyon pour la condamner hau-

---

1. On lit dans le *Journal de Dangeau*, 8 septembre : « On a fait ce matin une assez grande incision au roi, et les chirurgiens sont très-contents de l'état où ils ont trouvé la plaie, etc. »
2. *Autographe* du cabinet de M. de Cambacérès.

tement, et ce que vous savez de sa personne est pis que ce qui est dans cet écrit. Je prie Dieu de tout mon cœur de vous faire prendre le parti le plus convenable au bien de l'Église et qui pourra le plus préserver de toute fausseté. Je suis, monseigneur, avec une estime qui augmente tous les jours, et avec un respect qui ne finira jamais, votre très-humble et très-obéissante servante.

LETTRE CDXXXI

A M. L'ARCHEVÊQUE DE PARIS [1].

16 septembre 1696.

Il me semble, monseigneur, que vous m'avez fait l'honneur de me dire que M. de Cambrai vouloit que je visse l'écrit que vous m'avez remis entre les mains [2]. Puis-je lui écrire sur ce pied-là? Faut-il que je vous renvoie cet écrit? J'ai une réponse à faire à M. de Meaux : puis-je lui montrer que je sais qu'on n'approuvera pas son livre? M. de Pontchartrain lut hier au soir au roi une grande lettre de madame Guyon, qui demande à se retirer auprès de Blois dans une terre qui est, je crois, à son gendre [3]. J'ai le cœur bien affligé de l'entêtement de nos amis; je ne puis ne les en pas estimer moins; tout le commerce que nous avons ensemble n'est plus qu'une

1. *Autographe* du cabinet de M. le duc de Cambacérès.
2. Voir la lettre suivante.
3. Elle avait pour gendre le comte de Vaux, fils du fameux Fouquet et père du maréchal de Belle-Isle.

dissimulation. Je me trouve dans un pays bien étrange où tout me déplaît et où je n'ai personne avec qui me soulager quelquefois. Priez pour moi, monseigneur, par charité.

LETTRE CDXXXII

FÉNELON A MADAME DE MAINTENON [1].

Septembre 1696.

Quand M. de Meaux m'a proposé d'approuver son livre [2], je lui ai témoigné avec attendrissement que je serois ravi de donner cette marque publique de ma conformité de sentiment avec un prélat que j'ai regardé depuis ma jeunesse comme un maître dans la science de la religion. Je lui ai même offert d'aller à Germigny [3] pour dresser avec lui mon approbation.

J'ai dit en même temps à MM. de Paris et de Chartres et à M. Tronson que je ne voyois aucune ombre de difficulté entre M. de Meaux et moi sur le fond de la doctrine; mais que s'il vouloit attaquer personnellement dans son livre madame Guyon, je ne pouvois pas l'approuver. Voilà ce que j'ai déclaré il y a six mois. M. de Meaux vient de me donner son livre à examiner. A l'ouverture des cahiers, j'ai trouvé

---

1. Extrait de la *Relation du quiétisme* par Bossuet, IVe section.
2. Il s'agit de l'*Instruction sur les états d'oraison* qui est l'explication ou le commentaire du formulaire d'Issy. Bossuet avait envoyé ce livre à Fénelon avant de le faire imprimer.
3. Maison de campagne de l'évêque de Meaux.

qu'ils sont pleins d'une réfutation personnelle; aussitôt j'ai averti MM. de Paris et de Chartres et M. Tronson de l'embarras où me mettoit M. de Meaux.

Fénelon expose dans les plus grands détails les raisons qui ne lui permettent pas d'approuver l'*Instruction sur les états d'oraison,* et il termine ainsi :

J'ai fait un ouvrage où j'explique à fond tout le système des voies intérieures[1], où je marque d'une part tout ce qui est conforme à la foi et fondé sur la tradition des saints et de l'autre tout ce qui va plus loin et doit être censuré rigoureusement. Plus je suis dans la nécessité de refuser mon approbation au livre de M. de Meaux, plus il est capital que je me déclare en même temps d'une façon plus forte et plus précise. L'ouvrage est déjà tout prêt. On ne doit pas craindre que j'y contredise M. de Meaux : j'aimerois mieux mourir que de donner au public une scène si scandaleuse. Je ne parlerai de lui que pour le louer et que pour me servir de ses paroles. Je sais parfaitement ses pensées et je puis répondre qu'il sera content de mon ouvrage quand il le verra avec le public.

D'ailleurs, je ne prétends pas le faire imprimer sans consulter personne. Je vais le confier avec le dernier secret à M. l'archevêque de Paris et à M. Tronson. Dès qu'ils auront achevé de le lire, je le donnerai suivant leurs corrections. Ils seront les juges de ma

---

1. C'est l'ouvrage : *Maximes des Saints*, etc.

doctrine et on n'imprimera que ce qu'ils auront approuvé : ainsi on n'en doit pas être en peine. J'aurois la même confiance pour M. de Meaux, si je n'étois dans la nécessité de lui laisser ignorer mon ouvrage, dont il voudroit apparemment empêcher l'impression par rapport au sien.

Dieu sait à quel point je souffre de faire souffrir en cette occasion la personne du monde pour qui j'ai le respect et l'attachement le plus constant et le plus sincère.

LETTRE CDXXXIII

A M. L'ARCHEVÊQUE DE PARIS[1].

25 septembre 1696.

Je crois vous avoir déjà dit, monseigneur, que madame la comtesse de Gramont est la correspondante de la Trappe. Vous verrez par cette lettre ce qu'on exige de moi, et je vous supplie de me mander l'usage que j'en dois faire.

Nous aurons apparemment bientôt le père Lecomte. L'inclination y est si forte, qu'on ne peut s'y opposer.

En envoyant à M. de Meaux, il y a deux jours, un paquet d'une Dame de Saint-Louis[2], je lui mandai qu'on pensoit à mettre madame Guyon auprès de M. le curé de Saint-Sulpice. Nous n'aurons pas là-

1. *Autographe* du cabinet de M. de Cambacérès.
2. Madame de la Maisonfort. Voir *la Maison royale de Saint-Cyr*, p. 196.

dessus son approbation ; mais pour moi, je crois devoir penser comme vous le plus qu'il m'est possible. Le roi est en parfaite santé.

LETTRE CDXXXIV

A M. L'ARCHEVÊQUE DE PARIS[1].

7 octobre 1696.

Il est vrai, monseigneur, que j'allai aux Recollets commencer ma fête. Je suis bien fâchée d'avoir perdu un moment de ceux que vous vouliez bien me donner. On m'en laisse si peu, que je n'ai pas trouvé le temps de vous écrire.

J'ai vu M. de Meaux toujours bien vif sur l'affaire, mais bien plein d'envie de ne plus s'éloigner de vous. On ne peut en parler plus obligeamment.

Le roi m'a conté ce qui s'est passé entre vous par rapport à madame Guyon ; vous avez trouvé en lui quelque répugnance à la laisser sortir : il vous croit trop bon. Je n'ai nulle part à ces impressions-là, monseigneur. Je ne lui avois pas dit un mot de votre dessein ; et je veux demeurer ferme dans celui de ne suivre que vos mouvements en pareilles occasions.

J'ai vu notre ami[2]. Nous avons bien disputé, mais fort doucement ; je voudrois être aussi fidèle et aussi attachée à mes devoirs qu'il l'est à son amie[3]. Il ne la perd pas de vue, et rien ne l'entame sur elle.

---

1. *Autographe* du cabinet de M. de Cambacérès.
2. Fénelon.
3. Madame Guyon.

Je vois avec une grande joie, monseigneur, qu'*on* s'accoutume à vous et qu'*on* est persuadé par vous. Je l'ai vu dans ce qui regarde les pères de l'Oratoire, et vous acquerrez toute confiance, en n'étant point entêté. Les petites confidences sur le père de Saint-Marthe ont contribué à vous faire croire sur le reste.

Il est triste qu'il y ait si peu de sujets quand il y a un évêché vacant.

La voie de M. Tiberge est bonne, et celle de M. de Montchevreuil quelquefois, afin de cacher la moitié de notre commerce.

LETTRE CDXXXV

A MADAME DE BRINON [1].

Fontainebleau, 9 octobre 1696.

Je vous l'ai mandé plusieurs fois, si vous me voyiez de près, vous ne voudriez pas que je vous écrivisse, Dieu, le roi, Saint-Cyr, et ce que la cour m'arrache malgré moi, ne me laissant pas de temps. Vous n'avez nul besoin de moi, nos commerces n'ont aucune utilité; ils ne seroient que pour notre plaisir, il n'y faut plus penser, vous nous l'avez appris mille fois. Vous ne pouvez douter de mon amitié, je connois votre cœur, et que je le retrouverois au bout de cent ans comme je l'ai quitté. Demandez après cela à madame Fagon s'il faut perdre du temps à se faire des

---

1. *Manuscrits des Dames de Saint-Cyr.*

protestations, et si les personnes solides ne doivent pas être au-dessus des formalités.

Il ne faut pas finir ma lettre sans vous parler du roi. Il a la goutte, dont il est bien fâché, parce qu'il est obligé de garder la chambre. Il veut la paix, et pense sur tout comme on le peut désirer; vous en seriez bien contente. Je vous aime toujours, priez Dieu pour moi, et faites prier que je me sauve malgré le mauvais air que je respire. Madame de Montchevreuil ne vous écrit-elle pas? Elle se sanctifie de plus en plus. Nous avons peu gardé ici le roi et la reine d'Angleterre[1]; Dieu n'a pas voulu leur laisser ce soulagement, il les traite en âmes fortes. Adieu, je ne puis vous quitter quand j'ai commencé.

LETTRE CDXXXVI

NOTE PRÉLIMINAIRE

Les deux lettres suivantes sont adressées à M. de Dangeau. Philippe de Courcillon, marquis de Dangeau, né en 1638, mort en 1720, est l'auteur du précieux *Journal* publié par MM. Soulié et Dussieux, et que nous citons si souvent. (Voir la notice sur Dangeau qui se trouve à la tête de ce *Journal*.) Nous avons vu que le marquis de Dangeau avait été nommé chevalier d'honneur de la princesse de Savoie; il était parti le 17 octobre avec les dames pour Pont-de-Beauvoisin, d'où il devait l'amener en France. Le comte de Brionne, de la maison de Lorraine, était chargé de la recevoir au nom du roi.

---

1. Ils séjournèrent à Fontainebleau du 10 au 26. Voir le *Journal de Dangeau*, t. VI.

« Le cortége arriva le 15 octobre à Pont-de-Beauvoisin, et le 16 se fit la réception de la princesse. A peine eut-on su des nouvelles de son arrivée qu'on se mit en marche : les gardes du roi se portèrent jusqu'à la voie du milieu du pont, en deçà, le carrosse du roi justement sur le milieu, la tête des chevaux tournée du côté de la France. M. le comte de Brionne, avec toutes les dames, avança aussi jusques à la moitié du pont. Madame la princesse de Savoie, après avoir reçu les adieux de toutes les dames et de tous les officiers qui composaient sa cour, partit dans sa chaise, accompagnée des gardes et des Suisses de M. de Savoie et de beaucoup de nobles. Lorsqu'elle arriva au milieu du pont, le page qui portoit sa robe la quitta, et un page du roi la prit. Ses écuyers lui quittèrent la main, et M. de Brionne, à la tête des dames et de la maison du roi, la salua et lui fit son compliment, en ayant été chargé par le roi. Il appela ensuite M. le marquis de Dangeau, et ensuite madame la duchesse du Lude et les dames du palais. Toutes ces cérémonies étant achevées, M. le comte de Brionne lui donna la main et la mit dans le carrosse du roi où toutes les dames eurent l'honneur d'entrer. Toute la cour de Savoie fondoit en larmes. Cette princesse arriva au logis qui lui avoit été préparé au milieu d'un peuple infini... Elle y entra d'un air qui ne parut pas embarrassé. On lui présenta tous les officiers de la maison du roi; elle les reçut avec une grâce infinie, et leur parut dans tous ses discours et dans toutes ses manières beaucoup au-dessus de son âge. Elle est très-bien faite et des plus agréables. Elle a beaucoup de noblesse dans la physionomie, le teint beau et de très-belles couleurs, quoique naturelles. Elle a les yeux parfaitement beaux. Cette princesse joint à mille agréments des manières prévenantes et une vivacité d'esprit qui surprend, etc. » (*Mercure* d'octobre 1696).

Madame de Maintenon était fort amie de madame de Dangeau, et elle écrivit souvent au marquis pendant son voyage pour avoir des nouvelles de la princesse de Savoie.

A M. LE MARQUIS DE DANGEAU¹.

Ce 21 octobre 1696.

Vous donnez d'agréables idées de la princesse, et nous avons une grande impatience de la voir. Vous savez, monsieur, faire toutes sortes de personnages : l'épée de diamants et le colin-maillard en sont des preuves. Madame de Dangeau m'en paroît fort touchée, et elle a raison. Nos lettres ne peuvent être ni si longues, ni si bonnes que les vôtres, car nous n'avons qu'à attendre le mieux que nous pourrons la fin de votre voyage, que nous trouvons fort éloignée. Je ne crois pas avoir besoin de me servir de cette occasion pour vous assurer de l'estime et de la considération que j'ai pour vous, et je me flatte que vous n'en doutez pas.

LETTRE CDXXXVII

A M. LE MARQUIS DE DANGEAU².

Ce 26 octobre 1696.

Il est vrai, monsieur, qu'on est ravi d'entendre parler de la princesse, et que tout ce qui revient de votre petite cour nous donne une grande impatience de la voir unie à la nôtre. Si la princesse ne se dément point, nous serons trop heureux d'avoir à former un si beau et si bon naturel. Je suis ravie de savoir qu'elle est enfant, parce qu'il me semble que

1. *Manuscrits des Dames de Saint-Cyr.*
2. *Manuscrits des Dames de Saint-Cyr.*

ceux qui sont trop avancés demeurent pour l'ordinaire. Tout ce qui revient de ses occupations me paroît parfait, et si on continue ce mélange de jeux d'esprit, de jeux d'exercice, et de quelques leçons un peu plus sérieuses, il n'y aura rien qui ne soit utile. Le jeu à la *Madame* peut l'accoutumer à la conversation et à bien parler; les proverbes, à entendre finement; le colin-maillard contribuera à sa santé, les jonchets à son adresse; enfin tout me paroît bon, et d'autant plus qu'elle fait toutes ces choses-là avec des personnes raisonnables qui peuvent l'instruire en la divertissant. C'est un grand plaisir de pouvoir renvoyer la femme de chambre et le médecin sans les fâcher. Adieu, monsieur le marquis, je me sens de la joie de me retrouver en quelque manière dans la même maison que vous, et j'espère un peu plus de commerce avec madame de Dangeau que par le passé.

LETTRE CDXXXVIII

A M. L'ARCHEVÊQUE DE PARIS [1].

4 novembre 1696.

Votre peine ne m'est point indifférente, monseigneur, et l'endroit dont il s'agit est bien sensible. M. de Vadesi a commencé à soutenir les absents, et à être remis à une autre fois; il a eu une grande audience depuis ce temps-là, mais il ne fut pas question

---

1. *Autographe* du cabinet de M. de Cambacérès.

de cette affaire-ci. Je ne sais si je pourrai faire usage de la lettre du ministre. Elle est ridicule en plus d'une circonstance.

Dieu veuille que l'abbé de Croissy remplisse l'idée qu'on a de lui! Votre témoignage a été compté.

Madame de Montchevreuil me mande qu'elle va envoyer prier madame de C... d'aller à Versailles. Je souhaite ce mariage, parce qu'il paroît bon; mais j'ai toujours mauvaise opinion du succès de ceux qui traînent si longtemps.

Enfin nous allons voir cette princesse si longtemps attendue et si prônée[1]. Monsieur s'est enferré lui-même : la peur qu'il a eue qu'elle ne fût pas de tous les plaisirs par l'embarras du rang de la princesse de Savoie lui a fait demander en grâce qu'elle eût le rang de duchesse de Bourgogne. Le roi l'accordera contre mon gré. Monsieur en est à présent au désespoir; il ne peut souffrir qu'avec le nom de princesse de Savoie elle soit devant lui; il presse donc pour qu'elle s'appelle la duchesse de Bourgogne. Je m'y oppose, parce qu'il n'y a guère de raisons de porter le nom d'un homme avant de l'avoir épousé, mais encore plus par l'espérance où je suis que toutes ces difficultés la renfermeront davantage. Il en sera ce qui plaira à Dieu.

J'ai vu le père Lecomte[2] qui m'a paru admirable; mais on ne connoît pas la vérité dans une seule con-

---

1. La princesse était petite-fille de Monsieur, sa mère étant une fille de ce prince; Monsieur avait demandé qu'elle fût traitée, dès son arrivée, comme duchesse de Bourgogne.
2. Il avait été nommé confesseur de la princesse de Savoie.

versation. N'avons-nous pas bien fait de forcer madame de Saint-Géran de penser à elle ?

APPENDICE A LA LETTRE CDXXXVIII.

Voici la deuxième fois que le nom de madame de Saint-Géran se trouve dans les lettres authentiques de madame de Maintenon. Le *Journal de Dangeau* raconte à quelle occasion :

« Le roi, mécontent de la conduite de madame de Saint-Géran, lui a envoyé l'ordre à Versailles de s'éloigner de la cour de plus de trente lieues ; on ne lui laisse la liberté de demeurer à Paris que jusqu'à la fin du mois. On ne dit point encore le sujet de sa disgrâce, qui apparemment sera longue, car le roi a déjà disposé de son appartement. »

Saint-Simon entre dans plus de détails : « Elle étoit fort bien avec les princesses, et mangeuse, et aimant la bonne chère, et bonne en privé, comme madame de Chartres et madame la Duchesse. Cette dernière avoit une petite maison dans le parc de Versailles, auprès de la porte de Satory, qu'elle appeloit le Désert, que le roi lui avoit donnée pour l'amuser, et qu'elle avoit joliment ajustée pour s'y aller promener et y faire des collations. Les repas se fortifièrent, devinrent plus gais, et à la fin mirent M. le Duc de mauvaise humeur et M. le Prince en impatience. Ils se fâchèrent inutilement, et à la fin portèrent leurs plaintes au roi, qui gronda madame la Duchesse, et lui défendit d'allonger ces sortes de repas, et surtout d'y mener certaine compagnie. Si madame de Saint-Géran ne fut pas du nombre des interdites, elle le dut à sa première année de deuil, pendant laquelle le roi ne crut pas qu'elle pût être de ces parties, mais il s'expliqua assez sur elle pour que madame la Duchesse ne pût pas douter qu'elle ne fût pas approuvée pour en être.

« Quelques mois se passèrent avec plus de ménagement, et madame la Duchesse compta que tout était oublié. Sur ce pied-là, elle pressa madame de Saint-Géran de venir souper avec elle de bonne heure au Désert, pour être au cabinet du roi à son souper à l'ordinaire. Madame de Saint-Géran craignit, se défendit, mais comme elle aimoit à se divertir, elle espéra qu'on ne sauroit pas qu'elle y auroit été, que sa première année de deuil détourneroit le soupçon, et que madame la Duchesse paraissant le soir au cabinet, il n'y auroit rien à reprendre. Elle se laissa donc aller, et comme elle étoit de fort bonne compagnie, elle mit si bien tout en gaîté, que l'heure de retourner à temps pour le cabinet étoit insensiblement passée. Le repas et ses suites gagnèrent fort avant dans la nuit. Voilà M. le Duc et M. le Prince aux champs, et le roi en colère, qui voulut savoir qui étoit du souper, et madame de Saint-Géran fut nommée. Sa première année de deuil aggrava le crime, tout tomba sur elle; elle fut exilée à vingt lieues de la cour, sans fixer de lieu, et madame la Duchesse grondée. En femme d'esprit, madame de Saint-Géran choisit Rouen, et dans Rouen le couvent de Bellefonds, dont une de ses parentes étoit abbesse. Elle dit qu'ayant eu le malheur de déplaire au roi, il n'y avoit pour elle qu'un couvent, et cela fut fort approuvé. » (T. I, p. 248.)

LETTRE CDXXXIX.

NOTE PRÉLIMINAIRE

La cour était à Fontainebleau, et elle devait y recevoir la princesse de Savoie. Le roi était si impatient de la voir que, lorsque celle-ci se trouva à la fin de son voyage, il alla au-devant d'elle, avec Monseigneur, Monsieur et la foule des courtisans, jusqu'à Montargis. De cette ville et le même jour, il écrivit à madame de Maintenon. Dangeau parle de cette lettre du roi : « Il nous dit qu'il alloit commencer à écrire à madame de Maintenon ce qu'il pensoit de la princesse, et qu'il achèveroit de lui écrire après souper quand il l'auroit mieux vue. » C'est la seule lettre importante qui reste de Louis XIV à madame de Maintenon. Elle a été publiée pour la première fois en 1822 par la Société des bibliophiles.

LE ROI A MADAME DE MAINTENON[1].

*A Montargis, ce dimanche au soir à six heures et demie,
4 novembre 1696.*

Je suis arrivé ici devant cinq heures; la princesse n'est venue qu'à près de six. Je l'ai été recevoir au carrosse. Elle m'a laissé parler le premier, et après elle m'a fort bien répondu, mais avec un petit embarras qui vous auroit plu. Je l'ai menée dans sa chambre, au travers de la foule, la laissant voir de temps en temps, en approchant les flambeaux de son visage. Elle a soutenu cette marche et ces lumières avec grâce et modestie. Nous sommes enfin arrivés dans sa chambre, où il y avoit une foule et une chaleur à faire crever. Je l'ai montrée de temps en temps à ceux qui s'approchoient et je l'ai considérée de toutes manières pour vous mander ce qu'il m'en semble. Elle a la meilleure grâce et la plus belle taille que j'ai jamais vues; habillée à peindre et coiffée de même; des yeux vifs et très-beaux, des paupières noires et admirables; le teint fort uni blanc et rouge comme on le peut désirer; les plus beaux cheveux noirs que l'on puisse voir et en grande quantité. Elle est maigre comme il convient à son âge; la bouche fort vermeille, les lèvres grosses, les dents blanches, longues et très-mal rangées; les mains bien faites mais de la couleur de son âge. Elle parle peu, au moins à ce que j'ai vu, n'est point embarrassée qu'on la regarde, comme une personne qui a vu du monde. Elle fait mal la révérence et d'un air un peu italien. Elle a

1. *Autographe* de la Bibliothèque du Louvre.

quelque chose d'une Italienne dans le visage, mais elle plaît et je l'ai vu dans les yeux de tout le monde. Elle ressemble fort à son premier portrait et point du tout à l'autre. Pour vous parler comme je fais toujours, je la trouve à souhait et serois fâché qu'elle fût plus belle. Je le dirai encore, tout plaît, hormis la révérence. Je vous en dirai davantage après souper, car je remarquerai bien des choses que je n'ai pas pu voir encore. J'oubliois de vous dire qu'elle est plutôt petite que grande pour son âge. Jusqu'à cette heure, j'ai fait merveille; j'espère que je soutiendrai un certain air aisé que j'ai pris, jusqu'à Fontainebleau [1], où j'ai grande envie de me retrouver.

A 10 heures.

Plus je vois la princesse, plus je suis satisfait; nous avons été dans une conversation publique, où elle n'a rien dit; c'est tout dire. Je l'ai vue déshabiller; elle a la taille très-belle, on peut dire parfaite et une modestie qui vous plaira. Tout s'est bien passé à l'égard de mon frère; il est fort chagrin; il dit qu'il est malade [2]. Nous partirons demain à dix heures et demie ou onze heures; nous arriverons à cinq heures au plus tard.

1. Louis XIV s'était fait une telle habitude de la dignité royale, qu'il fallait qu'il prît sur lui pour déposer un instant cette majesté imposante qui lui était devenue naturelle et qui imprimait un si grand caractère à toutes ses actions. (*Note de Monmerqué.*)

2. Comme nous l'avons vu dans la lettre précédente, le roi avait décidé que la princesse de Savoie serait traitée comme duchesse de Bourgogne, ce qui ôtait à Madame, duchesse d'Orléans, le premier rang qu'elle occupait depuis la mort de madame la Dauphine.

Je suis tout à fait content; rien que de bien à propos en répondant aux questions qu'on lui faisoit; elle a peu parlé et la duchesse de Lude m'a dit qu'elle l'avoit avertie que le premier jour elle feroit bien d'avoir une grande retenue. Nous avons soupé, elle n'a manqué à rien et est d'une politesse surprenante à toutes choses; mais à moi et à mon fils, elle n'a manqué à rien et s'est conduite comme vous pourriez faire. J'espère que vous la serez aussi. Elle a bien été regardée et observée et tout le monde paroît satisfait de bonne foi. L'air est noble et les manières polies et agréables. J'ai plaisir à vous en dire du bien, car je trouve que sans préoccupation et sans flatterie, je le puis faire et que tout m'y oblige. Ne voulant vous dire tout ce que je pense, je vous donne mille bons [1]...

J'oubliois de vous dire que je l'ai vue jouer aux *onchets* avec une adresse charmante [2]. Quand il faudra un jour qu'elle représente, elle sera d'un air et d'une grâce à charmer et avec une grande dignité et un grand sérieux.

---

1. Il y a en cet endroit du manuscrit original deux lignes effacées : elles sont tellement biffées qu'il est impossible d'en apercevoir un seul mot. Il est à présumer qu'elles renfermaient des expressions de tendresse conjugale. Madame de Maintenon, en conservant cette lettre pour les Dames de Saint-Cyr, à cause de son importance historique, en a fait disparaître ce qui aurait été un indice de son mariage avec Louis XIV. (*Note de Monmerqué.*)

2. Aux *onchets* ou *jonchets*. Voir la lettre du 26 octobre.

LETTRE CDXL

A MADAME LA DUCHESSE DE SAVOIE [1].

5 novembre 1696, à neuf heures du matin.

Je voudrois qu'il me fût permis d'envoyer à Votre Altesse la lettre que je viens de recevoir du roi [2]; il n'a pu attendre jusques à ce soir à me dire comment il a trouvé la princesse; il en est charmé, et conclut par ce qu'il voit en elle que son éducation n'a pas été négligée; il se récrie sur son air, sa grâce, sa politesse, sa retenue, sa modestie. Madame s'est chargée de faire savoir à Votre Altesse Royale tout ce que je lui en ai dit, ainsi je ne le répéterai point. Je ne saurois comprendre comment Votre Altesse Royale a pu si bien tromper sur une princesse qui a été vue de tout le monde; mais il est certain qu'on l'a trouvée bien différente des portraits que Votre Altesse Royale a faits d'elle, et de ceux qu'elle a envoyés.

La princesse est arrivée, et je n'ai cessé de désirer que Vos Altesses Royales pussent voir comment on l'a reçue, et à quel point le roi et Monseigneur en sont contents. Il n'est pas possible de se tirer de cette entrevue comme elle a fait; elle est parfaite en tout, ce qui surprend bien agréablement dans une personne de onze ans. Je n'ose mêler mon admiration à celles qui seules doivent être comptées, mais je ne puis pourtant m'empêcher de dire à Votre Altesse

1. *Mémoires inédits de mademoiselle d'Aumale.* — La duchesse de Savoie était fille de Monsieur et de la princesse Henriette d'Angleterre.
2. C'est la lettre précédente.

Royale que cet enfant est un prodige, et que, selon toutes les apparences, elle sera la gloire de son temps. Vos Altesses Royales me font trop d'honneur d'approuver que j'y donne mes soins; je crois qu'il les faut borner à empêcher qu'on ne la gâte, et à prier Dieu de bénir cet aimable mariage. Monsieur et Madame instruiront Votre Altesse Royale de tout le détail, et il ne me reste plus qu'à l'assurer de mon profond respect[1].

LETTRE CDXLI

A MADAME LA DUCHESSE DE SAVOIE[2].

6 novembre 1696.

Voici une lettre qui ne convient guère au respect que je dois à Votre Altesse Royale, mais je crois qu'elle pardonnera tout au transport de joie où nous sommes du trésor que nous recevons; car madame la duchesse du Lude, qui n'en parle plus que les larmes aux yeux, dit que l'humeur est aussi accomplie que ce que nous voyons; pour l'esprit, elle n'a que faire

---

1. Cette lettre est presque méconnaissable dans La Beaumelle : il ajoute, il retranche, il change à son gré. Voici comment il transforme la fin : « Vous me faites trop d'honneur, Madame, d'approuver que je lui donne mes soins : Votre Altesse Royale m'a laissé si peu de chose à faire! Je les bornerai à empêcher que les autres ne la gâtent; mais peut-être commencerai-je par la gâter moi-même. C'est un fort aimable mariage. Nous faisons mille vœux pour qu'il dure longtemps; car, à l'air des deux époux, on ne peut douter qu'il ne soit heureux. » — La Beaumelle oublie ici que les deux époux avaient treize et onze ans, et qu'ils ne s'étaient pas encore vus.

2. *Mémoires de mademoiselle d'Aumale.*

de parler pour le montrer, et sa manière d'écouter,
et tous les mouvements de son visage font assez voir
que rien ne lui échappe. Votre Altesse Royale, quoi
qu'on puisse lui mander, ne croira point jusqu'où va
la satisfaction du roi ; il me faisoit l'honneur hier de
me dire qu'il falloit qu'il fût en garde contre lui parce
qu'on la trouveroit excessive. Elle a trouvé (je dis la
princesse, car je ne puis finir d'en parler), elle a
trouvé Monsieur un peu gros, mais pour Monseigneur,
elle le trouve menu, et le roi de la plus belle taille du
monde. Elle a une politesse qui ne lui permet pas de
rien dire de désagréable ; je voulus hier m'opposer
aux caresses qu'elle me faisoit, parce que j'étois trop
vieille ; elle me répondit : Ah ! point si vieille. Elle
m'aborda quand le roi fut sorti de sa chambre en me
faisant l'honneur de m'embrasser ; ensuite elle me fit
asseoir, ayant remarqué bien vite que je ne puis me
tenir debout ; et se mettant d'un air flatteur presque
sur mes genoux, elle me dit : « Maman m'a chargée de
vous faire mille amitiés de sa part, et de vous demander la vôtre pour moi ; apprenez-moi bien, je vous
prie, tout ce qu'il faut faire pour plaire au roi. » Ce
sont ses paroles, madame, mais l'air de gaieté, de
douceur, et de grâce dont elles sont accompagnées
ne se peut mettre dans une lettre. Quelque longue
que soit celle-ci, je suis persuadée qu'elle n'ennuiera
pas Votre Altesse Royale. J'aurai l'honneur de lui en
écrire quand je connoîtrai encore mieux l'aimable
princesse que je m'en vais voir[1].

1. « Le roi et madame de Maintenon firent leur poupée de la
princesse, dont l'esprit flatteur, insinuant, attentif leur plut infini-

LETTRE CDXLII

A M. L'ARCHEVÊQUE DE PARIS [1].

7 novembre 1696.

Les restitutions [2] ne se font pas aisément ; il faudra plus d'une conversation avec vous pour m'y résoudre. Quand vous m'aurez déterminée, il faudra persuader M. l'évêque de Chartres ; ainsi, je ne prévois pas que cette affaire soit bientôt consommée.

Nous avons envoyé madame la duchesse de Noailles à Paris, et même à Versailles par le conseil de madame de Montchevreuil, à qui j'ai écrit une lettre pour être montrée à la dame que je verrai peut-être demain en arrivant. Mais, monseigneur, je suis bien fâchée que vous veniez vendredi à Versailles, quoique vous ayez raison, parce que je n'y serai pas, et qu'il faut bien aller à Saint-Cyr.

ment et qui peu à peu usurpa avec eux une liberté que n'avoit jamais osé tenter pas un des enfants du roi et qui les charma. Rien n'est pareil aux cajoleries dont elle sut bientôt ensorceler madame de Maintenon, qu'elle n'appela jamais que ma tante et avec qui elle en usa avec plus de dépendance et de respect qu'elle n'eût pu faire pour une mère et pour une reine, et avec cela une familiarité et une liberté apparentes qui la ravissoient et le roi avec elle. » (Saint-Simon, t. I, p. 235.)

1. *Autographe* du cabinet de M. de Cambacérès.

2. La Beaumelle place ici cette note, qui paraît exacte. « M. de Noailles avoit rempli de scrupules madame de Maintenon sur les présents qu'elle avoit eus de madame de Montespan. L'abbé Gobelin avoit permis de les recevoir ; et l'évêque de Chartres, décidé qu'il ne falloit pas les rendre. L'archevêque de Paris revint à cet avis, quand il sut que ces présents étoient le prix des soins de madame de Maintenon pour l'éducation des princes légitimés, et non de ses complaisances pour les foiblesses de leur mère. »

Je vous demande votre bénédiction pour la princesse et de l'offrir à Dieu : vous aurez su sans doute que ce fut par où le roi commença en arrivant ici. C'est un enfant qui montre de l'esprit et sa figure est moins laide qu'on ne l'auroit dit.

LETTRE CDXLIII

A MADAME DE BRINON [1].

Ce 10 novembre 1696.

Il n'y a pas d'affaire qui puisse m'empêcher de lire vos grandes lettres avec plaisir. Vous pensez juste sur la princesse de Savoie : il ne faut rien oublier pour l'élever chrétiennement ; il paroît qu'on l'a fait jusqu'à cette heure. Priez pour elle. Savez-vous que ce roi que vous aimez tant commença par la mener à la chapelle, et par l'offrir à Dieu? Cette action ne vous déplaira pas.

Si vous connoissiez le curé de Saint-Cyr, vous seriez bien plus aise de savoir vos neveux entre ses mains. C'est un saint très-digne de l'épiscopat : il est rempli de piété, d'esprit et de simplicité. Les petits d'Aunay lui seront très-recommandés. Nous nous portons tous bien ici ; j'ai trouvé Saint-Cyr tout sanctifié, deux de nos anciennes professes ont voulu rentrer au noviciat ; enfin, ma très-chère, il paroît que Dieu veut établir cette maison. Je vous embrasse de tout mon cœur.

1. *Manuscrits des Dames de Saint-Cyr.*

LETTRE CDXLIV

A M. L'ARCHEVÊQUE DE PARIS[1].

A Marly, ce 30 novembre 1696.

Voilà, monseigneur, ce que M. l'archevêque de Cambrai m'a écrit sur la peine qu'il me voit dans le cœur. Il va vous trouver. Qu'est-ce qu'il veut dire à l'endroit que j'ai marqué et que pourroit-il faire qui désabusât tout le monde[2]? Il le doit certainement, s'il le peut. Vous voyez qu'il ne veut pas laisser de doute sur lui, ni sur la vérité. C'est à vous, monseigneur, à tâcher de le réduire. Je ne sais qui sont les gens ombrageux dont il parle. Mais je n'ai point encore trouvé deux avis sur cette matière; et je ne doute pas qu'on ne lui parle comme à moi, puisque ce n'est pas la condamnation de cette doctrine que je cherche, mais la vérité expliquée par l'Église.

Suit un fragment d'une lettre de M. de Cambrai, copié de la main de madame de Maintenon, et joint à la lettre précédente.

« Pour le fond de mes sentiments sur les choses qui vous ont fait de la peine, je me suis encore expliqué à fond à M. Tronson. Je le ferai aussi sans réserve tout de nouveau à M. l'archevêque de Paris. Je ne ferai jamais rien que de concert avec lui; mais je puis

---

1. *Autographe* du cabinet de M. de Cambacérès.
2. Voir le fragment qui suit cette lettre.

faire là-dessus des choses propres à réduire au silence les plus hardis critiques[1].

« Ce qu'on vous nomme des subtilités n'est que ce qui est enseigné dans les livres des saints, et que toutes les écoles catholiques ont enseigné. Si je vais plus loin, il faut me déposer. Si je demeure dans ces bornes, et qu'après avoir éclairci les difficultés, qui ne rouloient que sur les termes mal entendus, on trouve que je ne parle que comme les saints dont la doctrine a été canonisée avec les personnes, il faut faire taire les gens ombrageux, dont le zèle sans expérience, s'effarouche trop aisément.

« Pour moi, je ne veux que céder à tout le monde, qu'éclaircir avec déférence tous ceux qui seront scandalisés, et que changer de termes jusqu'à ce que les *bonnes* (sic) soient éclairées. Car je ne tiens à aucun langage, et j'abandonne toutes les expressions qu'on voudra condamner, pourvu qu'on sauve le fonds des choses, et que les opérations de la grâce ne soient pas flétries. Encore un coup, madame, je ne crois pas devoir laisser les gens de bien dans le doute, ni sur moi ni sur la vérité. »

---

[1] C'est là le passage dont madame de Maintenon parle plus haut et qui se rapporte au livre des *Maximes des Saints*.

LETTRE CDXLV

A M. L'ARCHEVÊQUE DE PARIS [1].

22 décembre 1696.

J'ai vu M. le duc de Beauvilliers qui a voulu me parler sur les livres de vos amis, monseigneur. Je suis bien aise qu'il m'en ait encore écrit, parce qu'il explique mieux ses raisons que je n'aurois fait. Ce n'est pas à moi à vous presser; vous savez ce qui convient, et ce qui est le plus utile au bien de l'Église. Pour moi, je me tiendrai en paix en attendant ce que Dieu nous fera voir dans la suite. J'ai lu avec grand plaisir votre ordonnance, monseigneur; il ne m'a point paru qu'il y ait rien de menaçant. J'aurois bien voulu la lire au roi, mais je ne puis en trouver le temps.

LETTRE CDXLVI

A MADAME DE BRINON [2].

1696.

Je n'aurai point, madame, l'honneur d'écrire à madame l'abbesse de Maubuisson, de peur de l'importuner; je ne puis m'empêcher de vous prier de la remercier très-humblement de la lettre dont elle a bien voulu m'honorer; elle est conçue en des termes qui feroient croire qu'elle a oublié son nom,

---

1. *Autographe* du cabinet de M. de Cambacérès.
2. *Manuscrits des Dames de Saint-Cyr.*

s'il n'étoit au bas ; mais, madame, cette humilité qui accompagne toutes ses autres vertus, augmente le respect que l'on doit à sa naissance. Je ne crois pas que madame Fagon[1] eût vécu si longtemps si elle eût été dans le monde ; il me semble qu'on y est accablé de chagrin pour soi et pour ses amis. Adieu, madame, le petit chevalier d'Aunai est sage jusqu'à présent, je le recommande souvent au gouverneur, qui est un homme de bien et très-sage.

ANNÉE 1697.

L'année 1697 renferme cinquante-deux lettres, dont dix apocryphes. La plupart sont adressées à l'archevêque de Paris, et sont relatives au quiétisme et aux affaires de l'Église. Ce n'est que par incident que madame de Maintenon s'occupe des affaires de l'État, même du traité de Ryswick. Aussi La Beaumelle, voulant obvier à cette lacune ou à ce défaut dans la correspondance, a-t-il inventé dix lettres.

Il n'y a pour cette année que sept lettres écrites à madame de Maintenon, principalement par Fénelon ; mais on trouve une lettre écrite au roi par l'évêque de Chartres, et qui a une grande importance.

Il faut rapporter à cette même année un mémoire de madame de Maintenon *sur le rappel des huguenots*, le seul fragment politique qu'on ait trouvé de sa main : « S'il annonce un caractère doux, » écrivait une Dame de Saint-Cyr à La Beaumelle, « il n'exprime pas moins beaucoup de fermeté[2] ; elle s'oppose au rappel. »

Enfin, on trouvera dans les *Lettres histor. et édif.*, t. I et II, huit lettres à madame du Pérou, alors supérieure de

---

1. Elle était morte récemment et très-âgée.
2. Voir ma *Préface*, p. 35.

Saint-Cyr; trois à madame de Radouay; deux à madame de Jas; deux à madame de Fontaines; deux à madame de Glapion; deux à madame de Berval; une à madame de Bouju; une à madame de Butery; une à madame de Champigny; trois à la communauté: Total, vingt-cinq.

LETTRE CDXLVII

A M. DE VILLETTE [1].

3 janvier 1697.

Je viens d'écrire à M. de Pontchartrain en faveur du sieur de Maucours; et je ferois tout le reste avec la même promptitude s'il m'étoit possible. Il y a longtemps que je vous ai dit, mon cher cousin, que je ne croyois pas que vous eussiez rien à prétendre; j'ai cru le voir bien clairement quand on m'a refusé pour vous le gouvernement de Niort. Si vous étiez sage, vous songeriez à une vie douce avec vos amis, et à laisser épargner quelque chose à l'aimable femme que vous avez. Il faut être quelque temps sans rien demander au roi, et alors je lui ferai la proposition de faire passer à elle la pension de deux mille écus que vous avez de lui; mais il prétend entendre souvent parler de vos prétentions, et il faut laisser effacer cette impression-là. Quant au zèle que vous avez pour le service, je le connois il y a longtemps; montrez que vous êtes prêt à tout, mais encore une fois demeurez en repos. Je ne suis point changée pour vous; il n'y a rien que je ne voulusse faire; et vous

---

1. *Manuscrits de mademoiselle d'Aumale.*

le verrez un jour ; je ne suis plus accessible et moins à mes proches qu'aux autres, n'étant point pour ce qui a rapport à moi (*sic*).

J'embrasse madame de Villette ; comment va sa santé ?

LETTRE CDXLVIII

A M. L'ARCHEVÊQUE DE PARIS[1].

A Meudon, ce 14 janvier 1697.

J'ai conté au roi l'affaire que vous avez avec madame de Bouillon. M. le Dauphin étoit présent, qui la savoit à peu près comme moi. Le roi répondit en adressant la parole à son fils : « M. l'archevêque fera plaisir en tout ce qu'il pourra, mais il se tiendra aux règles. » Je vous avoue que cette réponse m'a fait plaisir ; il me semble qu'elle marque de l'amitié pour vous et de l'estime pour la règle.

Ne jugeriez-vous point à propos, monseigneur, de faire à votre loisir une liste des bons évêques[2], et de me l'envoyer, afin que dans les occasions qui se présentent tous les jours, je soutinsse plus ou moins leurs intérêts, et qu'on leur renvoyât les affaires

---

1. *Autographe* du cabinet de M. de Cambacérès.
2. La Beaumelle ajoute ici cette note : « Hébert, curé de Versailles, en avoit déjà dressé une des bons ecclésiastiques, qu'il avoit remise au duc de Beauvilliers, chargé par le roi de lui faire connoître les bons sujets. Tant que cette liste en fournit, et que M. de Beauvilliers ne fut point soupçonné de quiétisme, le père de la Chaise ne fut point le maître de la feuille ; et ce temps-là fut le règne des Sulpiciens. »

dont ils doivent se mêler? On m'adresse toujours la parole quand il est question d'eux, et je serois plus hardie si j'étois mieux instruite. Je copierai cette liste, afin qu'en aucun cas on ne la voie écrite de votre main.

LETTRE CDXLIX

A M. L'ARCHEVÊQUE DE PARIS[1].

A Marly, ce 8 février 1697.

Ordonnez à quelqu'un de lire cet écrit, monseigneur, pour vous en rendre compte. Je ne sais ce que c'est; mais j'ai eu peur de manquer de charité, si je le brûlois, sans en faire aucun usage. J'en ai dit un mot au roi, qui croit que ces gens-là ont été chassés pour le quiétisme.

Je n'ai point eu d'occasions de parler. *On* ne m'a plus rien dit du livre[2]; ainsi je suis demeurée dans le silence.

M. votre frère vient de me dire que M. de Cambrai est arrivé à Paris.

LETTRE CDL

A M. L'ARCHEVÊQUE DE PARIS[3].

A Marly, ce 21 février 1697.

J'ai vu nos amis, monseigneur; nous avons été

1. *Autographe* du cabinet de M. de Cambacérès.
2. Le livre des *Maximes des Saints* qui venait d'être publié.
3. *Autographe* du cabinet de M. le duc de Cambacérès.

fort embarrassés les uns avec les autres. M. l'archevêque de Cambrai me parla un moment en particulier. Il sait le mauvais effet de son livre[1] et le défend par des raisons qui me persuadent de plus en plus que Dieu veut humilier ce grand esprit, qui a peut-être trop compté sur ses propres lumières. Il me dit que le père de La Chaise lui avait rendu compte d'une conversation qu'il avoit eue avec le roi, après laquelle il ne pouvoit se dispenser de lui parler. Je tombai d'accord de tout. Mais par les dispositions que je vois dans le roi, M. de Cambrai aura peu de satisfaction de cet éclaircissement. J'ai parlé aussi un moment à M. le duc de Beauvilliers qui me montra sa peine du silence du roi.

J'ai fait ce que j'ai pu pour gagner qu'on veuille

---

[1]. « Si on fut choqué, dit Saint-Simon, de ne le trouver appuyé d'aucune approbation, on le fut bien davantage du style confus et embarrassé, d'une précision si gênée et si décidée, de la barbarie des termes qui faisoit comme une langue étrangère, enfin de l'élévation et de la recherche des pensées qui faisoient perdre haleine comme dans l'air trop subtil de la moyenne région. Presque personne qui n'étoit pas théologien ne put l'entendre, et de ceux-là encore après trois ou quatre lectures. Il eut donc le dégoût de ne recevoir de louanges de personne et de remercîments de fort peu et de purs compliments; et les connoisseurs crurent y trouver sous ce langage barbare un pur quiétisme, délié, affiné, épuré de toute ordure, séparé du grossier, mais qui sautoit aux yeux, et avec cela des subtilités fort nouvelles et fort difficiles à se laisser entendre et bien plus à pratiquer. Je rapporte non pas mon jugement, mais ce qui s'en dit partout, et on ne parloit d'autre chose jusques chez les Dames; à propos de quoi on renouvela ce mot échappé à madame de Sévigné lors de la chaleur des disputes sur la grâce : Épaississez-moi un peu la religion qui s'évapore toute à force d'être subtilisée. » (T. III, p. 14.)

le prévenir; mais on ne veut point, et cette conversation ne sera pas moins froide que l'autre. Cette opposition n'a pas été inspirée par moi; elle est dans le cœur du roi sur toutes les nouveautés. Je vois bien qu'on me l'imputera; mais je vous dois la vérité, monseigneur, et je vous la dis. Du reste, je suis prête à dire tout ce que je croirai de mon devoir dans une occasion si importante.

Je n'ai point vu M. de Meaux, quoique j'aie fait quelque diligence pour cela. J'ai pensé qu'il veut peut-être pouvoir dire qu'il ne m'a pas vue pendant tout ce vacarme. On dit qu'il est grand.

M. de Pontchartrain ne vous embarrassera plus. Son fils épouse mademoiselle de Roussy[1].

J'ai oublié ce qui m'oblige à vous écrire. M. de Cambrai veut vous parler, monseigneur, en ma présence. Il me l'avoit déjà proposé; et je lui avois répondu que ce seroit quand il vous plairoit; mais il me paroît qu'il veut que je sollicite et que je concerte cette entrevue. Il m'a mis entre les mains un mémoire des articles qu'il veut traiter avec vous, qui sont des interrogations sur tout ce qui s'est passé. Je ne prévois nulle utilité de cette conversation; mais peut-être tirera-t-il quelque avantage du refus, comme il veut en tirer du silence de M. de Meaux.

1. Voir Saint-Simon, t. III, p. 7 à 10.

LETTRE CDLI

A M. L'ARCHEVÊQUE DE PARIS[1].

Saint-Cyr, ce 26 février 1697.

Je suis bien fâchée d'être si longtemps sans avoir l'honneur de vous voir, mais vous ne l'auriez pu sans venir à Trianon, et il ne faut pas paroître dans le lieu où nous ferons tous nos désordres[2]. Je ne suis point en scrupule du plaisir que j'y aurai; mais je vous assure, monseigneur, que les autres n'y en trouveront guère davantage. Ces divertissements me paroissent plus mauvais par l'exemple qu'ils donnent à ceux qui les poussent plus loin, qu'ils ne le sont dans eux-mêmes, car on n'y sent guère que de la tristesse, de la fatigue et de l'ennui, et le plaisir fuit à proportion qu'on le cherche. Nos princes n'ont plus rien de nouveau à voir, parce qu'ils voient tout dès leur enfance; ainsi, ils ne peuvent plus se divertir. Dieu sait parfaitement les punir de cette envie continuelle d'avoir de la joie, et je vous assure, monseigneur, qu'on en a moins avec eux que l'on n'en trouve avec celui que vous dites n'être pas un visage de carnaval.

J'ai fait lire votre ordonnance au réfectoire; elle renversa plusieurs de nos filles à une seconde consultation à M. Dodart[3]. J'en ai mis une pour notre sainte reine, à qui j'écrivois quand j'ai reçu votre

---

1. *Autographe* du cabinet de M. de Cambacérès.
2. Les désordres du carnaval.
3. Médecin de Saint-Cyr.

paquet. J'ai envoyé à Paris porter ma lettre à M. le duc de Richelieu, car il faut vous l'avouer, je l'avois oubliée, et vous verrez par là que la mémoire se sent de l'âge et de la dissipation de la vie que je fais.

J'avois reçu des compliments de ma sœur Marie-Constance qui m'avoit fait croire que l'affaire des religieuses de Strasbourg était entièrement finie. J'en parlerai à M. de Chamillard; les grandes choses lui font oublier les petites. On me demande souvent des demoiselles de Saint-Cyr, elles ont de la peine à aller si loin; j'en ai pourtant fait offrir deux qui sont de bonnes filles. Je prie souvent pour vous, monseigneur, j'y suis obligée, et ces prières en font souvenir. Il n'y a que votre charité qui puisse vous obliger à me le rendre et le grand besoin que j'en ai.

LETTRE CDLII

A M. LE MARQUIS DE DANGEAU[1].

Mars 1697.

Il n'y a pas de sottises dont je ne sois capable, monsieur, quand je croirai qu'elles seront utiles à notre princesse. J'ai fait autrefois, à Saint-Cyr, de petites *conversations*[2] pour instruire les demoiselles en les divertissant, voyez si vous pourriez lire celle-ci

1. *Manuscrits des Dames de Saint-Cyr.*
2. Ces *Conversations* ont été publiées par moi dans les *OEuvres de madame de Maintenon* et sont renfermées dans le premier volume des *Conseils aux demoiselles qui entrent dans le monde.*

tantôt. La princesse est sujette à un petit rire forcé, qui est désagréable, et peut-être ce qui est dans cet écrit lui sera bon ; mais pour l'envelopper, il faut lire ce qui est *sur la raillerie*¹, elle sait bien que tout cela est fait pour Saint-Cyr, ainsi il ne lui en faut pas faire de mystère. Je m'adresse à vous, monsieur, avec grande confiance, connoissant votre cœur en tout, et en particulier pour la princesse. Il n'est pas nécessaire de vous prier de ne montrer cet écrit qu'à celles qui seront auprès de la princesse, et de ne le laisser à personne.

LETTRE CDLIII

A M. L'ARCHEVÊQUE DE PARIS ².

A Marly, ce 7 mars 1697.

J'ai lu et relu votre approbation, monseigneur, et je comprends bien que M. de Meaux en sera content³. Rien n'est plus édifiant dans la religion que ce concert entre ceux qui nous conduisent.

Vous voyez, monseigneur, la peine que cette réflexion donne. A l'égard de M. de Cambrai, il me mande qu'il ne faut point chercher d'adoucissement dans son affaire, et qu'il faut qu'il se rétracte ou

---

1. Voir les *Conseils aux demoiselles*, t. II, p. 400.
2. *Autographe* du cabinet de M. de Cambacérès.
3. Avant de rendre publique son *Instruction sur les états d'oraison*, Bossuet l'avait envoyé aux théologiens qui avaient signé le *formulaire d'Issy*. MM. de Noailles et Tronson l'approuvèrent.

qu'on se taise. Je crains bien que cette décision ne soit difficile, puisque ceux qui trouvent le moins à reprendre dans son livre disent qu'il seroit à désirer qu'il n'eût jamais paru, et que cela étant, cette manière de flétrissure lui demeurera toujours. Votre approbation est forte; et il est impossible que nos amis, pensant comme ils pensent, n'en soient pas blessés.

Le roi a renvoyé l'affaire de madame l'abbesse de Juvigny au père de La Chaise.

LETTRE CDLIV

A M. DE VILLETTE [1].

8 mars 1697.

Je vous remercie des oranges, mon cher cousin, et je vous assure que je ne suis point engagée pour ma nièce[2]; mais je ne songe pas à la marier présentement, elle est encore trop jeune et trop délicate ; et je voudrois bien que la paix fût faite avant que de demander au roi quelque chose pour elle. Si je disposois de moi, je vous verrois plus souvent, et la mère de Sophie aussi[3].

1. *Autographe* du cabinet de M. de Noailles.
2. Mademoiselle d'Aubigné, qui épousa l'année suivante le comte d'Ayen.
3. Madame de Villette, deuxième femme du marquis, qui avait une fille du nom de Sophie. Cette fille devint abbesse de Notre-Dame de Sens.

LETTRE CDLV

A M. L'ARCHEVÊQUE DE PARIS [1].

A Saint-Cyr, ce 16 mars 1697.

Le père de La Chaise a avoué au roi, monseigneur, qu'il a envoyé le livre de M. de Cambrai à M. le cardinal de Janson, et lui a écrit pour qu'il lui fût favorable. Le roi l'a trouvé très-mauvais; et ce tour d'adresse de M. de Cambrai fait un effet bien contraire à celui qu'il en attend, car le roi va désavouer la lettre de son confesseur. La cabale devient de jour en jour plus grande et plus hardie. Je n'y vois ni simplicité, ni passivité. C'est à vous, monseigneur, à soutenir la cause de l'Église et M. de Meaux, que le père de La Chaise attaque auprès du roi. Mais jusqu'ici tout ce qu'ils font retourne contre eux, et on ne peut être plus contente du roi que je le suis. Dieu veuille nous conduire tous, selon ce qu'il veut de nous! Je ne cesse de le lui demander, et particulièrement pour vous.

LETTRE CDLVI

A M. L'ARCHEVÊQUE DE PARIS [2].

A Saint-Cyr, ce 3 avril 1697.

J'avois espéré, monseigneur, que vous viendriez à Versailles, lundi ou mardi; mais je comprends aussi que vous faites quelque chose de meilleur.

1. *Autographe* du cabinet de M. de Cambacérès.
2. *Autographe* du cabinet de M. de Cambacérès.

Je me suis si fort trompée dans l'opinion que j'avois que M. de Cambrai n'écriroit rien de répréhensible, que je n'ose plus dire que je ne crois pas qu'il le fasse une seconde fois. Cependant je craindrois qu'il ne travaillât à sa traduction[1], afin de l'avoir toute prête en cas de besoin.

Le roi me paroît embarrassé pour en empêcher une troisième édition. Il doit parler à M. de Beauvilliers. Comptez, monseigneur, que cette affaire ne s'adoucit pas, soit à Rome, soit en France, soit dans le cœur du roi, et que, partant, on pense au danger des princes par une telle éducation. Quant à moi, je suis affligée et embarrassée : je le suis pour l'Église, je le suis pour vous, je le suis pour moi. Je crains la suite de cette affaire entre deux grands prélats, s'ils vont aux extrémités. Je crains le parti que le roi prendra, et dont il répondra à Dieu. Je crains la même chose pour vous; M. de Cambrai vous presse et il a raison; mais la matière est difficile et tout le monde en a jugé. Je ne sais si l'autorité de tous les évêques ensemble pourroit justifier ce livre. Quant à ce qui me regarde, je veux, monseigneur, le consulter, s'il vous plaît entre vous et M. de Chartres, que je vous prie de faire venir le plus tôt possible.

Je verrai le plus tôt qu'il se pourra M. de Beauvilliers, pour lui dire qu'il n'est pas question de montrer son intérieur particulier, mais qu'il faut répondre au public sur l'opinion qu'il a qu'il protége le quiétisme, ce qu'on croira toujours, tant qu'il

---

1. Une traduction latine du livre des *Maximes des Saints*.

ne condamnera pas madame Guyon, sans détour, sans restriction, autant qu'il peut condamner.

Le père de La Chaise a voulu me voir. Le prétexte étoit une affaire pour Saint-Cyr, et la vraie raison, l'apologie du livre de M. de Cambrai, me disant pourtant qu'il y avoit quelques défauts; mais que tout cela n'étoit que des bagatelles, et que je devois employer mon crédit pour obliger le roi à faire taire tout le monde. Ensuite il m'assura que si M. de Cambrai soutenoit tant soit peu madame Guyon et ses livres, il seroit contre lui, et que cette femme est très-dangereuse. Il me conta que c'étoit à lui que feu M. de Genève s'étoit adressé pour se défaire d'elle et du père de la Combe qui prêchoient l'un et l'autre des maximes qui renversoient l'Évangile. Vous voyez, monseigneur, si le *bon père* est au fait.

Je n'ai jamais pensé à transférer l'*hôtel des décisions*. Je ne croyois pas que ce nom eût été jusqu'à vous. Je vous rends mille grâces de la facilité que vous vouliez apporter à ce dessein.

J'ai des parents dans le cas de celui de madame de Brinon, qui meurent de faim; et de plus je me mêle le moins qu'il m'est possible de ce qui regarde les bénéfices. Je n'ai point vu l'abbé de Caylus.

Le roi est très-content de votre lettre. Il me la montra d'abord et ne trouva pas que vous allassiez trop loin. Dieu veuille qu'il en profite! Je vous rends mille grâces de la part que vous me donnez dans vos prières. J'en fais souvent pour vous. Madame la duchesse de Noailles ne voudroit-elle point venir ici, samedi, que nous reviendrons de Meudon? Elle pourroit y passer le dimanche et le lundi. Elle s'en retourneroit le mardi, et nous irons le mercredi à Marly. Ce samedi dont je parle sera le 13 de ce mois. Vous m'avez promis, monseigneur, qu'elle viendroit après Pâques. J'ai envoyé chercher mademoiselle Païen pour venir ici à ténèbres avec la princesse; mais on m'assure qu'elle est à Paris.

LETTRE CDLVII

A M. L'ARCHEVÊQUE DE PARIS[1].

30 avril 1697.

De la manière dont le roi m'a parlé ce soir, monseigneur, je doute encore moins que je ne faisois que vous ne deviez parler au père de La Chaise de ce qui regarde les confesseurs. Le roi n'aime pas le bruit; mais sa conscience est délicate en ce qu'il connoît et il trouve que vous avez raison. Vous pourrez faire dans la suite ce que vous croirez le meilleur; mais je voudrois que vous fissiez sentir aux jésuites qu'ils vous ont abandonné, et que les égards que vous aurez pour eux ne sont point forcés. Ils vous en ménageront peut-être davantage, peut-être aussi en seront-ils plus aigris. Je ne sais personne, monseigneur, qui ait autant de besoin que vous d'une mort continuelle à tout intérêt, car votre état est de fâcher tout le monde, et ce n'est pas votre tempérament. Je prie Dieu de tout mon cœur d'être votre force et votre consolation.

1. *Autographe* du cabinet de M. de Cambacérès.

LETTRE CDLVIII

A M. L'ARCHEVÊQUE DE PARIS [1].

11 mai 1697.

Je suis honteuse, monseigneur, de tout ce que vous prenez la peine de m'écrire pour me rassurer. Il est vrai que je crains vivement que M. de Meaux et vous n'alliez pas assez de concert pour le fonds de cette affaire-ci ; mais je suis bien persuadée, monseigneur, qu'on ne peut ni ne doit exiger que M. de Meaux juge M. de Cambrai, puisqu'il s'est toujours expliqué là-dessus. Le roi parla hier à M. de Beauvilliers, selon vos intentions, et le trouva si froid, qu'il n'augura rien de bon de la réponse qu'on lui doit rendre lundi. Le roi s'exprima fortement et fit envisager les suites que tout ceci pourroit avoir. La scène de Saint-Cyr [2] va faire un grand bruit et sera

---

1. *Autographe* du cabinet de M. de Cambacérès.
2. Le livre des *Maximes des Saints* avait ranimé le quiétisme chez les Dames de Saint-Cyr. Quand elles virent des poursuites commencées à Rome contre ce livre, elles furent accablées de douleur, et le témoignèrent si haut, que l'évêque de Chartres demanda à madame de Maintenon d'éloigner de la maison les plus suspectes et les plus opiniâtres. Celle-ci eut beaucoup de peine à s'y déterminer ; mais le roi ayant voulu savoir ce qui s'était passé à Saint-Cyr au sujet du quiétisme, il fallut tout lui dire. Aussitôt il résolut de couper le mal dans le vif, et le 10 mai 1697, deux lettres de cachet arrivèrent pour les deux dames qui avaient fait le plus d'éclat et montré plus de résistance, mesdames de la Maisonfort et du Tour. Elles furent conduites dans deux couvents à Meaux et à Grenoble. Une troisième, madame de Montaigle, ayant témoigné son indignation de cette persécution, eut le même sort (Voir la *Maison royale de Saint-Cyr*, p. 200.)

regardée comme un prélude. Dieu veuille vous éclairer, fortifier, et consoler, car cette affaire est si affligeante qu'il n'y a que la soumission à sa volonté qui puisse faire respirer.

J'ai espéré que le mariage proposé se feroit. La demande du gouvernement de Rocroi a tout gâté ou peut-être servi de prétexte. Je suis fort en peine de madame votre mère.

LETTRE CDLIX

A M. L'ARCHEVÊQUE DE PARIS[1].

A Marly, 13 mai 1697.

Le roi me charge, monseigneur, de vous faire lire la réponse de M. l'archevêque de Cambrai; mais comme vous êtes bien plus capable que moi d'entendre sa lettre, j'ai supplié le roi de consentir à vous la montrer; vous la renverrez s'il vous plaît, en me disant aussi un mot de l'état où est la duchesse de Noailles, qui me donne bien de l'inquiétude, et pour elle et pour vous.

Suit cette lettre de M. de Cambrai au roi :

13 mai 1697.

M. le duc de Beauvilliers m'a parlé de la part de Votre Majesté sur mon livre. Je prends la liberté de lui confirmer ce que j'ai déjà eu l'honneur de lui dire, c'est que je veux de tout mon cœur recom-

1. *Autographe* du cabinet de M. de Cambacérès.

mencer l'examen de mon livre avec M. l'archevêque de Paris, M. Tronson et M. Pirot qui l'avoient d'abord examiné. C'est avec plaisir, Sire, que je profiterai de leurs lumières, pour changer ou pour expliquer les choses que je reconnoîtrai avec eux avoir besoin de changement ou d'explication. Je crois, Sire, en voir déjà assez pour pouvoir dire à Votre Majesté qu'on ne me fera que des difficultés faciles à lever. Pour le faire, je n'aurai qu'à ajouter simplement à mon livre diverses choses que j'avois déjà mises dans un ouvrage plus ample, et que j'ai retranchées dans l'imprimé pour abréger. L'expérience me persuade qu'elles sont nécessaires pour contenter beaucoup de lecteurs auxquels tout est nouveau en ces matières. Quoique le pape soit mon seul juge et que M. l'archevêque de Paris ne puisse agir avec moi que par persuasion, je crois voir de plus en plus, Sire, et avec une espèce de certitude, que nous n'aurons aucun embarras sur la doctrine, et que nous serons au bout de quelques conférences pleinement d'accord, même sur les termes. Si j'ai écrit au pape, Votre Majesté sait que je l'ai fait par son ordre, et même bien tard, quoique j'eusse dû le faire dès le commencement ; car un évêque ne peut voir sa foi suspecte sans en rendre compte au plus tôt au Saint-Siége. J'avois même un intérêt pressant de ne me laisser pas prévenir par des gens qui ont de grandes liaisons à Rome.

Cette affaire n'aurait pas tant duré, Sire, si chacun avoit cherché comme moi à la finir. Il y a trois mois et demi qu'on me fait attendre les remarques de M. de Meaux. Il m'avoit fait promettre qu'il ne les montreroit qu'à moi, ou tout au plus à MM. l'archevêque de Paris et l'évêque de Chartres; cependant il les a communiquées à diverses autres personnes; pour moi je n'ai pu jusqu'ici les obtenir. Voilà ce qui fait, Sire, que l'examen que je dois faire avec M. l'archevêque de Paris et MM. Tronson et Pirot n'est pas encore commencé. Il m'est revenu par plusieurs bons endroits diverses choses qui me persuadent que ces remarques ne contiennent aucune difficulté qui doive nous arrêter; tout roule sur de pures équivoques qu'il sera très-facile et très-naturel de lever par des explications tirées de mon livre même. De ma part je n'y perdrai pas un moment. Je suis bien honteux et bien affligé, Sire, d'un si long retardement qui fait durer l'éclat. C'est un accablement pour moi de voir qu'il importune un maître des bontés et des bienfaits duquel je suis comblé. Mais, en vérité, Sire, j'ose dire que je suis à plaindre, et non-seulement pas à blâmer dans toutes les circonstances de ce mécompte auquel je n'ai aucune part et que j'espère de finir très-promptement. Rien ne surpassera jamais le très-profond respect, la parfaite soumission et le zèle inviolable avec lequel je serai toute ma vie, etc.

LETTRE CDLX

A M. MANCEAU [1].

Lundi, 20 mai 1697.

La princesse veut aller dîner mercredi à Saint-Cyr, ce sera un jour de jeûne ; je voudrois que vous donnassiez un bon repas et que vous entrassiez dans mon projet. Elle mangera au réfectoire, à la table des rouges : il lui faut un potage aux écrevisses dans une écuelle d'argent; un pain tortillé comme elle en mange ; un morceau de pain bis de la ménagerie ; du beurre battu frais; des œufs frais sur des assiettes; une sole dans un petit plat ; de la gelée de groseille sur une assiette; des cornets; une carafe de vin ; un pot de faïence plein d'eau et assez petit pour qu'elle se serve toute seule ; une porcelaine pour boire. Il faut servir la même chose à six ou sept de ses dames qu'elle aura avec elle, sans aucune différence, et chacune sa portion à part. Prenez d'ici tout ce que vous aurez besoin, mais que l'on ne voie que de la petite vaisselle. Chacun sa carafe, et enfin tout pareil. Je mangerai au réfectoire des demoiselles comme les autres.

La princesse veut aussi faire collation avec les rouges. Il faut deux gâteaux de Compiègne, les partager en cinquante morceaux dans une corbeille, en mettre une pour elle au-dessus, et ajouter à cela cinquante pommes d'api bien choisies.

1. *Manuscrits des Dames de Saint-Cyr.*

LETTRE CDLXI (La B.)

NOTE PRÉLIMINAIRE

Cette lettre est tirée de la collection de La Beaumelle (édit. de Nancy, t. II, p. 70; édit. d'Amsterdam, t. II, p. 147). Louis Racine l'annote : *m'est inconnue*. Elle est inventée. Un seul mot le démontre. Elle est datée du 25 *mai*, et parle de la prise de Barcelone, d'Ath et de Carthagène; or Barcelone ne fut prise que le 10 *août*, Ath le 6 *juin*. Carthagène fut prise, il est vrai, le 15 avril; mais la nouvelle n'en arriva que le 10 août. De plus nous savons que, depuis le mois d'octobre précédent, madame de Saint-Géran était en pleine disgrâce, et exilée dans une abbaye de Normandie.

A MADAME DE SAINT-GÉRAN.

Versailles, 25 mai 1697.

La prise de Barcelone, d'Ath, de Carthagène permet au roi de convaincre les alliés de son amour pour la paix. Il pourra la faciliter, en se relâchant des conditions que ses victoires et ses conquêtes semblent autoriser, sans déroger à sa gloire. Il pourra même étendre le terme qu'il leur a fixé pour les accepter. Toutes les restitutions que le roi offre ont causé ici de grands débats; on est las de la guerre; et l'on trouve une espèce de honte à restituer ce qui a coûté tant d'efforts et de sang; pour moi il me semble qu'il y a de la gloire à restituer ce qu'on a pris, pourvu qu'on n'y soit pas contraint par une puissance supérieure; cette démarche ne peut qu'être attribuée à la générosité du roi. Je vous aime plus que je ne vous le dis, ma chère comtesse.

LETTRE CDLXII

A M. L'ARCHEVÊQUE DE PARIS[1].

Mai, jeudi au soir, 1697.

Quoique j'aie la tête en mauvais état aujourd'hui, je ne puis m'empêcher, monseigneur, de me soulager avec vous sur tout ce que le *bon père* a fait auprès du roi. Il a excité une affaire très-désagréable à M. de la Trappe et dont vous n'entendrez que trop parler. Il a rendu compte d'une conversation qu'il a eue avec le père Le Valois, auquel il prétend avoir chanté pouille sur ce qu'il soutient le livre de M. de Cambrai. Le *bon père* a loué ce qu'on vient de faire dans la maison du duc de Bourgogne. Il a donné sur madame Guyon. Enfin il a parlé en courtisan[2], sauf à soutenir le livre en question à Rome. Mais ce que je vois de plus important en tout ceci, c'est de se tenir sur ses gardes par rapport au jansénisme, car vous allez être examiné et épié là-dessus avec bien plus de soin que nous ne veillons sur le quiétisme. J'ai tant de raisons et d'inclinations à m'intéresser en vous que je ne puis ne pas vous donner cet avis. L'affaire de la Trappe est pour cette abbaye de M. de Québec, où l'on a envoyé des religieux que l'on en va faire sortir. Le temps n'est pas propre pour la réforme, il faut se contenter d'une vertu commune, et nous serions

---

1. *Autographe* du cabinet de M. de Cambacérès.
2. La Beaumelle ajoute : Ou si vous l'aimez mieux en jésuite.

bien heureux de l'avoir et de l'aimer dans les autres.

LETTRE CDLXIII

A M. L'ARCHEVÊQUE DE PARIS [1].

Ce 29 mai 1697.

Les amis de madame Guyon savent que vous l'avez vue, monseigneur, et que vous lui avez porté la lettre du père de la Combe. Ainsi la nécessité de resserrer cette femme augmente. Cependant vous avez oublié d'en parler au roi qui pense comme vous. Il faut lui ôter les deux filles qu'elle a auprès d'elle. Si vous m'écrivez pour avoir son ordre, ne répondez, s'il vous plaît, qu'à ce premier article de ma lettre et non à celui qui suit.

J'ai parlé au roi pour ôter ceux qui environnent les princes, et j'ai fini mon discours en disant que je ne pouvois pardonner à M. le duc de Beauvilliers d'avoir chez lui les amis de madame Guyon, les connaissant pour cela de longue main.

En effet, je vois chaque jour de plus en plus combien j'ai été trompée par tous ces gens-là à qui je donnois ma confiance sans avoir la leur; car s'ils agissoient simplement, pourquoi ne me mettoient-ils pas de tous les mystères? S'ils craignoient de me les révéler, n'est-ce pas une preuve qu'ils avoient un dessein formé, et qu'ils se servoient de mon ami-

---

1. *Autographe* du cabinet de M. de Cambacérès.

tié et de mon crédit pour établir cette nouveauté à la cour¹?

Le roi me parut disposé à parler franchement à M. le duc de Beauvilliers. S'il ne le fait pas dès demain, ce sera une grande marque du crédit de ce ministre.

Poussez M. d'Argenson, monseigneur, et faites-lui parvenir que nous le croyons gagné par les amis de madame Guyon.

Je vis hier madame la duchesse de Guiche, dont je fus très-satisfaite par rapport à ce que je traitai

---

1. Une lettre de la princesse Palatine (20 juillet 1698) répond à ces questions et semble donner l'explication vraie de cette triste affaire du quiétisme. On sait que cette princesse, quand la passion ne l'égare pas, est ordinairement clairvoyante, franche et sensée. D'ailleurs, étant à peu près incrédule, elle ne pouvait qu'être neutre et indifférente entre les quiétistes et leurs adversaires. « Je pensois bien, écrit-elle en Allemagne, que le livre de M. de Meaux (*Relation du Quiétisme*) vous divertiroit. Selon ce que m'a conté M. de Meaux de vive voix sur l'affaire de madame Guyon, M. de Cambrai ne prend parti pour madame Guyon que pour cacher son ambition immodérée. Rien n'est plus certain : tout cela n'étoit qu'un jeu pour gouverner le roi et toute la cour. On avoit résolu de gagner madame de Maintenon, ce qui fut fait, afin d'être maître du roi. On a trouvé des listes entières des charges à donner ; ils vouloient changer toute la cour et distribuer tous les plus hauts postes à leurs créatures. La religion est ce qu'on avoit le moins en vue dans cette affaire ; mais madame de Maintenon voyant que M. de Meaux avoit découvert la fourberie, et qu'il pourroit y avoir un éclat, eut peur que le roi ne s'aperçût de la manière dont elle l'avoit mené ; elle vira donc de bord sur-le-champ, et abandonna madame Guyon avec tout son parti. Alors tout fut dévoilé. Je vous assure que toute cette querelle d'évêques n'a trait à rien moins qu'à la foi : tout cela est ambition pure... » (*Lettres inédites de la princesse Palatine*, publiées par M. Rolland, p. 185).

avec elle : il me parut qu'elle tenoit encore à madame la duchesse de Mortemart ; mais il n'importe, puisqu'elle ne la voit plus.

Je proposai hier de nommer un ambassadeur ; on y fera quelque réflexion [1].

LETTRE CDLXIV

A M. L'ARCHEVÊQUE DE PARIS [2].

Ce 31 mai 1697.

Le roi continuera ses aumônes et les fera remettre entre vos mains pour en disposer comme il vous plaira. Je vais redoubler mes misérables prières, pour demander pour vous, et pour ceux qui travaillent avec vous, toute la lumière qui vous est nécessaire. Je n'ai osé, dans les deux visites que vous m'avez rendues, vous dire un mot sur votre douleur [3] ; j'ai appréhendé de vous attendrir et d'en faire autant. J'ai été, monseigneur, encore plus affligée que je ne l'aurois cru, et j'ai senti votre juste peine avec une sensibilité qui convient aux sentiments que j'ai pour vous. Ma nièce a été tou-

1. Presque toute cette lettre, dans La Beaumelle, est altérée et chiffrée. Il n'y a pas trace de chiffres dans l'autographe. La Beaumelle les a sans doute mis pour donner au texte un air mystérieux.

2. *Autographe* du cabinet de M. de Cambacérès.

3. La duchesse de Noailles, mère de l'archevêque et du maréchal, était morte le 22 mai.. « M. l'archevêque de Paris, son fils, qui étoit son confesseur, l'assista à la mort. C'étoit une femme d'une grande vertu. » (Dangeau, t. VI, p. 121.)

chée et avoit été sensible aux bontés qu'on lui avoit marquées. Je l'en aime mieux; mais, quoi qu'il puisse arriver, c'est une privation que je sentirai toujours, quoique je ne fusse pas en état de jouir d'un si saint et si agréable commerce. Il faut, monseigneur, renoncer à toute consolation : vous perdez celle de votre vie. Dieu veuille remplacer ce qu'il vous ôte !

LETTRE CDLXV

A M. L'ARCHEVÊQUE DE PARIS[1].

Juin 1697.

Je ne connois pas assez la *famille* pour savoir ce qui convient. Je vous expose simplement mes vues et je les soumets aux vôtres.

J'eus hier au soir une conversation avec le roi sur la grande affaire; il veut ôter M. de Cambrai et tout ce qui environne les princes, mais il cherche des raisons de différer, et tout cela par la peine d'en faire à M. le duc de Beauvilliers. Je lui dis tout ce que je pus pour le presser, sans pourtant lui montrer là-dessus un empressement qui pût le scandaliser; je n'en ai pas en effet, et ne veux que ce que Dieu veut. Je ne trouvai pas le roi adouci sur le fond de la chose[2].

La princesse de Conti me vint trouver hier pour me charger de demander au roi qu'il lui permît de

---

1. *Autographe* du cabinet de M. de Cambacérès.
2. La disgrâce définitive de M. de Cambrai et « de tout ce qui environne les princes » n'eut lieu que l'année suivante.

prier à la noce la duchesse de Choiseul et madame d'Entragues [1]. Il répondit « qu'elles étoient trop décriées pour qu'il pût lui conseiller de les avoir avec elle, mais qu'elle consultât madame de La Vallière et fît ce qu'elle voudra. »

Je ne doute pas que notre sainte carmélite n'exige cette complaisance sans comprendre qu'elle fait par là plus de tort à sa fille que d'honneur aux autres.

Priez pour moi, monseigneur, je vous en conjure; je n'ai pas le courage de porter ma fortune, jugez ce que je ferois dans l'adversité.

LETTRE CDLXVI

A M. LE MARQUIS DE DANGEAU [2].

21 juin 1697.

Il est bizarre de vouloir faire de vous un précepteur, mais vous êtes capable de tout pour le bien, et vous en pouvez plus faire à la princesse que tous les maîtres du monde. Je crois qu'il fau-

---

1. A la noce de mademoiselle de La Vallière, nièce de la duchesse-carmélite, donc cousine de la princesse de Conti; elle allait épouser le marquis de Brossé. La duchesse de Choiseul, « sœur de mademoiselle de La Vallière; belle et faite comme une déesse, ne bougeoit d'avec madame la princesse de Conti dont elle étoit cousine germaine et intime amie. Elle avoit eu des galanteries en nombre et qui avoient fait grand bruit. Le roi, qui craignoit cette liaison étroite avec sa fille, lui avoit fait parler, puis mortifiée, ensuite éloignée, et lui avoit après toujours pardonné. » (Saint-Simon, t. I, p. 69.) Madame d'Entragues étoit une autre cousine germaine de la princesse de Conti.

2. *Manuscrits des Dames de Saint-Cyr.*

droit lui faire tous les jours deux leçons, l'une de la fable, l'autre de l'histoire romaine ; vous savez mieux que moi, monsieur, qu'il ne faut point songer à la faire savante, on n'y réussiroit pas. Il faut se borner à lui apprendre certaines choses qui entrent continuellement dans le commerce des plaisirs et de la conversation ; nous avons déjà traité ce chapitre. Je voudrois que mademoiselle d'Aubigné apprît les mêmes choses pour lui en pouvoir parler le reste du jour ; les dames le peuvent faire aussi, et si vous pouvez nous donner une heure par jour, je crois qu'elle saura bien des choses qui lui seront utiles et agréables. J'ai choisi Coëfeteau[1], parce que les chapitres sont courts, et notre princesse n'aime pas ce qui est long. Il faut achever *Théodose*[2]. Si vous voulez faire un petit projet, je le ferai suivre et apprendrai moi-même pour la faire répéter. S'il n'y a rien de dangereux ni de trop libre dans les métamorphoses et fables, je vous supplie d'en faire acheter les livres ; mais si on ne doit pas les laisser dans les mains de la princesse et de ma nièce, il vaut mieux nous en tenir à ce que vous nous direz. Quand vous trouverez l'occasion de lui faire un portrait de quelque princesse bien polie, modeste, précieuse, délicate, s'attirant le respect, ne le manquez pas, s'il vous plaît. Je crains qu'on ne se conforme à la grossièreté de notre siècle. Tout ceci demeurera entre nous. Je suis obligée de finir.

1. Dominicain qui a écrit une histoire de l'empire romain depuis Auguste jusqu'à Constantin.
2. *Vie de Théodose*, par Fléchier.

LETTRE CDLXVII

A M. L'ARCHEVÊQUE DE PARIS [1].

Marly, ce 12 juillet 1697.

Je suis bien aise, monseigneur, d'avoir la seconde déclaration du père la Combe; j'en ferai part à M. l'évêque de Chartres, parce que je crois que vous le voulez bien.

M. le duc de Bourgogne est venu me voir ce matin. Je l'ai entretenu des *Maximes* de M. de Cambrai; il m'assure qu'elles sont très-mauvaises, quoique spécieuses. Je ne sais s'il est sincère; mais je parlerai toujours selon mon cœur, Dieu fera le reste.

M. le duc de Beauvilliers m'a vue ensuite, nous nous sommes parlé très-franchement : il tombe d'accord que ce qu'il dit n'est pas vraisemblable, mais il assure qu'il est vrai; je dois donc le croire. J'ai demandé du temps pour effacer tout ce qui s'est passé.

Mademoiselle de Sainte-Osmane [2] sera bien heureuse, monseigneur, si vous la faites recevoir à Hières; ce sont de saintes filles. Dieu veuille que cette malheureuse profite de leur exemple.

Nous sommes bien obligées aux Ursulines de vouloir bien une de nos filles. Il faut que M. Tiberge en choisisse une bonne. Je ne connois point de Dame

---

1. *Autographe* du cabinet de M. de Cambacérès.
2. Demoiselle de Saint-Cyr qui avait figuré dans les représentations d'*Esther* et qui avait eu une mauvaise conduite.

de Saint-Louis qui s'appelle Fleury. M. Tiberge me démêlera tout cela.

Madame de Beauvilliers a interrompu cette lettre et m'a parlé comme son mari. Je lui ai répondu de même.

Que vous êtes bon de penser à moi ! Je suis ravie que vous connoissiez ma foïblesse et que vous me disiez quelquefois un mot pour m'encourager.

Le père de La Chaise pourra bien donner le dernier coup au père Le Valois[1] à ce voyage-ci ; il est déjà bien ébranlé.

Donnez ordre à quelqu'un, je vous supplie, de m'envoyer une copie des nouvelles de Rome : je dis pour toujours.

LETTRE CDLXVIII

A M. L'ARCHEVÊQUE DE PARIS[2].

A Marly, ce 13 juillet 1697.

Si l'on ne veut pas tolérer le livre, je crois, monseigneur, qu'il faut finir la négociation[3]. Quant au retour de M. de Cambrai, il n'y a que Dieu qui puisse le faire ; et je suis persuadée que vous ne le croyiez pas aussi imbu de ces maximes-là qu'il l'est en effet. Son cœur en est rempli, et il croit soutenir la religion en esprit et vérité. S'il n'étoit pas trompé, il pourroit revenir par des raisons d'in-

---

1. Confesseur du duc de Bourgogne.
2. *Autographe* du cabinet de M. de Cambacérès.
3. On négociait pour obtenir que M. de Cambrai consentît à soumettre son livre à un examen. Il refusa.

térêt, mais je le crois prévenu de bonne foi, et qu'ainsi il ne reviendra pas. J'ai tant de connoissance de cette affaire et depuis si longtemps, que j'en parle plus hardiment que je ne le ferois de toute autre.

M. l'évêque de Chartres m'assure, monseigneur, que vous viendrez mardi à Saint-Cyr. Je serai très-aise d'avoir l'honneur de vous entretenir là-dessus.

LETTRE CDLXIX
A M. L'ARCHEVÊQUE DE PARIS[1].

A Marly, 19 juillet 1697.

Il est très-vrai, monseigneur, que le remède que vous proposez sera bien plus prompt que celui qu'on peut attendre de Rome, et vous justifiera entièrement en faisant voir, d'une manière qui ne laissera aucun doute, que vous êtes bien éloigné d'excuser le livre de M. de Cambrai et de tolérer une mauvaise doctrine.

Le père de La Chaise m'est venu voir ce matin. Il avoit dans sa main une lettre de M. de Cambrai, qu'il m'a dit n'avoir pas encore lue, et comme il n'a rien de secret pour moi, il m'en a fait la lecture. M. de Cambrai lui mande qu'il a eu une conférence de trois heures avec vous en présence de MM. Tronson, Pirot, Boileau et de Beaufort; que vous êtes tous tombés d'accord sur tous les points de doctrine qui y ont été traités, et que si vous continuez ces

---

1. *Autographe* du cabinet de M. de Cambacérès.

sortes de conférences, l'affaire se terminera et bien vite et bien heureusement. Le *bon père* a ajouté qu'il falloit continuer cet examen sans rien faire à Rome. J'ai répondu, et peut-être avec trop d'ouverture, que la chose n'étoit plus en ces termes ; que vous aviez fait, monseigneur, toutes les consultations que M. de Cambrai avoit désirées ; que toutes condamnoient le livre et que vous ne pouviez plus différer à rendre cette réponse au roi. Ensuite le *bon père* a entré dans le fond de la doctrine, et je n'ai plus eu qu'à l'écouter et à me taire.

M. de Meaux travaille à dresser la *déclaration*[1], et me paraît bien content du parti que vous prenez de faire une ordonnance. Je ne suis pas surprise, monseigneur, de ce que M. le duc de Beauvilliers ne vous a pas contenté sur le livre de M. de Cambrai ; mais pour lui, ne sera-t-il pas soumis à votre décision ? Et quand vous censurerez le livre, ne le regardera-t-il pas comme il a fait de ceux de madame de Guyon, dont il se défit dès que son archevêque[2] les eut défendus ? Celui que nous avons présentement ne diminue pas la déférence due à son autorité. Aussi suis-je persuadée que M. de Beauvilliers se soumettra sans hésiter.

Je serai lundi à Versailles prête à vous recevoir

1. M. de Cambrai avait publié une ordonnance pastorale, où il essayait de justifier son livre et sa doctrine. MM. de Meaux, de Chartres et de Paris lui répondirent par une *déclaration* où ils dévoilaient toutes ses erreurs. Alors Fénelon se décida à soumettre son livre au pape et il demanda, comme nous le verrons dans les lettres suivantes, d'aller le défendre à Rome.

2. C'était alors M. de Harlay.

dès sept heures, si vous le voulez. Vous trouverez le roi tout prêt à vous seconder et bien content de vous voir joindre la force avec la douceur : je lui ai lu votre lettre.

LETTRE CDLXX

A M. L'ARCHEVÊQUE DE PARIS[1].

A Saint-Cyr, 17 ..... 1697.

Voilà, monseigneur, une lettre dont je suis touchée ; mais il est bon que vous régliez mon zèle, afin qu'il ne soit pas indiscret. J'avois songé d'abord à vous proposer cette mission ; il y a tant de gens qui ne font rien ! Ne siéroit-il pas fort bien à M. l'abbé de La Châtre[2], ou à quelque autre, d'aller passer trois mois dans les Cévennes ? Nous voyons tant de listes de ceux qui voudroient être évêques ! Je les voudrois missionnaires auparavant. J'en ai déjà parlé au roi, qui a trouvé bon, monseigneur, que je vous en écrivisse. Mais il dit qu'il envoie et paye bien cher les missionnaires, et qu'il ne lui en revient que des plaintes. Je ferai ou ne ferai pas selon vos ordres.

M. de Meaux veut que vous écriviez et au plus tôt. Il ne vous conseille que ce qu'il veut faire. Il veut que M. l'évêque de Chartres écrive. Je n'en sais pas l'utilité ; mais je crois que vous devez tou-

---

1. *Autographe* du cabinet de M. de Cambacérès.
2. Voir, sur cet abbé, Saint-Simon, t. III, p. 115.

jours paroître unis et penser tout de même sur M. de Cambrai.

LETTRE CDLXXI

A M. L'ARCHEVÊQUE DE PARIS[1].

1697, jeudi au soir.

Je viens de recevoir une lettre de M. de Cambrai, monseigneur, qui me presse pour notre entrevue. Il me paroît si accablé que je crois de votre amitié de ne le pas refuser. Voulez-vous que ce soit samedi à Saint-Cyr? Nous y serons plus en repos qu'à Versailles. Si vous y consentez, faites-le savoir tout droit à M. de Cambrai, et pour moi je m'y trouverai et j'empêcherai la princesse d'y aller ce jour-là.

LETTRE CDLXXII

FÉNELON A MADAME DE MAINTENON[2].

Versailles, 29 juillet 1697.

Puisque vous jugez, madame, qu'il seroit inutile que vous eussiez la bonté de m'honorer d'une audience, je n'ai garde de vous importuner là-dessus. Je m'en abstiens par respect, et je m'adresse à Dieu pour qu'il vous fasse entendre ce que je ne puis plus espérer de vous représenter. Je vous supplie très-humblement, madame, de croire qu'il n'y a

---

1. *Autographe* du cabinet de M. de Cambacérès.
2. *Histoire de Fénelon*, pièces justificatives du livre III.

aucun mot, dans les lettres que j'ai eu l'honneur d'écrire au roi et à vous, qui tende à me plaindre de M. l'archevêque de Paris, ni à mettre en doute ses bonnes intentions sur la paix. Je n'ai qu'à me louer de lui sur les peines que je lui ai causées et sur les services effectifs qu'il a tâché de me rendre; mais on ne lui a permis de suivre aucun des projets qu'il avoit arrêtés avec moi pour l'explication de mon livre. Toutes les mesures prises entre nous ont toujours été renversées depuis six mois. Enfin il n'a pas été libre de discuter avec moi le détail de mon livre et de m'aboucher avec les théologiens qu'il a consultés avant que de rendre une dernière réponse au roi. Après une telle expérience, j'ai cru devoir lui demander deux choses : la première est un projet par écrit des paroles précises qu'on voudroit que je donnasse au public sur mon livre, pour examiner si je dois les accepter ; la seconde est d'être assuré qu'il ait un plein pouvoir pour finir avec moi en prenant le conseil des plus habiles docteurs. Il n'est pas juste qu'on tire de moi, par M. l'archevêque de Paris, toutes les paroles qu'on pourra tirer, sans s'engager réciproquement : après avoir fini avec lui, je serois à recommencer avec M. de Meaux. M. l'archevêque de Paris n'a pas jugé à propos de me donner par écrit un projet des paroles précises qu'on me demande : il m'a déclaré d'abord de vive voix, et puis par écrit, qu'il n'avoit aucun pouvoir pour me répondre d'aucune décision. Loin de me plaindre de lui, je le plains ; mais je suis encore plus à plaindre. Dans cette situation, je ne sais plus à qui parler; il ne me reste, madame, qu'à demander la liberté de partir pour Rome. Je le fais avec un extrême regret, mais on prend soin de faire tout ce qu'il faut pour me jeter dans cette extrémité. Je ne puis donc cesser de faire au roi les plus humbles, les plus respectueuses et les plus fortes instances. Je ferai ce voyage avec défiance de moi-même, sans contention pour me détromper si je me trompe et pour trouver ce que je ne puis trouver en France, je veux dire quelqu'un avec qui je puisse finir. Il ne s'agit pas seulement de mon livre, il s'agit de moi qu'il faut détromper à fond du livre, s'il est mauvais. Pour le livre même, personne ne peut en défendre la cause que moi seul; je n'ai ni ne saurai trouver personne qui voulût aller en ma place défendre une cause qu'on a rendue si odieuse et si dangereuse à soutenir. Voudroit-on rassembler toutes choses contre moi et m'ôter la liberté de me justifier? Si on veut supposer sans preuve que ma doctrine n'est que nouveauté et qu'erreur avant que l'autorité légitime l'ait décidé, on suppose ce qui est en question pour engager le zèle du roi à m'accabler. En ce cas, je n'ai qu'à adorer Dieu et qu'à porter ma croix. Mais ceux qui veulent finir ainsi l'affaire par pure autorité prennent le chemin de la commencer au lieu de la finir. Pour moi, madame, j'espère non de mes forces, mais de la grâce de Dieu, que je ne montrerai, quoi qu'on fasse, que patience et fermeté à l'égard de ceux qui m'attaquent, que docilité et soumission sans réserve pour l'Église, que zèle et attachement pour le roi, que reconnoissance et respect pour vous jusqu'à mon dernier soupir[1].

LETTRE CDLXXIII

FÉNELON A MADAME DE MAINTENON[2].

A Versailles, 1ᵉʳ août 1697.

Je partirai d'ici, madame, demain vendredi, pour obéir au roi. Je ne passerois point à Paris, si je n'étois dans l'embarras de trouver un homme propre pour aller à Rome et qui veuille bien faire ce voyage. Je retourne à Cambrai avec un cœur plein de soumission, de zèle, de reconnoissance et d'attachement sans bornes pour le roi. Ma plus grande douleur est de l'avoir fatigué et de lui déplaire. Je ne cesserai aucun jour de ma vie de prier Dieu qu'il le comble de ses grâces. Je consens à être écrasé de plus en plus. L'unique chose que je demande à Sa Majesté, c'est que le diocèse de Cambrai, qui est innocent, ne souffre pas des fautes qu'on m'impute. Je ne demande de protection que pour l'Église, et je borne même cette protection à n'être point troublé dans le peu de bonnes œuvres que ma situation présente me permet de faire pour remplir les de-

---

1. On lit dans le *Journal de Dangeau* (t. VI, p. 165). « M. de Cambrai est parti de la cour pour retourner à son diocèse : il n'a pas voulu adhérer aux avis des évêques qui ont examiné son livre. Cette affaire-là sera jugée à Rome. Cet archevêque avait demandé au roi permission d'y aller; mais on n'a pas jugé à propos de lui permettre. »

2. *OEuvres de Fénelon*, t. XXX, p. 523.

voirs d'un pasteur. Il ne me reste, madame, qu'à vous demander pardon de toutes les peines que je vous ai causées. Dieu sait combien je les ressens. Je ne cesserai point de le prier, afin qu'il remplisse lui seul tout mon cœur. Je serai toute ma vie aussi pénétré de vos anciennes bontés que si je ne les avois pas perdues, et mon attachement respectueux pour vous, madame, ne diminuera jamais.

LETTRE CDLXXIV
A M. L'ARCHEVÊQUE DE PARIS [1].

17 août 1697.

J'ai parlé au roi de l'admiration du père Le Comte pour M. de Cambrai, et du scandale que me donnent les jésuites sur la froideur qu'ils ont pour le quiétisme. *On* m'a écoutée avec attention, et l'on n'a rien répondu. Nous ne partons que jeudi pour Marly.

Rien n'est plus beau que le discours de M. d'Aguesseau. Le roi l'a pourtant corrigé en plusieurs endroits et très-bien corrigé.

Je vous remercie, monseigneur, de votre mandement. J'aime à les avoir tous.

LETTRE CDLXXV
AU CARDINAL DE BOUILLON [2].

A Saint-Cyr, 22 août 1697.

Les reproches que vous me faites, monseigneur,

---

1. *Autographe* du cabinet de M. de Cambacérès.
2. *Autographe* appartenant à M. Feuillet de Conches.

m'ont fait beaucoup d'honneur et de plaisir, et je vous importunerai peut-être assez souvent pour que vous me pardonniez de ne pas m'être adressée à vous dans l'affaire de l'abbé de Caylus [1]. Je vous rends mille grâces de la protection que vous lui avez donnée; il est très-honnête homme, et je voudrois le servir quand il n'y auroit pas entre nous l'alliance qui y est. Plût à Dieu, monseigneur, que l'affaire des prélats dont vous me parlez pût s'accommoder ici; mais vous aurez su qu'elle est portée à Rome par tous ceux qui y sont mêlés. Je n'ai rien à faire, ce me semble, qu'à prier Dieu de tourner tout à sa gloire. Je suis toujours très-affligée sur cette matière, et vous savez les raisons que j'en ai. Conservez-moi, monseigneur, les bontés dont vous m'assurez. Pardonnez-moi les fautes que je ferai en vous écrivant, étant la personne du monde la plus mal instruite du cérémonial, et croyez-moi bien véritablement et bien respectueusement votre très-humble et très-obéissante servante.

LETTRE CDLXXVI

A M. L'ARCHEVÊQUE DE PARIS [2].

A Versailles, ce 9 septembre 1697.

Je ne sais rien de l'exil de ce père de l'Oratoire; et je ne manquerois pas d'en représenter les conséquences si j'osois en parler; mais on me demandera

1. Frère du comte de Caylus, depuis évêque d'Auxerre.
2. *Autographe* du cabinet de M. de Cambacérès.

d'abord qui me l'a appris, et il ne vous convient peut-être pas, monseigneur, d'être nommé en cette occasion.

Vous parlâtes fort bien dans celle du Port-Royal et cela fit un bon effet. Je continuai sur le même ton en disant que votre personnage n'étoit pas de prendre un parti, mais de garder un milieu entre les extrémités où les autres se jettent souvent. Je fus contente de la manière dont *on* prit ce que je dis, et vous devez l'être, monseigneur, quand je le suis. Il ne faut pas se laisser dominer par le *bon père*, mais dire ses raisons un peu fortement.

Le roi a mal reçu une recommandation de M. le maréchal de ... pour le duc de Guiche. Il est toujours choqué de ce que tant de gens parlent pour lui. C'est un grand malheur d'avoir tant de parents.

Les affaires de la princesse d'Elbeuf vont mal : le mari a parlé et a persuadé. M. du Maine est rebuté. Je fis hier au soir de mon mieux; M. de Pontchartrain en est témoin; et ce fut inutilement.

Il y a de nouvelles difficultés sur la paix, monseigneur, que je recommande à vos prières.

LETTRE CDLXXVII

A M. L'ARCHEVÊQUE DE PARIS [1].

24 septembre 1697.

Le père de La Chaise veut raccommoder ce qu'il a gâté sur le père Poisson; mais il a plus de talents

1. *Autographe* du cabinet de M. de Cambacérès.

pour le mal que pour le bien, et cela vient de ce que les intentions ne sont pas droites; peut-être aussi n'est-ce que faute de lumière. Il fit de grandes doléances au roi de n'être pas sous les évêques. Il surprend sa bonté par de tels discours; et ma malice répondit en face, que ne pouvant être sous eux, il ne faudroit pas se déclarer leur ennemi. Le second ordre donné au père Poisson ne me paroît guère meilleur que le premier.

M. de Meaux m'a envoyé des nouvelles de Rome qui font trembler pour M. de Cambrai; mais il faut aimer l'intérêt de l'Église plus que le sien. M. l'archevêque de Sens m'a dit ce matin qu'on devroit pour prévenir le jugement du pape, choisir des évêques qui jugeroient si M. de Cambrai a droit d'abandonner ou seulement d'expliquer son livre. Je n'ai rien répondu à cette proposition.

Est-il vrai que M. et madame de Noailles vont plaider contre madame de Coetquen? Cela seroit désagréable.

Eh bien! monseigneur, nous avons la paix[1]. Nous avons bien des actions de grâces à rendre et des prières à recommencer pour que nous fassions de cette paix l'usage que nous en devons faire.

1. La paix de Ryswick fut signée le 20 septembre. « Le roi, dit Dangeau, donne la paix à l'Europe aux conditions qu'il a voulu lui imposer; il étoit le maître et tous les ennemis en conviennent, et ne sauroient s'empêcher de louer et d'admirer sa modération. »

LETTRE CDLXXVIII

NOTE PRÉLIMINAIRE

Les lettres de madame de Montespan étant assez rares, j'en place une ici qui est fort bien faite et se rapporte à une circonstance assez importante, encore bien qu'il n'y soit point question de madame de Maintenon. Elle est inédite et m'a été communiquée par M. le marquis de R..., l'un des descendants de Pelletier, ministre d'État et contrôleur général des finances après Colbert :

« M. Pelletier, le ministre, dit Dangeau (18 septembre 1697), obtint du roi la permission de se retirer et quitta tous ses emplois et voulut ne se réserver aucune pension, mais Sa Majesté l'a forcé de prendre une pension de 20,000 francs. Le roi avoit beaucoup de confiance en lui et l'aimoit... C'est la seule dévotion qui lui a fait prendre ce parti-là. » — Saint-Simon ajoute que « c'était un homme de sens, mais d'esprit médiocre, timide et peu travailleur, d'une grande justice, d'un grand désintéressement... »

MADAME DE MONTESPAN A M. PELLETIER.

Le 27 septembre 1697.

Je ne suis point surprise, monsieur, de l'action que vous venez de faire ; votre vertu et votre piété ont dû préparer à tout. Je l'admire seulement beaucoup et y prends la part que vous devez attendre d'une personne engagée à vous aimer par le passé, le présent et l'avenir. Vous comprenez bien par là toutes les personnes que j'envisage dans tous les temps ; à commencer par mon père, continuant par moi, et enfin par M. le comte de Toulouse, qui perdra bien si vous le comprenez dans l'abandon général. J'espère que vous voudrez bien que j'aie l'honneur de vous voir quand je serai à Petit-Bourg, et que j'apprenne de vous le véritable détachement où l'on doit tâcher de finir sa vie. Votre exemple doit toucher tout le monde, car vous quittez des possessions légitimes et que l'on vous voyait avec approbation. Je suis si charmée de cette action que je ne finirois pas d'en parler, si je ne devois croire qu'une personne qui méprise, comme vous faites, les biens les plus solides de ce monde, soit bien fatiguée des hommages. Je vous assure donc le plus simplement que je puis, mais avec toute la sincérité possible, que je suis votre très-humble et très-obéissante servante,   FRANÇOISE DE ROCHECHOUART.

LETTRE CDLXXIX

A MADAME DE GLAPION, DAME DE SAINT-CYR[1].

A Fontainebleau, ce 28 septembre 1697.

Ce sera à vous à dire de mes nouvelles à la récréation. Je compte les jours de notre séparation ; en voilà dix de passés, mais il en reste davantage.

Le roi fit partir hier sept courriers pour porter à toutes ses armées un ordre pour ne plus faire aucun acte d'hostilité. On entend parler d'affaires présentement avec une extrême joie, voyant cesser les maux infinis de la guerre. Ma sœur de Veilhant n'aura de

---

1. *Manuscrits des Dames de Saint-Cyr.* — Voir sur madame de Glapion le chap. XIV de la *Maison royale de Saint-Cyr.*

consolation qu'en Pologne et en Hongrie ; les Turcs y ont perdu une bataille où dix mille hommes sont demeurés sur la place[1]. Nous eûmes hier la nouvelle que le prince de Conti[2] a passé le Danemark sans qu'on lui ait fait de difficulté ; il est en bonne santé, et devoit être à Dantzick le 19 ou le 20 de ce mois. Il se mettra à la tête de son parti pour disputer la couronne au duc de Saxe. Il faut prier pour notre prince du sang, car il est de l'intérêt de la religion et de l'État qu'il règne préférablement à l'autre.

Il y a encore une affaire secrète qui me regarde en particulier[3], que je recommande à vos prières, et à celles de toute la communauté. J'espère que tous les chefs d'ordre, comme notre mère, ma sœur Marie Constance, ma sœur de Berval, ma sœur de Radouai, voudront bien l'annoncer au troupeau qui leur est commis. Adieu.

LETTRE CDLXXX (La B.)

A MADAME DE SAINT-GÉRAN[4].

Madame est fort contente ; le roi lui a promis d'obliger l'électeur palatin à lui donner tous les ans trois

---

1. C'est la bataille de Zenta, gagnée par le prince Eugène.
2. Il venait d'être élu roi de Pologne par la majorité de la diète ; mais la minorité ayant élu l'électeur de Saxe, il fut forcé d'abandonner ses prétentions et revint en France.
3. Le mariage de mademoiselle d'Aubigné, sa nièce, avec M. le comte d'Ayen, fils aîné du maréchal de Noailles. Ce mariage n'eut lieu que le 1er avril suivant.
4. Collection de la Beaumelle, édition de Nancy, t. II, p. 70 ; édition d'Amsterdam, t. II, p. 148. — La Beaumelle ne met pas

cent mille livres, jusqu'à ce que son affaire soit jugée par des arbitres. Le cardinal de Furstemberg ne sera point abandonné, quoiqu'on soit peu content de lui; il m'a écrit des lettres fort pressantes; et le roi en a été touché. Enfin nous respirons, nous n'aurons plus que notre salut à faire; je remercie Dieu tous les jours des sentiments de paix qu'il inspire au roi; c'est une grande grâce pour lui et pour son peuple; vous savez combien il en étoit autrefois éloigné; la dévotion rend le cœur tendre sur le malheur des hommes, et l'esprit éclairé sur les objets de la véritable gloire. Vous ne le croyez pas encore; puissiez-vous l'éprouver un jour!

LETTRE CDLXXXI

A M. L'ARCHEVÊQUE DE PARIS [1].

7 octobre 1697.

J'ai lu, ou pour mieux dire, parcouru le règlement des religieuses, dont j'espère de grands biens et qui les fera, je crois, un peu crier. Deux seuls endroits m'ont paru sévères; l'un de défendre toute sorte de déclamation aux pensionnaires, et l'autre de défendre l'entrée des tailleurs.

M. de Meaux est ici, plein de confiance sur la con-

de date à cette lettre qu'il invente, mais avec des faits vrais. Ainsi il est certain que, dans les négociations du traité de Ryswick, le roi intervint dans les différends de Madame avec l'électeur palatin et qu'il fut réglé que celui-ci lui donnerait tous les ans 300,000 livres. Mais elle n'a pu écrire à madame de Saint-Géran, exilée et disgraciée : « La dévotion rend le cœur tendre, etc. Vous ne le croyez pas encore : puissiez-vous l'éprouver un jour! »

1. *Autographe* du cabinet de M. de Cambacérès.

damnation du livre¹. Le roi a parlé à M. le nonce comme vous l'avez jugé nécessaire.

J'ai vu, monseigneur, votre lettre au roi; elle est à souhait. Votre style est doux et fort. Il vaut mieux dans chaque occasion lui dire ainsi quelque chose que de trop charger. Il est charmé de votre manière d'écrire, et il a raison.

M. de Meaux m'a donné de la part de M. de Reims l'ordonnance qu'il a faite contre les jésuites². Elle fera du bruit et embarrassera le roi.

Je n'ai pu encore lui montrer la lettre du *bon père*. Il m'est venu voir et ne m'a parlé que du pur amour.

Il est très-bon, monseigneur, que vous fassiez donner vos lettres au roi, sans affectation, tantôt par Bontemps, tantôt par moi. Mais vous ne devez pas vous faire une affaire de m'en adresser sans qu'il y eût le moindre mot pour moi. Tous mes amis en usent ainsi, et vous êtes au-dessus de tous mes amis.

LETTRE CDLXXXII

A M. L'ARCHEVÊQUE DE PARIS³.

A Saint-Cyr, le jour de la Toussaint, 1697.

Je croyois que le roi avoit brûlé le papier que vous lui aviez laissé; mais il me le rendit hier quand

1. Le pape avait confié l'examen des *Maximes des Saints* à dix *consulteurs* qui se partagèrent. Alors il recourut à la congrégation des cardinaux du saint-office.
2. Voir sur cette ordonnance et la querelle qui s'ensuivit Saint-Simon, t. III, p. 126.
3. *Autographe* du cabinet de M. de Cambacérès.

je lui dis que vous le demandiez. Ni lui ni moi, monseigneur, ne pouvons juger si, dans ce discours, vous dites ce qu'il faut contre le jansénisme; mais on ne peut pas nier que vous n'y parliez sans ménagement contre les jansénistes, et que vous ne les traitiez d'hérétiques, de révoltés, de gens de mauvaise foi, etc.

Je ne puis vous dire combien je suis touchée de vos peines; il me semble qu'elles sont encore augmentées; c'est à vous à vous apprendre à les supporter. On ne le peut que par une soumission entière à la Providence, qui veut ou qui permet des choses si opposées à vos inclinations. Quoi qu'il arrive, monseigneur, je ne me départirai jamais des sentiments de respect, d'estime et de vénération que je vous dois. Ils sont fondés sur la vérité de votre vertu; ainsi ils ne peuvent changer.

LETTRE CDLXXXIII

A M. L'ARCHEVÊQUE DE PARIS [1].

6 novembre 1697.

Je viens d'achever, monseigneur, l'admirable instruction que vous nous avez faite. Il ne m'appartient pas d'avoir un avis; mais il m'est permis d'en être charmée et d'en faire ma lecture fréquente pour mon édification particulière et pour instruire ceux dont je suis en quelque façon chargée.

Ceux qui jusqu'ici ont écrit contre le quiétisme

1. *Autographe* du cabinet de M. de Cambacérès.

en ont donné de l'horreur. Vous n'en parlez pas moins fortement, monseigneur, mais vous ajoutez une peinture de la véritable perfection qui sera, s'il plaît à Dieu, le fruit que vous en espérez. Je n'ai jamais rien lu de plus fort, de plus pieux, de plus clair et, ce me semble, de plus utile.

On ne pourra plus dire que vous ménagiez le quiétisme par rapport à ceux qui ont paru le protéger. Vous l'attaquez sans mesure, et je croirois, monseigneur, qu'il n'y auroit plus rien à écrire sur cette matière. Je n'en voulois point parler et je me suis laissé emporter à la joie que me donne votre ouvrage par rapport au bien général et au vôtre particulier. Je vous le renvoie parce que vous me l'avez ordonné. J'espère que vous m'en enverrez plusieurs exemplaires quand il sera public.

M. de Meaux m'en a fait l'éloge. Il est ravi de le voir achevé. Le peu de personnes qui l'ont vu en sont bien contents. J'espère que Dieu vous en récompensera abondamment et que Notre-Seigneur Jésus-Christ comblera de grâces et de secours celui qui prêche son règne avec tant de zèle. Les endroits où vous parlez de lui m'ont enlevée; ils rendent le quiétisme odieux. Je devrois me taire, monseigneur, et garder le silence des filles de Sainte-Agathe.

La lettre dont je vous ai parlé est demeurée à Saint-Cyr; vous l'aurez au premier jour. Je la fais copier, car l'écriture ne me paroît pas contrefaite.

2 décembre 1697.

Le roi augmentera la pension de M. le comte d'Estrées de six mille francs [1]; vous savez, monseigneur, comment nous aurons les six autres. Ainsi vous n'avez qu'à conclure ce mariage, qui aura sans doute votre bénédiction. Je n'ai encore vu personne qui ne soit charmé de votre instruction, et j'en ai ouï parler à bien des gens.

Je suis très-contente, monseigneur, de votre refus; et je vous supplie de le publier comme je le ferai de mon côté.

LETTRE CDLXXXIV

NOTE PRÉLIMINAIRE

La Lorraine avait été conquise sous Louis XIII, et pendant près de soixante-dix ans elle n'avait presque pas cessé d'être occupée par les troupes françaises. Les ducs de Lorraine avaient refusé tout accommodement à ce sujet dans le traité des Pyrénées, et ils s'étaient réfugiés en Allemagne depuis plus de trente ans. Dans le traité de Ryswick, Louis XIV se décida à restituer la Lorraine à ses anciens possesseurs. Le duc de Lorraine était alors Léopold Ier, qui avait succédé, en 1690, à son père Charles IV. Il paraissait disposé à rechercher les bonnes grâces de Louis XIV, et le comte de Couvonges, qu'il envoyait en France, avait mission de demander la main d'une fille de Monsieur. En effet, on lit dans le *Journal de Dangeau*, à la date du 31 décembre :

« M. de Couvonges eut une audience secrète du roi, dans laquelle il demanda en mariage Mademoiselle pour le duc son maître. Ensuite M. de Couvonges alla à Paris en faire

---

1. « M. le comte d'Estrées doit épouser au premier jour mademoiselle de Noailles, fille du maréchal de Noailles; le roi, en faveur de ce mariage, augmente de 2,000 écus par an ce qu'il donne au comte d'Estrées, vice-amiral. » (Dangeau, t. VI, p. 258.)

la demande à Monsieur, qui, aussi bien que le roi, lui fit la réponse qu'il souhaitoit, et la lui accorda; ainsi la chose est présentement publique. »

Le duc de Lorraine écrivit à madame de Maintenon pour lui recommander ses intérêts.

LE DUC DE LORRAINE A MADAME DE MAINTENON [1].

Ce 22 novembre 1697.

Madame,

En envoyant complimenter le roi sur la conclusion de la paix, j'ai cru que vous trouveriez bon que je vous assurasse de mes respects très-humbles, et que je vous demandasse l'honneur de vos bonnes grâces, puisque personne ne peut les estimer plus que je fais, ainsi que le comte de Couvonges, mon grand chambellan, vous le témoignera. J'ai même pris la liberté de le charger de vous recommander mes intérêts avec une confiance entière en votre bonté. J'espère, madame, que, comme il n'y a point de prince qui vous honore comme moi, vous ne me refuserez pas cette faveur, ni celle d'être persuadée que je ne souhaite rien tant que de mériter la qualité, madame, de votre, etc.

LÉOPOLD, DUC DE LORRAINE.

1. *Autographe* des archives du château de Mouchy.

LETTRE CDLXXXV [1]

LA DUCHESSE DE LORRAINE A MADAME DE MAINTENON [2].

Novembre 1697.

Madame, je ne puis faire passer à Paris le comte de Couvonges, grand chambellan de mon fils, sans le charger de vous assurer de l'estime toute particulière que je fais de votre mérite, et sans vous demander en même temps votre amitié pour ce jeune prince. J'espère de votre honnêteté que vous voudrez bien la lui accorder, et l'appuyer dans tous les cas qui s'en présenteront, vous assurant que j'en aurai toute la reconnaissance que vous devez attendre d'une princesse qui vous estime infiniment, madame. Votre affectionnée, etc.

ÉLÉONORE, REINE DUCHESSE.

LETTRE CDLXXXVI (LA B.)

A MADAME DE SAINT-GÉRAN [3].

A Versailles, 10 décembre 1697.

On se trompe; et vous pouvez le dire hardiment; le goût des plaisirs est éteint dans le cœur du roi; l'âge

---

1. *Autographe* des archives du château de Mouchy.
2. Cette duchesse de Lorraine, veuve de Charles IV, était la mère du duc Léopold. Elle était de la maison d'Autriche. Elle prenait le titre de *reine duchesse*, parce qu'elle avait épousé en premières noces Michel Wienowski, roi de Pologne.
3. Collection de la Beaumelle; édition de Nancy, t. II, p. 73; édit. d'Amsterdam, t. II, p. 149.—L. Racine l'annote : *me paraît inventée par l'éditeur*. Le ton seul de la lettre le prouve. Elle est

et la dévotion lui ont fait faire des réflexions sérieuses sur la vanité et le néant de tout ce qu'il aimoit autrefois; et il avance tous les jours dans les voies de Dieu; il n'assiste aux spectacles et aux fêtes qu'avec répugnance; il se plaint avec moi de la contrainte que lui impose son rang de prendre part à des plaisirs qui n'en sont plus pour lui. La princesse est tous les jours plus charmante; le duc de Bourgogne en est très-épris; il a été réglé qu'il ne la verroit que sur le pied de maîtresse; elle en a pleuré, et a dit : Eh! ne suis-je pas sa femme? ensuite elle en a ri, et m'a promis de lui être toujours cruelle, jusqu'à ce que le roi lui ordonnât de ne l'être plus. Cette enfant nous amuse beaucoup; madame de Savoie l'a bien instruite; le roi n'a pas la force de lui rien refuser; ses dames sont accablées de présents. Tout est ici dans la joie; dès que les fêtes seront finies, nous serons plus tranquilles et ne serons pas moins gais; mes lettres seront aussi plus longues; mais mon affection pour vous n'augmentera point.

LETTRE CDLXXXVII

LE DUC DE BOURGOGNE A MADAME DE MAINTENON [1].

28 décembre 1697.

M. de Beauvilliers, madame, vient de me dire la bonté qu'a le roi de m'augmenter mes menus plai-

datée du 10 décembre, c'est-à-dire de trois jours après le mariage de la duchesse de Bourgogne. On peut affirmer que les lettres que madame de Maintenon a pu écrire ce jour-là n'étaient pas sur ce ton, qui semble emprunté aux plus mauvais romans. Je renvoie au *Journal de Dangeau* pour le détail des fêtes de ce mariage.

1. *Autographe* de la bibliothèque du Louvre, publié par la Société des Bibliophiles, 1822.

sirs jusqu'à trois mille livres par mois[1]. Je vous prie de vouloir lui en marquer ma reconnoissance et d'être persuadée que je suis très-sensible à l'amitié que vous me faites paroître dans toutes les occasions. Je vous assure, madame, que j'y répondrai comme je dois.

LETTRE CDLXXXVIII

BILLETS DU ROI A MADAME DE MAINTENON
EN 1697 OU 1698.

Je ne saurois finir le conseil devant le sermon, j'en aurai encore après pour une heure et demie. Je ne pourrai être chez vous qu'à cinq heures et demie ; prenez vos mesures là-dessus pour éviter les importunités. Je suis très-fâché de ce contre-temps.

Il fait trop chaud pour aller à la chasse entre une saignée et une médecine : c'est pourquoi je ne sortirai qu'avec vous, s'il vous plaît, pour me promener. Revenez, s'il est possible, devant trois heures, nous verrons ensemble qui nous mènerons ; et comme vous pouvez voir madame de Fontévrault soit devant ou après la promenade, faites-moi réponse pour que je sache à quoi m'en tenir.

J'ai changé de résolution pour ma journée : le beau temps qu'il fait m'empêche d'aller à Saint-Ger-

---

1. Ce prince n'avait eu jusqu'alors que 500 livres par mois pour ses menus plaisirs.

main, je remettrai ce voyage à demain; et pour aud'hui je dînerai au petit couvent; j'irai à la chasse, et je me rendrai à la porte de Saint-Cyr, du côté du parc où je ferai traîner mon grand carrosse; j'espère que vous m'y viendrez trouver avec telle compagnie qu'il vous plaira; nous nous promènerons ensemble dans le parc et nous n'irons pas à Trianon. En revenant demain de Saint-Germain, j'irai à Saint-Cyr, au salut, en habit décent, et nous reviendrons ensemble, c'est là ce que je crois le mieux; si vous voulez venir à la porte du jardin, ce soir, ou que mon carrosse aille vous prendre dans la cour de Saint-Cyr, ordonnez, et me le mandez.

LETTRE CDLXXXIX

NOTE PRÉLIMINAIRE

Les Dames de Saint-Cyr possédaient l'original de cette lettre; au dos était écrit de la main de madame de Maintenon : *Lettre très-secrète.* Il est probable que le roi, après l'avoir lue, l'aura donnée à madame de Maintenon, et que celle-ci l'aura laissée aux Dames de Saint-Cyr. « *Nous n'avons rien de plus fort,* » dit la Dame qui l'a communiquée à La Beaumelle, et en effet, c'est un témoignage authentique du mariage de madame de Maintenon avec Louis XIV. L'original de cette pièce est perdu, mais Languet de Gergy en avait une copie, et La Beaumelle l'a publiée exactement.

L'ÉVÊQUE DE CHARTRES AU ROI.

1697.

Sire,

Après avoir remercié Dieu de la paix qu'il nous a enfin donnée par les soins de Votre Majesté, il est juste que nous la remerciions elle-même de tout ce qu'elle veut bien sacrifier à notre repos. Les bontés qu'elle a pour moi me flattent qu'elle ne trouvera pas mauvais que je prenne cette liberté.

Dieu, enfin, Sire, a exaucé votre foi; il vous a délivré parce que vous avez eu confiance en lui; il vous a protégé parce que vous avez connu son nom, selon la parole du prophète; il a été touché de la droiture de vos intentions et de votre grand zèle pour la religion. Il veut que ce soit vous qui rendiez le calme à l'Europe agitée, après vous avoir miraculeusement soutenu contre les efforts de tous les princes réunis.

Quelles actions de grâces ne devons-nous pas à Dieu, Sire, des biens qu'il répand sur nous par votre sagesse, par votre générosité, et en récompense de votre foi!

Les évêques sont les pères spirituels des peuples, ils ont droit de répandre leurs cœurs aux pieds de Votre Majesté. Agréez donc, Sire, que, pour le diocèse que vous m'avez confié, je vous marque notre profonde reconnoissance. Tous vos peuples sentent les obligations qu'ils vous ont dans cette paix si désirée; de tous côtés ils élèvent leurs mains au ciel pour demander la conservation de votre sacrée personne.

C'est à nous à faire un saint usage du bien que nous devons à votre amour pour nous; mais, tandis que nous faisons des vœux pour obtenir les grâces nécessaires à Votre Majesté, c'est à elle à remplir tous les desseins de Dieu sur elle.

La paix va vous fournir, Sire, les moyens d'affermir la religion catholique et de rétablir partout les lois en remédiant aux maux que la guerre a introduits. Vous aurez à présent la facilité de soulager votre peuple de l'accablement où il est; vous aurez pitié de tant d'âmes exposées aux injustices, à l'insensibilité, à l'oubli du salut, au désespoir que la grande misère traîne après elle.

Vous avez, Sire, besoin d'une nouvelle sagesse et de la force d'en haut, non-seulement pour réparer les désordres de la calamité d'où nous sortons, mais encore pour bien user de la grande prospérité où vous entrez. David se conserva pur et innocent, tant qu'il fit la guerre aux ennemis du peuple de Dieu; il se perdit dans l'oisiveté. Samson fut invincible tant qu'il combattit contre les Philistins; sa force l'abandonna dès qu'il cessa de combattre et de vaincre. Et Salomon, le plus sage des rois tant qu'il bâtit le temple du Seigneur, fut la proie des passions dès qu'il eut achevé son ouvrage.

La grande place que vous occupez, Sire, seroit un piége pour vous dans la guerre et dans la paix, comme elle l'a été pour tant de vos prédécesseurs; si Dieu n'avoit rempli votre cœur d'une crainte salutaire, d'une grande horreur du mal, d'un grand zèle pour l'Église, et d'un amour sincère pour votre peuple. Chargés de tout, les rois répondent à Dieu des injustices de la guerre et des vices de la paix; et les ennemis de l'État ne sont pas les plus dangereux.

Vos œuvres, Sire, décideront de votre sort dans l'éternité; remplissez de vertus vos jours comme saint Louis, elles suppléeront aux austérités de la pénitence incompatibles avec votre état. Votre Majesté remettra peu à peu aisément le bon ordre partout; elle rendra justice à tout le monde; elle avancera en tous lieux la gloire de ce grand Dieu qui s'est si hautement déclaré en sa faveur; c'est dans la paix que l'on sème les doux fruits de la justice chrétienne.

Il est visible, Sire, que Dieu veut vous sauver. Malheur aux princes enlevés dans une jeunesse livrée aux grandes passions! ils vont remplir une des plus tristes places de la réprobation éternelle. Le salut des rois est d'être réservés à un âge plus mûr, après avoir été affranchis de l'idolâtrie de la volupté, surtout quand Dieu leur inspire de l'humilité, de la religion, de la crainte de ses jugements; et qu'après les avoir exercés par différentes contradictions, il leur donne un bon conseil et des personnes fidèles et pieuses pour les soutenir.

C'est ce que Dieu a fait pour vous, Sire. Vous avez une excellente *compagne,* pleine de l'esprit de Dieu et de discernement, et dont la *tendresse, la sensibilité pour vous sont sans égales.* Il a plu à Dieu que je connusse le fond de son cœur. Je serois bien sa caution, Sire, qu'on ne peut *vous aimer plus tendrement,* ni plus respectueusement qu'elle vous aime. Elle ne vous trompera jamais, si elle n'est elle-même trompée. Dans tout ce que j'ai eu l'honneur de traiter avec elle, je ne l'ai jamais vu prendre un mauvais parti; elle est comme Votre Majesté, quand on lui expose bien le fait, elle choisit toujours immanquablement le côté de la sagesse et de la justice. Il paroît bien visiblement, Sire, que Dieu vous a voulu donner *une aide semblable à vous*, au milieu de cette troupe d'hommes intéressés et trompeurs qui vous font la cour, en *vous accordant une femme* qui ressemble à la femme forte de l'Écriture, occupée de la gloire et du salut de son *époux* et de toutes sortes de bonnes œuvres. Il me paroît, Sire, que Dieu est avec elle en tout ce qu'elle fait et qu'elle l'aime préférablement à tout.

Voilà le compte que j'ai à rendre à Votre Majesté de la précieuse brebis qui m'est confiée : si je suis trop hardi ou trop ennuyeux, je supplie très-humblement Votre Majesté de le pardonner à mon zèle.

On ne peut être avec plus de reconnoissance, de fidélité, d'amour, de respect que moi, etc.

PAUL, *évêque de Chartres.*

CDXC

NOTE PRÉLIMINAIRE

« Sur les fins de la guerre de 1688, dit Languet de Gergy, quelqu'un[1], profitant du désir que le roi avoit de donner la paix à son peuple et à l'Europe, lui suggéra, comme un moyen de la faciliter, de faire rentrer les protestants dans le royaume sous de certaines conditions; et, sous le prétexte des avantages que le roi en retireroit, il donna un mémoire

___
1. On croit que ce quelqu'un était Vauban. Les alliés, dans les négociations de Ryswick, voulurent imposer comme condition à Louis XIV la rentrée des protestants. « Il n'a jamais voulu, dit Dangeau, rien entendre là-dessus. »

à cet effet: Madame de Maintenon, à qui apparemment le roi communiqua ce projet, sentit son zèle ému à une proposition qui lui parut contraire au vrai bien de l'Église et de l'État. Quelque éloignée qu'elle voulût être de se mêler des affaires, elle crut devoir s'intéresser à celle-ci à cause de ses conséquences pour la religion; à laquelle elle étoit prête de tout sacrifier, jusqu'à sa modestie même; elle réfuta le mémoire par celui que l'on garde encore tout entier de sa main et que je vais transcrire [1]. »

RÉPONSE DE MADAME DE MAINTENON

A UN MÉMOIRE TOUCHANT LA MANIÈRE LA PLUS CONVENABLE DE TRAVAILLER A LA CONVERSION DES HUGUENOTS [2].

1697.

Si les choses étoient aujourd'hui au même état que lors de l'édit qui révoqua celui de Nantes, je serois d'avis, sans balancer, qu'il faudroit s'en tenir à cette révocation; se contenter d'abolir l'exercice

1. *Mémoires* de Languet de Gergy, p. 260.
2. *Manuscrits des Dames de Saint-Cyr.* — Ce mémoire témoigne que la révocation de l'Édit de Nantes n'était pas regardée par le gouvernement de Louis XIV comme une affaire de religion, mais comme une affaire d'État; qu'il s'agissait non de forcer les dissidents à croire, mais d'anéantir un parti et des ennemis politiques. « Les rois, dit Bossuet, qui ont été les plus contraires aux rotestants n'eussent pas songé à les troubler, si des esprits si remuants avoient pu se résoudre à rester en repos... On les voyoit prêts à s'échapper à tous moments; en sorte qu'on n'osoit rien entreprendre contre l'étranger, quoi qu'il fît, tant qu'on avoit au dedans un parti si inquiet et si menaçant. Voilà dans la vérité, et tous les Français le savent, ce qui a fait nos guerres civiles. » (*OEuvres*, t. XIV, p. 261.) Et l'on peut ajouter : ce qui a causé, ce qui explique la révocation de l'édit de Nantes ! — « La France, dit M. Michelet, sentait une Hollande dans son sein qui se réjouissait des succès de l'autre. »

de la religion réformée, et penser à réunir peu à peu les sujets du royaume dans la même religion, en excluant dans les occasions qui se présenteroient les huguenots des charges et emplois, et s'appliquant avec patience et avec douceur à les convertir en les persuadant de la vérité.

Mais, dans la situation où l'on se trouve aujourd'hui, il faut, ce me semble, changer d'idée.

Il est vrai que, par rapport à la conscience, il me paroîtroit qu'on pourroit aller jusqu'à rétablir dans le royaume la liberté d'être de la religion prétendue réformée sans exercice public, si cela procuroit à l'État des avantages considérables ou le garantissoit de quelque grand péril, et que l'on n'eût que ce seul moyen dont on pût se servir.

Mais, bien loin de croire que l'on en dût attendre des effets semblables, je suis persuadée qu'un changement de telle nature en produiroit beaucoup de mauvais et point de bons. Voici les raisons sur lesquelles je fonde mon avis :

1° Dans la conjoncture présente, cette démarche seroit regardée dans les pays étrangers, dans le royaume même, et surtout par les huguenots fugitifs et par les nouveaux convertis, comme l'effet d'une appréhension causée par la situation des affaires. Ces gens-là en deviendroient plus insolents, et fortifiés par les impressions et les espérances que leurs ministres leur donneroient, le moindre mauvais succès qu'auroient les armes du roi seroit capable de les porter à tout entreprendre.

2° Je crois qu'une partie de ceux qui ont passé

dans les pays étrangers affaibliroient l'État plutôt que de le fortifier par leur retour. Ce sont les plus entêtés et les plus opiniâtres du parti qu'on a vus capables de renoncer à leurs biens, à leur patrie, aux devoirs les plus essentiels, et même à leur légitime souverain, plutôt que de plier à ce qu'on exigeoit d'eux. Des gens de ce caractère seroient prêts à tout hasarder et à donner du mouvement à ceux dont les intentions sont les moins mauvaises, et je crois qu'on ne se tromperoit pas en les regardant non-seulement comme ennemis, mais comme capables de nous en susciter d'autres. Enorgueillis par le bon succès de leur opiniâtreté, ils confondroient par leurs reproches et par leurs railleries les nouveaux convertis; c'en seroit assez pour faire retomber le petit nombre de ceux qui ont connu la vérité, mais dont la foi n'est pas encore bien affermie. Ceux qui sont incertains et qui avec le temps auroient pu suivre le bon parti seroient fixés à demeurer dans le mauvais, et pour ceux qui sont huguenots dans le cœur, il y auroit moins d'espérance que jamais de leur conversion.

3° On ne peut s'attendre que la liberté tacite de conscience sans exercice public satisfît ceux qui rentreroient dans le royaume ni les nouveaux convertis qui y sont demeurés. Ils compteroient pour rien le changement que l'on feroit en leur faveur, s'il n'étoit suivi d'un accord qui les remît au même état où ils étoient avant la révocation de l'édit de Nantes. Comme ils attribueroient à la crainte ce qui leur auroit été accordé, ils souhaiteroient des événements qui, en l'augmentant, leur feroient espérer d'obtenir le reste, et n'attendroient que des occasions pour y contribuer.

4° Si l'on accordoit la liberté de conscience, pourroit-on ôter aux pères et aux mères l'éducation de leurs enfants? Si on le faisoit, ils seroient plus irrités qu'ils ne sont aujourd'hui; si, comme je crois qu'il seroit impossible de l'éviter, on les en laissoit maîtres, ce seroit perpétuer dans le royaume un corps puissant que la religion tiendroit toujours dans des intérêts contraires au bien de l'État, et qui, s'ils se voyoient privés d'espérances prochaines, en concevroient d'éloignées et envisageroient dans l'avenir une guerre civile, un règne foible, une minorité, comme une ressource pour sortir de ce qu'ils appelleroient oppression.

5° Enfin, dans la situation où sont les esprits, pourroit-on espérer de les guérir de leur défiance? Ils croiroient que l'on céderoit pour un temps à la nécessité, qu'aussitôt que la paix seroit faite le roi reprendroit la suite d'un dessein qui lui a tenu si fort au cœur, et ils ne compteroient pas plus sur l'exécution d'une nouvelle déclaration accordée en leur faveur que sur l'édit qui, en révoquant celui de Nantes, conservoit la liberté de conscience, la sûreté de leurs personnes et de leurs biens, et qui cependant a été suivi de tout ce qui s'est fait contre eux dans les derniers temps.

De plus, par rapport au roi, j'ai répugnance à un changement tel que seroit celui qu'on propose. Quitter ainsi une entreprise qu'il a poussée si hautement, sur laquelle il a permis qu'on lui ait donné tant de louanges, et dans laquelle ses ennemis ont toujours publié qu'il succomberoit, il me semble que cela intéresseroit sa réputation et seroit contraire à la sagesse et à la fermeté ordinaire de ses résolutions.

De toutes ces raisons il me paroîtroit résulter que le meilleur parti qu'il y auroit à prendre, ce seroit, sans donner une nouvelle déclaration et sans révoquer aussi aucune de celles qui ont été données, de continuer comme on a déjà commencé, à adoucir insensiblement la conduite envers les nouveaux convertis.

Surtout ne les point forcer à commettre des sacriléges en s'approchant des sacrements sans foi et sans dispositions; ne point faire traîner sur la claie les corps de ceux qui auroient refusé les sacrements à la mort; et ne point faire recherche des effets remis dans le commerce par ceux qui sont hors du royaume.

Pour les attroupements, ce sont des révoltes et des désobéissances nécessaires à punir; et j'approuverois les châtiments les plus rigoureux, pourvu, comme il est juste, qu'ils tombent sur les seuls coupables, et que les innocents ne soient pas confondus avec eux.

Veiller pendant la guerre, autant qu'il se pourra, à l'éducation des enfants; mais au retour de la paix considérer cette affaire comme une des principales de l'État, prendre des mesures suivies et uniformes pour éloigner les jeunes gens de leurs familles; n'épargner ni soins ni argent pour leur trouver hors de chez eux la subsistance nécessaire : cela, dans tous les temps, demanderoit un grand examen pour former un plan général dont il ne faudroit plus se départir. Par cette conduite, on parviendroit à anéantir en France la religion prétendue réformée, et on pourroit la délivrer d'un mal dont elle souffre depuis longtemps.

Je n'entreprendrai point de réfuter en détail le mémoire qui m'a été communiqué ; j'observerai seulement que l'auteur y parle de zèle et de fidélité, comme si on avoit oublié tout ce que l'histoire rapporte de la conduite des huguenots depuis leur origine. N'ont-ils pas fait des guerres sanglantes à nos rois? n'ont-ils pas attiré plusieurs fois des armées étrangères? De ce règne ici, n'a-t-on pas découvert la suite de leurs mauvaises intentions par un acte secret de leurs synodes, dans un temps où ils espéroient que Cromwell pourroit les appuyer? Et ne voit-on pas encore aujourd'hui, par les lettres de ceux qui sont fugitifs, combien ils sont portés pour le prince d'Orange et pour les autres princes de leur religion? L'auteur du mémoire se trompe aussi quand il attribue la ligue des princes protestants aux mauvais traitements que les huguenots ont soufferts. Elle me paroîtroit plutôt un effet de leur politique, et une suite de la jalousie et de l'animosité qu'ils ont conçues depuis longtemps contre la France.

L'auteur dit trop aussi quand il attribue la ruine du commerce, la disette de l'argent, la diminution des manufactures et de la culture de la terre, à la seule retraite de ceux qui sont sortis du royaume. Il est vrai qu'elle a fort augmenté le mal, mais il avoit une source et une origine plus anciennes que ce qui est arrivé depuis la révocation de l'édit de Nantes.

« Ici cet écrit paraît fini ; puis il y a quelques feuillets détachés, aussi de la main de madame de Maintenon, où est écrit ce qui suit : »

On ne croit point qu'il faille par aucune déclaration faire voir aux nouveaux convertis qu'on consent qu'ils demeurent dans leur religion.

Ce seroit leur faire voir que l'on désapprouve et que l'on se repent de ce que l'on a fait par rapport à eux.

Ce seroit les laisser maîtres de l'éducation de leurs enfants, qui non-seulement les rendra de la même religion que leurs pères, mais qui hériteront aussi du ressentiment et de l'aigreur qu'ils ont et contre la personne du roi, et contre le gouvernement.

C'est garder dans le royaume un grand nombre de gens qui ne seront jamais contents que l'exercice de leur religion ne soit rétabli, qui l'espéreront toujours, qui désireront des temps fâcheux, qui entreront dans toutes les révoltes, et qui, après ce qui s'est passé, ne peuvent jamais être des sujets fidèles et affectionnés.

Si on fait revenir ceux qui sont sortis de France, combien reprocheront-ils la foiblesse de ceux qui ont abjuré, et combien leur feront-ils voir l'avantage qu'ils ont tiré de leur fermeté? puisque, sans avoir renoncé à leur religion, ils se trouvent dans le royaume avec le consentement du roi, jouissant de leurs biens, et pouvant espérer dans de certaines conjonctures le rétablissement de leurs temples.

Il ne faudroit point changer de conduite à leur égard d'une manière qui les persuadât que l'on ne se soucie plus de les convertir, mais s'y prendre avec plus de douceur et d'uniformité.

Conserver la même rigueur contre ceux qui s'assembleront ou se distingueront, mais fermer les yeux sur ceux qui ne vont point à la messe, sur ceux qui n'approchent point des sacrements, sur la manière dont ils meurent, et sur tout ce qu'on peut s'empêcher de voir.

Éviter surtout les spectacles qui donnent une idée de martyre, rien n'étant plus dangereux, tant pour les nouveaux convertis que pour les anciens.

Ne perdre jamais de vue le désir et le dessein de les convertir, s'y prendre avec des maximes solides, en faire un projet, le bien examiner, et le suivre doucement.

Confier ce que l'on veut aux intendants et aux évêques, afin qu'ils travaillent de concert.

Le plus grand bien seroit d'ôter les enfants; mais il faut accompagner ce dessein de beaucoup de discrétion.

On pourroit dans un temps de paix commencer par les pauvres, faire des hôpitaux dans chaque province, y recevoir les enfants que les parents y voudront mettre, les traiter et les instruire avec de grands soins, les laisser voir leurs proches, qui seroient fort adoucis par le bonheur de leurs enfants.

Recevoir les garçons dans les *cadets*[1], et les filles dans des couvents. Des millions ne pourroient être mieux employés, soit que l'on regarde ce dessein en chrétien, ou en politique.

L'instruction solide que l'on pourroit donner dans toutes les provinces seroit aussi utile aux anciens catholiques qu'aux nouveaux convertis.

Il faudroit charger du détail des personnes de bon esprit et de piété, qui rendroient compte des choses importantes au secrétaire d'État de la province, et qui suivroient le reste avec un grand soin.

APPENDICE A L'ANNÉE 1697.

Je place ici six lettres données de suite par La Beaumelle, et qui se trouvent t. II, p. 63 à 70, dans l'édit. de Nancy; t. II, p. 163 à 168, dans l'édition d'Amsterdam. Elles ne sont pas datées, et je les mets à la fin de 1697, parce que l'une d'elles parle du voyage du prince de Conti en Pologne. La Beaumelle les dit adressées, dans l'édit. de Nancy, *à madame de F...*, et dans l'édit. d'Amsterdam, *à madame de Fontenay*. Louis Racine les annote : *m'est inconnue*, ou *me paraît inventée par l'éditeur*. Je les crois fausses ou empruntées à quelque ouvrage que je ne connais pas. Madame de Fontenay est un personnage imaginaire. J'ai donné tant de preuves des procédés de fabrication de La Beaumelle, que je crois inutile de discuter ces lettres.

1. Voir t. II, p. 300.

LETTRE CDXCI (La B.)

A MADAME DE FONTENAY [1].

Tout est porté à des extrémités déplorables. Le roi est très-touché de ce qu'il sait, et n'en sait qu'une partie. On est bien injuste de m'attribuer tous ces malheurs ; s'il étoit vrai que je me mêlasse de tout, on devroit bien m'attribuer quelquefois les bons conseils. Il y a quinze ans que je suis en faveur ; je n'ai encore nui à personne ; j'ai fait beaucoup de mécontents ; je n'ai jamais fait ni méchanceté ni injustice. Le roi m'a reproché souvent ma modération ; cela vaut bien mieux que s'il me reprochoit mon importunité. Avec cette insensibilité que je croyois avoir pour les choses de ce monde et surtout pour les jugements des indévots, je me retrouve aujourd'hui aussi peu avancée que lorsque je commençai à me réprimer et à me vaincre. L*** me donne des peines infinies, me brave, s'appuie sur M. de Vendôme, et ne me pardonne point d'avoir découvert qu'il m'avoit trompée.

LETTRE CDXCII (La B.)

A MADAME DE FONTENAY.

Je vous prie de charger M. Lallemant d'examiner avec soin les papiers de M. Tillemont [2]. Cette histoire

---

1. Si cette lettre était vraie, elle serait évidemment de l'époque de la révocation de l'édit de Nantes. Comme elle a un grand air de vraisemblance, on l'a souvent citée.

2. Sébastien Le Nain de Tillemont, né à Paris, 1637, élève de Nicole, auteur de l'*Histoire ecclésiastique*, mort en 1698. (*Note de La Beaumelle.*)

doit s'y trouver¹. La copie que j'en ai vient de lui, et il m'en manque trois cahiers; je crois que c'est le huitième et les deux derniers. Ne dites point à M. Lallemant que cette recherche me regarde; il pourroit entrer en quelque défiance. Tout est esprit de parti pour certaines gens. J'ai vu l'abbé de Choisy², et l'ai vu si raisonnable que, comparé à ce qu'il étoit autrefois, il y a plaisir à le voir. Mais, mon enfant, la grâce opère bien d'autres prodiges.

LETTRE CDXCIII (La B.)

A MADAME DE FONTENAY³.

Je sais tout ce qu'on prête au duc du Maine. On ne réussira point à nous brouiller. Il a voulu me donner des preuves de la dernière clarté. Je les ai refusées. S'il est coupable, il l'est si peu que j'aurois tort d'en être offensée. C'est un sentiment d'amour filial; et comment le condamnerois-je, moi qui ai fait tout ce que j'ai pu pour qu'il aimât plus sa mère que moi, sans avoir pu en venir à bout? Je ne doute pas que madame de Montespan n'eût été charmée d'une rupture éclatante. Je ne lui donnerai jamais ce plaisir.

1. D'après la note précédente, cette lettre serait de 1698. Je n'ai aucun moyen d'éclaircir ce qu'elle contient, et je pense que c'est une histoire inventée à plaisir.

2. François de Choisy, née à Rouen en 1644, envoyé à Siam, auteur de divers ouvrages, dont le meilleur est son livre de mémoires, mort en 1719. (*Note de La Beaumelle.*)

3. Même remarque que pour la lettre précédente.

LETTRE CDXCIV (La B.)

A MADAME DE FONTENAY.

Les nouvelles de Pologne sont si bonnes que je n'ai pu refuser à madame la princesse de Conti ce qu'elle souhaitoit depuis si longtemps. L'abbé de Polignac[1] donne à toute cette famille un air de grandeur qui ne déplait point. Le prince partira demain; c'est un peu tard. Mais le malheur est irréparable. Madame de Simiane suit ses caprices, et vous savez ce que c'est. Je l'ai abandonnée à sa conduite. Je me suis toujours repentie d'avoir voulu diriger des femmes; les hommes sont plus traitables et plus dociles[2].

LETTRE CDXCV (La B.)

A MADAME DE FONTENAY.

Mes vœux sont enfin exaucés :

..... Non, depuis la disgrâce
De l'altière Vasthi dont j'occupe la place,

je n'eus jamais un plaisir égal à celui que je ressens aujourd'hui. Je vous félicite de votre triomphe. Votre

---

1. Melchior de Polignac, cardinal, né au Velay en 1662; mort en 1741.

2. Si cette lettre était vraie, elle serait du 2 septembre 1697, puisque le prince de Conti partit le 3 pour Dunkerque, où il devait s'embarquer. Mais cette lettre est un roman, et il serait facile de le démontrer : comment l'abbé de Polignac peut-il donner à « cette famille de Conti, » c'est-à-dire à une branche de la famille de Bourbon, « un air de grandeur qui ne déplaît pas? » Qu'est-ce que madame de Simiane? et que vient-elle faire là ?

joie fait la mienne. Je la sens tout entière. Cette concurrence m'alarmoit. Tout a changé en un moment. Rapportons tout à celui qui distribue à son gré la fortune ou la misère. C'est mon refrain ; et quand vous serez à mon âge, vous verrez qu'il est bien doux de renvoyer à la Providence toute la gloire de ce qui nous arrive d'heureux[1].

LETTRE CDXCVI (La B.)

A MADAME DE FONTENAY.

Il y a bien des raisons pour et contre. M. d'Aubigné a assez de bien, et cette famille est sans considération[2] : M. Rajat[3] est fort estimé dans sa province ; mais ici cette estime-là n'est rien. Rappelez-vous tout ce qui se dit sur le bon homme Le Moine ; pour peu que je me mêle de cette affaire, on en dira encore davantage. La demoiselle est aimable, a un bon esprit, de la santé, de la douceur, de la piété ; ce sont de grands points. Je crois donc, puisqu'on veut mon avis, que M. d'Aubigné doit poursuivre cette affaire, s'il y va d'inclination, et s'il est seulement tenté par le bien, la laisser là. Quant à ce qu'on appelle ma protection, vous savez qu'il n'y a point d'Aubigné à qui je ne l'aie accordée, et que quelquefois même je l'ai donnée au seul nom.

1. Tout cela est incompréhensible, et La Beaumelle le savait bien.
2. Il est probable que La Beaumelle met ici en scène les d'Aubigné de Tigny.
3. Intendant de Rouen.

FIN DE LA TROISIÈME PARTIE.

QUATRIÈME PARTIE

(1698-1703)

ANNÉE 1698.

NOTE PRÉLIMINAIRE

Cette année renferme trente-quatre lettres authentiques de madame de Maintenon, avec sept qui lui ont été écrites, et une apocryphe. Ces lettres sont la plupart adressées à l'archevêque de Paris, et relatives au quiétisme et aux affaires ecclésiastiques. Elles témoignent, comme les précédentes, la confiance extrême que madame de Maintenon avait dans le pieux prélat, et donnent la mesure de son influence sur Louis XIV et dans les affaires.

Il faut noter, pour cette année, un événement important dans la vie de madame de Maintenon : c'est le mariage de sa nièce avec le comte d'Ayen, fils aîné du maréchal de Noailles. Elle fut cette fois plus clairvoyante ou plus heureuse que pour madame de Caylus : outre qu'elle fit entrer mademoiselle d'Aubigné dans une famille illustre par la naissance, la fortune, les dignités, les services, elle lui donna un mari distingué par l'esprit, les talents, le caractère, et qui est devenu l'un des grands hommes de l'ancienne monarchie. Madame de Maintenon l'apprécia selon sa valeur dès les premiers temps, et nous verrons, par la longue et précieuse correspondance qu'elle eut avec lui, qu'elle l'aima et le traita comme un fils.

On trouve en outre pour l'année 1698, dans les *Lettres historiques et édifiantes*, neuf lettres aux Dames de Saint-Cyr, dont deux à la communauté, deux à madame du Pérou, supérieure, une à madame de Radouay, une à madame de

Veilhant, une à madame de Vandam, une à madame de Fontaines, une à madame de Glapion.

LETTRE PREMIÈRE

A M. L'ARCHEVÊQUE DE PARIS[1].

3 janvier 1698.

L'amitié que j'ai pour M. du Maine ne put m'empêcher de trouver qu'il venoit mal à propos. Je vous rends mille grâces de toutes les bénédictions que vous me désirez ; j'ai beaucoup de confiance en vos prières.

Si madame Ulrich[2] veut aller avec sa fille, je lui donnerai une pension ; mais il faut que ce soit une conversion entière, autrement elle ne feroit que gâter le couvent où on la mettroit.

Je parlai hier à M. de Barbezieux pour le frère de madame Chardon ; et je dis au roi ce que vous me mandiez sur les nouveaux convertis qui font leur devoir.

C'est un autre que M. de Pontchartrain qui dit que le monde, et surtout MM. les évêques, sont très-mal contents de ce qu'on vient de faire pour les nouveaux convertis.

Je voudrois bien que le roi fît son devoir samedi sur les pauvres. Est-ce aujourd'hui ? Dieu veuille l'inspirer.

1. *Autographe* du cabinet de M. de Cambacérès.
2. Il sera question de cette dame dans les années suivantes.

Je souffre sur la duchesse de Guiche¹ et ne perdrai pas une occasion de parler pour elle. J'ai appris par M. le duc de Beauvilliers que le roi ne vouloit pas qu'on sût la pension qu'il vient de donner à ses frères.

J'ai envoyé à M. le chancelier, comme vous me l'avez ordonné; il accordera le privilége et presse pour qu'on en profite au plus tôt. Il me le manda hier quand j'envoyois savoir de ses nouvelles.

LETTRE II

A M. LE CARDINAL DE BOUILLON².

3 février 1698.

J'ai reçu, monseigneur, trois lettres de vous sans y répondre, ne voulant point traiter la matière présente³. Il vaut mieux vous le dire simplement que de chercher de fausses excuses. Du reste, monseigneur, je suis très-persuadée que votre esprit est grand, que votre cœur est bon, et que vous ferez dans chaque occasion tout ce qu'il y aura à faire de mieux. Je ne mérite pas, monseigneur, les louanges que vous me donnez, mais je ne suis point indigne de la bonté dont Votre Éminence m'honore, étant bien sincère-

---

1. Cette fille aînée du maréchal de Noailles « avoit infiniment d'esprit, du souple, du complaisant, de l'amusant, du bouffon même, mais tout cela sans se prodiguer, du sérieux, du solide, raffolée de M. de Cambrai, de madame Guyon, de leur doctrine et de tout le petit troupeau. » (Saint-Simon, t. VIII, p. 52.)

2. *Autographe* appartenant à M. Feuillet de Conches.

3. Le quiétisme. Le cardinal était ambassadeur à Rome et il y soutenait M. de Cambrai.

ment et bien respectueusement votre très-humble et très-obéissante servante.

LETTRE III

LE DUC DE LORRAINE A MADAME DE MAINTENON [1].

A Vienne, le 8 février 1698.

Madame,

Je ne puis apprendre le bon accueil que vous avez fait au comte de Couvonges ni les amitiés que vous lui avez témoignées pour moi, sans vous en marquer ma reconnoissance et vous demander la continuation de vos bons offices auprès du roi pour une maison accablée de douleur et d'affliction [2]. Ne doutant pas, madame, qu'après avoir contribué à la grâce que Sa Majesté veut me faire de m'honorer de son alliance, vous ne contribuiez aussi, par cette grandeur d'âme qui vous est naturelle, à me faire sentir les effets de sa générosité et de sa bienveillance, puisque vous ne pouvez trouver d'occasions, madame, plus dignes de votre vertu qu'en soutenant les intérêts d'un prince qui vous honore infiniment et qui tâchera de mériter la protection qu'il vous demande, comme le comte de Couvonges vous le dira de ma part, en vous assurant de la passion avec laquelle je suis, madame, votre très-humble et très-obéissant serviteur.

LÉOPOLD, DUC DE LORRAINE.

1. *Autographe* de la bibliothèque du Louvre. Ms F. 328.
2. A cause de la mort de la duchesse douairière.

LETTRE IV

RACINE A MADAME DE MAINTENON [1].

13 février 1698.

Madame, j'avois pris le parti de vous écrire au sujet de la taxe qui a si fort dérangé mes petites affaires [2]; mais n'étant pas content de ma lettre, j'avois simplement dressé un mémoire dans le dessein de vous faire supplier de le présenter à Sa Majesté. M. le maréchal de Noailles s'offrit généreusement de vous le remettre entre les mains, et n'ayant pu trouver l'occasion de vous parler, le donna à M. l'archevêque, qui peut vous dire si je lui en avois ouvert la bouche et si, depuis deux mois, j'avois eu même l'honneur de le voir [3].

Voilà, madame, tout naturellement comment je me suis conduit dans cette affaire, mais j'apprends que j'en ai une autre bien plus terrible sur les bras.

Je vous avoue que, lorsque je faisois tant chanter dans *Esther : Rois, chassez la calomnie*, je ne m'attendois guère que je serois moi-même un jour attaqué par la calomnie. On veut me faire passer pour un homme de cabale et rebelle à l'Église.

Ayez la bonté de vous souvenir, madame, combien

---

1. *OEuvres de Racine*, t. V.
2. Après la paix de Ryswick, le roi, pour rétablir ses finances, mit des taxes considérables sur tous les titulaires de charges de finances. Racine avait celle de trésorier de France à Moulins, et fut taxé à 10,000 liv.
3. Racine se disculpe d'avoir vu l'archevêque à cause des opinions jansénistes qu'on attribuait à lui-même, ainsi qu'à ce prélat.

de fois vous avez dit que la meilleure qualité que vous trouviez en moi, c'étoit une soumission d'enfant pour tout ce que l'Église croit et ordonne même dans les plus petites choses. J'ai fait par votre ordre plus de trois mille vers sur des sujets de piété; j'y ai parlé assurément de toute l'abondance de mon cœur et j'y ai mis tous les sentiments dont j'étois le plus rempli. Vous est-il jamais revenu qu'on y eut trouvé un seul endroit qui approchât de l'erreur?

Pour la cabale qui est-ce qui n'en peut être accusé, si on accuse un homme aussi dévoué au roi que je le suis, un homme qui passe sa vie à penser au roi, à s'informer des grandes actions du roi, et à inspirer aux autres les sentiments d'amour et d'admiration qu'il a pour le roi? J'ose dire que les plus grands seigneurs m'ont bien plus recherché que je ne les recherchois moi-même; mais dans quelque compagnie que je me suis trouvé, Dieu m'a fait la grâce de ne rougir jamais ni du roi ni de l'Évangile. Il y a des témoins encore vivants qui pourroient vous dire avec quel zèle on m'a vu souvent combattre de petits chagrins qui naissent dans l'esprit de gens que le roi a le plus comblés de ses grâces. Eh quoi! madame, avec quelle conscience pourrai-je déposer à la postérité que ce grand prince n'admettoit point les faux rapports contre les personnes qui lui étoient le plus inconnues, s'il faut que je fasse moi-même une si triste expérience du contraire?

Mais je sais ce qui a pu donner lieu à une accusation si injuste. J'ai une tante qui est supérieure de Port-Royal, et à laquelle je crois avoir des obligations infinies; c'est elle qui m'apprit à connoître Dieu dès mon enfance; et c'est elle aussi dont Dieu s'est servi pour me tirer des égarements et des misères où j'ai été engagé pendant quinze années de ma vie. Elle a eu recours à moi... Pouvois-je, sans être le dernier des hommes, lui refuser mes petits secours dans cette nécessité? Mais à qui est-ce, madame, que je m'adressai pour la secourir? J'allai trouver le père de La Chaise et je lui représentai tout ce que je connoissois de l'état de cette maison. Je n'ose pas croire que je l'aie persuadé; mais il me parut très-content de ma franchise, et m'assura, en m'embrassant, qu'il seroit toute sa vie mon serviteur et mon ami.

Je vous puis protester devant Dieu que je ne connois ni ne fréquente aucun homme qui soit suspect de la moindre nouveauté. Je passe ma vie le plus retiré que je puis dans ma famille; et ne suis, pour ainsi dire, dans le monde que lorsque je suis à Marly. Je vous assure, madame, que l'état où je me trouve est très-digne de la compassion que je vous ai toujours vue pour les malheureux. Je suis privé de l'honneur de vous voir; je n'ose presque plus compter sur votre protection, qui est pourtant la seule que j'aie tâché de mériter. Je cherchois du moins ma consolation dans mon travail; mais jugez quelle amertume doit jeter sur le travail la pensée que ce même grand prince dont je suis continuellement occupé me regarde peut-être comme un homme plus digne de sa colère que de ses bontés. Je suis, etc.

APPENDICE A LA LETTRE IV.

Cette lettre, à ce qu'il semble, suffit pour justifier Racine, car quelques jours après il alla à Versailles pour demander à être du prochain voyage de Marly, et le roi lui accorda cette faveur. Dans l'opinion de madame de Maintenon, il resta comme auparavant entaché de jansénisme, mais il n'en éprouva aucun chagrin, aucune disgrâce, et il continua à jouir des bontés, même de la familiarité du roi : il avait un appartement dans le château de Versailles, il était souvent des voyages de Marly, il fut du voyage de Compiègne, etc.; enfin un an après, étant tombé malade de la maladie dont il mourut, « le roi, dit Dangeau, paroît affligé de l'état où il est, et s'en informe avec beaucoup de bonté. »

Voici maintenant le conte que fait Saint-Simon sur la disgrâce de Racine, et qui est devenu populaire : « Sur la fin de ses jours, une distraction énorme le perdit, et il n'y put survivre. Le roi, l'entretenant en tiers avec madame de Maintenon sur son *Athalie*, tourna la conversation sur le théâtre en général, et lui demanda les nouvelles de celui de Paris, et pourquoi il entendoit dire que la comédie était si fort tombée à Paris ? « C'est, répondit Racine, le mauvais goût du siècle qui décourage les auteurs. Depuis qu'ils se sont avisés de remettre sur le théâtre les mauvaises comédies de Scarron, où il n'y a que du burlesque et du bas comique, tout y court, et cela a fait tomber les autres par une dépravation dont à la fin on reviendra. » Il est aisé de voir l'étonnement et l'embarras des deux remariés au nom de ce premier mari. Leur visage, et plutôt encore leur silence subit et profond tira Râcine de sa distraction pour le jeter dans un état plus aisé à comprendre qu'à décrire. Un moment après il fut congédié, et oncques depuis ne put-il approcher ni l'un ni l'autre, ni en avoir une parole. De remède à cela aucun, ni d'excuse encore moins. Il espéra du temps, des absences et des retours. Tout fut inutile : le désespoir le jeta dans une mélancolie qui se tourna en jaunisse, dont il mourut à Versailles, d'où il se fit porter à Port-Royal des Champs. »

« Il suffit, disent les éditeurs du *Journal de Dangeau*, pour prouver la fausseté de cette addition, de se reporter à ce *Journal*, à la date du 14 février 1688. Il y est dit qu'on joua à Versailles devant toute la cour, devant le roi, devant madame la Dauphine, *Jodelet maitre et valet*; or cette comédie est de Scarron. Comment supposer que Louis XIV, qui, trois ans après son mariage avec la veuve de Scarron, laissoit jouer sur le théâtre de son palais de Versailles, devant lui et devant toute la cour, une comédie de Scarron; comment supposer que Louis XIV eût disgracié Racine parce qu'il aurait prononcé devant lui le nom de Scarron, à la représentation des pièces duquel il assistoit en personne, accompagné de la Dauphine, et peut-être de madame de Maintenon? » (T. VII, p. 47.)

LETTRE V.

L'ÉVÊQUE DE CHARTRES A MADAME DE MAINTENON[1].

Février 1698.

Dieu demande de vous une grande patience; j'ai fortement dans l'idée qu'il veut faire quelque chose de grand par vous; tout ce que je vois est contre l'ordre naturel des choses. Rien n'arrive ici par hasard, un seul cheveu ne tombe pas de notre tête sans l'ordre de notre Père céleste; le Seigneur vous conduira, rien ne vous manquera. Votre état est donc de lui, votre état n'est point médiocre, et j'ai plus d'espérance que jamais de voir vos désirs accomplis. Vous ne connoissez pas l'avantage de la souffrance : c'est un temps de nuages et d'obscurités, la foi doit vous

---

1. *Manuscrits des Dames de Saint-Cyr.*

y conduire, et la confiance en Dieu doit vous rendre inébranlable. Votre amour pour Dieu, et toutes les vertus les plus éminentes qui sont les compagnes de la charité, croîtront à proportion de l'épreuve et de la souffrance.

Tout ce que je vois aujourd'hui en vous me démontre la main invisible du Tout-Puissant qui vous conduit. Pourquoi vous à la cour au faîte où vous êtes? Pourquoi tant de dégoût du monde et tant de goût pour Dieu? Pourquoi tant de désirs d'une vie parfaitement chrétienne? Pourquoi le prince amusé innocemment, et comme lié par la main de Dieu? C'est qu'il le veut hors des piéges du diable; il veut le dépendre, et ensuite le sanctifier; il le lie et il vous lie, car c'est par vous qu'il le veut sauver; si vous lui échappiez, son dessein ne s'accompliroit pas; la contrainte est donc dans l'ordre de Dieu; les jours paroissent vides aujourd'hui, pour en fournir à l'avenir de remplis; quoiqu'il y ait, ce me semble, tant de choses à faire, il faut aujourd'hui ne rien faire, pour attendre le temps de tout faire [1].

C'est beaucoup que ses liens d'iniquité soient rompus, et qu'il en soit délivré. Votre chambre est son asile, Dieu l'y conduit hors des piéges du siècle; sans cela, hélas! où peut-être ne seroit-il pas pris, puisque tout est rempli de piéges? C'est beaucoup qu'il s'accoutume à ne plus donner les jours de la vie

---

1. Madame de Maintenon, dans sa correspondance avec M. de Noailles, expose jour par jour sa conduite, ses desseins, son but à l'égard du roi; nous voyons que tout cela était conforme aux conseils et aux prescriptions de l'évêque de Chartres.

à la malignité du siècle, c'est déjà les racheter dans un sens, et l'on peut espérer qu'il sera conduit jusqu'à les remplir de bonnes œuvres.

O profondeur des trésors de la sagesse et de la science! Que ses jugements sont incompréhensibles, et ses voies impénétrables! Car qui a connu les desseins de Dieu? ou qui est entré dans le secret de ses conseils? Tout est de lui, tout est par lui. Ayez donc, madame, plus que jamais une singulière dévotion pour adorer la divine providence de Dieu, vous y confier et vous y soumettre aveuglément; il ne fera rien que pour votre salut et pour sa gloire. Offrez-vous à Dieu dans toutes vos peines, et offrez-les pour le roi et son État. Joignez à la patience la douceur, l'humilité et l'esprit de pénitence; considérez les exemples de Job, de Tobie et de tous les saints que Dieu a purifiés par la patience; imitez leur égalité et leur constance.

Il est dit de Tobie que Dieu lui a donné grâce devant Salmanazar, roi infidèle, et par là il fut en liberté d'assister les enfants d'Israël, parce qu'il se souvint de Dieu de tout son cœur. Dieu vous veut dans l'esclavage, quoique vous soyez née libre, afin que vous retiriez du véritable esclavage, qui est celui du péché, la personne que vous aimez le plus.

Je suis bien content de votre amour pour Dieu, de votre zèle pour les bonnes œuvres, de votre crainte d'offenser Dieu, de la haine que vous avez pour le monde, de votre détachement de la vie, de votre joie au souvenir de la mort et de l'éternité. Faites vos efforts pour avancer dans la patience; les mortifications de votre état, et les ennuis vous tiendront lieu de pénitence. Je vous demanderai, à mon premier voyage, compte du progrès que vous aurez fait dans cette vertu.

LETTRE VI[1]

A M. L'ÉVÊQUE DE CHALONS[2], A CHALONS.

Versailles, le 25 février 1698.

Monsieur,

Quoique le roi ait tâché de réparer par ses bienfaits ce qui d'ailleurs manque à ma nièce, je suis très-persuadée que tout l'honneur et l'avantage de cette affaire est pour moi et que je mériterois plus des compliments que des remerciments[3]. Je trouve, monsieur, dans votre maison, tout ce que je pouvois désirer, mais la vertu qui y règne est, grâce à Dieu, ce qui me touche le plus. Vous savez la part que vous y avez et combien je vous ai honoré même avant

---

1. *Autographe* du cabinet de M. de Cambacérès.
2. Frère de l'archevêque de Paris.
3. Le projet de mariage de mademoiselle d'Aubigné avec le comte d'Ayen fut déclaré le 12 mars. « Madame de Maintenon se mit sur son lit pour en recevoir les compliments. Le roi donne à mademoiselle d'Aubigné 800,000 liv.; savoir : 500,000 liv. sur la maison de ville, et 100,000 en argent comptant et pour 100,000 de pierreries. Madame de Maintenon lui assure, après sa mort, 200,000 écus de biens. Outre cela, le roi donne au comte d'Ayen les survivances du gouvernement de Roussillon qu'a le duc de Noailles et du gouvernement de Berry qu'a M. d'Aubigné. Le gouvernement de Roussillon vaut 38,000 liv. de rente et celui de Berry en vaut 30,000. Madame la comtesse d'Ayen sera dame du palais. » (Dangeau, t. VI, p. 310.)

d'être connue de vous et de vous connoître. Je vous demande pour ma nièce votre bénédiction, vos prières, vos bontés, quand elle aura l'honneur d'être la vôtre, et d'être bien persuadé du respect avec lequel je suis, etc.

LETTRE VII

A MADAME LA COMTESSE DE CAYLUS [1].

Ce 16 février 1698.

Il est vrai, ma chère nièce, que j'eus une grande joie de vous croire heureusement accouchée d'un garçon ; celui qui m'en apporta la nouvelle me la laissa goûter sans aucun trouble, et ce ne fut que quelques jours après que j'appris que vous aviez été très-mal, et qu'il vous restoit de mauvaises suites de cet accouchement.

Je n'ai pas parlé à M. Delpech, parce que je ne l'ai pas vu ; il est malade depuis longtemps ; je lui écrirai si vous le voulez. Je n'ai pas eu deux jours de suite de santé depuis cinq ou six mois ; la migraine, le rhumatisme et d'autres maux que Voiture appelle des raisons fondamentales me font mener une vie assez languissante ; mais il est temps de languir, et c'est beaucoup pour moi de vivre encore.

Je me souviens bien du rendez-vous que je vous ai donné. Madame la duchesse de Bourgogne désire que vous ameniez votre aimable enfant.

Adieu, ma chère nièce, je vous souhaite tout ce

---

1. *Autographe* de la Bibliothèque impériale.

que je crois de bon, et ce que je souhaite pour moi-même.

LETTRE VIII

A M. L'ARCHEVÊQUE DE PARIS[1].

13 mars 1698.

Je me presse de vous renvoyer votre ouvrage, monseigneur, dont je suis parfaitement contente. J'ai peine à connoître les différents auteurs, parce qu'il y a des traits dans les deux qui vous ressemblent. Je n'y vois rien de sévère, mais les traîtres embarquent avant de se découvrir. Il faut laisser du papier blanc pour d'autres raisons; ainsi le petit livre sera comme vous le voudrez; on le mettra dans la poche.

20 mars.

Je vous envoie l'original de toutes les réponses à la consultation que je fis il y a quatre ans[2]; la vôtre n'est pas datée, mais elle est du même temps que les autres; celle qui n'est pas signée est du père Bourdaloue. Je vous supplie, monseigneur, de me rendre tous ces originaux la première fois que j'aurai l'honneur de vous voir et de dater votre réponse, si vous le jugez à propos.

1. *Autographe* du cabinet de M. de Cambacérès.
2. La consultation qu'elle fit, en 1694, sur les livres de madame Guyon. (Voir t. III, p. 406.) Nous n'avons donné que la lettre écrite par madame de Maintenon à M. de Noailles, alors évêque de Châlons, et la réponse de celui-ci.

LETTRE IX (La B.)

A MADAME DE SAINT-GÉRAN [1].

A Versailles, ce 4 mars 1698.

J'établis ma nièce ; la chose est faite ; ainsi dépêchez-vous ; il me faut vite un compliment [2]. Il en coûte à mon frère cent mille francs, à moi ma terre [3], au roi huit cent mille livres ; vous voyez que la gradation est assez bien observée. M. le duc de Noailles donne à son fils vingt mille livres de rente, et lui en assure le double après sa mort. Le roi, qui ne sait pas faire les choses à demi, donne à M. d'Ayen la survivance des gouvernements de son père. Voilà une belle alliance : le maréchal en mourra de joie ; son fils est sage ; il aime le roi et en est aimé ; il craint Dieu et il en sera béni ; il a un beau régiment, et on y joindra des pensions ; il aime son métier, et il s'y distinguera. Enfin, je suis fort contente de cette affaire. Quand mademoiselle d'Aubigné naquit, je ne prévis pas tant de bonheur. Elle est bien élevée ; elle a plus de prudence qu'on n'en a à son âge ; elle a de la piété ; elle est riche ; trouvez-vous que madame de Noailles fasse un mauvais marché ? Je crois qu'on est fort content de part et d'au-

---

1. Cette lettre ne se trouve que dans la collection de La Beaumelle (édit. de Nancy, t. II, p. 80 ; édit. d'Amsterdam, t. II, p. 150). Louis Racine l'annote : *m'est inconnue*. Au style seul on en reconnaît la fausseté. D'ailleurs, je répète que madame de Maintenon n'écrivait pas à madame de Saint-Géran, disgraciée et exilée ; nous allons même la voir parler de son retour à la cour avec une sorte de moquerie ou d'indifférence.

2. Quel ton !

3. Dans l'édit. de Nancy, La Beaumelle dit : « A moi 200,000 écus, au roi un million. »

tre, et qu'on s'avoue en secret qu'on l'auroit été à moins. Adieu, ma chère comtesse ; vous voyez bien que je n'ai pas le temps d'écrire de longues lettres, ou du moins qu'il ne convient pas que je paroisse l'avoir.

LETTRE X

A MADAME LA COMTESSE DE CAYLUS [1].

A Saint-Cyr, ce 14 mars 1698.

Je suis trop persuadée de l'amitié que vous avez pour moi, pour douter de la part que vous prenez au mariage de votre cousine ; elle ira vous remercier au premier voyage à Paris, et vous dira la tendresse que j'ai pour vous ; c'est avec une grande joie, ma chère nièce, que j'ai recommandé ce mariage à vos prières [2].

LETTRE XI

A M. L'ARCHEVÊQUE DE PARIS [3].

1er avril 1698.

Il y a trois traités dans ce petit livre, tous trois

---

1. *Autographe* du cabinet de M. Feuillet de Conches.
2. Le mariage se fit le 1er avril. « Madame la duchesse de Bourgogne y fut toujours et en voulut faire les honneurs. Le soir on soupa chez madame de Maintenon... Après le souper, on coucha les mariés. Le roi donna la chemise au comte d'Ayen. Madame la duchesse de Bourgogne la donna à madame la comtesse d'Ayen. Le roi, en tirant le rideau des mariés, dit qu'il leur donnoit à chacun 8,000 fr. de pension ; c'est par-dessus tout ce qu'il leur a donné et afin que présentement ils jouissent de plus de 80,000 liv. de rente. » (Dangeau, VI, 322.)
3. *Autographe* du cabinet de M. de Cambacérès.

de M. de Cambrai : le premier et le dernier ont été faits à ma prière ; le second, de la *tristesse et de la dissipation*, a été fait, je crois, pour madame de Chevreuse ; au moins c'est d'elle que je le tiens. Ces dames m'ont écrit. Je suis embarrassée avec elles, et je suis incapable de dissimulation. Elles sauront combien vous m'avez parlé et écrit en leur faveur.

LETTRE XII

A M. L'ARCHEVÊQUE DE PARIS[1].

Le 3 avril 1698.

Les pensions étaient dans le projet de notre mariage[2], comme le reste, mais comme elles ne devoient point entrer dans le contrat, on n'en avoit point parlé. Nos jeunes gens jouiront de quatre-vingt mille livres de rentes : Dieu veuille qu'ils en fassent un bon usage ! Souvenez-vous, monseigneur, de la part que vous avez à mon choix, et mêlez-vous de donner vos conseils pour que les pauvres et les bonnes œuvres aient quelque part à la dépense.

Je suis ravie de vous voir content de ma nièce, que je vous conjure de nommer toujours la vôtre. Elle est véritablement modeste ; elle craint Dieu, elle respecte ses ministres. Je vous charge, monseigneur, d'empêcher qu'on ne la gâte par trop de caresses, par trop d'ajustement, par trop de plaisirs,

---

1. *Autographe* du cabinet de M. de Cambacérès.
2. Voir la note 2 de la page précédente.

par trop de magnificence, et par tout ce reste qui est si dangereux.

J'ai montré au roi ce que vous m'avez renvoyé; il me dit que M. de Pontchartrain en avoit eu autant de M. d'Argenson. Au reste, monseigneur, je vous avertis qu'il n'y a rien de si galant que ce que vous me mandez sur sainte Françoise : je n'aurois jamais osé vous donner mon portrait. Mais pour parler plus sérieusement, faites, par vos prières et par vos conseils, que je sois véritablement sainte comme celle dont on a pris l'habit pour me peindre[1]. Gardez toujours le saint François pour l'amour de moi; ne prétendez pas que toute la noce finisse sans que j'aie l'honneur et le plaisir de dîner avec vous. Préparez-vous à cette complaisance.

LETTRE XIII

A M. L'ÉVÊQUE DE MEAUX[2].

3 avril 1698.

J'ai été si occupée depuis quelques jours, monsieur, que je n'ai pu répondre à votre lettre du 29 et à celle de votre neveu. Il est si visible, monsieur, qu'il est innocent, et le roi en est si persuadé, qu'il ne juge point à propos d'en faire une plus grande perquisition. Mettez-le donc en repos là-dessus le plus

---

1. Madame de Maintenon veut parler du tableau de Mignard où elle est peinte en sainte Françoise : il est probable que M. de Noailles lui en demandait une copie.

2. Copié sur l'autographe appartenant à la collection de madame Hales (Cantorbéry).

tôt qu'il vous sera possible, car je comprends parfaitement son inquiétude, et l'estime du roi est trop précieuse pour n'être pas alarmé d'une calomnie qui la feroit perdre, si on y ajoutoit foi. Cependant M. votre neveu doit se confier dans la vérité, qui a une force qui l'emporte, surtout si on veut avoir un peu de patience. C'est cette même confiance que j'ai aussi dans la vérité qui me fait espérer que la décision de Rome sera pour la gloire de Dieu et l'avantage de l'Église. Vous n'en avez jamais douté, monsieur, et m'avez souvent rassurée. Je suis avec tout le respect que je dois, votre très-humble et très-obéissante servante.

LETTRE XIV

A M. LE DUC DE SAVOIE [1].

A Versailles, 13 avril 1698.

Jusqu'ici j'ai regardé les lettres dont Votre Altesse Royale m'a honorée comme des effets de la tendresse qu'elle a pour madame la duchesse de Bourgogne, dont je profitois d'une manière bien glorieuse pour moi; mais Votre Altesse Royale peut juger combien je suis sensible à l'honneur qu'elle a bien voulu me faire, en m'écrivant sur mes intérêts particuliers [2]. Je le regarde comme une approbation pour ce que le roi a fait dans cette occasion, et que j'ai plus désiré pour la maison de Noailles que pour

1. *Autographe* du cabinet de M. Feuillet de Conches.
2. C'est-à-dire sur le mariage de mademoiselle d'Aubigné.

ma nièce. Je serois au comble de mes désirs si, par l'alliance qu'elle a présentement avec M. le comte d'Estrées[1], je pouvois être bonne à un homme que Votre Altesse Royale considère, et faire quelque chose qui pût vous être agréable.

Il faut, pour que ma lettre le soit à Votre Altesse Royale, lui dire que madame la duchesse de Bourgogne ne se dément point, et que nos espérances sur son mérite se fortifient tous les jours. Je suis avec un profond respect, de Votre Altesse Royale, la très-humble et très-obéissante servante.

LETTRE XV

A M. DE VILLETTE[2].

24 avril 1698.

MM. de Chamillard, Lemoine[3] Bigodet et vous, m'avez bien fait savoir que votre accommodement étoit fait; mais pas un ne m'en apprenoit les conditions. Enfin je les ai reçues aujourd'hui; vous avez beaucoup pris sur vous pour la paix; et c'est le parti des plus sages. Je souhaite de tout mon cœur que vous le soyez assez pour réduire votre dépense au projet de recette que vous avez fait, et que par là vous épargniez quelque chose pour vos deux Sophie[4], qui ne doivent pas souffrir de leur désintéressement.

1. Nous avons vu que le comte d'Estrées avait épousé l'une des filles du maréchal de Noailles.
2. *Manuscrits de mademoiselle d'Aumale.*
3. Beau-père du jeune de Mursay.
4. C'est-à-dire sa seconde femme et sa fille.

On m'a dit que N..... va passer l'été à Paris, cela sera bon pour elle, et ne le sera pas pour la grande Sophie. Vous vous préparez des déplaisirs, et, quelque bonne opinion que l'on puisse avoir d'une personne, on ne doit pas l'exposer à la tentation. N.... est très-dangereuse, parce qu'elle est très-aimable, douce, insinuante, spirituelle, et toute faite pour persuader; Dieu sait si je suis prévenue contre elle; mais vous n'avez que trop vu que je la connoissois mieux que vous. Je vous aime, et madame de Villette aussi. Je suis vieille et prévoyante, je vous dois la vérité, je vous la dis, et je crois que vous ferez un grand tort à madame votre femme de la faufiler avec N.... Je vous en parle pour la dernière fois.

Je ne puis vous dire ce que je sentis à la dernière visite que vous m'avez faite; l'état où vous étiez me toucha si tendrement que je fus bien prête de faire comme vous.

Je vous embrasse tous deux et la petite « qui ne se soucie pas d'avoir des terres [1]. »

LETTRE XVI

A M. L'ARCHEVÊQUE DE PARIS [2].

28 avril 1698.

M. le maréchal de Noailles me manda hier d'écrire à M. de Pontchartrain pour le presser de

---

1. C'était un mot que l'enfant avait dit au milieu de discussions d'intérêt.
2. *Autographe* du cabinet de M. de Cambacérès.

donner les premiers cent mille écus de la comtesse d'Ayen. Je le fis sur-le-champ, et on me répondit qu'on ne tardoit que pour voir un emploi, mais que si je donnois un contre-ordre, on les alloit donner incontinent. Je ne donnerai point de contre-ordre, mais souvenez-vous, monseigneur, que les intérêts de votre nièce sont entre vos mains : ils seroient mal entre les miennes; et c'est pour cela que je vous ai supplié de vous en charger.

LETTRE XVII

A M. L'ARCHEVÊQUE DE PARIS[1].

6 mai 1698.

Je verrai madame l'ambassadrice d'Angleterre vendredi chez M. de Pontchartrain. Il ne faut pas, monseigneur, que votre entremise soit inutile.

Dieu veuille achever ce qu'il commence dans mon frère[2].

M. de Luçon était un saint évêque, nous verrons si le roi voudra y mettre[3] l'abbé d'Aubigny[4].

1. *Autographe* du cabinet de M. de Cambacérès.
2. On lit dans le *Journal de Dangeau* à la date du 23 novembre 1697 : « M. le comte d'Aubigny, frère de madame de Maintenon, se retire par dévotion dans une maison à Paris qui est gouvernée par M. Doyen ; il se défait de tout son équipage. Madame d'Aubigny, sa femme, se retire de son côté chez une de ses parentes, et son mari lui donne 2,000 écus de pension. » Nous verrons plus loin ce que Saint-Simon dit de cette retraite.
3. C'est-à-dire à l'évêché de Luçon.
4. L'abbé de Tigny d'Aubigny, qui fut depuis évêque de Noyon et archevêque de Rouen.

Je ne suis pas fâchée, monseigneur, que vous ayez des secrets avec le roi, mais j'aurois appris sans beaucoup de peine ce que vous lui aviez confié. Il est bien juste d'avoir les dégoûts de la faveur quand on en a les honneurs.

LETTRE XVIII

A M. L'ARCHEVÊQUE DE PARIS [1].

A Saint-Cyr, le 24 mai 1698.

Souffrez, monseigneur, que je vous remercie très-humblement de la manière obligeante dont je fus hier reçue chez vous. Je n'ai plus à désirer qu'un peu plus de liberté, et que je n'y fusse jamais regardée comme étrangère. Quelque opinion que j'ai toujours eue du bonheur de la comtesse d'Ayen, j'avoue que je le trouve encore plus grand que je ne l'avois prévu, et que je désirerois ardemment qu'elle en fût un peu digne. Elle a des défauts que je n'ose confier à son mari, de peur de le dégoûter d'elle. Il s'en faut beaucoup que son esprit soit formé; elle auroit besoin d'avis continuels; et je vous supplie, monseigneur, de porter la duchesse de Guiche à prendre un peu soin d'elle. Je............

1. *Autographe* du cabinet de M. le duc de Cambacérès.

LETTRE XIX

LE DUC DE LORRAINE A MADAME DE MAINTENON[1].

Lunéville, le 7 juin 1698.

Madame,

L'impatience où je suis de voir conclure mon mariage m'oblige de renvoyer le comte de Couvonges à Paris, pour y terminer tout ce qu'il plaira au roi de régler en ma faveur, espérant de la bonté de Sa Majesté qu'elle me fera ressentir en ce rencontre les effets de sa générosité et de sa bienveillance; surtout, madame, si je suis appuyé de l'honneur de votre protection, comme je m'en flatte, puisque votre vertu ne peut avoir de plus belles occasions que de soutenir les intérêts d'un prince qui vous honore infiniment, et qui sera toute sa vie, avec une reconnoissance parfaite, madame, votre très-humble et très-obéissant serviteur,

LÉOPOLD, DUC DE LORRAINE[2].

LETTRE XX

A M. L'ARCHEVÊQUE DE PARIS[3].

A Marly, ce 25 juin 1698.

Le mauvais temps nous empêche de vous voir à Marly, monseigneur, mais je suis assurée que vous

1. *Autographe* de la bibliothèque du Louvre.
2. Le mariage du duc de Lorraine fut célébré à Fontainebleau le 13 septembre 1698. Voir le *Journal de Dangeau*, t. VI, p. 446.
3. *Autographe* du cabinet de M. de Cambacérès.

trouverez fort bon qu'il m'afflige par d'autres endroits. Le roi m'a dit que vous faisiez faire des prières. Dieu n'en voudroit-il point de publiques? Tout est à craindre de ces pluies continuelles.

Avez-vous pensé aux Ursulines de Saint-Jacques, monseigneur? Voici une lettre de ma sœur Marie-Constance. Les filles de la Visitation n'ont pas payé les *autrefois* (*sic*). M. l'archevêque de Reims doit être bien content. Je vous en dirai lundi davantage. J'ai une lettre de M. le cardinal de Bouillon, qui me charge de son raccommodement.

LETTRE XXI

NOTE PRÉLIMINAIRE

Le roi, las de l'opiniâtreté de M. de Cambray à soutenir le quiétisme, et des lenteurs de la cour de Rome à condamner son livre, s'était décidé à sévir hautement contre les amis et les adhérents du prélat. « Le matin avant le conseil, dit le *Journal de Dangeau*, à la date du 2 juin, le roi fut assez longtemps enfermé avec M. de Beauvilliers, et le soir on sut que Sa Majesté avoit chassé de sa cour MM. les abbés de Langeron et de Beaumont, MM. Dupuy et de l'Échelle. L'abbé de Langeron était lecteur, l'abbé de Beaumont sous-précepteur, MM. Dupuy et de l'Échelle gentilshommes de la manche de monseigneur le duc de Bourgogne. On accuse ces messieurs d'être fort attachés aux nouvelles opinions. L'abbé de Beaumont est neveu de M. l'archevêque de Cambrai. Le roi en même temps a cassé Fénelon, exempt de ses gardes, qui est frère de M. de Cambrai. » (T. VI, p. 356.) Saint-Simon prétend que MM. de Beauvilliers et de Chevreuse furent sur le point d'être disgrâciés, que madame de Maintenon vouloit mettre à leur place MM. de Noailles, mais que ce dessein manqua par l'opposition de l'archevêque de Paris (Voir t. III, p. 182); il n'y a pas trace de cela dans les écrits du temps; la cause première de ce bruit, madame Guyon, fut mise à la Bastille.

Pendant ce temps M. de Meaux se préparait à écraser Fénelon, comme il le disait lui-même, avec *une meule de moulin*. Le 26 juin il vint à Marly, et présenta au roi son livre intitulé : *Relation du Quiétisme*, dans lequel il jette le plus parfait ridicule sur madame Guyon, ses opinions et ses adhérents. « C'est une forte condamnation, dit Dangeau, de tout le procédé de M. de Cambrai dans cette affaire. M. de Meaux donna ce livre à beaucoup de courtisans qui sont ici ; le roi en parla à sa promenade, et dit qu'il n'y avoit pas un mot dans ce livre qui ne fût vrai... » Nous allons voir comme en parle madame de Maintenon.

Quant à la part qu'elle eut à la colère du roi, elle ne dit pas tout dans cette lettre, et les *Notes* des Dames de Saint-Cyr nous apprennent qu'il ne la ménagea pas sur son amitié aveugle pour Fénelon : il la blâma vivement « de lui avoir fait nommer évêque un homme qui pouvoit former dans sa cour un grand parti ; » il douta d'elle, et ses reproches furent « si amers, dit Languet de Gergy, qu'elle avoua n'avoir jamais été si près de la disgrâce. » Ce fut le seul nuage qui troubla cette union de trente ans ; mais il fut assez fort pour que madame de Maintenon en tombât malade. Louis XIV se radoucit, et un jour qu'il la trouvait pleurant dans son lit, il lui dit tendrement : «Eh bien! madame, faudra-t-il que nous vous voyions mourir pour cette affaire-là ? »

Je renvoie pour dernière explication de cette triste affaire du quiétisme à la note de la page 163.

A M. L'ARCHEVÊQUE DE PARIS[1].

29 juin 1698.

Je ne sais, monseigneur, si je pourrai finir cette lettre ; mais je sais bien que voici le premier moment

---

1. *Autographe* du cabinet de M. de Cambacérès.

que j'ai eu libre pour la commencer. Tout ce que dit M. le duc de Beauvilliers ne suffit pas; mais je crois qu'il faut attendre qu'il plaise à Dieu de l'éclairer. On assure que les dames veulent revenir.

Le livre de M. de Meaux fait un grand fracas ici; on ne parle d'autre chose; les faits sont à la portée de tout le monde; les folies de madame Guyon divertissent; le livre est court [1]; tout le monde le lit.

Je ne doute point, monseigneur, que M. le duc de Beauvilliers ne soit fâché de me perdre. Mon amitié pour lui étoit très-sincère : je crois qu'il en avoit pour moi.

Le manuscrit contre vous est entre les mains de M. l'évêque de Chartres; je l'ai prié, monseigneur, de vous l'envoyer.

J'ai été très-contente de madame la duchesse de Guiche; elle m'a paru moins femme que je ne l'avois cru; je ferai de mon mieux pour elle. Ne compte-t-elle pas venir à Compiègne [2] ? Toute la famille y sera.

Le livre de M. de Meaux réveille la colère du roi sur ce que nous l'avons laissé faire archevêque. Il m'en fait de grands reproches. Il faut que toute la peine de cette affaire tombe sur moi. Bonsoir, monseigneur. Conservez-vous, je vous en supplie, et accordez à nos prières ce que vous auriez fait par complaisance pour madame la duchesse de Noailles.

1. La Beaumelle ajoute : « Vif et bien fait. On se le prête, on se l'arrache, on le dévore. »
2. Au fameux camp dont on s'occupait déjà.

LETTRE XXII

LE ROI A MADAME DE MAINTENON[1].

Ce 2 juillet 1698.

Je crois que je pourrai aller à complies à Saint-Cyr, si vous l'approuvez, et revenir après avec vous en nous promenant. On pourroit aujourd'hui, qui est une fête de la Sainte-Vierge, dire les litanies qui allongeroient un peu les prières. Au cas que vous approuviez ma pensée, vous ferez trouver quelques dames pour revenir avec nous, et me manderez en réponse de ce billet votre volonté, afin que je m'y conforme.

LETTRE XXIII

A M. L'ARCHEVÊQUE DE PARIS[2].

A Saint-Cyr, ce 3 juillet 1698.

J'ai bien de la peine à croire, monseigneur, que je pusse être mécontente d'un présent que vous m'avez fait, et j'ai bien plus sujet de craindre que madame de Beuvron[3] ne soit effrayée du poste que vous lui avez procuré. Elle a besoin d'une grande vertu pour s'en accommoder. Je voudrois trouver le temps de la voir avant qu'elle allât à Moret. Oserois-je vous supplier de la remercier de la lettre

1. *Manuscrits des Dames de Saint-Cyr.*
2. *Autographe* du cabinet de M. le duc de Cambacérès.
3. Religieuse qui venait d'être nommée supérieure de Moret. Il en sera question plus loin.

qu'elle m'a écrite? Vous m'en sauverez une de compliment qui me coûte beaucoup.

Nos quiétistes de la cour abjurent madame Guyon presque aussi mal à propos qu'ils l'avoient soutenue. Le livre de M. de Meaux, disent-ils, leur ouvre les yeux; et il n'y a rien dans le livre de M. de Meaux qui ne vienne d'eux. Il valoit mieux, monseigneur, revenir mardi prochain, sur ce qu'apparemment vous leur montrerez lundi ce que véritablement ils ne connaissent pas.

Ce 5.

Jugez où j'en suis, monseigneur, par ce qu'il me faut de temps pour achever une lettre. M. de Noailles vous pourra dire combien ma contrainte est augmentée.

M. de Chartres n'a point de manuscrit contre vous. J'avois pris l'alarme sans avoir lu ce que je vous ai envoyé...

J'espère passer lundi une grande partie du jour avec vous.

LETTRE XXIV

A M. L'ARCHEVÊQUE DE PARIS [1].

A Marly, ce 19 juillet 1698.

Voici le premier moment où je me sois trouvée seule, monseigneur, depuis que je suis ici. J'avois à répondre à votre lettre sur la déclaration [2]. *On* voit

---

1. *Autographe* du cabinet de M. de Cambacérès.
2. Il s'agit d'une déclaration explicative de la révocation de

avec plaisir que vous l'approuvez. Vous réussirez toujours quand vous aurez des louanges à donner.

Je n'ai pas plu dans une conversation sur les bâtiments, et ma douleur est d'avoir fâché sans fruit. On fait encore ici un corps de logis de cent mille francs : Marly sera bientôt un second Versailles. Il n'y a qu'à prier et à patienter [1].

Je savois ce qui s'étoit passé sur les jésuites, et je ne dis rien, parce que c'étoit une affaire faite. *On ne sera jamais neutre quand il s'agira de ces gens-là.*

Madame de Saint-Géran est revenue aussi vive pour la cour qu'elle en étoit partie [2].

J'ai fait mon possible pour qu'on amenât la com-

---

l'Édit de Nantes qui fut publié le 13 décembre suivant. Auparavant on consulta les évêques sur les moyens de mettre en pratique cette déclaration.

« A ces causes, Sa Majesté déclare qu'elle veut et qu'il lui plaît que son édit du mois d'octobre 1685 portant révocation de celui de Nantes et autres faits en conséquence soient exécutés, faisant itératives défenses à tous ses sujets de faire aucun exercice de la religion prétendue réformée dans toute l'étendue de son royaume, de s'assembler pour cet effet en aucun lieu, en quelque nombre et sous quelque prétexte que se puisse être, de recevoir aucun ministre, et d'avoir aucun commerce avec eux directement ou indirectement. »

1. La Beaumelle ajoute : « Mais le peuple que deviendra-t-il? »
2. Madame de Maintenon parlerait-elle de ce retour sur ce ton si elle lui avait écrit les lettres que nous avons vues? Voici ce que dit Saint-Simon : « Elle s'étoit retirée à Rouen, dans le couvent de Bellefonds, et n'en sortit pas une seule fois. Elle avoit beaucoup d'amis à la cour, qui firent si bien valoir sa conduite, qu'elle fut rappelée, accueillie comme en triomphe et incontinent après logée au château, et de tout mieux qu'auparavant; mais de sa part avec plus de précaution et de sagesse. » (IV, 88.)

tesse de Gramont cette fois-ci¹; mais le manque de logements a déterminé à continuer la pénitence.

Que vous êtes heureux, monseigneur, de remplir vos jours de bonnes œuvres! Il est dimanche, et nous allons jouer et nous promener².

LETTRE XXV

A M. L'ARCHEVÊQUE DE PARIS³.

28 juillet 1698.

J'ai à répondre à plusieurs lettres de vous, monseigneur, qui me font un extrême plaisir; mais je suis peu maîtresse de mon temps, parce qu'il est presque toujours pris par des gens d'au-dessus, avec qui je le passe en inutilités. C'est un si véritable martyre pour moi, qu'il n'y a que Dieu qui pût m'y exposer; car il falloit pour cela connoître le fond de mon cœur.

Je suis très-mal contente, monseigneur, de la manière dont vous m'avez reçue à l'archevêché, et je vous dirai avec la confiance que j'ai en vous que les cérémonies qu'on me fait partout ont contribué

---

1. A Marly.
2. On lit à la date de ce jour dans le *Journal de Dangeau* : « Le roi devoit se promener dans la forêt avec madame la duchesse de Bourgogne; il y avoit une grande collation ordonnée pour les dames; mais le violent orage qu'il fit toute l'après-dînée empêcha la promenade... Il y eut l'après-dînée un tourniquet chez madame de Maintenon où les dames gagnèrent beaucoup de petites bagatelles que le roi leur fit jouer. »
3. *Autographe* du cabinet de M. de Cambacérès.

à me séquestrer du monde autant que je l'ai fait. Je voudrois bien vous distinguer là-dessus comme en tout; et il me semble qu'il est très-convenable que je sois et paroisse unie avec vous. Mais comptez, monseigneur, que vous ne me verrez plus que chez moi, si vous ne me traitez point familièrement. Sur quel pied pouvez-vous me faire des cérémonies, comme de me venir recevoir au bas du degré, et de m'accompagner à mon carrosse avec tout ce qui est chez vous? Est-ce que vous êtes aussi adorateur de la faveur [1]? ou est-ce que vous m'en croyez enivrée, et que je trouverois mauvais que vous me traitassiez comme vous traiteriez une femme ordinaire? Encore devrois-je présentement, par l'honneur que j'ai de votre alliance, prétendre à une entière familiarité. C'est bien sérieusement que je vous parle, monseigneur, et que vous me blessez le cœur et m'ôtez la joie de vous voir, si vous continuez [2].

Je ferai voir au roi les nouvelles de Rome; elles ne l'ennuieront pas.

M. de Pontchartrain proposa hier au roi de jeter par terre tous les bâtiments de cette place de l'hôtel Vendôme et d'en rebâtir une autre dont Mansard donneroit le dessin. Le roi répondit que M. de Louvois l'a fait faire presque malgré lui; que tous ces

---

1. Ceci démontre que M. de Noailles était dans le secret du mariage. Aussi La Beaumelle, craignant que la phrase ne soit pas assez claire, ajoute et invente : « Voulez-vous trahir mon secret? »

2. Il paraît que l'archevêque avait pour madame de Maintenon les mêmes craintes et les mêmes respects que le pauvre abbé Gobelin. Il fut rabroué de la même façon. On peut comparer cette lettre-ci à celle du 27 juillet 1686. (T. III, p. 36.)

messieurs les ministres veulent faire quelque chose qui leur fît honneur à l'avenir; qu'ils avoient trouvé le moyen de le donner au public comme aimant toutes ces vanités-là; que j'étois témoin des chagrins que M. de Louvois et la Feuillade lui avoient donnés là-dessus; qu'il n'y retomberoit plus, et qu'il ne vouloit plus qu'on lui proposât rien d'approchant [1]. Je vous avoue, monseigneur, que je le louai de cette réponse.

J'ai vu M. de Meaux et entendu de sa bouche qu'il ne veut plus écrire.

Voici, monseigneur, le dernier article de ma lettre, et celui-ci qui me tient le plus au cœur. On m'assure de tous côtés que vous entreprenez un travail insoutenable, et que vous entrez dans trop de détails. Au nom de Dieu, croyez vos véritables amis, et conservez-vous pour ce que vous seul pouvez faire. Faites-vous soulager, et ne passez point de jour sans vous relâcher tout à fait. Je vous en conjure [2] par la mémoire d'une personne qui obtiendroit quelque chose si elle étoit vivante, et qui est plus heureuse que nous [3].

---

1. La Beaumelle altère toute cette curieuse réponse et ajoute : « Que mon peuple soit bien nourri, je serai toujours assez bien logé. »
2. La duchesse de Noailles.
3. La Beaumelle ajoute : « Qui avons le déplaisir, le chagrin de vivre encore. »

LETTRE XXVI

LE ROI A MADAME DE MAINTENON [1].

Juillet 1698.

Je ne saurois aller à la chasse, je me promènerai dans le jardin. Il fait beau : si vous voulez y aller avec moi à trois ou quatre heures, vous pourrez venir à l'Apollon, où je me trouverai avec une chaise pour vous, et un chariot pour les dames à qui vous manderez de venir avec vous. Ne vous contraignez pas, et me mandez ce que vous ferez ; et si vous partez, à quelle heure.

LETTRE XXVII

A M. L'ARCHEVÊQUE DE PARIS [2].

A Marly, 7 août 1698.

Je vous ai cru accablé ces jours-ci, monseigneur, et c'est ce qui m'a empêchée de répondre aux deux dernières lettres que vous m'avez écrites. J'en ai fait voir au roi une qu'il n'a eu qu'à approuver ; pour l'autre, monseigneur, je ne sais pourquoi vous insistez à me demander de vous parler librement, car il me semble que je l'ai toujours fait. Je suis très-persuadée que vous recevrez très-bien tout ce que je vous manderai, connoissant l'intention qui me fera agir et n'étant pas d'ailleurs d'une humeur

---

1. *Manuscrits des Dames de Saint-Cyr.*
2. *Autographe* du cabinet de M. de Cambacérès.

bien rude [1]. Si j'ai pensé plus fortement que je ne vous l'ai montré sur la longueur de l'affaire de M. de Cambrai, c'est que je voyois le mauvais effet que cela faisoit dans le public; mais en même temps je comprenois vos raisons et voyois votre charité. De plus, je sais combien je dois soumettre mes vues aux vôtres, et je n'aurai jamais de peine à cette déférence. Quant à ce qui regarde les dispositions du roi à votre égard, vous en serez parfaitement averti, et c'est avec un grand plaisir que je le vois tous les jours s'accoutumer à vous et vous consulter avec une entière confiance. Je renvoyai votre déclaration avec tant de diligence que je ne pus vous mander la réflexion qu'elle me fit faire, qui est que vous entrez si fort en matière que je ne sais ce qui restera pour l'instruction que vous préparez. J'ai reçu une lettre de M. le cardinal de Bouillon, qui m'exhorte à finir cette affaire-ci. Je lui répondrai en général que ce n'est pas à moi à m'en mêler. De quelle façon qu'elle se traite, il me semble qu'il y aura sujet de s'affliger. Si M. de Cambrai est condamné, c'est une flétrissure dont il aura peine à se relever; s'il ne l'est pas, c'est un considérable protecteur pour le quiétisme [2].

J'ai voulu voir M. de Beauvilliers pour nous affliger ensemble. Je suis très-édifiée de tout ce que je

---

1. La Beaumelle ajoute : « *Miseris succurrere disco.* » Madame de Maintenon ne citait point de latin et n'en savait que fort peu.

2. Tout ceci démontre que madame de Maintenon ne mit pas à faire condamner M. de Cambrai l'acharnement et la passion dont ses ennemis l'ont accusée.

vis en lui ; mais M. l'abbé de Langeron et M. du Puis ne lui tiennent guère moins au cœur que M. de Cambrai. M. l'évêque de Chartres m'écrit qu'on lui fait quelque proposition qui pourroit peut-être contenter. Dieu le veuille, et que cette triste affaire puisse finir le plus tôt et le plus doucement qu'il sera possible !

Je vous avertis, monseigneur, que le roi voudroit que Marly fût pour tout cet été du diocèse de Chartres ; vous savez bien pourquoi.

LETTRE XXIX

A M. L'ARCHEVÊQUE DE PARIS[1].

Compiègne, 3 septembre 1698.

Le roi m'apprit la conversion de M. de Blainville. Dieu veuille les défaire tous de leurs préventions !

Il me paroît, par les nouvelles de Rome, monseigneur, que tout s'avance et se dispose à une condamnation plus ou moins forte. Je suis en grande paix là-dessus depuis qu'on a montré à Rome la source de l'entêtement de M. de Cambrai. Vous avez fait ce qui dépend de vous; c'est à Dieu de faire sa volonté.

Je n'ai pas trouvé le roi disposé à donner une pension à madame la duchesse de Gesvres.

Je parlai de M. le marquis de Brancas un jour qu'il se présenta lui-même à moi. Le roi ne me

---

1. *Autographe* du cabinet de M. de Cambacérès.

parut pas lui donner d'exclusion, mais il n'était point encore déterminé.

Madame du Mesnil ne peut être assez louée du soin qu'elle a pris pour ses enfants; mais elle a fatigué le roi par trop lui demander. Rien n'est plus fâcheux que de l'accoutumer aux refus.

Madame d'Heudicourt me dit à Marly que M. le cardinal d'Estrées l'envoyoit à Paris pour parler à M. le duc de Richelieu du mariage de mademoiselle de Tourbes[1], et je sus ensuite qu'elle n'avoit point fait ce voyage sans qu'on m'en ait dit la raison. Je crains M. de Lausun, qui veut lui faire épouser mademoiselle de Nevers. J'ai bien des raisons de désirer mademoiselle de Tourbes plutôt qu'une autre.

Je suis un peu plus environnée de grands qu'à l'ordinaire, et cette lettre ici est écrite à bien des reprises. Madame la duchesse de Bourgogne passe ses journées chez moi; le roi ne sort guère; vous savez, monseigneur, ce que je pense là-dessus. Priez pour moi; mais songez moins à ma santé qu'à demander mes véritables besoins. La patience en est un des plus pressés.

APPENDICE A LA LETTRE XXIX.

A voir les nouvelles assez indifférentes que madame de Maintenon, dans la lettre précédente, donne à l'archevêque de Paris, on ne croirait pas que, à cette date du 3 septembre, elle était avec toute la cour au milieu des fêtes du fameux camp de Compiègne, dont tous les historiens, et

---

1. Fille du maréchal d'Estrées. Ce mariage ne se fit pas.

principalement Saint-Simon, ont raconté les splendeurs et les magnificences.

On sait que ce camp avait pour objet d'initier le duc de Bourgogne, alors âgé de seize ans, au métier de la guerre, et que, pendant trois semaines, 60,000 hommes, dont on lui donna le commandement, firent le simulacre de différentes manœuvres : campements, marches, fourrages, exercices, convois, même un siége et une bataille. Il avait aussi pour objet de montrer à l'Europe, après une guerre où l'on avait cru la France réduite aux abois, ce qu'était ce pays inépuisable, toujours jeune, toujours dispos, avec son roi magnifique et sa belle armée.

Ajoutons, si nous pouvons nous fier au récit de Saint-Simon, que Louis XIV, dans ce camp de Compiègne, aurait eu pour pensée secrète de déclarer au grand jour, devant son armée, sa cour, et presque toute l'Europe, que madame de Maintenon était l'épouse du roi de France.

Voici le tableau admirable, mais malheureusement douteux, où Saint-Simon, avec sa verve passionnée, s'efforce de flétrir les hommages publics que Louis XIV aurait rendus à la compagne de sa vie.

« Le roi voulant montrer des images de tout ce qui se fait à la guerre, on fit le siége de Compiègne dans les formes, mais fort abrégées ; lignes, tranchées, batteries, sapes, etc. Crénan défendoit la place. Un ancien rempart tournoit du côté de la campagne autour du château ; il étoit de plein pied à l'appartement du roi, et par conséquent élevé, et dominoit toute la campagne. Il y avoit au pied une vieille muraille et un moulin à vent, un peu au delà de l'appartement du roi, sur le rempart qui n'avoit ni banquet ni mur d'appui. Le samedi 13 septembre fut destiné à l'assaut ; le roi, suivi de toutes les dames, *et par le plus beau temps du monde*, alla sur ce rempart ; force courtisans et tout ce qu'il y avoit d'étrangers considérables. Dè là on découvroit toute la plaine et la disposition de toutes les troupes. J'étois dans le demi-cercle fort près du roi, à trois pas au plus, et personne devant moi. C'étoit le plus beau coup d'œil qu'on puisse imaginer, que toute cette armée et ce nombre prodigieux de curieux de toutes conditions, à cheval et à pied, à distance des troupes pour ne les point embarrasser, et ce jeu des attaquants et des défendants à découvert, parce que, n'y ayant de sérieux que la montre, il n'y avoit de précautions à prendre pour les uns et pour les autres que la justesse des mouvements. Mais un spectacle d'une autre sorte, que je peindrois dans quarante ans comme aujourd'hui, tant il me frappa, fut celui que, du haut de ce rempart, le roi donna à toute son armée et à cette innombrable foule d'assistants de tous états, tant dans la plaine que sur le rempart même.

« Madame de Maintenon y étoit en face de la plaine et des troupes dans sa chaise à porteurs, entre ses trois glaces et ses porteurs retirés. Sur le bâton de devant, à gauche, étoit assise madame la duchesse de Bourgogne ; du même côté, en arrière et en demi-cercle, debout madame la duchesse, madame la princesse de Conti et toutes les dames, et derrière elles des hommes. A la glace droite de la chaise, le roi debout, et en arrière un demi-cercle de ce qu'il y avoit en hommes de plus distingué. Le roi étoit presque toujours découvert, et à tous moments se baissoit dans la glace pour parler à madame de Maintenon, pour lui expliquer tout ce qu'elle voyoit et les raisons de chaque chose. A chaque fois elle avoit l'honnêteté d'ouvrir sa glace de quatre ou cinq doigts, jamais de la moitié, car j'y pris garde, et j'avoue que je fus plus attentif à ce spectacle qu'à celui des troupes.

« Quelquefois elle ouvroit pour quelques questions au roi, mais presque toujours c'étoit lui qui, sans attendre qu'elle lui parlât, se baissoit tout à fait pour l'instruire, et quelquefois qu'elle n'y prenoit pas garde, il frappoit contre la glace pour la faire ouvrir. Jamais il ne parla qu'à elle, hors pour donner des ordres en peu de mots et rarement, et quelques réponses à madame la duchesse de Bourgogne, qui tâchoit de se faire parler, et à qui madame de Maintenon montroit et parloit par signes de temps en temps, sans ouvrir la glace de devant, à travers laquelle la jeune princesse lui crioit quelques mots. J'examinois fort les contenances ; toutes marquoient une surprise honteuse, timide, dérobée, et tout ce qui étoit derrière la chaise et les demi-cercles avoit plus les yeux sur elle que sur l'armée, et tous dans un respect de crainte et d'embarras. Le roi mit souvent son chapeau sur le haut de la chaise pour parler dedans, et cet exercice continuel lui devoit fort lasser les reins. Monseigneur étoit à cheval dans la plaine avec les princes ses cadets, et monseigneur le duc de Bourgogne, comme à tous les autres mouvements de l'armée, avec le marquis de Boufflers, en fonctions de général. C'étoit sur les cinq heures de l'après-dînée, *par le plus beau temps du monde et le plus à souhait.*

« ..... Vers le moment de la capitulation, madame de Maintenon apparemment demanda permission de s'en aller. Le roi cria : « Les porteurs de madame ! » Ils vinrent et l'emportèrent ; moins d'un quart d'heure après le roi se retira, suivi de madame la duchesse de Bourgogne et de presque tout ce qui étoit là. Plusieurs se parlèrent des yeux et du coude en se retirant, et puis à l'oreille bien bas. On ne pouvoit revenir de ce qu'on venoit de voir. Ce fut le même effet parmi tout ce qui étoit dans la plaine. Jusqu'aux soldats demandoient ce que c'étoit que cette chaise à porteurs et le roi à tout moment baissé dedans ; il fallut doucement faire taire les officiers et les questions des troupes. On peut juger de ce qu'en dirent les étrangers, et de l'effet que fit sur eux un tel spectacle. Il fit du bruit par toute l'Europe, et y fut aussi répandu que le camp même de Compiègne, avec toute sa pompe et sa prodigieuse splendeur. Du reste, madame de Maintenon se produisit fort peu au camp, toujours dans son carrosse avec trois ou quatre familiers, et alla voir une fois ou deux le marquis de Boufflers et les merveilles du prodige de sa magnificence. » (T. III, p. 10 et suiv.)

Ce récit, si parfaitement détaillé, semble exact et vrai, malgré la passion dont il est empreint ; malheureusement il n'y a nul moyen de le contrôler et de le contredire, car nul autre historien n'en dit un mot. Le *Journal de Dangeau* raconte simplement : « 13 septembre. — Le roi, avec monseigneur et madame la duchesse de Bourgogne, alla sur le cavalier qui est à la gauche du château, voir attaquer deux petites lunettes qu'avoit faites Lappara (ingénieur). L'ordre de l'attaque et de la défense fut fort beau. Sa Majesté revint dans le même endroit sur les six heures, suivi de tous les courtisans et de toutes les dames. On vit d'abord la disposition de toutes les troupes pour attaquer et pour défendre la contrescarpe, et un peu après l'attaque commença et dura une heure, pendant laquelle on brûla quatorze milliers de poudre. Monseigneur le duc de Bourgogne fut toujours avec les assiégeants. » (T. VI, p. 420.)

La *Gazette* et le *Mercure*, qui sont les seuls journaux officiels de l'époque, parlent aussi peu que le *Journal de Dangeau* de la scène dramatique de la terrasse. Ils ne prononcent même pas une seule fois le nom de madame de Maintenon; et cependant le *Mercure* entre dans les détails les plus curieux, les plus circonstanciés sur le camp de Compiègne; il dit tous les personnages qui y figurèrent; il décrit les bataillons, les escadrons, leurs costumes, leurs mouvements, etc. Il est d'ailleurs d'accord avec Dangeau sur tous ces détails, mais il n'est nullement d'accord avec Saint-Simon, et dans le seul point où l'on peut les mettre en face l'un de l'autre, ils disent blanc et noir. Ainsi Saint-Simon raconte que la scène de la terrasse (13 septembre) eut lieu « *par le plus beau temps du monde et le plus à souhait;* » et le *Mercure* dit que les opérations du 13 septembre eurent lieu « *malgré le vilain temps et une pluie continuelle.* » Qui dit vrai ? Est-ce le *Mercure* qui écrit au jour le jour, ou Saint-Simon qui rappelle à quarante ans de distance ses souvenirs obscurcis par la haine? Il est probable que c'est le *Mercure*, et alors la scène de la terrasse est non-seulement fausse, mais impossible [1].

Nous n'avons point de lettres de madame de Maintenon pour le 13 septembre, mais nous en avons deux du 9 et

1. Il est certain que les fêtes du camp de Compiègne furent troublées par des pluies continuelles et des orages violents : le *Mercure* cite les pluies du 5, du 9, du 13 septembre, etc.

du 12, où nous allons la voir occupée d'autres pensées que de pensées de fêtes.

LETTRE XXXI

A M. L'ARCHEVÊQUE DE PARIS [1].

Compiègne, 9 septembre 1698.

Quoique je sois assez mal, monseigneur, voici la meilleure journée que j'ai passée à Compiègne. Tout le monde est à la revue où heureusement je n'ai pu aller [2], et j'en profite pour avoir l'honneur de vous entretenir un peu à mon aise.

Il est vraisemblable que l'affaire de Rome finira avant l'hiver, pourvu que le pape ne meure pas. J'ai toujours été fort vive comme vous savez pour que rien ne troublât votre union avec M. de Meaux, mais je ne saurai croire qu'elle vous oblige à écrire autant que lui; et je suis entièrement de votre avis. Je n'ai point vu encore M. de Noailles. Je ne sais s'il a pensé

---

1. *Autographe* du cabinet de M. de Cambacérès.
2. On lit dans le *Journal de Dangeau* à la date du 9 septembre, à Compiègne : « Le roi d'Angleterre arriva ici sur les onze heures... Les deux rois dînèrent ensemble avec toute la maison royale; ensuite ils montèrent tous deux dans un petit carrosse et allèrent au camp. Monseigneur y alla de son côté. Madame la duchesse de Bourgogne y mena avec elle madame la Duchesse et madame la princesse de Conti et les dames titrées. Il y avoit deux autres carrosses pour les autres dames. Le roi fit la revue de toutes les troupes; il commença par la gauche de la seconde ligne et finit par la seconde de la première. Après avoir fait tout le tour, il vit aussi la réserve qui était sur une ligne séparée, faisant face à l'aile droite de la première ligne. Après la revue, on fit trois salves de canon et de toutes les troupes. » (T. VI, p. 416.)

à moi, mais je suis inaccessible, ayant toujours le roi dans ma chambre ou madame la duchesse de Bourgogne.

Je ne comprends pas, monseigneur, quelle confrontation vous voulez faire du père de La Combe. Y en auroit-il une meilleure que celle de madame Guyon avec lui, puisque c'est lui-même qui dit avoir passé quinze nuits avec elle?

M. de Chartres a fort désiré de voir la réponse que M. de Cambrai vous a faite. Je ne me souciois pas qu'elle passât par moi; mais je doutois que vous eussiez le temps de la lui envoyer; et j'avois prié M. le maréchal de Noailles de faire copier celle qu'il a. Loin de multiplier vos affaires, je voudrois de tout mon cœur vous soulager de ce que vous avez de trop; car, du reste, je suis fort contente que vous ne travailliez[1] depuis le matin jusqu'au soir et que vos jours ne soient pleins de toutes sortes de bonnes œuvres. Si vous pouvez encore envoyer la réponse à M. de Noailles, vous ferez plaisir à votre ami, que je n'ai vu curieux que dans cette occasion.

J'espère qu'on sera content de la fille que j'ai envoyée aux Ursulines. Je les remercierai quand je le pourrai.

Non, monseigneur, je n'ai point de repos ici. Le roi vient dans ma chambre trois fois par jour et par là coupe tout ce que je pourrois avoir à faire. Je conviens que Dieu m'a fait la grâce d'être insensible aux honneurs qui m'environnent, et de n'en sentir

---

1. Il faut lire sans doute : que vous ne travailliez *plus*...

que l'assujettissement et la contrainte, l'amour-propre est mort sur ce point-là ; mais, monseigneur, celui qui fait aimer le repos, la liberté et la propre volonté est encore bien vivant. Je souhaite pourtant de mourir à tout et je vous demande pour l'obtenir vos prières et vos avis.

Je voudrois m'occuper partout de bonnes œuvres. Il me semble qu'une assemblée de charité me siéroit mieux que d'aller au camp avec une princesse de douze ans ; mais *on* veut tout par rapport à soi, et je vois avec douleur que le goût du bien ne vient pas, ni pour celui qu'*on* pourroit faire ni pour celui qu'*on* devroit laisser faire aux autres.

On me paroît moins dévot : *on* ne voulut point de vêpres hier, quoiqu'il y en ait toujours à cette fête-ci[1].

J'allois hier faire mes dévotions aux Filles de la Visitation avec madame la duchesse de Guiche. Je la vois le plus souvent que je puis, et le reste de la famille, mais à peine puis-je leur dire un mot. Le roi est charmé du régiment du comte d'Ayen ; il ne peut s'en taire. Je ne suis guère contente de sa femme.

La maison de Bouillon ne s'avance pas auprès du roi[2] : je ne puis vous en dire davantage.

1. La fête de la Nativité de la Vierge. — La Beaumelle ajoute ici cette phrase entièrement inventée, et qu'on a souvent reprochée à madame de Maintenon : « Ces inconstances me poussent à bout et empoisonnent tous les plaisirs dont je suis environnée. Je ne puis m'empêcher de me dire : « Que deviendra le roi si je meurs avant le père de La Chaise? » La Beaumelle termine la lettre par cette belle invention, et il en fait une autre avec le reste.

2. Le roi voulait faire nommer coadjuteur de l'évêque de Stras-

Notre ami Boufflers fait une dépense excessive [1].

Il m'est revenu beaucoup de mal de la princesse de Furstemberg [2]. Cette femme se perdra à la fin, car on la croit très-dangereuse pour mener les affaires des autres et il est certain que ces caractères sont une peste publique; servez-vous de tout, monseigneur, pour la conduire au bien. Mais que cet avis ne m'attire pas un éclaircissement, il seroit inutile, car je sais certainement ce que je vous dis.

bourg (c'était alors le cardinal de Furstemberg) l'abbé de Soubise, que la chronique scandaleuse disait être le produit de ses amours avec la belle princesse de Soubise. Il chargea le cardinal de Bouillon, son ambassadeur à Rome, de demander au pape un bref d'éligibilité pour ce jeune abbé. Le cardinal de Bouillon destinait à la coadjutorerie de Strasbourg son propre neveu : il fit des observations inconvenantes à Louis XIV, écrivit des lettres insultantes pour la princesse de Soubise et le cardinal de Furstemberg, enfin mit des obstacles aux bulles que le roi demandait. Le roi, déjà mécontent du cardinal pour sa conduite dans l'affaire des *Maximes des Saints*, lui ordonna de quitter Rome et l'exila dans une abbaye. Le cardinal mit délais sur délais à obéir et s'attira une disgrâce éclatante.

1. Le récit de Saint-Simon est exact sur ce point. Le *Mercure* entre même à ce sujet dans des détails presque incroyables : le roi n'en put cacher son étonnement.

2. C'était la nièce du cardinal de Furstemberg. « Il ne pouvoit vivre sans elle, dit Saint-Simon; elle logeoit et régnoit chez lui, et cette domination étoit si publique, que c'étoit à elle que s'adressoient tous ceux qui avoient affaire au cardinal... Elle étoit prodigue en toute sorte de dépenses, etc. » Saint-Simon prétend qu'elle se fit payer par le roi le consentement du cardinal de Furstemberg à l'élection de l'abbé de Soubise.

LETTRE XXXII

A M. L'ARCHEVÊQUE DE PARIS [1].

12 septembre 1698.

J'ai montré tous vos papiers au roi, qui m'a dit qu'on avoit déjà parlé de cette lettre et qu'il n'y vouloit rien changer. Il l'auroit pourtant relue si elle avoit été en français. Mais à vous dire la vérité, monseigneur, le roi ne veut entendre parler d'affaires que par ses ministres ; il ne trouve point bon que M. le nonce se soit adressé à moi. Faites-lui entendre raison là-dessus une fois pour toutes, je vous en conjure. Je ne puis que donner des maximes générales dans les occasions, et je ne puis rien sur les faits particuliers dont je n'entends presque pas parler [2]. Je serois trop bien payée de l'esclavage où je suis si je pouvois faire quelque bien ; mais, monseigneur, il n'y a qu'à gémir de voir comme les choses sont tournées. Je ne veux pas m'étendre davantage. Ce sujet me conduiroit trop loin.

Je vous prie, monseigneur, de dire à M. le nonce que je n'ose me mêler d'affaires, que je pense comme il me fait l'honneur de le croire, mais qu'il faut que mes sentiments soient renfermés dans moi-même. Je n'ai point l'honneur de lui écrire, parce que je crains de ne le pas faire comme je le dois, et tout ce qui passe par vous en devient meilleur.

---

1. *Autographe* du cabinet de M. le duc de Cambacérès.
2. Ceci nous donne exactement la mesure du crédit de madame de Maintenon et contraste avec les récits de Saint-Simon.

Si M. le chancelier fait les lettres des évêques, nous ne serons pas longtemps en bonne intelligence avec Sa Sainteté. Je ne puis vous dire, monseigneur, tout ce que je souffre.

LETTRE XXXIII

A M. L'ARCHEVÊQUE DE PARIS[1].

27 septembre 1698.

Le meilleur usage qu'on auroit pu faire de la lettre du *bon père* seroit, ce me semble, de la montrer au roi, mais je ne l'ai osé faire sans votre permission.

Je tâcherai, monseigneur, de faire parler au roi sur l'affaire qui vous embarrasse. Je crains de n'en pas trouver sitôt l'occasion, car je ne lui parle presque plus, quoiqu'il soit dans ma chambre. Les traités de paix, les ordres qu'il faut donner, en conséquence, la réforme des troupes, la présence du roi et de la reine d'Angleterre, tout cela joint ensemble l'accable d'occupations.

D'où vient, monseigneur, que nous ne voyons point ici votre déclaration qui est, ce me semble, publique[2]?

---

1. *Autographe* du cabinet de M. de Cambacérès.
2. Une déclaration ou une instruction sur les nouveaux convertis.

LETTRE XXXIV

A M. L'ARCHEVÊQUE DE PARIS[1].

6 octobre 1698.

J'ai reçu, monseigneur, les nouvelles de Rome que vous avez bien voulu m'envoyer. Il y en a de toutes façons, et M. le cardinal de Bouillon n'y est pas bien traité. Il faut attendre sur la grande affaire[2] et espérer que Dieu la tournera pour sa gloire, qui est ce qu'on a cherché.

M. le maréchal de Noailles vous fera savoir sans doute la conversation que j'ai eue avec M. l'archevêque de Sens. Il vouloit partir pour Conflans afin de faire toutes les avances d'un raccommodement qu'il paroît désirer et que je lui ai dit que vous m'aviez chargé de faire.

M. de Pontchartrain m'a fait une visite ce matin. Nous avons bien disputé sur les évêques. Si j'étois aussi éclairée que bien intentionnée, je parlerois fortement sur l'affaire de la religion[2]. Mais tout cela est si difficile, si obscur, si incertain, que je n'ose tenir que des choses générales.

M. de Pontchartrain ne voudroit qu'une instruction, et point de déclaration. Le projet de M. d'Aguesseau m'a paru admirable; mais il est plus aisé d'arranger tout sur le papier que d'exécuter. Je ne saurois croire que cette affaire se décide prompte-

---

1. *Autographe* du cabinet de M. de Cambacérès.
2. L'affaire du quiétisme.
3. C'est-à-dire sur l'affaire des nouveaux convertis.

ment; peut-être vaudroit-il mieux qu'elle vous retournât. M. de Pontchartrain dit que l'Église veut se servir de l'occasion pour tirer des avantages auxquels elle n'avoit jamais prétendu.

Que je serois heureuse, monseigneur, si j'avois quelque petite part à ce que vous faites présentement! Je prie Dieu d'y répandre ses plus grandes bénédictions.

LETTRE XXXV

A M. L'ARCHEVÊQUE DE PARIS[1].

Fontainebleau, 10 octobre 1698.

J'ai enfin montré la lettre que je vous renvoie, monseigneur, et je suis fort trompé, si *on* en a plus pensé que ce qu'*on* m'en a dit : trois mots seulement pour excuser le *bon père*. Je vis hier le père Le Valois qui me vint pressentir sur le changement que le mariage de M. le duc de Bourgogne pourroit apporter à son éducation. Il me jeta un mot sur M. de Cambrai. Tout cela n'est bon à rien. Il me semble qu'il n'y a plus qu'à attendre en repos la décision de Rome. M. de Meaux ne doute pas qu'elle ne soit à souhait.

1. *Autographe* du cabinet de M. de Cambacérès.

LETTRE XXXVI

A M. L'ARCHEVÊQUE DE PARIS[1].

12 octobre 1698.

Le roi a, ce me semble, bien fait sur l'affaire de l'Université. M. le maréchal de Noailles m'en a paru content.

Sa Majesté a pris le mémoire que vous m'aviez envoyé pour cette madame Villedot. Je ne sais pas l'usage qu'il en aura fait.

Il entendit tout ce que vous m'avez mandé, monseigneur, sur la douceur dont il faudroit accompagner la sévérité qu'on est obligé d'avoir pour les réunis; il ne répondit qu'un mot sur la difficulté qu'il y trouve.

Je suis toujours languissante. J'espère avoir l'honneur de vous voir, dès le lendemain que nous serons arrivés.

LETTRE XXXVII

NOTE PRÉLIMINAIRE

Pendant que l'archevêque de Paris poursuivait les folies du quiétisme, il commençait lui-même à être accusé de partager les doctrines du jansénisme, et il allait être l'occasion de querelles bien plus longues et plus fâcheuses.

En 1695, quelques mois avant de quitter le siége de Châlons, il avait recommandé aux fidèles, dans un mandement rempli d'éloges, le livre des *Réflexions morales sur le Nouveau Testament,* publié en 1672, qui avait eu quatre éditions

---

1. *Autographe* du cabinet de M. de Cambacérès.

dans les années suivantes, et que son prédécesseur avait solennellement approuvé. C'était l'œuvre du père Quesnel, prêtre de l'Oratoire, retiré en Hollande auprès de M. Arnauld, et regardé comme l'un des chefs du jansénisme. Quand M. de Noailles eut été élevé au siége de Paris, on discuta le livre qu'il avait si chaudement recommandé, et l'évêque de Chartres, le directeur si intime de Madame de Maintenon, en prit l'un des premiers l'alarme.. « Il fit examiner le livre, dit Languet de Gergy, par plusieurs docteurs, et ceux-ci en firent un extrait de deux cents propositions qu'ils jugèrent répréhensibles... Il ne laissa pas ignorer à M. de Paris combien l'approbation des *Réflexions morales* le rendoit suspect à ceux qui avoient de l'horreur pour la doctrine du jansénisme. L'archevêque ne put se résoudre à toucher à un livre qu'il avoit approuvé si solennellement; il sut même mauvais gré de ces avis aux jésuites qu'il croyoit être la cause des soupçons qu'on formoit contre sa doctrine... » (*Mémoires*, p. 413.)

Nous allons voir que ces soupçons couraient déjà dans le public, et que madame de Maintenon en avertit le prélat.

A M. L'ARCHEVÊQUE DE PARIS [1].

Fontainebleau, 13 octobre 1698.

J'allai hier à Melun voir une fille [2] qui a été à Saint-Cyr et qui est présentement fille de la Visitation. Elle me parla un moment de M. de Cambrai qu'elle a connu, et tout de suite elle me tint ce discours : « A propos de nouveautés, on dit que le roi et vous
« vous avez été bien trompés sur M. l'archevêque

---

1. *Autographe* du cabinet de M. de Cambacérès.
2. Madame de Monfort. Ce fut l'une des premières Dames de Saint-Louis; mais elle se retira, après quelques années, aux Filles de la Visitation. Madame de Maintenon lui a écrit un grand nombre de lettres qu'on trouvera dans les *Lettres hist. et édif.*, t. I.

« de Paris, qu'il est janséniste et le protecteur de
« tous ceux qui le sont; qu'il ne se contente pas de
« permettre la lecture de leurs livres, mais qu'il les
« conseille; qu'il n'est pas permis aux pénitents du
« père de La Tour d'avoir d'autre Nouveau Testament
« que celui du père Quesnel; qu'il y a une commu-
« nauté de Sainte-Agathe, formée par M. l'arche-
« vêque, toute remplie des maximes et des pratiques
« de ces messieurs; qu'il fait renverser le bréviaire
« pour ôter la Madeleine, parce que ces messieurs
« le veulent ainsi; qu'il fait son possible pour pro-
« téger et rétablir Port-Royal des Champs. » Voilà,
monseigneur, ce que je me hâte de vous dire de
peur de l'oublier, qui vous fera voir comment on
parle de tous les côtés. Ne vous donnez point la
peine de me répondre là-dessus, je vous en conjure,
mais je vous dirai, tant que je vivrai, ce qui me reviendra sur cette matière; et Dieu vous mettra au
cœur quand il lui plaira de faire quelque chose qui
vous lavera de tout soupçon.

J'ajoute que le roi d'Angleterre me dit qu'il lit
tous les livres de ces messieurs, sans scrupule, parce
que vous lui en avez donné la permission. La reine
me dit en même temps qu'elle ne les veut point lire.
Il est impossible que cela ne revienne point au roi
et ne fortifie ses soupçons. Pardonnez-moi ma liberté,
monseigneur[1].

---

[1]. Au lieu de ces quatre derniers mots, La Beaumelle met :
« Et s'il l'apprend, il est impossible qu'il ait de la confiance en
vous. Et, s'il n'en a pas, il est impossible qu'il se sauve, car qui
lui dira la vérité? Voyez que de bien vous pouviez faire! »

LETTRE XXXVIII

A M. L'ARCHEVÊQUE DE PARIS[1].

Fontainebleau, 22 octobre 1698.

Quand on est du conseil, monseigneur, on est mystérieux[2]. Le roi nous a imposé silence sur ce qui se passa il y a quinze jours. Et, en vérité, c'est un bien pour moi, et encore plus pour eux, que je n'ose dire tout ce que je vis, et tout ce que j'entendis. J'en suis tout affligée, monseigneur, non-seulement par rapport à l'affaire présente, mais pour toutes celles que ces messieurs auront à traiter. Cet échantillon me fait voir que je mourrois de douleur si j'assistois au conseil. Que les rois sont à plaindre ! Que les hommes sont mauvais ! Enfin, monseigneur, si l'on ne prenoit patience, en considérant celle de Dieu, on se désespéreroit. Vous voyez que vous n'avez guère perdu en ne recevant pas de mes lettres. Je ne puis les remplir que de tristes réflexions.

On répand fort que vos affaires de Rome ne seront pas jugées ; il en arrivera tout ce qu'il plaira à Dieu. Celle de la religion, c'est-à-dire des nouveaux convertis, n'est pas encore décidée. On ne veut pas se presser, mais je crois qu'on voudra résoudre toutes choses avant le retour à Versailles, afin de n'en plus entendre parler.

1. *Autographe* du cabinet de M. de Cambacérès.
2. J'ignore quelle affaire fut traitée dans le conseil où l'on appela madame de Maintenon. Mais ce qu'elle en dit témoigne qu'elle y assistait très-rarement et avec répugnance.

Le roi a été un peu incommodé, ces derniers jours, d'avoir trop mangé : il y a bien des ragoûts nouveaux, et la gourmandise est à la mode.

LETTRE XXXIX

NOTE PRÉLIMINAIRE

Madame de Montespan désirait une faveur pour une de ses nièces qui était religieuse, mademoiselle de Vivonne. Madame de Maintenon, l'ayant su par le duc du Maine, demanda cette grâce au roi, qui l'accorda. M. du Maine écrivit à ce sujet à madame de Montespan, et lui marqua que le roi voulait expressément que tout le monde sut qu'il ne l'avait accordée qu'aux instantes prières de madame de Maintenon. Madame de Montespan, par le conseil de madame de Noailles, fit des remercîments à madame de Maintenon ; mais celle-ci lui ayant répondu, à ce qu'il semble, avec sécheresse, elle écrivit à madame de Noailles la lettre suivante :

MADAME DE MONTESPAN A LA DUCHESSE DE NOAILLES[1].

A Fontevrault, le 19 de novembre 1698.

C'est tout de bon que je ne sais plus que vous dire. J'en étois aujourd'hui à vouloir vanter vos mérites à madame de Maintenon et à la féliciter sur l'agrément qu'elle doit trouver dans votre commerce, et dans la sûreté et la discrétion que vous possédez au suprême degré, à quoi, entre nous, celles qui l'ont approchée jusqu'à cette heure ne l'ont pas dû accoutumer. Vous pouvez vous souvenir que je

---

1. *Autographe* de la bibliothèque du Louvre.

vous en parlai à Saint-Joseph, à vous-même, et je le répétois aujourd'hui à madame de Maintenon, dans l'épanchement de cœur où sa lettre m'a mise; car elle m'a dit tout ce que je souhaitois d'elle, qui ne consistoit qu'à me montrer tout net que mon commerce ne lui convient point et que je n'en suis pas plus mal avec elle. Tout cela peut fort bien être, et je le comprends si bien que je ne demande pas autre chose pour avoir l'esprit et le cœur en repos sur une personne qui y a fait trop d'impression pour n'y pas toujours tenir sa place. Et je ne saurois assez vous dire, à vous, madame, le bien que vous m'avez fait, en me levant un si pesant fardeau, qui, à souffrir ou à combattre entièrement, étoit toujours fort pénible; je vous assure que je me sens soulagée d'une manière qui ne pouvoit jamais me venir que par l'éclaircissement que vous m'avez procuré; car des honnêtetés de traverse, des grâces même ne frappoient point au but; il falloit reprendre les choses de plus loin, et par là y comprendre les suites. Cela est fait; je vous en remercie, et ne vous demande plus rien ni à madame de Maintenon non plus : elle m'a dit ce qui ne me pouvoit être dit que par elle, et qui autorisera tout ce que j'aurai besoin de me dire à l'avenir. Je la prie aussi de croire en moi tout ce qu'elle m'y a vu de plus agréable, et elle croira vrai. Je n'ai plus qu'à finir votre lettre par où j'ai fini la sienne, qui est que le silence entre elle et moi me devient agréable quand je sais qu'il lui convient. Pour vous, il n'en sera pas de même, car je chanterai vos louanges toute ma vie, quoi [que] je commence pourtant par jeter dans le feu la première lettre que j'avois écrite pour en refaire une plus courte et qui ne parle que de moi.

FR. DE ROCHECHOUART.

LETTRE XL

A MADAME DE BRINON[1].

Du 30 novembre 1698.

Les affaires de M. de Cambrai m'affligent toujours, mais elles ne m'inquiètent plus, et j'attends dans une grande paix la décision du saint-siége. M. l'évêque de Meaux a montré par sa *Relation du quiétisme* la liaison qui est entre M. de Cambrai et madame Guyon, et que cette liaison est fondée sur la conformité de la doctrine ; on peut en voir le danger, étant soutenue d'un homme de telle vertu, d'un tel esprit, et dans un tel poste. Nous l'avons caché tant que nous avons espéré d'y apporter du remède ; nous l'avons découvert quand nous avons cru le devoir à l'Église : voilà ce qui dépendoit de nous, c'est à Dieu à faire le reste.

Cette affaire, ma très-chère, ne me fait point oublier la misère dont le peuple est menacé, et plût à Dieu pouvoir le soulager autant que j'en suis occupée. On prétend qu'on pensa tout gâter en 94, par l'ordre qu'on voulut mettre au blé, et qu'il ne faut jamais s'en mêler ; on se plaint de ce que les usuriers

---

1. *Manuscrits des Dames de Saint-Cyr.*

en amassent, mais ce sont des avis généraux, et par là inutiles. Si on savoit : un tel a un grenier rempli, on iroit bien vite, et cet exemple feroit du bien à tout le monde. Le malheur est que les pays étrangers sont aussi mal que nous, et qu'ainsi on ne peut en espérer de secours. Dieu est en colère, il faudroit l'apaiser, et nous ne faisons que l'offenser.

LETTRE XLI

A MADAME L'ABBESSE DE FONTEVRAULT[1].

A Saint-Cyr, 17 décembre 1698.

Il m'étoit revenu par plusieurs endroits, madame, que vous étiez contente de moi, et l'assurance que vous voulez encore m'en donner vous-même me fait un sensible plaisir. Cependant, madame, je n'ai pas fait tout ce que j'aurois voulu, ayant à me partager entre plusieurs personnes dans un temps où je n'étois occupée que de vous. Je suis ravie de ce que vous me dites sur madame la duchesse de Bourgogne; mais comme l'amour est ingénieux à se faire des peines, je m'en fais une de ce qu'on voudra vous croire prévenue, et par là douter de ce que vous direz à l'aimable princesse à qui vous plaisez autant, madame, qu'elle vous plaît. Elle a senti votre mérite et me dit : « Ah! que je m'accommoderois bien de votre abbesse! » Enfin, madame, il n'y a pas jusqu'à

---

1. *Manuscrits des Dames de Saint-Cyr.*

Abner[1] qui vous trouve fort aimable; j'avois pensé à vous le prêter, afin qu'il vous formât une troupe à Fontevrault, qui fit quelquefois pleurer madame de Monpipeau. Vous pouvez disposer, madame, de tout ce qui est en mon pouvoir, et vous seriez très-injuste si vous ne comptiez pas sur moi, comme sur une très-sincère et très-humble servante.

Je vous supplie, madame, d'assurer madame de Montespan des sentiments que vous avez vu que je conserve pour elle; je ne puis jamais cesser de m'intéresser à tout ce qui la touche, depuis les plus grandes jusques aux plus petites choses[2].

LETTRE XLII

A M. L'ARCHEVÊQUE DE PARIS[3].

22 décembre 1698.

On est entré dans ma chambre, suivi de M. de Torcy, en me disant que sa lettre parloit trop fortement (discours qui m'a surprise, car on ne l'avoit pas vue, et il falloit que M. de Torcy l'eût dit). *On* a lu la lettre que j'avois déjà vue[4]. Je l'ai approuvée, et il a été résolu qu'elle partiroit, et qu'on en mon-

1. Madame de Maintenon désigne par *Abner* le comte d'Ayen, qui jouait dans *Athalie*, avec sa femme et la duchesse de Bourgogne.
2. Ceci s'accorde mal avec la lettre précédente de madame de Montespan.
3. *Autographe* du cabinet de M. le duc de Cambacérès.
4. Cette lettre, de M. de Torcy, pressait l'ambassadeur de France à Rome pour la condamnation du livre des *Maximes des Saints*.

treroit la copie à M. le nonce. *On* n'a point voulu voir les nouvelles de Rome. Tourole[1] attendoit et excitoit la mauvaise humeur contre ceux qui viennent parler d'affaires, sans considérer que les jours sont fort courts et qu'on veut aller à Marly. Je n'ai osé rien proposer de plus. M. de Torcy s'en est allé. J'ai dit qu'il auroit fallu dépêcher un courrier au pape et lui écrire. La proposition a été acceptée. *On* a renvoyé quérir M. de Torcy. J'espère qu'il apportera la lettre du pape avant qu'*on* sorte de chez moi. Voilà, monseigneur, comme Dieu tourne les cœurs quand il lui plaît.

Je le prie de bénir ce que vous avez jugé à propos qu'on fit.

ANNÉE 1699.

NOTE PRÉLIMINAIRE

L'année 1699 ne renferme que vingt lettres de madame de Maintenon, et quatre qui lui sont adressées. Sur ces vingt lettres, seize sont écrites à l'archevêque de Paris. Elles présentent peu d'intérêt comme l'année elle-même, qui sert de transition entre les grands événements marqués par la paix de Ryswick et ceux qui vont signaler le commencement du dix-huitième siècle.

Les seuls faits notables de 1699 pour la vie de madame de Maintenon sont la condamnation du livre de Fénelon et la mort de madame de Montchevreuil.

Les *Lettres historiques et édifiantes* renferment quatorze lettres pour cette année : une à la communauté, quatre à madame du Pérou, trois à madame de Berval, deux à madame de Glapion, une à madame de Veilhant, une à madame de Riancourt, deux à une demoiselle de Saint-Cyr.

1. Garde-meuble du roi. Il en sera question plus loin.

LETTRE XLIII

A M. L'ARCHEVÊQUE DE PARIS[1].

3 janvier 1699.

Le roi trouve bon, monseigneur, que vous disiez à M. le nonce, de sa part, ce que vous jugerez à propos pour la décision de l'affaire. On peut vous donner un plein pouvoir, sans craindre que vous en abusiez[2].

Vous saurez bientôt, si vous ne le savez déjà, que les jésuites ne veulent point d'accommodement. Je suis bien fâchée de ne pouvoir de longtemps avoir l'honneur de vous entretenir.

J'ai vu ce matin le père de La Chaise; ceux qui aiment l'épiscopat ont quelque chose à souffrir.

LETTRE XLIV

NOTE PRÉLIMINAIRE

Cette lettre est la première d'un précieux volume d'autographes appartenant à M. le duc de Cambacérès et qui a simplement pour titre : *Lettres de madame la princesse des Ursins à madame de Maintenon* en 1706, 1707, 1708, 1709. La plupart de ces lettres ont été publiées en 1859, par M. Geffroy, d'après une copie qu'il a trouvée à la bibliothèque royale de Stockholm. Cette copie a été assez exactement faite, probablement dans le siècle dernier, sur les autographes que je viens d'indiquer. Je marquerai les diffé-

---

1. *Autographe* du cabinet de M. le duc de Cambacérès.
2. Voir la lettre précédente.

rences les plus importantes. Le livre de M. Geffroy renferme, outre ces lettres à madame de Maintenon, des lettres de la princesse des Ursins à la maréchale de Noailles, à Chamillart, etc. Cette première lettre ne se trouve pas dans son recueil; elle ne porte pas de suscription.

Marie-Anne de la Trémoille était née en 1642. Elle fut mariée en 1659 à Adrien de Talleyrand, prince de Chalais. Elle connut alors madame Scarron à l'hôtel d'Albret, et ces deux femmes, qui devaient, après des fortunes si diverses, se rencontrer dans le gouvernement de deux royaumes à la fin de leur carrière, conçurent dès lors l'une pour l'autre une grande estime. En 1663, le prince de Chalais fut forcé par un duel de se réfugier en Italie avec sa femme; il y mourut en 1669. Anne de la Trémoille se trouva veuve à vingt-huit ans. « Elle étoit jeune, belle, de beaucoup d'esprit, avec beaucoup de monde, de grâces et de langage. » (*Saint-Simon*, t. III, p. 161.) Elle resta à Rome aimée ou protégée par le cardinal d'Estrées, qui, en 1674, lui fit épouser le duc de Bracciano, de la famille des Orsini, « le premier laïque de Rome, dit Saint-Simon, sans dispute d'aucun. » Elle vécut mal avec son mari, s'en sépara après quelques années, vint à Paris, où elle séjourna à différentes fois jusqu'en 1698, où le duc de Bracciano mourut. Elle retourna en Italie, recueillit les débris de la fortune de son mari, prit alors le nom de princesse *des Ursins* (Orsini), et mena à Rome une existence princière mêlée d'intrigues politiques, où elle servit constamment les intérêts français.

A l'époque où nous sommes arrivés, elle avait cinquante-sept ans, et commençait à travailler en faveur de la France pour la succession de la monarchie espagnole. Elle recevait une pension de Louis XIV, avait gardé ses amitiés et ses relations avec la cour de France, mais on ne voit pas qu'elle ait eu, en ce temps, de correspondance avec madame de Maintenon. La principale de ses amies était, ce semble, la maréchale de Noailles, à qui probablement est adressée la lettre suivante :

LA PRINCESSE DES URSINS A MADAME DE ***[1].

A Rome, ce 10 janvier 1699.

J'ai appris, madame, par un courrier extraordinaire dépêché à M. le cardinal de Bouillon, que le roi a eu la bonté de faire donner deux mille écus à ma nièce[2], quoique je ne sache point encore de quelle manière cela s'est fait. Je suppose qu'il y a bien là-dedans quelque chose de votre façon, et, en vérité, je vous en rendrois mille très-humbles grâces à tout hasard, si toutes les autres obligations que je vous ai ne m'avoient fait prendre le parti de ne vous plus remercier. Sur ce principe qui me soulage beaucoup, sans vous rien dire de ma reconnoissance, je me servirai de votre canal, s'il vous plaît, pour témoigner à madame de Maintenon combien je me sens touchée et honorée de toutes les honnêtetés que vous m'avez faites de sa part sur la mort de ma sœur. Vous parlant à cœur ouvert, madame, je crois être plus sensible qu'une autre à ses bontés, je ne sais si cela vient de l'idée que j'ai toujours eue de son mérite ou de la forte inclination que j'ai eue en tout temps pour sa personne. Il faut vous laisser

---

1. *Autographe* du cabinet de M. le duc de Cambacérès.

2. « Le roi fait donner à mademoiselle de Lanti 2,000 écus pour la ramener à Rome : c'est une fille de treize à quatorze ans qui avoit suivi sa mère qui est morte à Paris. » (Dangeau, t. VI, p. 477.) La duchesse de Lanti était une sœur de la princesse des Ursins, que celle-ci avait mariée à Rome. Elle était venue quelques mois auparavant à Paris pour consulter les médecins sur un cancer, et elle y mourut. Le recueil de M. Geffroy renferme plusieurs lettres de la princesse des Ursins à la duchesse de Lanti.

approfondir cette matière et espérer, madame, que vous voudrez bien perfectionner votre ouvrage, en faisant connoître à madame de Maintenon à quel point je lui suis absolument dévouée.

Je viens de recevoir une lettre de M. de Monaco[1]. Je me confirme toujours que ses bonnes intentions et l'envie de me rendre service augmentent à mesure qu'il vous parle ; car cette dernière lettre est encore plus honnête et plus obligeante que les autres. M. le cardinal de Bouillon a débité que son départ étoit retardé[2] et que nous ne l'aurions ici qu'à la fin de mars au plus tôt. Le pape l'attend avec beaucoup d'impatience ; je n'en ai pas moins que lui et avec raison, car je suis dans le fort de mes affaires, et je ne sais si M. le cardinal de Bouillon ne me traverse pas sous main autant qu'il peut, au lieu de m'aider suivant les ordres qu'il a plu au roi de lui donner. M'étant venu voir à la mort de ma sœur, je croyois qu'il vouloit mieux vivre dans les suites avec moi ; mais comme il a laissé passer les premiers jours de l'année sans me rendre visite, quoique ce soit un usage qui se pratique entre les personnes les plus indifférentes, j'ai lieu de croire que ses intentions sont toujours les mêmes. L'on m'a dit qu'il est vivement piqué contre moi de ce que j'ai engagé M. le prince Pamphile à prêter à M. le prince de Monaco une maison où il pourra demeurer, jusqu'à ce qu'il ait choisi lui-même un palais pour son ambassade. Il est vrai que

1. Le prince de Monaco avait été nommé ambassadeur à Rome à la place du cardinal de Bouillon.
2. Le départ du prince de Monaco.

M. l'ambassadeur n'ira point descendre chez lui, comme il s'en étoit toujours flatté. Mais j'ai fait ce qu'il m'a demandé avec empressement, et je ne vois pas pourquoi cela me doit faire un démérite. Ne me trouvez-vous pas dans une étrange situation? Telle qu'elle soit, elle ne sauroit m'empêcher de sentir extrêmement la satisfaction que j'ai d'avoir une amie aussi généreuse et aussi parfaite que vous, madame. Je rends mille très-humbles grâces à toute votre famille de la part qu'elle me fait l'honneur de prendre à ma douleur. Je vous honore et vous aime plus que personne au monde.

LA PRINCESSE DES URSINS.

LETTRE XLV

A M. L'ARCHEVÊQUE DE PARIS [1].

A Marly, le 20 janvier 1699.

Ne croyez pas, monseigneur, que j'aie oublié de dire au roi que vous le priez de faire écrire à M. de Bagnolles, et encore moins que je vous aie dit l'avoir fait si j'y avois manqué. Le roi l'a oublié : il vient de me dire que vous aviez chargé M. de Noailles de l'en faire souvenir ; et j'ai eu peur que votre confiance ne diminuât.

Le roi a lu l'arrêt[2] et n'a point senti le petit mot

---

1. *Autographe* du cabinet de M. le duc de Cambacérès.
2. On lit dans le *Journal de Dangeau* : « On a fait brûler ces jours ici, à Paris, par la main du bourreau, un livre qui étoit fort

sur ses bons amis. Il a été charmé de l'éloquence de M. d'Aguesseau.

Nous avons vu des réponses de Rome, qui sont fort vagues. Je ne devrois pas parler sur cette affaire, mais je ne puis m'empêcher de vous dire que je crains qu'on n'en demande trop, qu'à force d'attaquer le pur amour, de vouloir trop de qualifications, on ne perde une censure qui auroit été meilleure, quelque générale qu'elle eût pu être, que de n'en avoir point du tout.

injurieux à M. l'archevêque de Paris, et M. le premier président n'a pas voulu que cela se fît seulement par la police; il a fait donner là-dessus un arrêt du parlement afin de rendre la condamnation plus authentique. » (T. VII, p. 10). Ce livre avait pour titre : *Problème ecclésiastique proposé à M. l'abbé Boileau, de l'archevêché : A qui l'on doit croire de messire Louis-Antoine de Noailles, évêque de Châlons en 1695, ou de messire Louis-Antoine de Noailles, archevêque de Paris ?* Voici ce que contenait ce livre attribué au jésuite Doucin, suivant les uns, au bénédictin don Thierry, suivant les autres :

M. de Noailles se voyant soupçonné de jansénisme (Voir la note préliminaire de la lettre xxxvii) à cause de son mandement sur les *Réflexions morales* du père Quesnel; voulut se laver de cette accusation : il publia un mandement sur un autre livre où les erreurs du jansénisme sont développées : c'est le *Traité de la grâce et de la prédestination*, attribué au père Quesnel. Sur cela, l'auteur du *Problème* disait : Comment, étant si semblables que l'un ne peut être ni censuré ni approuvé que l'approbation ou la censure ne retombe sur l'autre, l'un a pu être approuvé et l'autre condamné par le même juge ? Ce *Problème* tendait manifestement à faire passer M. de Noailles ou pour un chef du jansénisme, ou pour un homme d'une doctrine chancelante.

Le prélat en fut très-irrité : il l'attribua aux jésuites, en rendit plainte en justice comme d'un libelle diffamatoire et le fit condamner. Nous reviendrons sur cette affaire qui eut plus tard de graves conséquences.

Le pape ne promet rien, et non pas même la diligence[1].

On est venu ici dans le dessein de tout oublier pour ne penser qu'à se divertir. Voilà, monseigneur, notre catéchisme[2].

LETTRE XLVI

A M. L'ARCHEVÊQUE DE PARIS [3].

A Marly, 27 janvier 1699.

Le père de La Bourdonnaye[4] m'a fait dire qu'il est résolu de quitter Monsieur. J'ai répondu que je crois qu'il le doit à Dieu, à lui-même, à sa compagnie, au monde; peut-être cette démarche effrayera Monsieur[5]. Si j'ai mal répondu, c'est à vous, monseigneur, à le raccommoder; car je ne doute pas qu'il ne vous en parle. J'ai dit aussi que je croyois qu'il

---

1. « On auroit fort souhaité à Rome épargner le livre et l'auteur, sauf à proscrire par des canons ce qu'il y a d'excessif dans les mystiques en général et à autoriser ce qu'il y a de raisonnable : c'étoit un tempérament qui auroit remédié au mal sans flétrir M. de Cambrai. Tout Rome souhaitoit qu'on en usât ainsi, tant M. de Cambrai était aimé et estimé. Le pape n'en fut pas le maître. » (*Mémoires de l'abbé Legendre*, p. 241.)

2. Voir le *Journal de Dangeau*, t. VII, p. 12 et suiv. On y lit à la date du 23 : « Le soir, après souper, il y eut chez madame de Maintenon une mascarade. Monseigneur et madame la duchesse de Bourgogne étoient Zéphyre et Flore, les dames du palais étoient des bergères; et il parut que le roi s'y divertissoit assez. » La duchesse de Bourgogne avait alors quatorze ans et le roi cherchait à l'amuser.

3. *Autographe* du cabinet de M. le duc de Cambacérès.

4. Jésuite, confesseur de Monsieur.

5. Voir Saint-Simon sur les goûts et la vie de ce prince.

faudroit, quand il sera tout à fait résolu, en dire un petit mot au roi. Je voudrois que ce mot passât par vous : ce seroit une occasion de jeter quelque chose.

Le roi me dit hier que l'affaire de Blois alloit finir, et que le pape vouloit bien vous en renvoyer l'examen [1]. Je parlai pour séparer les évêchés trop étendus, parce qu'on m'a dit que ce seroit un grand bien.

La reine d'Angleterre m'entretint longtemps hier de vos louanges. Un de ses aumôniers, qui est homme de mérite, lui a rendu compte de votre audience [2], dont il est charmé ; quant à moi, monseigneur, je trouve très-mauvais qu'elles ne soient pas bornées. Si vous vous livrez à l'indiscrétion du public, vous n'y pourrez résister.

LETTRE XLVII

A M. L'ARCHEVÊQUE DE PARIS [3].

Ce 15 février 1699.

Je ne puis vous dire, monseigneur, à quel point je suis touchée de l'état où je vous ai vu aujourd'hui [4]. Que le témoignage de votre conscience vous en console, je vous conjure !

Je ferai le meilleur usage que je pourrai de notre

1. La séparation de l'évêché de Chartres en deux diocèses et la création d'un évêché à Blois.
2. L'audience que le prélat donnait au public.
3. *Autographe* du cabinet de M. de Cambacérès.
4. « M. de Noailles versait des larmes quand il lui arrivait quelque échec, » dit l'abbé Legendre.

conversation, mais il faut prendre son temps. *On* a travaillé avec M. Pelletier[1], et l'on s'en dédommage sur le logement de Marly. On répète des danses dans mon cabinet, et j'ai plus d'envie de pleurer que de m'en divertir[2].

LETTRE XLVIII

A M. L'ARCHEVÊQUE DE PARIS[3].

A Saint-Cyr, ce 6 mars 1699.

On ne veut point les trois mots sous lesquels j'ai tiré une ligne, monseigneur : c'est une suite de la naissance et de l'éducation, qui se dérobe toujours à la vérité et qui croit cacher les choses quand on n'en parle pas. J'en ai vu bien des exemples ; tout cela sont de nouveaux motifs pour redoubler nos prières pour eux. Je vous parle avec liberté, monseigneur ; c'est mon inclination et l'effet de mon estime.

LETTRE XLIX

LOUIS XIV A MADAME DE MAINTENON[4].

A midi (dimanche 22 mars 1699).

Il vient d'arriver un courrier de Rome, qui apporte la condamnation du livre de l'archevêque de

---

1. Intendant des finances et chargé des fortifications : c'était le frère de l'ancien ministre Pelletier.
2. Voir *le Mercure* de février 1699 et le *Journal de Dangeau*, t. VII, p. 28 et suiv.
3. *Autographe* du cabinet de M. de Cambacérès.
4. *Autographe* de la bibliothèque du Louvre.

Cambrai. Je vous l'envoie dans ce paquet pour que vous voyiez le détail de tout. Elle est latine; quelque père de la mission vous l'expliquera[1]. Voilà une affaire finie présentement; j'espère qu'elle n'aura plus de suites qui fasse de la peine à personne[2]. Je ne saurois vous en dire davantage à cette heure; ce sera pour à ce soir[3].

1. C'est-à-dire l'un des prêtres qui desservaient Saint-Cyr. Madame de Maintenon était dans cette maison quand elle reçut ce billet de Louis XIV.
2. Ce passage est à l'adresse de madame de Maintenon, qui avait eu tant de chagrin de cette affaire. (Voir plus haut, p. 236.)
3. On lit dans le *Journal de Dangeau* : « Le courrier de Rome qu'on attendoit arriva le matin; il apporta la condamnation du livre de M. de Cambrai, dont il y a vingt-trois propositions qualifiées avec les mots de dangereuses, de téméraires et d'erronées. Le pape excommunie tous ceux qui le liront ou qui le garderont chez eux. Le roi dit cette nouvelle à Monsieur à son dîner, et M. de La Rochefoucault, à qui le roi en parla en allant au sermon, tint des discours très-honnêtes sur M. de Cambrai, assurant Sa Majesté qu'il se soumettroit sans hésiter. On prétend même que sa lettre pastorale sur ce sujet est déjà faite, parce qu'il y a quelque temps déjà qu'il prévoit sa condamnation. » (T. VII, p. 52.)
Saint-Simon ajoute : « M. de Cambrai apprit presque en même temps son sort... Il alloit monter en chaire; il ne se troubla point; il laissa le sermon qu'il avoit préparé, et sans différer un instant de prêcher, il prit son thème sur la soumission due à l'Église; il traita cette matière d'une manière forte et touchante, annonça la condamnation de son livre, rétracta son opinion qu'il y avoit exposée, et conclut son sermon par un acquiescement et une soumission parfaite au jugement que le pape venoit de prononcer. » (T. IV, p. 95.)

LETTRE L

A M. L'ARCHEVÊQUE DE PARIS [1].

A Saint-Cyr, 25 avril 1699.

J'ai parlé deux fois au roi des maîtresses d'école du diocèse de Séez, et les deux fois il m'a répondu très-sèchement pour vous et pour moi. Il a une grande opposition aux communautés[2], et dit que vous les aimez trop. J'aurois pu lui en dire quelques raisons, mais c'est parler très-inutilement quand il a été prévenu. Voici le pays des dégoûts, monseigneur, et un bon noviciat pour le détachement.

Je voudrois bien dîner avec vous, mais vous venez le lundi, et M. Chamillard veut le mardi; accommodez-vous tous deux.

Vous verrez, monseigneur, de quoi il s'agit par le billet que je vous envoie du père David à madame de Brinon. Le roi veut bien qu'on imprime ce manifeste au Louvre, pourvu que vous l'ayez vu et approuvé. M. de Pontchartrain a reçu ses ordres là-dessus. C'est, monseigneur, tout ce que j'ai le temps de vous dire.

1. *Autographe* du cabinet de M. le duc de Cambacérès.
2. Il croyait « qu'il étoit de la politique générale du royaume de diminuer ce grand nombre de religieux, dont la plupart étant inutiles à l'Église sont onéreux à l'État. » (*Instructions pour le Dauphin* dans les *OEuvres de Louis XIV*, t. II, p. 270.)

LETTRE LI

A M. BERNARD, INTENDANT DES DAMES DE SAINT-LOUIS [1].

A Marly, ce 2 mai 1699.

Je vous prie de ne dédier votre thèse ni aux Dames de Saint-Louis, ni à moi ; on ne sauroit trop peu parler de nous. Je vous en ai la même obligation que si vous l'aviez fait, et je voudrois vous en pouvoir marquer ma reconnoissance.

Je suis ravie de ce qu'à Saint-Cyr le spirituel marche devant le temporel, c'est l'ordre de Dieu ; mais je vous assure que les Dames ont grande envie de connoître leurs affaires, et que vous les obligez fort, et moi aussi, par le soin que vous prenez de les instruire. Pouvez-vous croire que nous négligeons le temporel, quand nous en chargeons celle qui avoit été jugée digne de la supériorité, et qui s'en est si bien acquittée [2] ?

LETTRE LII

A M. L'ARCHEVÊQUE DE PARIS [3].

Ce 4 juin 1699.

Si l'on avoit assez d'argent pour en donner partout, ce ne seroit pas un grand inconvénient de le

---

1. *Manuscrits des Dames de Saint-Cyr.*
2. Madame de Fontaines. Voir sur cette religieuse la *Maison royale de Saint-Cyr*, p. 408.
3. *Autographe* du cabinet de M. le duc de Cambacérès.

mal placer quelquefois; mais comme on n'en a guère[1], je crois qu'il faut faire ses aumônes avec discernement. Mon expérience m'a appris qu'on donne souvent à des personnes qui prennent à toute main, et qui par là en ont trop pendant que d'autres en manquent[2]. Ces raisons m'ont obligée à faire passer par vous ce que je donne à madame de Rochechouart, qui vous demande peut-être, et à qui vous donnez déjà. Je voudrois en user de même pour madame de Tallouet, et que vous prissiez soin de son âme, et moi de son corps. Mais, monseigneur, il ne faudroit point me nommer, et je regarderois comme un bien que ces personnes-là crussent vous devoir tout. Vous n'êtes pas en peine que Dieu n'entende bien la part que j'y aurois, et vous me sauverez par là mille importunités. Mandez-moi si vous voulez ne pas me nommer dans les petites charités que je ferai par vous : je me fierai à votre parole, et je prendrai mes mesures là-dessus. J'espère dîner mardi dans la rue de Noailles. Je ne sais qui aura l'évêché de Luçon; mais je répondrois bien que le père Séraphin[3] ne l'aura pas.

1. La Beaumelle met : « Mais comme on en a fort peu et qu'on a de bonnes raisons de ne pas se soucier d'en avoir beaucoup... »

2. La Beaumelle met : « C'est un vol qu'elles font à ceux qui sont plus honteux et moins secourus. »

3. Capucin qui prêchait souvent à la cour et dont nous avons parlé plus haut.

LETTRE LIII

A M. L'ARCHEVÊQUE DE PARIS[1].

A Marly, ce 7 août 1699.

Je vais commencer ma lettre sans espérance de l'achever aujourd'hui. Nous arrivons de Lucienne, nous nous en allons à la chasse, nous reviendrons à la promenade ; et M. le duc de Bourgogne soupe dans ma chambre. Que ces jours-là sont différents des vôtres, monseigneur, qui entassez les bonnes œuvres les unes sur les autres !

Voyez la lettre qu'on m'écrit. J'ai pensé l'envoyer à M. de la Vallière ; mais ma pente est de m'adresser à vous, monseigneur. J'ai parlé à M. de Chevreuse, qui dit qu'il ne peut rien sur son frère.

Le roi me raconta une partie de la conversation que vous avez eue la veille ; mais nous en avons eu depuis une dont il faudra que je vous rende compte. Il faudroit dîner dans la rue de Noailles la première fois que vous viendrez.

J'ai bien du chagrin sur mon frère[2], et M. Doyen est moins habile qu'il n'est saint. Il faut que tout tombe sur vous, et que vous décidiez de ce que nous aurons à faire.

Voyez aussi, monseigneur, la lettre que m'écrit le premier président ; et que M. le curé de Saint-Sulpice ne m'engage à rien de déraisonnable. Le roi

---

1. *Autographe* du cabinet de M. de Cambacérès.
2. Voir la note 2 de la lettre du 6 mai 1698, p. 232, et l'appendice de la lettre du 25 novembre 1699, p. 299.

me paroit bien scandalisé des entreprises et de l'ardeur des dévots. Il vous distingue comme je vous le dirai.

Je suis bien étonnée d'avoir enfin achevé ma lettre.

LETTRE LIV

A MADAME LA COMTESSE DE CAYLUS [1].

Ce 14 août 1699.

J'ai fait voir à M. l'abbé de Lignerac la part que je prends au mariage de mademoiselle de Caylus [2] avec M. son neveu; il m'en a fait voir les conditions, et de la façon qu'un de ses amis m'en a parlé, et auquel on peut se fier, c'est une bonne affaire pour la demoiselle, qui, de son côté, est un bon parti par sa naissance et par sa conduite. Madame de Lignerac a du bien et beaucoup d'années.

Adieu, ma chère nièce, j'espère vous voir avant Fontainebleau.

APPENDICE A LA LETTRE LIV

A cette époque, madame de Caylus était exilée de la cour depuis un an. Voici comment elle raconte les causes de sa disgrâce :

1. *Manuscrits des Dames de Saint-Cyr.*
2. On lit dans le *Journal de Dangeau* à la date du 18 août : « Mademoiselle de Caylus, sœur de Caylus, menin de Monseigneur, et qui a 100,000 francs en mariage, épouse Lignerac, colonel d'infanterie, qui a 7 ou 8,000 liv. de rente de son père, et à qui l'abbé de Lignerac, son oncle, assure tout son bien. » (T. VII, p. 131.)

« Je m'attachai, malgré les remontrances de madame de Maintenon, à madame la Duchesse. Elle eut beau me dire qu'il ne falloit rendre à ces gens-là que des respects et ne jamais s'y attacher ; que les fautes que madame la Duchesse feroit retomberoient sur moi, et que les choses raisonnables qu'on trouveroit dans sa conduite ne seroient attribuées qu'à elle : je ne crus pas madame de Maintenon ; mon goût l'emporta, je me livrai tout entière à madame la Duchesse, et je m'en trouvai mal.

« Pendant une campagne (1693) les dames suivirent le roi en partie... Madame la Duchesse ne suivit pas parce qu'elle étoit grosse : elle demeura à Versailles, et quoique je le fusse aussi, ce qui m'empêcha de suivre madame de Maintenon, on ne me permit pas de demeurer avec elle. Madame de Maintenon m'envoya avec madame de Montchevreuil à Saint-Germain, où je m'ennuyai, comme on peut croire. Il arriva qu'un jour étant allée rendre visite à madame la Duchesse, je lui parlai de mon ennui, et lui fis sans doute des portraits vifs de madame de Montchevreuil et de sa dévotion, qui lui firent assez d'impression pour en écrire à madame de Bouzzolès d'une manière qui me rendit auprès du roi beaucoup de mauvais offices. Le roi fut curieux de savoir sur quoi leur commerce pouvoit rouler ; et malheureusement cet article qui me regardoit tomba ainsi entre ses mains. On regarda ces plaisanteries, qui m'avoient paru innocentes, comme très-criminelles ; on y trouva de l'impiété, et elles disposèrent les esprits à recevoir les impressions désavantageuses qui me firent enfin quitter la cour pour quelque temps. Ainsi madame de Maintenon avoit eu raison de m'avertir qu'il n'y avoit rien de bon à gagner avec ces gens-là. »

Madame de Caylus ne dit pas toute la vérité : « les impressions désavantageuses qui lui firent enfin quitter la cour » ne venaient pas de quelques plaisanteries sur madame de Montchevreuil, qui dataient de cinq ans, mais de sa liaison presque ouvertement déclarée avec le duc de Villeroy, qui lui resta attaché pendant toute sa vie[1]. Malgré sa disgrâce, madame de Maintenon continua de voir sa nièce et de lui écrire, mais avec froideur.

LETTRE LV
A M. L'ARCHEVÊQUE DE PARIS[2].

A Marly, ce 22 août 1699.

J'ai montré votre grande lettre au roi, monseigneur, qui est propre à faire tous les bons effets que vous désirez. Il est bien résolu d'acquitter le vœu du feu roi[3].

La mort de madame d'Espinois a surpris, et c'est tout[4]. *On* se défait des idées tristes le plus tôt qu'on peut; et j'ai vu plus de gens résolus à se faire saigner de temps en temps qu'à faire une bonne confession.

Le roi n'a rien répondu sur les chanoines de Saint-Ruf; mais je crois voir en tout qu'il reçoit toujours ce qui vient de vous avec respect et déférence.

1. On lit dans une lettre du marquis de Lassay qui date probablement de 1695 : « J'allai souper chez madame de Caylus, où il n'y avait que le comte de Fiesque, l'abbé de Bussy et mademoiselle de Grammont; ils me dirent que madame de Caylus avoit joué la désespérée tout le jour; cependant, sur la fin du souper, elle noya sa douleur dans le vin et dans l'eau-de-vie brûlée, et le comte de Fiesque chanta des chansons de Blot; on parla pourtant encore un peu du duc de Villeroy. » (T. II, p. 39.)

2. *Autographe* du cabinet de M. de Cambacérès.

3. Cette résolution datait de l'année précédente. Dangeau écrit le 19 décembre 1698 : « Le roi a fait donner une somme considérable à Messieurs de Notre-Dame de Paris pour un autel : c'étoit un vœu qu'avoit fait le feu roi. »

4. Elle était morte subitement en arrivant à Versailles. (Voir Saint-Simon, t. III, p. 224.)

Le petit mot sur ce que vous vous renfermez dans votre diocèse, mais que Dieu me demande de parler de tout, l'accoutumera à me voir faire ce personnage. Depuis notre dernier éclaircissement, il reçoit tout avec moins de répugnance. Je sais, monseigneur, que vous devez travailler lundi avec le roi; et j'avois compté de ne partir pas si matin qu'à mon ordinaire, afin d'avoir l'honneur de vous voir. Mais puisque l'heure vous est indifférente, venez à Saint-Cyr, monseigneur, quand il vous plaira.

Le roi aura de la peine à décider contre votre opinion, dans ce qui regarde les nouveaux convertis; cependant, la plus générale est de les forcer d'assister à la messe. Pensez-y bien encore. On prétend que M. de Meaux revient à cet avis.

J'ai bien eu de la peine à trouver ce moment pour vous écrire. Le roi me garde à vue; et je ne vois plus qui que ce soit.

Que ne donnerois-je pas pour que M. Doyen vît votre billet? Il seroit aguerri pour bien pis que des asperges. Je suis ravie de vous voir un peu de gaieté dans un embarras continuel.

LETTRE LVI

A M. L'ARCHEVÊQUE DE PARIS [1].

A Saint-Cyr, septembre 1699.

Le roi se trouve dans un grand embarras sur la différence des avis de messieurs les évêques. Celui de

1. *Autographe* du cabinet de M. de Cambacérès.

M. de Reims est bien décisif pour ne pas laisser entrer les mauvais convertis dans les églises. Celui de M. de Sens est embrouillé; mais il me semble qu'il veut qu'on les force d'aller à la messe. M. de Basville est de la même opinion, et ne fut jamais accusé d'être violent; beaucoup d'évêques de Languedoc sont pour lui. Je vois des gens de bien de ce sentiment, qui prétendent que ceux qui n'en sont pas se fondent sur ce qu'on ne doit pas assister à la messe, quand on est en péché mortel. Vous entendez, monseigneur, ce que cela veut dire, qui reviendra bien sûrement au roi. Je sais que vous ne suivez que les lumières de votre conscience, mais je dois vous avertir de tout. Vous me pardonnerez de craindre tout ce qui peut s'opposer à la confiance du roi pour vous, si nécessaire pour son salut et pour toutes sortes de bonnes œuvres : il m'a paru disposé à vous entretenir longtemps. Je ne sais où vous trouverez celui de me voir[1].

LETTRE LVII

A M. L'ARCHEVÊQUE DE PARIS [2].

Fontainebleau, 7 septembre 1699.

J'ai lu au roi, monseigneur, la lettre de madame de Gersay, et fort inutilement : il dit que le sieur

---

1. La Beaumelle ajoute toute cette phrase de son invention : « Il me semble que votre avis est une condamnation de tout ce que l'on a fait jusqu'ici contre les pauvres gens. On n'aime pas à revenir de si loin, et l'on a toujours cru qu'il leur falloit pourtant une religion. »

2. *Autographe* du cabinet de M. de Cambacérès.

Amiot n'est pas seulement à la Bastille pour avoir laissé sortir de France sa fille, mais qu'il se conduisoit fort mal lui-même, et qu'on avoit toujours cru devoir arrêter les pères pour les obliger à faire revenir les enfants.

On nous assure ici que le public est content du chancelier et du contrôleur général[1]. Le premier vouloit un autre successeur, et le second est effrayé du poids dont on le charge. Rien ne contente ici-bas. Je le vois tous les jours de bien près. On me fait finir plus tôt que je ne voulois.

LETTRE LVIII

A M. L'ARCHEVÊQUE DE PARIS[2].

Fontainebleau, 20 septembre 1699.

Quoique je n'aie ni temps, ni santé, depuis que je suis ici, j'aurois trouvé un moment pour vous écrire, monseigneur, si j'avois pu en obtenir un pour faire écouter la lettre de M. de Bonrepaux. Enfin, j'y parvins hier au soir; et *on* me dit qu'on ne pouvoit accorder une place de colonel réformé à ce gentilhomme, mais bien une pension de douze cents livres, quand on

---

1. Le chancelier Boucherat était mort le 2 septembre. Le roi avait nommé pour le remplacer M. de Pontchartrain, contrôleur général des finances, et à la place de M. de Pontchartrain, il avait nommé M. de Chamillart. Ces deux nominations furent approuvées du public. « Le peuple, racontait madame de Maintenon, disoit à la porte des églises, en parlant de M. de Chamillart : « Pour le coup, « en voilà un bon ! il aime le peuple. »
2. *Autographe* du cabinet de M. de Cambacérès.

saura son nom. Pour la princesse, on en est bien embarrassé[1], et on ne veut lui donner que mille écus : ce ne sera pas de quoi soutenir son rang.

J'ai donné le placet des réunis de la paroisse de Saint-Étienne-du-Mont ; je ne sais ce qu'il aura produit. Il me semble, monseigneur, que voilà toutes vos commissions. Celle de madame la comtesse d'Auvergne est mieux reçue que les autres, parce qu'elle ne demande rien ; et on vous l'abandonne pour le temps de sa conversion[2].

J'ai été bien aise de vous savoir en retraite, dans l'espérance que vous y aurez trouvé de nouvelles forces d'esprit et de corps. Je voudrois que vous y eussiez pris des résolutions de n'en pas abuser. Votre austérité me fait peur. J'en ai vu mourir madame votre mère, et je suis persuadée que sa piété avoit le même caractère que la vôtre, à proportion de ce qu'elle étoit. Cette réflexion me fait souvent trembler pour vous, et nous en parlons dans la famille. Nos saints princes de Saint-Germain sont charmés de vous[3]. Et moi, monseigneur, je languis ici encore plus qu'ailleurs, n'ayant pas la diversion de Saint-Cyr, et voyant souvent ce que je ne voudrois pas voir. Mais je suis partout également la personne du monde qui vous honore le plus.

1. Voir plus loin p. 313.
2. La comtesse d'Auvergne était protestante, de la maison d'Arensberg-Vassenaër. Le roi n'avait permis au comte d'Auvergne de l'épouser (avril 1699) qu'avec l'espérance qu'elle se ferait catholique.
3. Le roi et la reine d'Angleterre étaient à Fontainebleau.

A MADAME DE MAINTENON (1699). 291

LETTRE LIX

NOTE PRÉLIMINAIRE

On lit dans le *Journal de Dangeau*, au 21 octobre : « Madame de Montchevreuil, qui revenoit de Fontainebleau avec madame de Maintenon, se trouva fort mal en chemin; elle fut obligée de demeurer quelques heures au Plessis; cependant elle arriva ici le soir, mais si mal, qu'on ne croit pas qu'elle puisse résister à la violence de cette rechute ici. » Et le dimanche 25 : « La pauvre madame de Montchevreuil mourut ici le matin sur les six heures, bien regrettée de ses amis; elle est morte comme une sainte, comme elle avoit vécu. Madame la duchesse de Bourgogne alla de bonne heure à Saint-Cyr, d'où elle revint dans le carrosse de madame de Maintenon, qui est affligée au dernier point de la mort de madame de Montchevreuil. On ne sauroit mieux faire que fait madame la duchesse de Bourgogne pour la consoler. » Et le 31 : « Le roi vit dans son petit appartement le bonhomme Montchevreuil, et Sa Majesté lui parla de la manière la plus obligeante et la plus propre à adoucir sa douleur; il finit la conversation en lui disant : Ne me regardez pas comme votre bienfaiteur et votre maître, mais comme votre ami, et parlez-moi dans cette confiance de tout ce qui regardera vous et votre famille. » (T. VII, p. 173, 175, 179.)

Saint-Simon (t. I, p. 64) fait, sur l'origine de la fortune de madame de Montchevreuil, et sur les causes de son intimité avec madame de Maintenon, des contes calomnieux qui ne soutiennent pas le moindre examen. Je ne crois pas nécessaire de les réfuter après ce que j'ai dit de la jeunesse de madame de Maintenon. (T. I, p. 52, 64, 80, de la *Correspondance générale*.) Voici maintenant le portrait qu'il fait de cette dame :

« Montchevreuil étoit un fort honnête homme, modeste, brave, mais des plus épais. Sa femme, qui étoit Boucher d'Orsay, étoit une grande créature, maigre, jaune, qui rioit niais, et montroit de longues et vilaines dents, dévote à outrance, d'un maintien composé, et à qui il ne manquoit que la baguette pour être une parfaite fée. Sans aucun esprit, elle avoit tellement captivé madame de Maintenon, qu'elle ne voyoit que par ses yeux, et ses yeux ne voyoient que des apparences, et la laissoient la dupe de tout. Elle étoit pourtant la surveillante de toutes les femmes de la cour, et de son témoignage dépendoient les distinctions ou les dégoûts, et souvent par enchaînement les fortunes. Tout, jusqu'aux ministres, jusqu'aux filles du roi, trembloit devant elle; on ne l'approchoit que difficilement; un sourire d'elle étoit une faveur qui se comptoit pour beaucoup. Le roi avoit pour elle la considération la plus marquée. » (T. I, p. 64.)

Il n'y a point de lettres de madame de Maintenon sur la mort de madame de Montchevreuil; et de toutes les lettres de condoléance qu'elle dut recevoir, nous n'avons que celle du duc du Maine.

LE DUC DU MAINE A MADAME DE MAINTENON [1].

25 octobre 1699.

Je connois mieux qu'un autre, madame, la peine où vous êtes de l'amie que vous venez de perdre, et j'en juge aisément par celle que j'en ressens moi-même. C'est présentement de M. de Montchevreuil que je suis en inquiétude, ne sachant comment il pourra soutenir cette séparation. Consolez-vous, madame, par le souvenir de la vertu de notre amie; ce qui feroit redoubler les pleurs des incrédules doit consoler les vrais chrétiens; songez que la mort des saints est précieuse devant Dieu, qu'il est de l'ordre de sa providence de retirer à lui les uns, et de laisser

---

1. *Manuscrits des Dames de Saint-Cyr.*

les autres sur la terre. Gardez-vous donc bien, je vous en conjure, de troubler par une trop grande douleur cet ordre admirable, en faisant tort à une santé dont, en ce monde, la nécessité est absolue, et qui produit sans cesse des biens infinis.

APPENDICE A LA LETTRE LIX.

A cette lettre nous ajouterons un fragment de la princesse des Ursins à la maréchale de Noailles, daté de Rome :

« Je me donne l'honneur d'écrire à madame de Maintenon sur la mort de madame de Montchevreuil, et je vous adresse ma lettre, madame, parce qu'elle vaudra quelque chose en passant par vos mains. Ce n'est qu'un simple compliment. J'ai eu besoin de votre conseil pour le hasarder, car je ne sais que trop le peu de temps que cette admirable personne a à donner à des choses aussi inutiles. Vous me donnez bien de la vanité quand vous m'assurez, madame, qu'elle prendroit du plaisir à avoir un commerce réglé avec moi si elle en avoit le loisir. C'est me dire proprement qu'elle m'estime et qu'elle m'honore de son amitié. Il suffiroit que l'on sût en ce pays qu'elle me trouve digne de cette grâce, pour que le Sacré-Collège me regardât avec admiration. Jugez, madame, de ce qui arriveroit si effectivement j'étois en possession de cet avantage. Madame de Maintenon écrit d'une manière si noble et si spirituelle, que je ne sais si ses lettres ne me feroient pas encore plus de plaisir que d'honneur [1]. »

1. *Lettres de la princesse des Ursins,* publiées par M. Geffroy, p. 56.

LETTRE LX[1]

A MADAME LA COMTESSE DE MORNAY[2].

Novembre 1699.

Je ne puis, madame, oublier ni les personnes, ni les choses que madame de Montchevreuil considéroit ; je vous envoie la quête de l'hôpital, qui est de cent un louis et demi. Vous faites très-bien, madame, de demeurer auprès de M. de Montchevreuil; sa santé doit être précieuse à sa famille, et elle l'est à tous les honnêtes gens. Vous êtes louable de préférer les devoirs aux plaisirs, et vous acquerrez par là une bonne réputation, qui est le plus grand de tous les biens. Croyez-moi, madame, très-sincèrement à vous.

LETTRE LXI

MADAME DE MONTESPAN A LA DUCHESSE DE NOAILLES[3].

A Bellegarde, le 2 de novembre 1699.

Je suis si mal instruite de la cour que je ne sais quelle sorte de compliment il vous faut faire sur la mort de madame de Montchevreuil; je l'ai regrettée par moi-même. Je la croyois fort bonne femme, et

---

1. *Autographe* appartenant à la famille de Mornay.
2. C'était la veuve du fils aîné de madame de Montchevreuil, qui avait été tué devant Manheim.
3. *Autographe* de la bibliothèque du Louvre.

d'ailleurs, j'aime toutes mes anciennes connoissances. J'avois prié M. du Maine, qui m'apprit cette nouvelle, d'en faire mes compliments dans sa famille, et même à madame de Maintenon. Je vous demande encore la même grâce, et de les faire de tous points selon qu'il conviendra. Je suis toujours embarrassée dans les occasions pour prendre une juste mesure dans mes démarches. Mon inclination me porteroit très-naturellement à me montrer directement à madame de Maintenon telle que je suis pour elle ; cependant vous savez, madame, que mon commerce n'est pas de son goût. Cela soit dit sans reproches et sans agacerie ; car je suis plus que satisfaite de ce que je reçus d'elle l'année passée par votre moyen ; mais c'est pour vous montrer simplement qu'en effet je suis encore à démêler ce qu'il faut faire pour agréer ; car quand j'ai suivi ma pente naturelle en me laissant oublier, j'ai trouvé qu'on me faisoit plus d'honneur que je ne pensois, et que l'on se souvenoit de moi pour blâmer ma conduite. Tout cela, joint à mon humeur paisible, me fait craindre tous les événements. Je voudrois que chacun demeurât comme il est, que l'on y fût content, et que l'on le fût aussi les uns des autres ; il me semble que cela ne seroit pas si difficile, si chacun vouloit bien n'être occupé que de sa place, tant pour en jouir que pour se la rendre bonne ; mais par malheur les tiers entrent toujours beaucoup plus en jeu qu'il ne convient.

A ce propos-là, on manda hier à madame de Castries que madame de Montmartre étoit morte. Je ne puis rappeler cette idée-là sans attendrissement pour vous et sans vous faire de nouveaux remerciments de votre charmante conduite; je l'ai fait valoir à ma sœur, qui la trouve telle qu'elle est. Vous savez comme elle a toujours été pour vous, et vous pouvez bien penser que vos honnêtetés ne diminuent pas sa tendresse. Nous ne faisons aucune démarche sur cette abbaye. Quand on en voudra donner à de bonnes religieuses expérimentées dans le gouvernement, on pourra jeter les yeux sur ma nièce de Vivonne; c'est à son mérite et à sa piété à solliciter pour elle; car, pour moi, j'ai toujours craint de demander des bénéfices. Vous me trouverez peut-être aujourd'hui dans des dispositions bien détachées; la bonne fête le comporte, et la suite des vapeurs dont j'ai été attaquée à Paris n'y nuit pas. N'en faites aucun usage, je vous supplie, madame, et croyez que c'est purement l'amitié que vous me témoignez qui vous attire cette confiance. Vous voudrez bien faire mille tendres compliments à M. le maréchal, et même à M. l'archevêque; car je suis aussi contente d'eux que de vous, et c'est tout dire.

FR. DE ROCHECHOUART.

LETTRE LXII

A M. L'ARCHEVÊQUE DE PARIS[1].

2 novembre 1699.

Il n'y a qu'à prendre patience sur les affaires de Rome comme en beaucoup d'autres. J'ai bien de la

---

1. *Autographe* du cabinet de M. de Cambacérès.

joie de ce que l'affaire de la signature des docteurs s'est bien tournée ; j'en avois été alarmée sur ce que le roi m'en avoit dit.

Je suis bien contente de la promotion, parce qu'il me semble que vous l'approuverez, monseigneur, et qu'elle marque la considération que le roi a pour vous. M. l'abbé de Fleury [1] n'étoit pas par lui seul un personnage à être sitôt évêque [2].

J'ai eu l'honneur de répondre comme vous quand on m'a dit que l'abbé de la Trappe vouloit reprendre sa démission [3]. Rien ne marque plus combien il est indigne de gouverner que le désir qu'il en a.

Je vous écris, monseigneur, avec ma chambre pleine : le roi, M. le duc de Bourgogne et toute leur suite y sont, et je suis un peu contrainte.

1. C'est l'évêque de Fréjus, depuis cardinal et premier ministre sous Louis XV.

2. *Si vous ne l'aviez pas aidé*, sous-entend madame de Maintenon. Cela semble justifier le récit de Saint-Simon, qui dit que le roi s'était butté à ne pas donner d'évêché à l'abbé Fleury. « Il n'estimoit pas sa conduite et disoit qu'il étoit trop dissipé, trop dans les bonnes compagnies, et que trop de gens lui parloient pour lui. Il l'avoit souvent refusé. Le père de La Chaise y avoit échoué, et le roi s'étoit expliqué qu'il ne vouloit plus que personne lui en parlât davantage... Il en étoit donc là, et sans moyen quelconque d'avancer ni de reculer, lorsque Fréjus vaqua. M. de Paris en prit si généreusement pitié que, malgré les défenses du roi, il se hasarda de faire encore une tentative. Elle fut mal reçue ; mais le prélat fit effort de crédit et insista si fortement et si longtemps, que le roi, d'impatience, céda. »

3. Don Gervaise, qui avait succédé à l'abbé de Rancé. Voir sur cette démission, Saint-Simon, t. IV, p. 21 et suiv.

LETTRE LXIII

A M. L'ARCHEVÊQUE DE PARIS[1].

5 novembre 1699.

Le roi ne veut point s'effrayer de M. d'Elbeuf, monseigneur, et me charge de vous mander que vous n'avez qu'à le lui renvoyer. Il ne le croit pas assez sot pour vouloir se perdre sans ressource.

Voici une lettre qui vous aidera à trouver madame Ulrich. J'ai cru devoir la montrer à madame de Dangeau, dans la crainte qu'on ne trouvât son beau-frère mêlé dans ces vilaines affaires; elle m'assure qu'il n'y a plus de part, qu'il est très-bien converti, vivant retiré, et ne s'occupant que de bonnes œuvres.

Le roi est très-résolu de faire travailler à l'autel de Notre-Dame[2]; il n'est arrêté que par les démêlés qui sont entre M. de Villacerf[3] et M. Mansard. Je l'ai pressé de passer par-dessus ces difficultés et de faire faire un dessin.

Le roi a vu le petit mot que vous me dites sur les hôpitaux et le secours des pauvres : les intentions sont bonnes, mais *on* n'aime pas assez le travail. Le père de La Chaise doit venir ce matin rendre compte de l'affaire de la Trappe.

Décidez, monseigneur, sur la supériorité de la Roquette[4]. Si vous voulez essayer de l'abbé Bignon,

---

1. *Autographe* du cabinet de M. de Cambacérès.
2. Voir la note 2 de la p. 286.
3. Contrôleur général des bâtiments.
4. Les Hospitalières de la Grande-Charité.

je ne pense pas que vous puissiez trouver une communauté de filles moins dangereuses, mais peut-être aussi ce choix ne sera-t-il pas approuvé[1]. Ne faudroit-il point consulter M. de Pontchartrain ? Faites ce que vous jugerez à propos.

LETTRE LXIV

A M. L'ARCHEVÊQUE DE PARIS [2].

25 novembre 1699.

M. le maréchal de Noailles m'avoit envoyé votre mandement. Je suis ravie, monseigneur, d'avoir tout ce qui vient de vous. J'y prends trop d'intérêt pour ne devoir pas en être informée. Je montrerai au roi la lettre des ecclésiastiques de Bordeaux. Je lui ai lu celle de M. d'Autun ; il approuve fort son zèle pour la résidence et fera dire de surseoir l'affaire de M. de Citeaux.[3]

Je crains que M. Doyen ne se fasse une mauvaise affaire en se chargeant de mon frère aux conditions qu'il y veut mettre. Il prétend ne payer que la moitié du louage de la maison, y avoir autant de domestiques et de chevaux qu'il en a chez lui, avoir un suisse à la porte, se retirer à onze heures ou minuit, manger chez lui avec qui il lui plaira, etc. Tout cela ne me paroît guère convenable à une retraite, et je ne ré-

---

1. Il s'agit du savant bibliothécaire du roi, dont les mœurs, si l'on en croit Saint-Simon, ne répondaient pas à la science (Voir t. III, p. 127).
2. *Autographe* du cabinet de M. le duc de Cambacérès.
3. Voir plus loin, p. 306.

pondrois pas qu'il ne vît des femmes et n'attirât un grand ridicule sur cette communauté. Je lui ai fait proposer de prendre soin de ses affaires ; il le refuse, ce qui ne me paroît pas de bon augure. Enfin, monseigneur, je ne vois rien là qu'une légèreté qui, suivant la prudence humaine, sera suivie d'autres légèretés. Si, après toutes ces réflexions, vous croyez qu'il faille hasarder tout ce qui pourra en arriver, je soumettrai volontiers mes vues aux vôtres. Je vous supplie de communiquer cette lettre à M. le curé de Saint-Sulpice.

APPENDICE A LA LETTRE LXIV.

Voici ce que raconte Saint-Simon sur d'Aubigné, et dont le fond paraît être vrai : « Madame de Maintenon, à bout sur un frère si extravagant, fit tant, par Saint-Sulpice, que comme c'étoit un homme tout de sauts et de bonds, et qui avoit toujours besoin d'argent, on lui persuada de quitter ses débauches, ses indécences et ses démêlés domestiques, de vivre à son aise, sa dépense entière payée tous les mois et sa poche de plus garnie, et pour cela de se retirer dans une communauté qu'un M. Doyen avoit sous le clocher de Saint-Sulpice pour des gentilshommes ou soi-disant qui vivoient là en commun, dans une espèce de retraite et d'exercices de piété, sous la direction de quelques prêtres de Saint-Sulpice. Madame d'Aubigné, pour avoir la paix et plus encore parce que madame de Maintenon le vouloit, se retira dans une communauté, et disoit tout bas à ses commères que cela étoit bien dur et qu'elle s'en seroit fort bien passé. M. d'Aubigné ne laissa ignorer à personne que sa sœur se moquoit de lui de lui faire accroire qu'il étoit dévot, qu'on l'assiégeoit de prêtres, et qu'on le feroit mourir chez ce M. Doyen. Il n'y tint pas longtemps sans retourner aux filles, aux Tuileries et partout où il put ; mais on le rattrapa, et on lui donna pour gardien un des plus plats prêtres de Saint-Sulpice, qui le suivoit partout comme son ombre et qui le désoloit. Quelqu'un de meilleur aloi n'eût pas pris un si sot emploi. Mais ce Madot n'avoit rien de meilleur à faire, et n'avoit pas l'esprit de s'occuper ni même de s'ennuyer... » (T. III, p. 100.) Nous verrons que ce M. Madot étoit un digne prêtre qui devint évêque de Belley, puis de Châlons. Madame de Maintenon lui écrivit d'assez nombreuses lettres, et nous en citerons quelques-unes.

LETTRE LXV

A M. L'ARCHEVÊQUE DE PARIS[1].

Le 26 novembre 1699.

Le père de La Chaise a parlé au roi du père Séraphin, dont il a reçu les mêmes plaintes que celles que j'ai eu l'honneur de vous donner, monseigneur. Il est persuadé que c'est une cabale de capucins qui remue tout ce qui se passe là-dessus.

Il me paroît que le roi ne désapprouvera pas que le père Gabriel retourne dans son couvent.

Tourolle[2] l'embarrasse davantage sur le père Alexis[3]. Mais il convient pourtant qu'il n'est pas à propos qu'il confesse, et surtout depuis que je lui ai dit que les missionnaires jésuites trouvoient qu'il fait du mal ici par la fausseté des absolutions qu'il y

1. *Autographe* du cabinet de M. de Cambacérès.
2. Garde-meuble du roi, protecteur et pénitent du père Alexis. (*Note de La Beaumelle.*)
3. Augustin déchaussé du couvent des Loges, près de Saint-Germain-en-Laye. Il était toujours à la cour, sans compagnon, quêtant partout des messes et répandant des absolutions. (*Note de La Beaumelle.*)

donne. Je fis grand plaisir au roi en lui disant l'estime que vous avez pour les jésuites, et il me paroît désabusé de l'opinion où il étoit que les évêques devoient approuver les confesseurs sur la parole des supérieurs de leur maison.

Faut-il vous instruire, monseigneur, de l'affaire de M. l'évêque de Saint-Paul-Trois-Châteaux? Pouvez-vous y entrer et y donner quelque ordre? Je voudrois ne vous dire que des choses nécessaires [1].

LETTRE LXVI

A MADAME DE QUIERJAN [2].

Ce 8 décembre 1699.

Nous avons perdu une digne amie en perdant madame de Montchevreuil; mais je vous assure, madame, que vous n'avez rien perdu par rapport à moi; vous savez, et je ne l'oublie point, combien nous étions liées indépendamment de cette pauvre femme; ne doutez donc jamais, madame, que je ne sois toujours la même pour vous, et que je ne prenne le même intérêt dans toutes vos affaires. Je vous rends mille grâces de vos noix, ce sont les seules bonnes que j'aie trouvées depuis que j'ai quitté le Poitou, et c'est le seul présent que je reçoive avec plaisir; j'en

1. Comme nous n'avons pas la clef des rapports que madame de Maintenon faisait à son archevêque, nous trouvons qu'elle l'entretenait de *choses peu nécessaires*; mais peut-être ces affaires qui nous semblent inutiles et obscures avaient-elles de l'importance ou de l'intérêt pour le moment.
2. *Manuscrits des Dames de Saint-Cyr.*

ai pour longtemps, car je n'en donne guère à personne. Je vous en remercie donc très-fort, et suis bien véritablement, madame, votre très-humble et très-obéissante servante.

LETTRE LXVII

A M. L'ARCHEVÊQUE DE PARIS[1].

17 décembre 1699.

Oui, monseigneur, j'accepte et avec une grande joie le rendez-vous de mercredi, et nous aurons la consolation de recevoir Notre-Seigneur de votre main. Ce sont là les fêtes et les plaisirs des chrétiens. Souvenez-vous bien, monseigneur, que la messe commence à huit heures.

Je crois avoir ouï dire au roi que la profession de foi et l'information de vie et de mœurs se fait devant le cardinal de B... et devant vous. Il ajouta même qu'il falloit vous donner l'ordre afin que vous fissiez tout.

M. l'archevêque de Reims lui dit hier que M. d'Arras avoit fait une ordonnance qui défend la comédie dans son diocèse sous peine d'excommunication. Le roi en étoit un peu fâché. Mais il vient de me lire cette ordonnance qui n'est que pour le temps de l'Avent et avec d'autres circonstances qui la justifient. Je vous écris avec une précipitation dont vous vous apercevrez. Mes contraintes augmentent tous

---

1. *Autographe* du cabinet de M. le duc de Cambacérès.

les jours, et tout est perdu si vous ne me laissez la liberté de mentir[1].

LETTRE LXVIII

A M. L'ARCHEVÊQUE DE PARIS[2].

A Marly, 17 décembre 1699.

J'ai montré votre lettre au roi; il croit que la nouvelle de votre nomination[3] reviendra par Rome.

Il répondit à l'article des ecclésiastiques qu'ils pourroient se relâcher dans l'espérance d'être moins veillés, qu'on ne pouvoit avoir cette opinion de vous, et parla sur cela d'une manière qui me fit plaisir.

Voici un placet dont les Dames de Saint-Louis m'ont chargée pour vous.

Nous sommes ici assez bien. On s'y divertit très-innocemment[4], et votre famille y brille beaucoup.

Le roi a toujours la goutte, mais il me semble qu'il supporte ses incommodités avec plus de patience. Il continue la lecture que vous savez.

1. Ai-je besoin de dire que c'est une raillerie?
2. *Autographe* du cabinet de M. le duc de Cambacérès.
3. La nomination de l'archevêque au cardinalat. Le roi, à la prière de madame de Maintenon, l'avait demandée en secret au pape.
4. « Ce jour-là et le jour d'auparavant, il y eut chez madame de Maintenon de petites loteries pour madame la duchesse de Bourgogne et pour les dames qui sont du voyage... Le soir, il y eut chez madame de Maintenon une petite comédie en prose où jouoient M. le duc de Bourgogne et madame la duchesse de Bourgogne; le comte d'Ayen et quelques dames du palais étoient les autres acteurs. » (Dangeau, t. VII, p. 212.)

LETTRE LXIX.

A M. L'ARCHEVÊQUE DE PARIS[1].

26 décembre 1699.

La quête d'hier n'étant pas destinée, je l'ai demandée à madame la duchesse de Bourgogne pour notre pauvre enfant. Je ne crois pas qu'on en puisse faire un meilleur usage. Recommandez-lui, monseigneur, les pauvres des villages qui sont encore plus à plaindre que ceux des villes. Je vous prie quand vous viendrez ici de remercier madame la duchesse de Bourgogne : il faut tâcher de lui faire aimer les bonnes œuvres en flattant son amour-propre. Je prie Dieu de vous conserver, et que la nuit de Noël, en fortifiant votre âme, n'ait pas affoibli votre santé.

La quête est de cent quatre louis ; faites-les tenir, s'il vous plaît, et si vous les avez ; je vous les rendrai à votre premier voyage ici.

ANNÉE 1700.

NOTE PRÉLIMINAIRE.

Cette année renferme trente-six lettres de madame de Maintenon; sur ces trente-six lettres, vingt-quatre sont adressées à l'archevêque de Paris, qui devient cette année cardinal. Elles sont, comme celles des années précédentes, remplies d'affaires relatives aux questions ecclésiastiques, et ne présentent de l'intérêt que par rapport au roi, qui résiste, par indifférence ou par raison, à l'étreinte minutieusement

1. *Autographe* du cabinet de M. le duc de Cambacérès.

dévote de madame de Maintenon. Celle-ci, comme de coutume, est animée des plus louables intentions; elle excite le roi au bien, à la paix, au soulagement du peuple, mais souvent elle l'obsède de détails fastidieux et, comme le dit une gazette hollandaise, « d'affaires de sacristie. »

Dans les derniers mois de cette année, la correspondance de cette dame change de nature, et prend un grand intérêt. Nous sommes arrivés à la dernière partie du règne de Louis XIV, à la plus grave, à celle de la guerre de la succession d'Espagne; alors commencent les lettres au duc de Noailles, au duc d'Harcourt, qui seront bientôt suivies de celles à la princesse des Ursins.

On trouve pour cette année dans les *Lettres historiques et édifiantes*, t. II, quatorze lettres aux Dames de Saint-Cyr, dont huit à madame de Glapion, une à madame de Berval, une à madame du Pérou, quatre à diverses personnes.

LETTRE LXX

A M. L'ARCHEVÊQUE DE PARIS [1].

A Marly, ce 10 janvier 1700.

Le roi n'a pas changé sur M. l'évêque d'Autun, et il ne laissera pas rapporter son affaire qu'il ne soit ici. Il m'ordonna encore hier au soir de vous en assurer [2].

L'affaire de M. de Reims contre les jésuites est

1. *Autographe* du cabinet de M. le duc de Cambacérès.
2. « L'évêque d'Autun, président-né des États de Bourgogne, disputoit à l'abbé de Cîteaux le droit d'avoir un fauteuil dans cette assemblée... Le roi à la fin voulut juger l'affaire au conseil des dépêches. M. le Prince, gouverneur de Bourgogne, et Ferrand, intendant de la province, furent consultés; leur avis fut favorable à M. de Cîteaux, qui gagna son procès. » (Saint-Simon, IV, 88.)

très-fâcheuse [1]. Il est sûr que ce sera un grand scandale, et quoique le roi assure fort qu'il ne s'en mêlera pas, il est à craindre que M. le premier président ne croie faire sa cour en soutenant les jésuites, et que l'épiscopat n'en souffre. Je remets à lundi matin ce que je pourrai vous mander là-dessus.

LETTRE LXXI.

A M. L'ARCHEVÊQUE DE PARIS [2].

A Meudon, ce 13 janvier 1700.

Je vous envoie tout droit, monseigneur, une lettre de mon confesseur de Saint-Cyr. J'ai rayé les deux premiers articles qui ne valent pas la peine d'être lus. Quant à l'autre, monseigneur, je ne vous demande que la réponse que vous voulez que je fasse. Ce ne sera pas moi que vous trouverez dans votre chemin, et j'espère que je ne voudrai jamais que ce qui vous plaira.

Je ne fus point trompée hier dans la joie que je m'étois figurée. La vilaine chambre où je dînai vaut mieux que les palais où je suis.

1. Voir plus haut page 185. Le roi avait remis l'arbitrage de cette affaire au premier président du Parlement. (Voir Saint-Simon, t. III, p. 126.)
2. *Autographe* du cabinet de M. le duc de Cambacérès.

LETTRE LXXII

A M. L'ARCHEVÊQUE DE PARIS[1].

A Saint-Cyr, ce 31 janvier 1700.

Je suis fâchée que la présence de M. le maréchal de Noailles accoutume le roi à ne vous pas écrire, car ce commerce seroit bon. Il faut espérer qu'il viendra quand l'occasion s'en présentera.

Le roi a de la peine sur les trois jours gras que vous voulez retrancher aux mascarades et aux bals[2], mais il finit toujours par dire qu'il veut être soumis et vous laisser faire. Je crois, monseigneur, qu'il faut accepter cette soumission, afin de l'accoutumer au bien malgré qu'il en ait. Je lui dis que ces trois jours-là retrancheroient bien des péchés. La religion est peu connue à la cour : *on* veut l'accommoder à soi, et non pas s'accommoder à elle[3]; *on* en veut toutes les pratiques extérieures, mais non pas l'esprit[4]. Le roi ne manquera pas à une station ni à une abstinence; mais il ne comprendra point qu'il faille

---

1. *Autographe* du cabinet de M. de Cambacérès.
2. La Beaumelle ajoute : « Les bals ne lui sont pas encore indifférents. » Le roi avait alors soixante-deux ans !
3. La Beaumelle ajoute : « On craint la lumière qui montreroit trop de choses effrayantes. »
4. Louis XIV était très-dur pour tous les dissidents, huguenots, jansénistes, quiétistes, c'étaient des ennemis politiques. D'un autre côté, madame de Maintenon nous apprend qu'il avait *toutes les pratiques extérieures* de la religion, *mais non pas l'esprit*, et Fénelon, avant cette dame, nous avait dit la même chose (Voir dans ce volume, p. 49). Cela semblerait justifier le reproche que lui faisaient les pamphlétaires de Hollande, que la religion n'était pour lui qu'un *instrument de règne*?

s'humilier et prendre l'esprit d'une vraie pénitence, et que nous devrions nous couvrir du sac et de la cendre pour demander la paix [1].

Je lui parlai hier des conseils provinciaux [2] et lui redis tout ce que M. de Meaux m'en avoit dit le matin. Je voulus citer fortement cet évêque, parce qu'il ne passe pas pour être si dévot que ceux qui me parlent quelquefois. Jamais je n'ai trouvé le roi plus ferme, plus en garde.

Je lui montrai ensuite une lettre que m'écrit madame de Mondonville qui demande la liberté, ou au moins quelque adoucissement à sa prison [3]; je lui dis que tous ces exilés contre les formes lui feroient tôt ou tard de la peine. Il me répondit pour toute chose qu'il en avoit toujours vu user ainsi en pareille occasion.

Je ne devrois pas, monseigneur, vous montrer mes peines, qui ne feront qu'augmenter les vôtres, mais

---

1. La mort de Charles II était imminente, et l'on prévoyait de grands troubles en Europe : pour les conjurer, Louis XIV travaillait alors avec Guillaume III à un traité de partage de la monarchie espagnole.

2. Des conciles provinciaux avaient été tenus l'année précédente pour l'acceptation du bref qui condamnait les *Maximes des Saints*. Il s'agissait de prolonger ou de continuer ces assemblées.

3. Madame de Mondonville avait fondé, en 1661, à Toulouse, l'institut des *Filles de l'enfance de Jésus*, dont elle fut nommée supérieure. Cet institut devint un des foyers du jansénisme, et là s'imprimaient et se répandaient dans le royaume les écrits du parti. Les jésuites s'en plaignirent, et l'institut fut supprimé, les religieuses transférées dans d'autres couvents, et madame de Mondonville exilée chez les Hospitalières de Coutances. Elle parvint à faire parvenir ses plaintes à madame de Maintenon.

je ne veux rien vous cacher[1]. Je ne me rebuterai pas, s'il plaît à Dieu, et je lui dirai la vérité tant que je vivrai, quoique je sois persuadée que, tant que nous aurons le père de La Chaise, nous ne ferons rien.

Je vis dimanche le père Bourdaloue qui me témoigna la peine de la Compagnie sur ce que je parois ne la pas aimer, par l'éloignement qui est entre le père de La Chaise et moi. Je répondis que ce n'étoit pas ma faute, et que j'étois prête à faire toutes les avances avec lui[2]. Je dois être dans ces sentiments, et j'y suis, grâce à Dieu; mais je n'espère rien de ce côté-là.

Votre mandement pour le jubilé, monseigneur, sera lu certainement : il faut y mettre des vérités fortes et touchantes. Je vous dis tout ce qui me vient dans l'esprit et j'abuse de votre patience. Conservez votre santé pour la gloire de Dieu.

---

1. La Beaumelle ajoute : « Si je l'aimois moins, depuis longtemps je me serois rebutée; mais je lui dois la vérité. »

2. La Beaumelle ajoute : « Que je n'étois d'aucun parti, que je ne tenois qu'à l'Église; qu'il savoit l'estime que j'avois pour sa société et pour lui en particulier, et pour tous ceux qui lui ressembloient; qu'il ne m'appartenoit pas de protéger, ni de cabaler; que je devois penser seulement au salut du roi, et que mon unique peine contre le père de La Chaise étoit son aversion pour les dévots. » — Toute cette longue phrase est de l'invention de La Beaumelle.

LETTRE LXXIII

BREF DU PAPE INNOCENT XII A MADAME DE MAINTENON[1].

Le 9 février 1700.

A notre chère fille en Jésus-Christ, salut et bénédiction apostolique.

Considérant entre une infinité d'autres excellentes vertus qui se trouvent dans une personne de votre illustre naissance heureusement unie avec un zèle tout particulier pour la religion catholique, la grande satisfaction que vous avez en nous et dans le saint-siége apostolique, auquel vous êtes parfaitement dévouée, ce n'est pas sans raison que nous nous sentons porté à vous accorder avec plaisir, autant que nous en avons le pouvoir, tout ce que nous savons contribuer à votre consolation spirituelle; quoique donc, à l'occasion du jubilé de la présente année, nous ayons suspendu toutes les indulgences et les rémissions des péchés que les pontifes romains nos prédécesseurs ont accordées tant en particulier qu'en général, et que nous avons nous-même accordées, de quelque manière que ce soit, aux églises et aux autres lieux saints, aux chapelles, images et médailles, de quelque nature qu'elles soient faites; et que nous ayons ordonné que, pendant ladite année, elles ne pourront être utiles à personne, comme il est plus amplement expliqué dans nos lettres patentes, auxquelles nous

---

1. *Manuscrits des Dames de Saint-Cyr.*

avons fait mettre notre sceau et dont nous voulons
que la teneur soit pleinement et suffisamment expliquée et insérée dans ces présentes; néanmoins,
comme nous souhaitons vous donner des marques
très-singulières de notre charité paternelle, que
nous ne saurions refuser à vos rares qualités qui
demandent cela de nous, voici ce que nous voulons,
et qu'en vertu de l'autorité apostolique nous vous
accordons et octroyons par la teneur des présentes,
à savoir : que toutes les indulgences et rémissions
des péchés accordées, comme il est marqué auparavant, aux églises et autres lieux saints, chapelets,
images et médailles, aient, pendant ladite année du
jubilé, toute leur force et produisent leur effet, tant à
votre égard qu'à celui de votre confesseur et de douze
autres personnes que vous nommerez seulement une
fois, et que pourvu que vous fassiez, et eux aussi, ce
qu'on est obligé de faire pour gagner les indulgences
et les rémissions des péchés, elles vous servent en
tout et pour tout, aussi bien qu'à votre confesseur,
et aux douze personnes que vous nommerez seulement une fois, de la même manière que si nous
n'avions fait aucune lettre touchant la suspension
des décrets ci-dessus exprimés, nonobstant nosdites
lettres, constitutions, ordonnances apostoliques, et
toutes autres choses contraires.

Fait à Rome, dans l'église de Sainte-Marie-Majeure, sous l'anneau du pêcheur, le 9 février 1700,
et la neuvième de notre pontificat.

LE C. ALBANO.

LETTRE LXXIV

A M. L'ARCHEVÊQUE DE PARIS [1].

18 février 1700.

Je me presse de vous répondre, monseigneur, pour les intérêts de madame la princesse de Deux-Ponts. Le roi lui donne deux mille francs, qu'il croit que vous voudrez bien lui avancer. Je ne puis croire que M. de Chamillart vous refuse le payement de la pension. Puisque cette princesse veut s'en aller, elle ne peut partir trop tôt. Le roi est étonné de ce qu'elle ne fait pas son abjuration à Paris [2]. M. de Noailles a la colique et a envoyé prier le maréchal de Villeroi de prendre le bâton [3].

Je répondrai une autre fois à votre lettre.

LETTRE LXXV

A M. L'ARCHEVÊQUE DE PARIS [4].

21 février 1700.

J'ai lu, monseigneur, et relu votre mandement. Je voulois marquer les endroits qui me toucheroient

---

1. *Autographe* du cabinet de M. le duc de Cambacérès.
2. On lit dans le *Journal de Dangeau* à la date du 24 mai 1700 : « La princesse palatine de Deux-Ponts, à qui le roi donna une pension l'hiver passé et qui est à Paris depuis quelque temps, s'y est fait instruire de la religion catholique et fit son abjuration aux pères de l'Oratoire les premiers jours de ce mois. »
3. Le bâton de capitaine des gardes.
4. *Autographe* du cabinet de M. de Cambacérès.

davantage : j'aurois tout marqué ; il me paroît pieux, instructif et plein d'onction. Je suis ravie, surtout du soin que vous prenez d'expliquer les dispositions nécessaires pour la confession et la communion, et les précautions pour ne pas laisser les fausses idées qu'on a des jubilés. *On* comprend fort bien ici qu'il faut se confesser de bonne foi et s'acquitter exactement des jeûnes, des aumônes, des stations et le reste ; mais on ne compte point du tout qu'il faille se convertir ; et l'on demanderoit volontiers : à quoi sert donc un jubilé, puisque si l'on veut se convertir, il est bien sûr qu'on sera sauvé, même sans jubilé ? Voilà jusqu'où va notre ignorance. *On* ne veut pas être damné ; mais il n'y a pas moyen d'aimer Dieu et de changer de vie [1]. J'ai mis une croix au mot de *débauche*, qui est très-bien placé ; mais peut-être le trouvera-t-on grossier, car *on* est délicat [2]. J'ai mis une autre croix à ce mot de *naturel*, sur l'éloignement des sacrements, parce que je ne l'ai pas bien entendu ; mais j'espère, monseigneur, que vous n'y aurez nul égard, et que vous me saurez gré de mon obéissance [3].

On me dit que vous aviez jugé à propos de faire venir ici M. l'évêque de Saint-Paul, et de chasser son grand vicaire ; et *on* me dit aussi en riant que vous aviez parlé d'un concile provincial.

---

1. Voir la note 4 de la p. 308.
2. La Beaumelle met ici : « Car nous autres pécheurs délicats, il faut nous annoncer l'Évangile avec des paroles de miel. »
3. La Beaumelle ajoute : « Sans gâter par votre complaisance votre mandement. »

On ne m'a pas dit un mot de ce qui regarde l'érection de l'évêché de Blois.

Monsieur dit au roi, il y a quelques jours, que vous aviez permis de remettre le jubilé au temps de Pâques, et qu'il ne le feroit qu'en ce temps-là. Le roi répondit qu'il espéroit faire le sien dès la première semaine. Monsieur se récria sur la différence des confesseurs, disant qu'autrefois les siens vouloient qu'il communiât tous les mois, quoiqu'il fût bien plus méchant qu'il ne l'est aujourd'hui, et que celui-ci l'empêchoit de communier [1]. J'interrompis la narration du roi pour lui dire que c'étoit là ce qui causoit le déchaînement contre les jésuites, de voir qu'ils font approcher des sacrements en quel état qu'on soit. Le roi continua à dire que Monsieur lui avoit conté qu'au commencement de la conversion de madame la duchesse de Ventadour, elle ne communioit que deux fois l'an, ensuite tous les trois mois, et puis tous les mois, et que présentement c'étoit tous les quinze jours. Je louai la conduite du père de La Bourdonnaye. Le roi continua, et me dit que Monsieur ne trouvoit rien de si scandaleux que de voir des gens communier sans se confesser; que M. de Beauvilliers communioit trois fois par semaine, sans qu'on le vît se confesser. Le roi répondit que tous les gens de bien en usoient ainsi, et me cita dans ce nombre. Vous voyez, monseigneur, qu'il s'accoutume; autrefois il étoit aussi scandalisé que Monsieur.

---

1. Le père de La Bourdonnaye, jésuite. (Voir plus haut, p. 276.)

Je crains bien de ne pouvoir entretenir le père de La Chaise avant le jubilé. Nous devons retourner à Marly la semaine qui vient. Je ne perdrai pas un moment à l'en envoyer prier.

Je demande de tout mon cœur à Dieu que vous ne vous rebutiez pas, et que vous parliez en pasteur dans toutes les occasions [1].

On s'y accoutumera, monseigneur. Le fonds est plein de religion; mais l'ignorance est extrême, et le cœur n'est pas encore touché.

Ne croyez pas toujours M. le curé de Versailles : il est rempli de droites intentions, mais il ne connoît pas ce pays-ci et voudroit des choses impossibles.

Le roi est sûrement mieux instruit que les autres, et surtout des gens comme M. de Meyercron [2].

LETTRE LXXVI.

A M. L'ARCHEVÊQUE DE PARIS [3].

Mardi gras, 23 février 1700.

Votre ordonnance nous met tous en trouble; c'est pourquoi, monseigneur, je prends la liberté de vous demander quelques explications. Vous connoissez la religion du roi et sa soumission pour les ministres de l'Église. Vous connoissez aussi le besoin qu'il a

1. La Beaumelle met : « Si ce saint temps pouvoit le toucher ! Tant que le confesseur est endurci, qu'espérer du pénitent? Ne vous rebutez pas. Parlez en pasteur dans toutes les occasions. »
2. Henning Mayer Kron, ambassadeur de Danemark.
3. *Autographe* du cabinet de M. de Cambacérès.

d'aller faire de l'exercice à Marly et d'y prendre quelques jours de repos. Sa famille est grande, et sa suite nécessaire l'est encore plus : ne pourroit-il pas manger gras à une table avec les personnes qui ont le même besoin? Et ne peut-on pas dans le même lieu, n'en ayant point d'autre, mettre une table maigre? Le roi compte bien ne pas souffrir qu'on serve aucun ragoût. Quand il sera à Versailles, faut-il qu'il sépare le soir sa famille dont les uns font gras et les autres maigre? Cette question est pour le souper, car il dîne toujours en particulier quand il est à Versailles.

Madame de Dangeau et madame d'Heudicourt et quelques autres mangent avec moi à Marly pour soulager les tables du roi, et pour manger à des heures plus convenables à leur mauvaise santé. Voulez-vous que je m'en tienne à manger seule? Ne m'accordez rien par complaisance, monseigneur; car pour peu que je fasse mieux ou que je puisse servir d'exemple, ces dames mangeront fort bien chez elles. Le roi ne peut empêcher qu'on ne mange de la viande chez soi, ni à Marly, ni ailleurs; mais il n'en fournira à personne. Nous attendons votre réponse.

LETTRE LXXVII[1]

A M. L'ABBÉ D'AUBIGNÉ[2].

Ce 26 février 1700.

Vous êtes trop discret de ne rien demander en l'état où vous êtes, et vous poussez même les égards jusqu'à ne me pas voir de peur d'importuner ; tout cela, joint au bien que M. l'archevêque de Sens m'a dit de vous, m'oblige à vous envoyer ce petit secours, en attendant les bienfaits du roi. Je lui ai parlé de vous en présence du père de La Chaise, qui fut chargé d'être votre solliciteur. Voyez-le aussi, et me croyez autant dans vos intérêts que vous le pouvez désirer.

LETTRE LXXVIII

A M. L'ARCHEVÊQUE DE PARIS[3].

27 février 1700.

J'ai les deux matinées de Meudon libres, c'est-à-dire le jeudi et le vendredi, car je compte d'aller samedi matin à Saint-Cyr. Je suis obligée par bien des raisons à prier pour vous, monseigneur, et je vais le faire plus que jamais. Je ne suis point surprise de vos peines ; vous voulez le bien, vous avez

---

1. *Autographe* communiqué par M. de Chevry.
2. L'abbé d'Aubigné de Tigny, depuis évêque de Noyon et archevêque de Rouen.
3. *Autographe* du cabinet de M. de Cambacérès.

à faire à tout le monde ; vous êtes chargé de tout ; c'est à vous à décider ; voilà de quoi ne pas respirer si on avoit moins de vertu que vous. Mais, monseigneur, Dieu ne tente pas au-dessus de nos forces et proportionne ses grâces à nos besoins. Je le prie de tout mon cœur de réjouir un peu le vôtre et de le pas laisser dans la peine où je le vois. Si je pouvois quelque chose à votre soulagement, vous verriez avec quelle vivacité je m'y porterois. Qui le croiroit, monseigneur, que vous seriez l'objet de ma pitié ? Vous l'êtes pourtant ; car je connois votre cœur et votre situation, et j'en suis bien attendrie.

Le roi est bien content du jubilé. Si vous avez commencé par là, je crois qu'il a bien reçu tout le reste.

LETTRE LXXIX

A MADAME LA COMTESSE DE CAYLUS[1].

A Versailles, 9 mars 1700.

Il est vrai que je compte que vous pouvez venir à Saint-Cyr présentement avec moins de fatigue que dans les jours froids et courts. Je serai ravie de ne point parler d'affaires : rien n'est plus triste que de dire toujours non à des gens qu'on auroit plus d'envie de servir qu'ils n'en ont d'être servis. Mais ce ne sont là que des paroles qui ne contentent personne, et ce ne sera qu'à la vallée de Josaphat

---

1. *Autographe* du cabinet de M. Feuillet de Conches.

que mes paroles verront si j'ai pu faire autrement que ce que je fais.

On sait bien ici que M. de Caylus est dans ses terres, et il est aisé de l'excuser sur son absence.

Il ne sera pas difficile aussi d'avoir une recommandation de M. de Chamillart pour l'intendant de Montauban, et je m'en charge volontiers, malgré le peu de loisir et de santé que j'ai présentement.

J'ai parlé pour que M. de Caylus fût chevalier de Saint-Louis. On m'a répondu qu'il n'avoit pas trente ans de service comme ceux qu'on a faits.

Je ne sais que vous dire sur le gouvernement de Troyes; la vérité est dure, et je voudrois adoucir vos malheurs, bien loin de les aigrir. Cependant vous êtes trop raisonnable pour ne pas voir ce que vous pouvez prétendre et par vous et par lui. Quant à moi, vous devez juger de ce que je puis par ce que je fais pour mes proches, qui n'ont pas fait un pas en avant depuis les premiers par où ils ont commencé. J'en souffre souvent les reproches; mais, encore une fois, il n'y a que Dieu qui sache ce que je souffre à leur égard.

17 mars.

Je n'ai pu achever plus tôt cette lettre. J'ai ouï dire du bien de M. Pellard; vous savez ce qu'est pour moi l'alliance de M. Fagon; je le servirai en tout ce qui me sera possible, s'il peut vous être utile. Voilà répondre à tous les articles de votre lettre, ma chère nièce; je voudrois que ce fût plus agréablement.

LETTRE LXXX

A M. L'ARCHEVÊQUE DE PARIS[1].

11 mars 1700.

J'ai vu le père de La Chaise, monseigneur, et ce qui s'est passé entre nous ne mérite pas de vous être redit[2]. Il faut se confier en Dieu, et ne rien attendre de cet homme.

Le père Le Valois m'est venu voir[3] : c'est un bonhomme qui est engoué de ses petits princes.

J'ai dit au roi que c'est vous qui raccommodez le père de La Chaise et moi, et que vous m'avez dit de le renvoyer chercher. Ne lui en faites pas de finesse en cas qu'il vous en parle[4]. Tout le fonds du déchaînement contre vous est le retranchement de l'Opéra et de n'avoir pas mis le jubilé à la quinzaine de Pâques, et les deux jours gras dont on se plaint ne sont que le prétexte. Voici un étrange pays, monseigneur. Priez, s'il vous plaît, pour ceux qui n'en peuvent sortir : ils sont à plaindre.

Cette maison n'est pas en bon état, par rapport à la paix et à la régularité.

Nous n'allons point à Trianon. Le roi a la goutte et assez violente pour l'avoir empêché de dormir

---

1. *Autographe* du cabinet de M. de Cambacérès.
2. La Beaumelle met : « J'ai su ce qui s'est passé contre votre intérêt. »
3. Nous avons dit plus haut que c'était le confesseur des petits-fils du roi.
4. La Beaumelle ajoute : « Je ne me réconcilierai qu'à une condition, et vous la savez. »

cette nuit. Je crois, monseigneur, que vous enverrez savoir de ses nouvelles en vous adressant à M. Bontemps[1].

LETTRE LXXXI

A MADAME LA DUCHESSE DE VENTADOUR[2].

18 mars 1700.

Comptez, ma chère duchesse, qu'il n'y aura jamais de paix pour ceux qui résistent à Dieu. S'il y a quelque joie au monde, elle est réservée à la conscience pure : la mauvaise conscience trouve un enfer dans le lieu des plaisirs. Que la paix qui vient de Dieu est différente des fausses joies du siècle! elle calme les passions; elle nourrit la pureté des mœurs; elle est inséparable de la justice; elle unit au plus grand et au plus aimable des êtres; elle fortifie contre les tentations.

Mais comment acquérir cette paix? par une bonne confession générale, suivie de l'usage fréquent des sacrements et d'une véritable aversion pour le mal. Dans cet état de piété, on a souvent des troubles; mais Dieu ne nous fait sentir notre foiblesse que pour nous redonner de nouvelles forces, que nous tirons de la connoissance de cette foiblesse même. L'essentiel est de ne jamais agir contre la lumière

---

1. La Beaumelle ajoute : « Rendez à la cour ses plaisirs, et vous en serez adoré; mais apparemment vous vous suffisez. »
2. *Manuscrits des Dames de Saint-Cyr.*

intérieure et de suivre Dieu partout où il veut nous conduire.

Ce qui vous rebute, ma chère duchesse, c'est que vous ne voyez que ce que la religion vous demande, sans voir ce qu'elle vous donne. Vous frémissez en considérant ce qu'elle fait faire : que vous seriez ravie si vous saviez ce qu'elle fait aimer ! N'attachez point les yeux sur les croix qu'elle vous présente : vous ignorez encore combien elle les rend légères. Point de joug plus doux que celui du Seigneur : ceux qui sont à lui sont toujours contents; et s'il est pour eux quelques moments d'inquiétude ou d'ennui, c'est dans les instants où ils n'en sont pas occupés.

Laissez faire Dieu en vous; livrez-vous à la grâce, mais sans mesure et sans condition. Malheur à ces âmes lâches et timides qui osent composer avec Dieu, et qui se partagent entre le monde et lui ! Pourquoi la piété vous effrayeroit-elle? la religion n'a rien de dur : elle ne vous demande rien sans vous donner en même temps la force pour l'exécuter.

Il n'est point nécessaire de quitter le monde, mais il faut que le cœur y renonce. Paroles amères, si vous ne vous rappeliez le vœu de votre baptême : vous n'êtes chrétienne qu'à ces conditions, et l'on ne fait que vous ramener à votre premier engagement.

Voilà, madame, ces conseils que vous trouvez si bons : recevez-les comme une preuve bien sûre de l'intérêt que je prends à vous; et pour m'en récompenser, gardez-m'en le secret et brûlez ma lettre.

Je connois le ridicule qu'on y trouveroit; mais je vous assure que je hasarderois pour vous quelque chose de plus que la raillerie du public.

LETTRE LXXXII

A M. L'ARCHEVÊQUE DE PARIS[1].

A Saint-Cyr, 1er avril 1700.

Vous croyez peut-être, monseigneur, que je vous dirai que j'aurai de la peine à vous donner toutes celles que votre bonté vous a fait imaginer; mais je ne serois pas sincère, car je vous assure que j'aurois été ravie qu'il eût été possible de ne trouver que vous, et de recevoir les bénédictions, l'absolution et enfin Notre-Seigneur par vous. Je ne sais rien qui pût être plus consolant pour moi, et je ne vous plaindrois point, monseigneur, dans ces fonctions, car vous êtes trop bien éloigné de les dédaigner. Après cet épanchement de mon cœur, il faut vous rendre mille grâces du secours que vous nous donnâtes hier; mais il nous fit faire nos stations avec une pompe peu convenable à ce que je suis et à l'exemple de pénitence que je dois. Vos gens ne se sont que trop bien acquittés de votre commission, monseigneur; ils ne se sont pas contentés de faire les honneurs de Notre-Dame, ils nous ont accompagnés partout. J'ai prié de tout mon cœur pour Louis-Antoine; je voudrois m'être aussi bien ac-

---

1. *Autographe* du cabinet de M. de Cambacérès.

quittée de tous mes devoirs que de celui-là qui convient fort à mon inclination.

LETTRE LXXXIII

A M. L'ARCHEVÊQUE DE PARIS [1].

A Saint-Cyr, vendredi saint, 9 avril 1700.

Je me sens pressée, monseigneur, de vous supplier encore de faire ce qui vous sera possible pour obtenir le sacrifice entier de la petite Charlotte. Elle sera nourrie dans le vice, et joindra l'exemple et l'habitude à ses inclinations naturelles. Si elle étoit belle, combien de maux feroit-elle! Obtenez qu'on me la donne, monseigneur, c'est le seul moyen de la dérober à la connoissance de sa mère et de son prétendu père. Les bonnes gens ne pourront la refuser quelquefois à mon frère, et ce sera un prétexte de se rejoindre à cette femme qui reviendra bientôt. J'enverrai cette petite fille dans un couvent de campagne. J'en aurai soin tant que j'y serai, et j'en chargerai ma nièce après ma mort. M. d'Aubigné m'a déjà fait de pareils présents dont il m'a laissé tout le soin, et peut-être s'y portera-t-il plus volontiers pour n'en pas faire la dépense. En ce cas-là, il n'y a qu'à me l'envoyer tout droit à Versailles ou à Saint-Cyr, ou de m'avertir de l'en-

1. *Autographe* du cabinet de M. de Cambacérès. — Cette lettre n'a pas besoin de commentaire. La petite Charlotte est une enfant attribuée à M. d'Aubigné. Nous allons voir dans la lettre suivante quelle était la mère.

voyer chercher chez M. Vacherot, homme d'affaires des Dames de Saint-Louis. Tout est bon pourvu qu'on sauve cette petite misérable. C'est une bonne œuvre, monseigneur; je ne vous ferai point d'excuse de mon importunité.

LETTRE LXXXIV

A M. L'ARCHEVÊQUE DE PARIS [1].

18 avril 1700.

Le roi m'ordonne de vous dire, monseigneur, que vous fassiez sur le jubilé tout ce qu'il vous plaira. Il m'a paru qu'il s'accommodera fort bien à remettre sa communion à la Trinité. Il s'attendoit à vous voir hier et vous reprochera que vous avez manqué à votre serment, qui vous oblige à vous trouver à toutes les assemblées de l'ordre du Saint-Esprit.

J'ai grand regret à ce que vous voulez que je donne à madame de La Brosse [2] n'étant pas bien touchée de repentir; mais je ne puis manquer en vous obéissant. Je voudrois seulement que le petit secours que je lui donnerai parût venir de vous et que je ne fusse point nommée avec cette femme-là, qui tôt ou tard m'importunera et voudra que je me charge d'elle, en me menaçant de retourner à mon frère si je ne fais pas tout ce qu'elle voudra. D'un autre côté, elle me demandera sa fille, et pour tout, monseigneur, il seroit mieux qu'elle n'entendît pas parler de moi.

1. *Autographe* du cabinet de M. de Cambacérès.
2. Voir la lettre précédente.

Ce que vous me mandez de madame de Brinon me fait peur[1]. Est-il possible qu'on ne veuille point mourir? Je m'en fais une délice; peut-être penserai-je autrement quand j'en serai près, mais je ne crains présentement qu'une longue décrépitude. Ne demandez donc point ma vie, je vous en conjure, monseigneur, mais une précieuse mort.

LETTRE LXXXV

A M. L'ARCHEVÊQUE DE PARIS[2].

A Marly, ce 3 mai 1700.

Je voudrois bien, monseigneur, ne point voir la dévote de M. de Meaux[3]; il y a bien des choses qui sont plus belles de loin que de près. Je ne suis ni intérieure, ni expérimentée dans les voies de Dieu; et je n'entends pas la moitié des consultations que cette personne faisoit à son directeur. Sauvez-moi donc, si vous le pouvez, cette visite inutile pour elle et pour moi. Mais si, nonobstant ce que j'ai l'honneur de vous dire, je vous fais le moindre plaisir en lui procurant ce qu'elle désire, qu'elle vienne, monseigneur, samedi ou dimanche après-dîner, à Saint-Cyr. Ce sont les jours où j'y vais le plus ordinairement. M. le maréchal vient de me dire que nous aurons l'honneur de vous voir ici jeudi.

1. Elle était mortellement malade.
2. *Autographe* du cabinet de M. de Cambacérès.
3. Il est probable qu'il s'agit de madame de la Maisonfort, qui était retirée au couvent de la Visitation de Meaux. Voir la *Maison royale de Saint-Cyr*, p. 202.

LETTRE LXXXVI

A M. L'ARCHEVÊQUE DE PARIS [1].

Ce 10 mai 1700.

Je viens, monseigneur, de parler au roi, selon ce que M. le marquis de Richelieu désire [2]. Sa Majesté m'a dit qu'il falloit s'informer du lieu où elle est : car, selon toutes les apparences, elle suit M. le grand-prieur [3], qui n'est pas encore fixé. Le roi ne m'a pas paru éloigné de la faire enfermer. Il faut que M. le marquis de Richelieu avertisse où elle sera. Il propose un couvent en basse Bretagne, mais je crois un château bien meilleur. Comme je ne doute pas qu'il ne s'adresse à vous, comme à la ressource des malheureux, j'ai cru, monseigneur, que vous voudriez bien lui faire cette réponse. En la relisant, j'ai trouvé qu'elle ne seroit pas intelligible à un autre que vous ; mais vous saurez bien suppléer, monseigneur, à ce qui y manque.

LETTRE LXXXVII

A M. L'ARCHEVÊQUE DE PARIS [4].

5 juin 1700.

Je me savois mauvais gré ce matin, monseigneur, d'avoir une affliction que je ne vous confiois pas ;

---

1. *Autographe* du cabinet de M. de Cambacérès.
2. Neveu du duc de Richelieu, et dont la femme était célèbre par ses déportements. (Voir Saint-Simon, t. VIII, p. 72.)
3. Le grand-prieur de Vendôme. (Voir Saint-Simon, t. VI, p. 107.)
4. *Autographe* du cabinet de M. de Cambacérès.

mais je sentois que je n'en pouvois parler sans larmes, et l'amour-propre m'a obligée à vous cacher cette foiblesse. Il est vrai que nous avons perdu un des meilleurs sujets de notre maison, et une fille qui attiroit la tendresse de tous ceux qui la voyoient[1]. Vous êtes trop bon de me consoler, car je méritois que vous me fissiez des reproches. J'espère que ces tristes idées seront éloignées mardi. Je suis ravie que vous soyez content de celui qui nous donnera à dîner[2]. Je ferois bien des projets par rapport à lui, si je n'étois rebutée d'en faire.

LETTRE LXXXVIII

A M. L'ARCHEVÊQUE DE PARIS[3].

Ce 7 juin 1700.

Ne faites rien, monseigneur, sur les cardinaux que vous n'ayez parlé au roi; il n'est point d'avis que vous les taxiez pour la capitation[4]. C'est par son ordre que je vous le fais savoir.

---

1. Madame de Saint-Aubin, Dame de Saint-Louis, morte le 5 juin 1700. Voir sur cette mort les *Lettres édifiantes et historiques*, t. II, page 59 et suiv.
2. Le comte d'Ayen.
3. *Autographe* du cabinet de M. de Cambacérès.
4. L'assemblée ordinaire du clergé se tenait alors à Saint-Germain : elle était présidée par l'archevêque de Reims. Elle devait voter le don gratuit et répartir la capitation sur le clergé.

LETTRE LXXXIX

A M. L'ARCHEVÊQUE DE PARIS[1].

A Saint-Cyr, le 27 juin 1700.

Ce n'est pas une décharge de taxe pour les Filles de Sainte-Marie de votre diocèse, qu'on vous demande, monseigneur, mais pour tout l'ordre entier de la Visitation ; elles prétendent que cette grâce leur a été accordée de tout temps, mais qu'elle doit être confirmée à chaque assemblée du clergé, comme elle le fut encore à la dernière. Les Ursulines demandent la même chose ; il faut bien, monseigneur, que vous soyez chargé de toutes nos requêtes. J'aurois d'autres choses à vous dire si, dans l'obscurité où je me trouve, je ne m'étois renfermée à prier Dieu pour le roi, et pour l'assemblée de Saint-Germain, qui n'est pas présentement bien unie, à ce qu'on nous dit[2].

APPENDICE A LA LETTRE LXXXIX.

Quelques jours après cette lettre, arriva la nouvelle que le pape avait nommé cardinal l'archevêque de Paris. Nous avons dit que la demande en avait été faite secrètement par le roi à la fin de l'année précédente[3] : la nomination eut lieu le 24 juin. Nous n'avons point de lettre de madame de Maintenon sur cette nomination, bien qu'elle y fut très-sensible. Le 1er juillet, au retour de Marly, « le roi donna à M. l'ar-

1. *Autographe* du cabinet de M. de Cambacérès.
2. A cause de la condamnation du livre des *Maximes des Saints*, qui avait été porté à son approbation.
3. Voir p. 304.

chevêque de Paris la calotte que le courrier du pape lui avoit apportée, et, en la lui mettant sur la tête, il lui dit qu'il le faisoit avec grand plaisir, et que cela lui siéyoit bien. » (*Journal de Dangeau*, t. VII, p. 334.)

L'archevêque de Reims céda à l'archevêque de Paris, devenu M. le cardinal de Noailles, la présidence de l'assemblée du clergé.

LETTRE XC

A M. LE CARDINAL DE NOAILLES[1].

6 juillet 1700.

M. Chamillart me mande que vous lui avez dit, monseigneur, que je ne vous ai point parlé pour Saint-Cyr; je crois l'avoir fait plus d'une fois; et si j'ai eu l'honneur de vous voir sans le faire, c'est que j'ai cru que M. Chamillart savoit mieux parler d'affaires que moi et qu'il avoit de si fortes raisons à vous dire que vous ne pourriez y résister. C'est donc une méchanceté de l'un de vous deux de vouloir mettre sur moi le mauvais succès de cette affaire. Je payerai plutôt pour les Dames de Saint-Louis que de vous importuner, si ce qu'on va faire étoit sans conséquence pour leur maison. M. Chamillart me mande même que nous ne vous demandons que justice. Je ne puis croire que vous la refusiez.

M. le duc de Gesvres, qui se raccommode avec sa famille, ne payera-t-il pas pour madame sa femme[2]?

1. *Autographe* du cabinet de M. de Cambacérès.
2. Voir Saint-Simon, t. IV, p. 195.

LETTRE XCI

A M. LE CARDINAL DE NOAILLES [1].

23 juillet 1700.

Les Filles de Chaillot m'écrivent sur leur affaire du don gratuit et me prient de vous presser, parce que le temps s'écoule. Je regarde cette affaire comme finie; car est-il vraisemblable que mes sollicitations leur imposent une taxe dont elles ont été jusqu'ici déchargées? Je n'ose plus parler en faveur des Ursulines, quelque fortes que soient leurs raisons. Je comprends qu'il est difficile d'obtenir une grâce pour tout l'ordre et qui même est fort étendu, mais je voudrois bien que la maison du faubourg Saint-Jacques eût quelque petite distinction. Elles viennent de recevoir une mademoiselle de Pilavoine pour rien. Après tout cela, je ne veux que ce que vous voudrez que je veuille. Je vous prie, monseigneur, de me conduire et que je ne demande rien mal à propos. Le comte d'Ayen m'a dit que nous vous verrons lundi. Il faut finir tout court, monseigneur [2].

1. *Autographe* du cabinet de M. de Cambacérès.
2. La Beaumelle met : « Je finis tout court, le roi arrive. »

LETTRE XCII

A M. LE CARDINAL DE NOAILLES [1].

A Saint-Cyr, 21 août 1700.

J'ai confié le secret à M. de Chamillart, monseigneur, et je crois lui avoir recommandé; mais comme il n'en connoît guère entre vous et moi, il n'aura pas cru vous en devoir faire un mystère. Répondez ce qu'il vous plaira en l'engageant au secret. Nous serions bien malheureux, s'il nous en manquoit, étant si peu pressé de parler.

Nous parlerons du fond de l'affaire quand il vous plaira; elle mérite bien d'être discutée.

Il est vrai, monseigneur, que mademoiselle de la Varanne écrit de belles lettres pour sa justification; je ferai ce que vous m'ordonnez.

Je vous ai envoyé l'arrêt que madame la duchesse de Gesvres a désiré; il me paroît que ce qui passe par M. Tiberge va lentement.

LETTRE XCIII

A M. LE CARDINAL DE NOAILLES [2].

Marly, 11 septembre 1700.

Le roi n'a nulle connoissance de l'affaire dont vous vous plaignez, monseigneur; il me dit qu'il en parleroit à M. le chancelier; mais je le priai d'attendre

---

1. *Autographe* du cabinet de M. de Cambacérès.
2. *Autographe* du cabinet de M. de Cambacérès.

que vous l'en eussiez informé. Je lui dis seulement qu'on ne pouvoit faire une œuvre plus utile, plus juste et plus charitable, que celle que vous voulez établir pour de vieux prêtres. Le roi doit prendre médecine lundi. Je ne sais s'il voudra que j'aille chez lui à neuf heures; mais quoi qu'il en soit, monseigneur, je voudrois bien vous voir l'après-dîner de ce jour-là ou d'un autre à Saint-Cyr. J'ai tant de choses à vous dire qu'il ne faut pas être pressé par le temps, ni observé par ceux qui comptent les visites que je reçois. J'espère aller à Saint-Cyr samedi, dimanche, lundi et mardi. Tous les jours me sont égaux, parce que je quitterai toute autre affaire pour celle-là.

LETTRE XCIV

A M. LE CARDINAL DE NOAILLES [1].

A Fontainebleau, 27 septembre 1700.

J'espère, monseigneur, que ce que vous désirez pour M. d'Aguesseau, et encore plus pour le bien public, sera fait [2]. Toutes les raisons sont pour lui; et celle de le conserver me paroît bien forte, car on dit que la charge qu'il a présentement le tue. Il ne faut encore rien dire, car tout est incertain, tant qu'il n'est pas déclaré [3].

1. *Autographe* du cabinet de M. le duc de Cambacérès.
2. M. de La Briffe, procureur général au parlement de Paris, venait de mourir. « On croit que le roi, dit Dangeau, choisira M. d'Aguesseau, avocat général, pour remplir cette charge. »
3. M. d'Aguesseau fut déclaré procureur général le 29 septembre.

Je suis si touchée de votre voyage, monseigneur, que j'ai songé cette nuit que je vous disois adieu[1]. Après que je vous l'aurai dit, en effet, il n'y aura plus personne à qui je parle avec liberté, du moins, pour en user souvent.

Le roi est en parfaite santé et fort gai. On fait tous ses efforts pour le réjouir, on n'y réussit pas toujours. Je ne sais rien sur la famille, et je crois qu'on me cache par bonté tout ce qui pourroit m'affliger : c'est la destinée de la vieillesse d'être ménagée comme des enfants.

Monsieur va samedi à Montargis pour deux jours, et nous aurons demain le roi et la reine d'Angleterre.

Le prince d'Orange a toujours mal aux jambes[2].

Le père de La Chaise s'est plaint au roi de ce que j'ai écrit pour mes amis au cardinal de Janson; ce qui n'est point vrai. Le roi me lut hier un grand écrit de la conduite des Jésuites avec M. de Lyonne. Je dis que mes amis prétendoient tout le contraire de ce que j'entendois, et qu'il étoit injuste de n'écouter qu'une partie.

Je prie Dieu, monseigneur, de vous conserver en quelque lieu que vous soyez.

---

1. Le pape Innocent XII était mortellement malade et les cardinaux avaient reçu l'ordre de se préparer à partir pour Rome.

2. « Il court de mauvais bruits de sa santé, dit Dangeau ; ses jambes sont enflées... on craint qu'il ne tombe dans l'hydropisie. »

LETTRE XCV

A M. LE CARDINAL DE NOAILLES [1].

Ce 28 septembre 1700.

Le roi m'a montré votre lettre, monseigneur, et m'ordonne de vous dire que vous avez très-bien fait de finir l'assemblée [2] le plus paisiblement qu'il vous a été possible. Je lui ai parlé pour l'affaire dont vous m'écrivez. Il m'a écoutée ; mais il étoit plein d'autre chose. Je ne sais ce qui en arrivera. Comme M. le maréchal de Noailles sait plus de nouvelles que moi, je ne vous en mande point; et, de plus, monseigneur, je suis dans une grande langueur qui ne diminue rien des sentiments d'estime, de vénération et de respect que j'ai pour vous.

LETTRE XCVI

A M. LE CARDINAL DE NOAILLES [3].

A Fontainebleau, ce 24 octobre 1700.

Je ne saurois être fâchée de la peine que vous sentites en sortant de ma chambre, monseigneur, et j'ose dire que celle où vous me laissâtes méritoit que vous y répondissiez [4]. Il n'y faut plus penser, mais il me sera difficile de l'oublier tous les lundis,

1. *Autographe* du cabinet de M. de Cambacérès.
2. L'assemblée du clergé.
3. *Autographe* du cabinet de M. de Cambacérès.
4. Le cardinal de Noailles était parti pour Rome le 14 octobre.

où j'avois le plaisir de vous entendre et de vous ouvrir mon cœur sur toutes sortes de sujets. Je ne mettrai personne en votre place et j'attendrai votre retour sans me donner une consolation que je ne pourrai aussi bien trouver ailleurs.

On vous enverra la condamnation, ou, pour mieux dire, la censure de la Sorbonne, sur les propositions du père Lecomte[1]. On a dit au roi que tous les docteurs les plus graves n'en étoient pas, et que c'étoit seulement la jeunesse, dont le nombre a emporté. Il est inutile de répondre à ces choses-là : je prie seulement qu'on ne dise ni ne fasse rien en votre absence dont on voudroit profiter. Oui, monseigneur, je prie Dieu, tout indigne que j'en suis, de nous donner un saint pape, et je ne puis m'empêcher de mêler dans ce grand intérêt celui de votre retour. Vous savez que j'en ai toujours voulu à cette calotte qui vous fait tant courir; et que je ne l'ai pu désirer, dès qu'on m'annonça qu'il vous en coûteroit, et à nous aussi, une absence peut-être de six mois. C'est bien du temps sur celui qui m'en reste, et je trouve fort triste de vivre et de mourir sans son archevêque en qui on a toute sorte de confiance. J'aime mieux cette dignité que le cardinalat, qui ne

---

1. « La Sorbonne a condamné plusieurs choses que le père Lecomte avoit avancées dans son livre sur l'état présent de la Chine, et les a qualifiées fausses, téméraires, scandaleuses, erronées, et même quelquefois hérétiques. » (Dangeau, t. VII, p. 399.) Les choses condamnées étaient relatives aux cérémonies chinoises. Le père Lecomte était confesseur de la duchesse de Bourgogne. Quelques jours après, il fut disgracié et s'en alla à Rome.

me paroît bon qu'à aller à Rome et à faire souvent de mauvais choix.

Je n'entamerai pas de vous donner des nouvelles; la famille en est mieux instruite que moi. J'ai eu une conversation avec le comte d'Ayen, qui sera de quelque utilité pour l'empêcher d'être blessé de ce que fait madame la duchesse de Noailles à l'égard de sa femme, et je regarderois comme un nouveau malheur que j'eusse contribué à désunir une maison si paisible. J'espère plus en vos prières, monseigneur, que dans tous nos soins. Il me semble qu'en tout on avance plus par cette voie-là.

Vous serez incommodé du parti que vous avez pris d'aller avant vos gens : vous ne vous comptez pas assez, monseigneur.

Je serai ravie de recevoir de vos lettres le plus souvent que vous le pourrez, mais je n'en tirerai pas le plaisir que j'en pourrai tirer, ayant à y mêler beaucoup de contrainte. Traitez-moi là-dessus comme vous traiteriez le comte d'Ayen, et ne m'écrivez que lorsque vous ne serez pas accablé, d'ailleurs, par la multitude de lettres que vous aurez à faire. Vous allez être dans cet état-là par la mort de mademoiselle de Condé[1], qui cause une aussi grande affliction, que si on n'avoit pas dû s'y préparer depuis six mois. Madame la Princesse, surtout, est dans une douleur extrême. On dit qu'elle vouloit en passer les premiers mouvements à Maubuisson, mais que l'extrémité où est madame de Brinon l'en empêche.

1. Anne-Marie-Victoire de Bourbon, née le 11 août 1675, morte à Paris le 13 octobre 1700.

J'ai signé le contrat du prince d'Isenghien[1], je ne mérite guère de pareils honneurs; la maréchale d'Humières a toujours eu de la bonté pour moi.

Je ferai toujours tout ce qui me sera possible pour la *tribu*[2]. Le *patriarche* m'a fort priée d'empêcher qu'il ne soit regardé comme un invalide. J'ai bien des raisons, monseigneur, pour bien vivre avec eux, mais ce qu'ils vous font en seroit une suffisante pour moi.

Vous savez, monseigneur, ce que je pense pour M. le cardinal d'Estrées, et je m'assure que vous le lui aurez déjà dit. Il a plus de part que personne au regret que j'ai quelquefois de n'être plus dans le commerce.

LETTRE XCVII

A M. LE CARDINAL DE NOAILLES [3].

A Fontainebleau, ce 5 novembre 1700.

Je veux avoir l'honneur de vous écrire, monseigneur, pour vous faire souvenir de moi; mais je ne sais pas trop de quoi remplir mes lettres. C'est à vous à nous dire des nouvelles du conclave, qui fait présentement l'attention de tout le monde. Vous savez aussi bien que nous des nouvelles d'Espagne, et

1. Le prince d'Isenghien avait pour mère la fille du maréchal d'Humières; il épousait la fille aînée de la princesse de Furstemberg.
2. Ce sont des chiffres que je n'ai nul moyen d'expliquer.
3. *Autographe* du cabinet de M. le duc de Cambacérès.

qu'on mande de tous côtés qu'il ne peut guérir de cette maladie-ci[1]. La famille sait mieux que moi les nouvelles de la cour, et vous aura mandé la distribution de la fête de la Toussaint, et le succès du père Maur ou Maure[2] que je n'ai point entendu. Vous savez aussi que M. de Molac est mort, et que sa succession est bien demandée[3]. Mes vœux sont pour le maréchal d'Estrées.

On se divertit fort ici, et on a grand regret à en partir. Madame la duchesse de Noailles a donné un retour de chasse à madame la duchesse de Bourgogne. Il ne m'est pas encore revenu qu'on y ait trouvé à redire; mais je suis fort sujette à ignorer ce qui se passe dans ma chambre. J'y vois peu madame la duchesse de Guiche; elle est toujours incommodée. Vous voyez, monseigneur, que je suis aussi embarrassée à remplir mes lettres que je le suis peu à trouver à vous entretenir le lundi matin. Vous en savez la raison, qui ne finira jamais aussitôt que je le souhaite.

Je vous supplie, monseigneur, de dire quelque chose pour moi à M. le cardinal de Coislin[4]. Je n'ai pu lui écrire à propos, et je n'ai pas osé le faire hors de temps; mais personne ne l'honore plus que moi.

1. C'est-à-dire le roi d'Espagne. On sait que le roi Charles II, mortellement malade, n'avait point d'enfants, et que l'Europe était dans l'anxiété pour sa succession. La maison de Bourbon et la maison d'Autriche prétendaient à son héritage.
2. Prêtre de l'Oratoire, qui prêcha l'Avent à Versailles.
3. Il était lieutenant général de Bretagne et gouverneur de Nantes.
4. De Cambous de Coislin, évêque d'Orléans, cardinal en 1697.

LETTRE XCVIII

A M. LE CARDINAL DE NOAILLES [1].

8 novembre 1700.

On aura bientôt la nouvelle de la mort du roi d'Espagne, car on a reçu celle de son agonie [2]. Voilà de grandes affaires à démêler. Dieu veuille y mettre la main et nous donner une paix de durée. Je suis bien fâchée, monseigneur, de ce que le vent vous est contraire. Je vous désire à Rome, puisque vous avez à y aller, et je désire votre retour, comme s'il y avoit longtemps que vous fussiez parti.

J'ai montré la lettre de votre bon prêtre de Saint-Jean-de-Luz, afin qu'on voie le besoin de donner de bons évêques. On croit avoir fait un bon choix en M. l'abbé de Beauvau, dont je n'avois jamais ouï parler.

Le *bon père* a dit qu'il n'y avoit que la jeunesse qui avoit condamné le père Lecomte. Je ne réponds rien à tout cela, si ce n'est qu'il faut vous attendre, monseigneur.

Je n'ai point ouï parler du curé de Marly comme devant être évêque. Je me servirai dans l'occasion de ce que vous me faites l'honneur de m'écrire.

J'ai entretenu notre jeune femme, qui m'a promis

---

1. *Autographe* du cabinet de M. de Cambacérès.
2. « On mande, dit Dangeau (7 novembre 1700), que le roi d'Espagne étoit à la dernière agonie, qu'il avoit reçu l'extrême-onction et perdu la parole. »

un changement entier; mais il n'y a que Dieu qui puisse le faire.

On n'est point encore déterminé sur la lieutenance vacante en Bretagne.

Encore une fois, monseigneur, je ne sais que vous mander; et j'aurois beaucoup de choses à vous dire.

APPENDICE A LA LETTRE XCVIII.

Le lendemain, 9 novembre, arriva la nouvelle de la mort du roi d'Espagne. On lit dans le *Journal de Dangeau* : « Le roi étant au matin au conseil des finances, M. de Barbezieux vint lui apporter la nouvelle de la mort du roi d'Espagne, qui est venue par un courrier du marquis d'Harcourt qui est à Bayonne, et qui a ordre d'ouvrir tous les paquets qui viennent de Madrid pour le roi. Le roi d'Espagne mourut le jour de la Toussaint, à trois heures de l'après-midi. On a ouvert son testament, dont on a envoyé un extrait ici. Dans ce testament, la renonciation de la reine (Marie-Thérèse) est expliquée, savoir qu'elle n'étoit que pour le prince qui deviendroit roi de France, et qu'ainsi son légitime héritier étoit le duc d'Anjou, qu'il déclaroit son successeur dans tous ses royaumes, et à son défaut, monseigneur le duc de Berry, et au défaut du duc de Berry, il rappelle l'archiduc, etc. »

« Le roi changea l'ordre qu'il avoit donné pour la chasse, et à trois heures il manda aux ministres de venir chez madame de Maintenon. Monseigneur, qui avoit couru le loup le matin, étoit déjà de retour. Le conseil dura jusqu'à sept heures. Madame de Maintenon, chez lequel il se tenoit, y étoit présente. » (T. VII, p. 412.) On sait qu'il y fut résolu d'accepter le testament. Ce fut l'opinion de madame de Maintenon.

LETTRE XCIX

NOTE PRÉLIMINAIRE

On lit dans le *Journal de Dangeau* (t. VII, p. 417) : « Mardi 16, à Versailles. — *Déclaration que monseigneur le duc d'Anjou est roi d'Espagne.* — Le roi, après son lever, fit entrer l'ambassadeur dans son cabinet, et puis il appela monseigneur le duc d'Anjou, qui étoit dans les arrière-cabinets, et dit à l'ambassadeur : « Vous le pouvez saluer comme « votre roi. » L'ambassadeur se jeta à deux genoux, et lui baisa la main à la manière d'Espagne ; il lui fit ensuite un assez long compliment en espagnol, et après qu'il eut fini, le roi lui dit : « Il n'entend pas encore l'espagnol, c'est à moi « à répondre pour lui. » Les courtisans étoient à la porte du cabinet du roi ; Sa Majesté commanda à l'huissier d'ouvrir les deux battants de la porte et de faire entrer tout le monde, et dit : « Messieurs, voilà le roi d'Espagne ; la nais-« sance l'appeloit à cette couronne ; toute la nation l'a sou-« haité et me l'a demandé instamment, ce que je leur ai « accordé avec plaisir. C'étoit l'ordre du ciel. » Puis en se retournant au roi d'Espagne, il lui dit : « Soyez bon Espagnol, « c'est présentement votre premier devoir ; mais souvenez-« vous que vous êtes Français pour entretenir l'union entre « les deux nations ; c'est le moyen de les rendre heureuses « et de conserver la paix de l'Europe. » ... Monseigneur le duc de Bourgogne et monseigneur le duc de Berry embrassèrent le roi d'Espagne, et ils fondoient tous trois en larmes en l'embrassant... — Le roi d'Espagne partira d'ici le premier de décembre ; monseigneur le duc de Bourgogne et monseigneur le duc de Berry iront le conduire jusqu'à la frontière d'Espagne. Les ducs de Beauvilliers et de Noailles les accompagneront, et le roi permet à tous les jeunes courtisans qui le voudront suivre de faire le voyage ; quelques-uns même le suivront jusqu'à Madrid... L'ambassadeur d'Espagne dit fort à propos que ce voyage devenoit aisé, et que présentement les Pyrénées étoient fondues [1]... Quand messeigneurs les ducs de Bourgogne et de Berry auront laissé leur frère à la frontière, entre les mains des Espagnols, ils iront visiter le Languedoc et la Provence, puis ils passeront à Lyon et reviendront ici à la fin de mars. »

A M. LE CARDINAL DE NOAILLES [2].

17 novembre 1700.

C'est pour avoir trop de choses à vous dire, monseigneur, que je ne puis vous écrire. Lundi j'en chargeai le comte d'Ayen, qui est plus maître de sa chambre que je ne le suis de la mienne. Tout le monde paroît ravi de l'affaire d'Espagne ; notre jeune roi la reçoit avec la gravité et le sang-froid d'un roi de quatre-vingts ans [3]. Les trois frères ont montré dans cette occasion une grande tendresse les uns pour les autres. Voilà, monseigneur, une grande grandeur dans la maison de France. Il y a des gens bien sages qui sont persuadés que nous n'aurons point de guerre, et que nous en aurions eu une longue et ruineuse

1. Le *Mercure* rapporte ainsi ce mot : « L'ambassadeur se jeta à ses pieds et lui baisa la main, les yeux remplis de larmes de joie, et s'étant relevé, il fit avancer son fils et les Espagnols de sa suite qui en firent autant. Il s'écria alors : Quelle joie ! il n'y a plus de Pyrénées ; elles sont abîmées, et nous ne sommes plus qu'un. » — On sait que plus tard le mot : *Il n'y a plus de Pyrénées* fut attribué à Louis XIV. (Note des éditeurs du *Journal de Dangeau*.)

2. *Autographe* du cabinet de M. de Cambacérès.

3. On lit dans le *Journal de Dangeau*, le 17 novembre : « Le soir, Sa Majesté Catholique alla chez madame de Maintenon, et après avoir été quelque temps enfermée avec le roi, il a joué à de petits jeux à courre et à danser aux chansons avec madame la duchesse de Bourgogne et ses dames, et a un peu quitté sa gravité qu'il a déjà en public, comme s'il étoit né à Madrid. »

pour la France, si l'on avoit voulu exécuter le traité [1]. L'empereur vient encore de confirmer le roi dans l'opinion qu'il a pris le bon parti, car il a refusé de signer ce traité. Dieu conduit tout, il n'y a qu'à s'y abandonner. Le comte d'Ayen va en Espagne avec presque autant de joie qu'il alloit à Rome. Madame la duchesse de Noailles a consenti à tous ces voyages de fort bonne grâce. Je doute que M. le duc de Beauvilliers puisse le soutenir tout entier; sa santé est en mauvais état. On donne un jésuite au roi d'Espagne [2], quoique leur coutume, à ce qu'on dit, soit d'avoir des jacobins; mais on a dit au roi que les jésuites sont les meilleurs, par l'opposition qu'ils ont pour le jansénisme. Ceci entre nous. Ce confesseur n'est pas encore nommé. Le marquis d'Harcourt est ambassadeur et duc. Il demeurera quelques années auprès du jeune roi. Du reste, il mène deux gentilshommes de la manche, quelques valets de chambre, trois ou quatre officiers pour lui donner à manger à la française, et trois ou quatre valets de pied. Tout cela ne doit aller qu'à huit ou dix personnes. Sa maison viendra au-devant de lui. M. le maréchal de Noailles me parut fort content de ce que le roi l'a choisi pour accompagner nos princes. J'espère qu'il fatiguera moins à ce voyage que dans les jardins de Marly.

1. Le traité de partage de la monarchie espagnole qui avait été fait par Louis XIV et Guillaume III. La maison d'Autriche, qui avait pourtant la meilleure part, refusa d'accéder à ce traité. (Voir *mon Histoire des Français*, t. IV, p. 274 de la quinzième édition.)

2. Pour confesseur.

M. l'évêque de Châlons avoit eu dessein de demander l'abbaye vacante par la mort de l'abbé de Troisville[1]; mais le roi s'est hâté en faveur de M. le Grand[2], et l'a donnée à l'abbé d'Armagnac[3].

Je viens d'entretenir M. le duc de Beauvilliers, qui m'a fait de grandes protestations d'amitié pour M. le maréchal de Noailles, et du concert où il veut être avec lui dans ce voyage. M. votre frère me parut être dans les mêmes dispositions. J'appris hier au soir ce qui est arrivé à Rome[4]. Je ne comprends pas que M. de Monaco n'ait pas suivi vos conseils. Je vous supplie, monseigneur, de faire mes compliments à nos cardinaux. Vous savez assez bien ce que je pense pour y mettre les différents degrés de mes sentiments pour eux.

LETTRE C

A M. LE CARDINAL DE NOAILLES[5].

A Marly, ce 25 novembre 1700.

Je voudrois bien qu'on me laissât le temps de vous écrire, monseigneur, mais je n'ose l'espérer. Je re-

---

1. C'était l'abbaye de Montier-en-Der.
2. Louis de Lorraine, comte d'Armagnac, grand écuyer de France, qu'on nommait ordinairement *M. le Grand*.
3. Cadet des enfants de M. le Grand.
4. Au sujet du prince Vaïni, seigneur romain attaché à la France, et qui fut insulté dans sa maison par des sbires pontificaux. Le prince de Monaco, ambassadeur de France, y accourut, et un de ses gentilshommes fut tué. Les cardinaux se hâtèrent d'offrir des réparations au roi de France.
5. *Autographe* du cabinet de M. de Cambacérès.

garde l'union de l'Espagne avec nous avec un nouveau plaisir, quand je pense que nous voudrons le même pape, et que, par là, vous reviendrez plus tôt. Cet intérêt est grand pour moi et pour bien d'autres; et vous savez, monseigneur, que je n'ai jamais cru que vous fissiez autant de bien dans le conclave que vous en faites dans le diocèse. Vous aurez appris que M. de Châlons vouloit demander le bénéfice que le roi s'est hâté de donner au fils de M. le Grand. Il ne nous reste que le plaisir de n'avoir fait aucun pas pour cela. Nous sommes à Marly, comme des gens qui n'ont rien à faire. Le roi de France plante et le roi d'Espagne chasse le jour, et joue à cligne-musette le soir dans ma chambre. Je voudrois qu'il fût déjà parti, et si j'avois voix en chapitre, il seroit allé en poste prendre possession d'une si belle succession[1]. Il sera plus de quarante jours en chemin. M. le duc de Beauvilliers a bien la mine de demeurer; il est dans une langueur dont il aura de la peine à revenir. Madame sa femme marche pour avoir soin de lui. Madame la duchesse de Noailles me paroît fort triste : je ne sais si c'est simplement de voir partir M. son mari et son fils. Elle ne m'en avoue pas d'autre cause. Il me paroît que M. de Noailles doit être content de la manière dont le roi l'a engagé à ce voyage, dont il pourra bien demeurer chargé tout seul. Cependant je crains qu'il ne le voie présentement que par le mauvais côté, qui est l'éloignement du roi, et ce que

---

1. La Beaumelle met : « On ne peut aller trop vite saisir une couronne si belle. »

les courtisans croient le plus grand malheur. Le comte d'Ayen est plus philosophe et par conséquent plus tranquille : il part avec joie ; il mène une musique pour son plaisir et pour celui de M. le duc de Bourgogne[1]. Je lui ai conseillé de ne rien épargner, mais je ne m'en vante pas à madame la duchesse de Noailles.

L'abbé de Luxembourg a laissé une belle abbaye. L'abbé de Mornay veut la demander en remettant la sienne[2]. M. le cardinal de Bonzi presse pour avoir un coadjuteur[3]. J'en presse le roi aussi, parce que je crois qu'il y va de sa conscience ; mais je ne sais sur qui ce choix devroit tomber.

J'ai parlé aussi contre le curé de Marly : on ne pense point à le faire évêque.

Le père de La Chaise a proposé au roi de me consulter sur le choix d'un confesseur pour le roi d'Espagne. Je l'ai refusé, en disant que, vous n'étant pas ici, je ne pouvois m'instruire.

Je suis bien étonnée, monseigneur, d'avoir pu achever cette lettre. Je ne vous parle point des nouvelles publiques. Assez de gens prennent soin de vous les mander.

1. Il était bon musicien et avait composé des motets.
2. L'abbé de Mornay obtint cette abbaye, qui était celle d'Orcamp.
3. Il mourut cette année.

LETTRE CI

NOTE PRÉLIMINAIRE

Voici la première des lettres de madame de Maintenon au marquis, puis duc d'Harcourt. Ces lettres importantes, et malheureusement peu nombreuses, sont relatives aux affaires d'Espagne. Elles sont inédites et se trouvent aujourd'hui au *British Museum*, où elles ont été copiées par M. le comte Louis de Noailles, alors attaché d'ambassade à Londres.

Henri, marquis d'Harcourt, né en 1654, lieutenant général et l'un des plus brillants élèves de Luxembourg, avait été nommé, après la paix de Ryswick, ambassadeur à Madrid. C'était un poste de la plus haute confiance, vu les événements graves qu'allait produire la mort prévue du roi d'Espagne, etc. Le marquis d'Harcourt y fit preuve de sagesse, de droiture et d'habileté. Il resta à Madrid jusqu'au mois de mai 1700. Il demanda alors une audience de congé, laissa pour le remplacer le comte de Blécourt son parent, et vint passer quelques mois à Versailles. Il renseigna Louis XIV sur l'état de la cour d'Espagne, la force du parti qui voulait appeler un Bourbon au trône, et les dispositions du roi moribond. Il repartit avec la charge de rassembler des troupes du côté de Bayonne, et à peine arrivé dans cette ville, apprit la mort de Charles II. Comme il avait ordre d'ouvrir toutes les lettres qui venaient de Madrid pour le roi, il put l'instruire le premier de la teneur du testament. Louis XIV, ayant accepté la succession d'Espagne, lui ordonna de retourner à Madrid, et en même temps le nomma duc; « ce qui, dit Saint-Simon, était l'objet de toute son ambition. » A peine arrivé, il y reçut cette lettre de madame de Maintenon, qui témoigne la confiance qu'elle avait dans ce seigneur.

A M. LE DUC D'HARCOURT, A MADRID [1].

A Saint-Cyr, ce 3 décembre 1700.

On n'est pas encore remis ici de la joie extrême que tout le monde a sentie du parti que le roi a pris d'accepter la couronne d'Espagne pour M. le duc d'Anjou. Paris en est transporté, et tout ce qui revient des provinces nous paroît de même. Nous voici dans le triste endroit de cet heureux événement, il faut se séparer, et vous savez si les François aiment leurs princes; le roi, plein de bonté, ne peut sans larmes voir partir pour toujours son petit-fils, et qu'il a plus connu depuis qu'il est roi d'Espagne qu'il n'avoit fait auparavant. On se flatte qu'il visitera les pays qui sont sous son pouvoir, et qu'en allant en Flandre nous le reverrons; mais on croit que les Espagnols voudront lui voir un successeur avant qu'il fasse des voyages. On ne croit pas ici que l'on doive lui donner [2] une archiduchesse, et on penche à la princesse de Savoie [3] : elle a douze ans passés, et on nous assure qu'elle a la taille aussi belle que madame la duchesse de Bourgogne. C'est le principal pour une femme et pour les enfants qu'on en attend. Plus nous connaissons le roi d'Espagne, plus nous voyons du bien en lui. Tout ce qu'il dit est bien dit, plein de sens et de droiture; le ton et la lenteur dont il parle est très-désagréable, peut-être en sera-t-on moins choqué à Madrid qu'à Versailles. Je lui

---
1. *Autographe* copié par M. Louis de Noailles au *British Museum*.
2. Pour femme.
3. C'était la sœur cadette de la duchesse de Bourgogne.

ai bien dit tout ce que vous valez, et que vous le conseillerez par rapport à ses propres intérêts; il me paroît touché de la droiture et de la probité. Le roi lui a dit de prendre une entière confiance en vous. M. le comte d'Ayen le suivra en Espagne; il prétend être fort bien avec vous. Je vous conjure, monsieur le duc, d'y ajouter encore quelque chose pour l'amour de moi; je l'aime tendrement et beaucoup plus par son mérite que par son mariage avec ma nièce. Il est capable de sérieux, quoique jeune et gai; je vous prie de le conduire en tout et partout, et de le faire valoir en Espagne et en France. Le chevalier de La Vrillière a eu permission de faire le voyage, parce qu'on a répondu au roi de sa sagesse. Vous savez, je crois, que son frère a épousé mademoiselle de Mailly [1]; ce qui m'oblige, monsieur, à vous demander que ce jeune homme sente et sache que je vous l'ai recommandé.

Rien n'approche de la droiture des maximes que le roi a prêchées en toute occasion à son petit-fils, comme d'être bon Espagnol, de les aimer, de renvoyer les François à la première faute qu'ils feroient, de ne les jamais soutenir contre ses sujets, de s'appliquer aux affaires, de ne faire qu'écouter dès les premières années, d'aimer les gens de mérite, de distinguer les gens de qualité, etc [2]. Votre vertu romaine goûtera de telles leçons.

1. C'était la fille de *Minette*, *nièce*, comme madame de Caylus, de madame de Maintenon.
2. Voir ces instructions dans les *Mémoires de Noailles*, par l'abbé Millot, t. II, p. 4 et suiv.

Madame la duchesse d'Harcourt n'est pas plus empressée assise qu'elle l'étoit debout [1]; elle ne s'empressa pas même pour s'aller asseoir, ne voulant rien faire que de concert avec moi ; je sais à qui je dois cette confiance, et je vous assure, monsieur le duc, que vous avez raison, car je défie tout ce qui vous aime et vous estime d'aller plus loin que moi. Vous aurez été bien aise de voir M. Chamillart dans le conseil [2]. Vous aurez été fâché de ce que M. de Barbezieux n'y est pas encore ; je pense sur tout cela comme vous, mais il ne faut qu'un peu de patience. Obligez le roi d'Espagne à écrire assez souvent au roi ; ce soin lui fera plaisir, et leur union est désirable. Adieu. Ma lettre n'est-elle pas trop longue pour un homme qui n'a pas de temps de reste ?

APPENDICE A LA LETTRE CI.

Le départ du roi d'Espagne eut lieu le samedi 4 décembre. Le roi, la famille royale et une grande partie de la cour le conduisirent jusqu'à Sceaux, où le duc du Maine venait d'acheter le château construit par Colbert.

« La foule étoit si grande que les cours, les jardins, les appartements étoient remplis de monde, le roi ayant ordonné avec bonté que chacun vînt voir une chose qui n'avoit jamais

[1]. M. d'Harcourt venait d'être nommé duc; madame d'Harcourt avait droit aux honneurs du tabouret.

[2]. On lit dans le *Journal de Dangeau* au 23 novembre : « Le roi, après le conseil de finances, retint M. de Chamillart dans son cabinet et lui dit : « Il y a longtemps que vous me servez bien et « à mon gré ; je veux présentement que vous soyez dans tous mes « conseils, et je vous fais ministre ; venez dès demain au conseil « d'État. » T. VII, p. 431.

été, et que les portes ne fussent fermées qu'au plus bas peuple. La foule se trouva si prodigieuse, qu'il étoit presque impossible de la percer. » (*Mercure* de décembre, p. 215.)

Le roi resta seul pendant un quart d'heure avec le roi d'Espagne ; puis il fit entrer Monseigneur et toute la famille royale. « Les portes de l'endroit où ils étoient, dit Dangeau, étoient ouvertes ; nous n'entendions pas ce qu'ils disoient, mais nous voyions les deux rois fondre en larmes, Monseigneur appuyé contre la muraille et se cachant le visage, monseigneur le duc de Bourgogne, madame la duchesse de Bourgogne, monseigneur le duc de Berry et toute la famille royale pleurant et poussant même des cris d'affliction ; on ne sauroit s'imaginer un spectacle plus grand, plus touchant et plus attendrissant ; enfin il fallut se séparer... Le roi conduisit le roi d'Espagne jusqu'au bout de l'appartement, et se cachoit le visage pour cacher ses larmes... En lui disant le dernier adieu, il le tint longtemps entre ses bras ; les larmes qu'ils répandoient l'un et l'autre entrecoupoient tous leurs discours. Monseigneur embrassa ensuite le roi son fils, et puis le roi vint encore l'embrasser, marquant encore la peine extrême qu'il avoit de le quitter. » (T. VII, p. 447.)

LETTRE CII

A M. LE CARDINAL DE NOAILLES[1].

A Saint-Cyr, 8 décembre 1700.

Il faut croire, monseigneur, que nous avons un saint pape[2], et le respecter comme tel. Quelque envie que j'aie de votre retour, je souhaite fort que vous l'entreteniez des bonnes intentions et de la

---

1. *Autographe* du cabinet de M. de Cambacérès.
2. Le cardinal Albano, qui avait été élu le 23 novembre et qui prit le nom de Clément XI.

véritable piété du roi. C'est à son archevêque à lui en répondre.

Les Dames de Saint-Louis, monseigneur, sont insatiables d'indulgences. Apportez-nous des chapelets ou médailles qui en soient chargées, et pour la vie et pour la mort; et souvenez-vous qu'elles ne peuvent se servir ni d'or ni d'argent. Ainsi ce que nous vous demandons ne doit pas vous ruiner.

J'ai bien mal à la tête, monseigneur, de tous les adieux que nous avons faits. Le roi a été touché de voir partir ses trois enfants, et quoique leur voyage n'ait rien que de bon, la séparation est triste. J'ai dit adieu ce matin à M. le maréchal de Noailles et au comte d'Ayen. Ils partent contents de tout ce que le roi leur a dit, et ils sont chargés de trois personnes fort précieuses, car je doute fort que M. le duc de Beauvilliers fasse le voyage. J'ai avoué à ceux qui m'ont quittée, et que je quittois avec peine, que je sentois au cœur une grande consolation en pensant que vous revenez. C'est ainsi, monseigneur, que Dieu mêle toujours les joies et les chagrins. J'ai lu avec plaisir la ferme résolution que vous prenez de ne jamais retourner à Rome. Gardez-la bien, et revenez nous gouverner et nous bénir pour longues années. Les miennes ne finiront pas sitôt, si j'en juge par ma santé.

Mes compliments, je vous supplie, à M. le cardinal d'Estrées. Il faut finir tout court.

LETTRE CIII

NOTE PRÉLIMINAIRE

Voici la première des lettres écrites par madame de Maintenon à M. le comte d'Ayen, époux de mademoiselle d'Aubigné, et fils aîné du duc de Noailles. Ces lettres, nombreuses et très-intéressantes, ont une grande importance historique. Madame de Maintenon, ayant beaucoup d'amitié et une grande confiance dans son neveu, s'y montre dans tout son naturel, plus ouverte, plus expansive, plus gaie, que dans toutes ses autres lettres. Ces lettres ne nous étaient connues qu'à travers les transformations et les altérations de La Beaumelle. Heureusement elles ont été conservées, et je les copie intégralement sur les autographes qui m'ont été communiqués par M. le duc de Cambacérès.

Nous avons vu que le comte d'Ayen, ainsi que son père, accompagnait le duc d'Anjou ou Philippe V en Espagne. Le voyage se faisait à petites journées. Pour en charmer les ennuis, madame de Maintenon donnait à son neveu des nouvelles de la cour.

A M. LE COMTE D'AYEN[1].

A Saint-Cyr, 12 décembre 1700.

Il faut venir ici pour vous écrire, monsieur, car on ne me laisse pas beaucoup de temps à Marly, et ma chambre est remplie de quinze ou vingt dames qui ne gardent pas le silence. On se trouve pourtant si bien ensemble qu'on ne peut quitter Marly; nous y serons jusqu'à lundi[2]. Madame la duchesse de Bour-

---

1. *Autographe* du cabinet de M. de Cambacérès.
2. C'est-à-dire jusqu'au lendemain. On lit dans le *Journal de Dangeau* : « Le roi, qui se plaît fort ici, s'est aisément laissé aller à la prière que Monseigneur et madame la duchesse de Bourgogne lui ont faite d'allonger ce voyage ici de deux jours. »

gogne se trouve un peu mal depuis quelques jours. Elle a vomi et sans indigestion, car on pourroit quelquefois l'en soupçonner sans avoir même mauvaise opinion de son estomac. Elle a très-mauvais visage. La comtesse d'Estrées meurt de peur que ce soit une grossesse et en a les yeux plus égarés que jamais. A cela près, c'est la plus jolie femme du monde. Elle joua hier à ce qui s'appelle à la *madame* avec Monsieur, qui languissoit dans ma chambre de ce que le roi le faisoit dîner un peu tard. Elle fut admirable et madame la comtesse de Guiche aussi.

Je ne vous fais pas le détail de nos occupations. Je crois que vous recevez autant de relations de ce qui se passe à notre cour que nous en recevons des aventures de la vôtre. Il faut qu'il y ait à Orléans de mauvais harangueurs de père en fils, car il y a vingt-cinq ans que j'en ai entendu de pareilles à celle qui a déconcerté la gravité du roi d'Espagne[1]. C'est un plaisir très-innocent de dessiner, mais je voudrois que nos princes écrivissent un peu[2]. Il me semble qu'il ne leur est pas indifférent, ou, pour mieux dire, qu'il n'est pas indifférent pour eux d'écrire bien et facilement. M. le duc de Bourgogne écrit bien, le roi d'Espagne de fort bon sens, et le duc de

---

1. En 1675, quand elle alla aux Pyrénées avec le duc du Maine.

2. La Beaumelle transforme cette phrase ainsi : « Dessiner est un joli plaisir, mais écrire est un plaisir utile : je voudrois que nos princes ne regardassent l'un que comme un délassement de l'autre. »

Berry fort mal. Ils devroient agacer les dames du palais qui n'auront pas le dernier. Je vous prie, mon cher comte, de faire les plus humbles et les plus respectueux compliments de ma part au roi d'Espagne. Je me suis toujours intéressée à lui; mais ses visites dans mon cabinet m'ont donné une tendresse dont je me serois bien passée.

A propos de tendresse, ne vous dirai-je rien de la scène de Sceaux [1], où nos princes en ont tant fait voir les uns pour les autres. Quoi qu'il leur en ait coûté, je vous avoue que j'en ai été ravie; car il faut pour être aimable être capable d'amitié [2]. Adieu. Nous trouverons, je crois, la duchesse de Noailles et la comtesse d'Ayen à Versailles, car on doit y demeurer jusqu'à la veille des Rois.

Je n'écris point à M. le maréchal; mon projet est de n'écrire qu'une lettre à la fois dans votre cour ambulante, excepté les princes à qui il faut bien des exceptions. Je vous prie de faire mille amitiés pour moi à M. Moreau [3]; j'étois fâché qu'il n'ait pas pensé à me dire adieu, mais on m'a assurée qu'il m'avoit cherchée. Je ne vous dis rien pour vous, étant persuadée que vous voyez combien je vous estime, combien je vous aime et combien je vous goûte.

Je ne vois point de sablon d'Étampes. Vos projets sont-ils déjà renversés? Nous sommes bien contents du maître espagnol. Le roi trouve qu'il parle bien

---

1. Voir p. 352.
2. La Beaumelle ajoute : « Je n'aurois jamais cru qu'on pût être prince et sensible. »
3. Musicien de Saint-Cyr, qui accompagnait les princes.

et je prétends qu'il se prend fort bien à montrer[1]. Quand j'aurai M. le cardinal de Noailles, j'espère que je serai un peu consolée de vos absences ; mais, présentement, je sens très-fort que vous et M. le maréchal me manquez.

LETTRE CIV

A M. LE COMTE D'AYEN[2].

19 décembre 1700.

Les bouts rimés nous paroissent fort bons et nous réjouissent un peu, car nous commencions à nous lasser de l'égalité des soirées et de voir toujours : « On a dessiné, puis joué au brelan[3]. » Le roi d'Espagne montre de temps en temps qu'il a du goût pour les jeux d'esprit, et je ne doute pas que les autres ne fissent de même, sans cette malheureuse passion des cartes qui, sans donner de grands plaisirs, dégoûte des autres. Nous avons été surpris de trouver un poëte en M. d'Heudicourt. M. de Noailles rend de très-bons offices à la jeunesse, car il ne perd point d'occasion de parler de la sagesse. Je crains, mon cher comte, que ce voyage ne soit pas si agréable que vous l'aviez espéré ; mais je me console en pensant que vous en tirerez tout ce qui

1. La Beaumelle ajoute : « Voici sa fortune faite, si ceci va jusqu'à Paris. »
2. *Autographe* du cabinet de M. de Cambacérès.
3. La Beaumelle change le sens : « Vos bouts rimés sont venus fort à propos ; nous commencions à nous lasser de l'uniformité de nos soirées, passées à dessiner ou à jouer au brelan. »

pourra s'en tirer[1]. Je vous supplie de faire mes très-humbles remercîments à monseigneur le duc de Berry du cotignac qu'il m'a envoyé. Je vois bien que c'est un homme solide qui aime mieux faire des présents que des compliments. Il trouvera bien des gens qui s'accommoderont de cette conduite. Il est grand bruit ici des belles, bonnes et tendres lettres de M. le duc de Bourgogne. J'en ai reçu une de notre cardinal, qui a le courage de me gronder de Rome sur le carnaval que madame la duchesse de Bourgogne passa il y a un an[2]. Il doit partir le lendemain des fêtes. Qui auroit cru que nous l'aurions cet hiver et que nous ne vous aurions pas? Après cette belle réflexion, il faut vous donner le bonsoir. J'ai un assez grand rhume qui me fait passer de mauvaises nuits et que je ménage avec soin depuis qu'il m'empêche d'aller à Saint-Cyr. Au reste, je crois que c'est vous qu'on galope à sept heures du matin, car je n'ai presque plus personne depuis que mon écuyer me manque. Mille amitiés à M. le maréchal. Madame la maréchale est beaucoup plus sérieuse qu'à l'ordinaire[3].

1. La Beaumelle met ici : « Mais si vous vous y ennuyez, un autre y mourrait d'ennui. »
2. La Beaumelle ajoute : « Il n'oublie pas nos péchés. »
3. Il n'y a pas une ligne dans cette lettre que La Beaumelle n'ait transformée et mutilée.

LETTRE CV

A M. LE COMTE D'AYEN [1].

A Saint-Cyr, ce 22 décembre 1700.

Vous vous éloignez, monsieur le comte, et nous nous en apercevons par ne plus recevoir si souvent de vos lettres. Un esprit et un cœur délicat trouveroient bien des choses à dire là-dessus, mais elles arriveroient peut-être mal à propos. Mon expérience à la cour m'a appris que rien n'est plus difficile que d'y prendre bien son temps. Je devrois pourtant juger autrement de la vôtre, si la disposition de l'humeur suit l'égalité des occupations. On est étonné ici que vous ne vous aidiez pas de la musique pour passer vos longues soirées [2], et que vous ne l'ayez encore entendue qu'à vos messes du matin. Les bouts rimés ont été trouvés beaux et jolis, selon le style des poëtes. L'un est dans le sublime, l'autre dans la plaisanterie [3], et tous deux ont fort bien réussi. Madame d'Heudicourt ne m'a pas paru moins sensible à la poésie de son fils qu'elle le fut quand M. le cardinal d'Estrées lui donna des espérances que son

1. *Autographe* du cabinet de M. de Cambacérès.
2. La Beaumelle met : « Et croyez-vous qu'à la vôtre, l'égalité de l'humeur suive l'uniformité des occupations ? Que vos soirées doivent être longues ! On demande ici pourquoi votre musique ne se mêle pas de les égayer et de les accourcir. »
3. Voici comment La Beaumelle transforme maladroitement cette phrase : « Les bouts rimés sont jolis et d'un joli différent, l'un malgré le sublime, et l'autre en dépit du burlesque : *vous savez que je me connois en ce dernier genre.* »

fils l'abbé seroit un Père de l'Église. Mais à propos de cardinal, le nôtre revient incessamment et je ne lui écrirai plus.

Je voudrois être près de finir mon commerce de lettres avec vous. Il n'est pas si agréable que je l'avois espéré, et l'absence est plus difficile à supporter que je ne l'avois cru ; voilà comme on se trompe toujours. De qui voulez-vous savoir des nouvelles pour vous bien divertir ? C'est sans doute des dames du palais, car elles sont votre foible et il y faut compatir.

Madame de Dangeau[1] se fortifie au trictrac ; madame de Roucy est grosse, madame de Nogaret est grasse, madame d'O garde le lit depuis l'absence de son mari, pour regarder la place où il étoit et où il n'est plus. A cet endroit, on étouffe, on brûle des ailes de perdrix, on va quérir Gervais[2]. Madame du Châtelet est grosse, madame de Montgon est rouge, madame de Lévy est maigre, madame la comtesse d'Estrées éclate de rire, madame la comtesse d'Ayen parle en fausset, la dame d'honneur a la goutte, la dame d'atours ne dédaigne pas de tourner le fuseau[3]. Voilà, mon cher comte, l'état de notre petite cour

---

1. Madame de Maintenon écrit : *Madame d'Anjaux.*
2. Médecin de la cour.
3. Voici comment La Beaumelle transforme ce charmant tableau qui témoigne que madame de Maintenon avait, quand elle le vouloit, le piquant et le brillant de madame de Sévigné : « Madame de Dangeau deviendra aussi merveilleuse dans le trictrac qu'elle l'est dans tout le reste ; madame de Roucy nous menace d'un enfant ; madame de Nogaret est enfin grasse ; madame d'O garde le lit depuis l'absence de son mari pour regarder la place où il étoit et pour s'écrier : Hélas ! il n'y est plus. A ce soupir, on étouffe, on brûle des ailes de perdrix, on appelle Gervais, on est tantôt une

qui s'assemble les soirs dans mon cabinet autour de la jeune princesse qui croît en taille à vue d'œil et un peu plus imperceptiblement en mérite.

N'est-il pas temps de vous remercier d'un nombre innombrable de boîtes de cotignac qu'on m'a données de votre part? Elles auroient figuré aux noces de mademoiselle de Normanville[1], si je n'avois le bon sens de faire faire le festin chez M. de Chamillart. Vous perdez là une belle occasion de boire, manger et rire. Mes compliments à M. le maréchal. Il aura une lettre à son tour, mais je crois que le vôtre n'étoit pas venu et que ma tendresse m'a trompée.

APPENDICE A L'ANNÉE 1700.

La Beaumelle ajoute à cette année deux lettres prétendues écrites à madame de Saint-Géran. Ce que madame de Maintenon dit de cette dame dans ses lettres aurait dû le corriger de sa longue supercherie, au moins pour cette année; mais il n'a pas résisté à l'envie de faire parler madame de Maintenon sur la succession d'Espagne, et il a fabriqué les deux lettres suivantes qui sont également fausses et se contredisent. Notons que cette dame semble écrire à côté de la salle du conseil, inquiète de ce qui va s'y discuter et s'y dé-

colombe, tantôt une bacchante. Que vous dirai-je de la grossesse de madame du Châtelet, de la maigreur de l'indolente Lévy, du teint incarnat de madame de Montgon, des rires éclatants de la comtesse d'Estrées, et du fausset de madame d'Ayen, de la goutte de la dame d'honneur, et de l'adresse de la dame d'atours à tourner le fuseau? »

1. Demoiselle de Saint-Cyr qui lui avait servi de secrétaire et qu'elle fit épouser au président de Chailly. La noce eut en effet lieu chez M. de Chamillart.

cider. Or nous savons que le conseil où fut résolue l'acceptation du testament de Charles II se tint dans sa chambre, et qu'elle y était présente.

LETTRE CVI (La B.)
A MADAME DE SAINT-GÉRAN [1].

A l'heure qu'il est, on délibère sur le sort de la France, de l'Espagne, sur le sort de toute l'Europe. La guerre est inévitable, à moins qu'on ne prenne un parti honteux ; et c'est ce que je ne crains pas d'un conseil où le roi préside. Les sentiments sont fort partagés ; je suis sûre que dans ce moment on conteste avec beaucoup de vivacité. Le duc de Bourgogne ne sera peut-être pas de l'avis de Monseigneur ; on dit que la raison est pour M. le duc de Bourgogne, et que la gloire est pour son père. Le duc de Beauvilliers donnera sa voix au traité de partage, et le chancelier à l'acceptation pure et simple de cette belle succession. M. le Dauphin prendra un milieu entre ces deux avis ; il voudra qu'on renonce au testament et au traité ; on dit que c'est le seul moyen d'éluder la guerre ; il est bien conseillé. M. le duc d'Anjou est assez bon pour être roi, mais pas d'un âge à avoir une volonté.

LETTRE CVII (La B.)
A MADAME DE SAINT-GÉRAN [2].

Monseigneur triomphe ; il a remontré que le roi étoit trop juste pour l'éloigner d'une succession que toutes

---

1. Édit. de Nancy, t. II, p. 100 ; édit. d'Amsterdam, t. II, p. 151.
2. Édit. de Nancy, t. II, p. 102 ; édit. d'Amsterdam, t. II, p. 152.

les lois lui donnoient, qu'il y renonçoit en faveur du duc d'Anjou, et qu'il se bornoit à dire toute sa vie : « Le roi mon père et le roi mon fils. » Le duc de Bourgogne est revenu à ce sentiment, et a dit, qu'il ne l'avoit combattu que pour éclaircir la matière, et qu'il cédoit volontiers tous ses droits à son frère. Le public ne sera informé de tout ceci que dans quelques jours. Le duc d'Anjou ne sera traité comme roi qu'après l'audience de l'ambassadeur d'Espagne. Priez Dieu qu'il bénisse tous les desseins du roi, et qu'il sanctifie toutes ses pensées.

ANNÉE 1701.

Cette année est l'une des plus intéressantes de la correspondance de madame de Maintenon. Elle est marquée par le commencement de la guerre de la succession d'Espagne, par la mort de Monsieur, frère du roi, par celle du malheureux Jacques II, etc., etc. Madame de Maintenon n'est pas occupée uniquement des affaires de l'Église ; elle commence à prendre part aux affaires de l'État. Sa correspondance est moins active avec le cardinal de Noailles ; elle est principalement adressée au comte d'Ayen, au duc d'Harcourt, à Philippe V. Elle comprend cinquante-deux lettres, dont une seule est apocryphe. En outre, elle renferme une relation de l'entrée de Philippe V en Espagne, par le comte d'Ayen.

On trouve de plus pour cette année dans les *Lettres histor. et édif.*, t. II, dix lettres adressées aux Dames de Saint-Cyr, dont quatre à madame de Bouju, une à madame de Glapion, une à madame du Pérou, une à madame de Berval, une à madame de Lagny, etc.

J'ajoute à cette année un appendice renfermant trente-quatre lettres de septembre à décembre, la plupart inédites, écrites par madame des Ursins, Louis XIV, Philippe V, etc., qui complètent les événements de la fin de 1701. Elles ne sont pas adressées à madame de Maintenon, mais elles lui ont été communiquées et par elle à Saint-Cyr, où elles auront été copiées, puisque j'ai trouvé ces copies dans les manuscrits des Dames. Les originaux, qui étaient sans doute dans les archives de la maison de Noailles, se trouvent aujourd'hui au dépôt des affaires étrangères.

LETTRE CVIII

BREF DU PAPE CLÉMENT XI A MADAME DE MAINTENON[1].

Janvier 1701.

Bien-aimée fille en Jésus-Christ, noble dame, salut et bénédiction.

La connoissance que nous avons des rares perfections dont Dieu Tout-Puissant a comblé votre personne, cette extrême piété envers lui et ce riche assemblage de tant de vertus chrétiennes, cette foi sincère et la véritable soumission que vous avez envers nous et notre saint siége, nous engagent pendant notre pontificat à vous donner quelque témoignage certain de notre affection particulière; c'est pourquoi nous avons cru devoir vous faire présent d'une couronne de lapis de la bienheureuse Vierge Marie et d'une médaille d'or qui représente, d'un côté, l'image de Notre Sauveur, et, de l'autre, celle de la bienheureuse Vierge sa sainte Mère, voulant vous procurer les moyens, pour le salut de votre âme, de faire tous les jours quelques nouveaux progrès dans l'exercice de la vertu, afin que pendant le temps que vous porterez cette couronne et lorsque vous direz l'office

---

1. *Manuscrits des Dames de Saint-Cyr.*

divin ou celui de la sainte Vierge Marie, ou celui des trépassés, etc., vous obteniez une fois la semaine l'indulgence plénière de tous vos péchés.

Donné à Rome, dans le palais de Saint-Pierre, sous l'anneau du pêcheur, l'an 1er de notre pontificat.

LETTRE CIX

A M. LE COMTE D'AYEN [1].

7 janvier 1701.

Que de réflexions à faire, mon cher comte ! M. de Barbezieux meurt tout jeune dans une grande fortune et à la veille de la voir encore plus grande [2] ! Il n'a qu'un moment pour se préparer à paroître devant Dieu ; et l'habitude de penser plutôt aux affaires qu'au salut fait partager ce moment entre le testament et la confession [3].

On ne sait encore qui remplira sa place ; mais

---

1. *Autographe* du cabinet de M. de Cambacérès. — Le comte d'Ayen et les princes qu'il accompagnait étaient arrivés à Bordeaux.
2. M. de Barbezieux, fils de Louvois, secrétaire d'État de la guerre, mourut le 5 janvier, à l'âge de trente-trois ans. Il n'avait été que quatre jours malade. « Il avoit, dit Saint-Simon, tout ce qu'il falloit pour faire un grand ministre : fort instruit, on ne peut plus d'esprit ni plus de grâce dans l'esprit, un travail net et facile... Il aimoit tous les plaisirs et s'y perdoit, et passoit les nuits à travailler, etc. »
3. La Beaumelle met : « L'habitude de penser plutôt au frivole qu'à l'essentiel le fait partager avec une scandaleuse inégalité, etc. »

vous le saurez en même temps que vous recevrez cette lettre[1].

Madame la comtesse d'Ayen a eu quelque accès de fièvre qui l'ont fait demeurer à Versailles, et un léger soupçon de grossesse. Madame la maréchale, contre mon avis, n'a pas voulu la quitter.

Si vous pensez à moi, vous voyez, d'où vous êtes, à peu près ce que je fais. Je vous écris dans un petit intervalle qu'on me laisse. Madame de Dangeau va dîner avec moi, et peut-être madame d'Heudicourt. Monsieur sera spectateur, qui nous rendra raison de tout ce que nous mangerons et de tout ce que nous ne mangerons pas. Je m'en impatienterai[2]. Les princesses, qui ne sont point à la chasse, viendront, suivies de leur cabale, attendre chez moi le retour du roi pour dîner. Je ne prendrai pas plus de part à ces

1. On sait que ce fut Chamillart, déjà contrôleur général des finances. Les affaires de la guerre étaient la partie du gouvernement que le roi aimait et entendait le mieux. Sous Louvois, il s'en occupait déjà, et pas assez suivant son gré ; sous Barbezieux, il fut réellement son propre ministre de la guerre et le fils de Louvois ne fut que son élève et son commis ; en prenant Chamillart, il compta s'occuper complétement des affaires de la guerre et n'avoir qu'un ministre de nom. Il le fut en effet. Le général Grimoard, qui a préparé l'édition des *Œuvres de Louis XIV*, dit dans la Préface : « Je possède des manuscrits qui constatent que toutes les lettres un peu importantes furent minutées de sa main ou dictées par lui à MM. de Barbezieux, de Chamlay, de Chamillart, à MM. La Cossière et Pinsonneau, chefs de la secrétairerie particulière du roi, qui fréquemment prenait la plume et achevait lui-même ce qu'il avait fait commencer par eux. De 1691 à 1707 il a été son propre ministre de la guerre : alors Voysin le soulagea. »

2. La Beaumelle ajoute : « Et madame d'Heudicourt rougira de mon impatience, et j'en rougirai par imitation et par orgueil. »

visites que j'y en ai. Les chasseurs reviendront en foule et diront tous à la fois les moindres circonstances de la chasse. On s'en ira dîner. Madame de Dangeau ira quérir un trictrac. Mais nous n'avons pas à tout cela le comte d'Ayen, qui fait des tentatives de mêler quelque esprit dans notre conversation, sans pouvoir en venir à bout[1].

La comtesse d'Estrées devient une très-jolie femme. Elle fait de très-bonne grâce tout ce qu'elle fait; elle a plus d'esprit qu'il n'en paroissoit d'abord[2]; elle est très-naturelle, très-gaie, très-sage, devient très-polie; plut à Dieu que ma nièce fût comme elle[3]!

La duchesse de Guiche se contente d'être belle. Elle ne met pas assez dans le commerce : je ne sais si c'est prudence ou paresse[4].

Adieu, monsieur le comte, mes très-humbles et respectueux compliments à nos princes sur la nouvelle année. Il faut bien se ranger à la coutume, quoique j'avoue que je ne sente point cette tendresse qui transporte tout le monde le premier jour de l'an.

1. La Beaumelle met : « Ce charmant comte d'Ayen, qui fait avec tant d'esprit tant d'efforts inutiles pour nous en donner. »
2. La Beaumelle ajoute : « Et de temps en temps, elle en fait voler jusqu'à nous des étincelles qui nous préparent à tout. »
3. Nous savons que la duchesse de Guiche et la comtesse d'Estrées étaient sœurs du comte d'Ayen.
4. La Beaumelle ajoute : « Il seroit si aisé a cette paresseuse d'être quelque chose de plus. »

LETTRE CX

A M. LE COMTE D'AYEN[1].

11 janvier 1701.

Je crois que vous serez bientôt en Espagne et que nous aurons de vos nouvelles rarement, car il me paroît qu'elles sont longues à venir. Il faudra réparer cet inconvénient inévitable par écrire des volumes, et commencer depuis le moment que vous serez monté dans le carrosse, traîné par six mules. On m'a dit que vous occuperez un strapontin, s'il y a des strapontins en Espagne, où l'on dit que les carrosses sont très-différents des nôtres; mais, quoi qu'il en soit, monsieur le comte, dites-nous, mot à mot, les moindres détails qui regardent le roi d'Espagne, et que le roi de France sera ravi de voir; et, pour moi, ce qui vous touche ne m'est point indifférent[2]. M. le duc d'Harcourt fait une si grande figure, et a par conséquent tant d'affaires, que je n'ose presque plus lui écrire, et encore moins espérer des lettres. Mais, pour M. le marquis de Sézanne[3], je le conjure de continuer comme il a commencé; ses lettres firent fort bien sa cour. Ne nous oubliez pas assez pour vous contenter des choses importantes, nous voulons les moindres détails : comment le roi est vêtu; ce

---

1. *Autographe* du cabinet de M. de Cambacérès.
2. La Beaumelle arrange cela ainsi : « Tout ce que fait le roi d'Espagne intéresse le roi de France, et tout ce que vous faites ne m'est point indifférent. »
3. Frère du duc d'Harcourt.

qu'il mange; quand il se couche; quand il se lève; à qui il parle; le temps qu'il donne aux choses sérieuses; le temps qu'il donne à ses plaisirs; s'il est gai; s'il s'ennuie[1], enfin tout ce que vous verrez, car certainement on s'intéresse bien sincèrement à sa grandeur et à son bonheur. Je voudrois, pour récompense de tout ce que je vous demande, pouvoir vous instruire de ce qui se passe ici, où vous prenez quelque part, mais je soupçonne qu'il n'y en a pas un grand nombre. Je sais comme vous êtes pour le roi[2]; il se porte à merveille, et je trouve qu'il est au comble de la gloire par la confiance que les Espagnols ont pour lui : je ne connois rien de plus flatteur[3]. Adieu, mon cher comte, je me porte bien aussi et ne suis point au comble de la joie; je n'ai pourtant rien qui doive vous inquiéter, vous voyez que je compte sur votre amitié.

1. La Beaumelle met : « S'ennuie-t-il autant qu'il convient à un Espagnol et à un roi? »

2. La Beaumelle met : « Le roi que vous aimez tant se porte à merveille. »

3. La junte d'Espagne avait ordonné aux vice-rois et gouverneurs d'obéir au roi de France comme au roi d'Espagne. « Rien n'est plus honorable pour le roi que le procédé des Espagnols, et en même temps ils ne peuvent rien faire de plus habile pour leur monarchie que de s'abandonner entièrement à lui. » (Dangeau, t. VIII, p. 10.)

LETTRE CXI

A M. LE COMTE D'AYEN[1].

14 janvier 1701.

Voici bien des pourquoi pour le roi d'Espagne qui les aime. Donnez-les à propos, s'il vous plaît.

Nous n'entendons plus parler que de morts. Le pauvre Bontemps est tombé dans une manière d'apoplexie, sans pourtant avoir perdu connoissance[2]. Nous en sommes tous bien fâchés. Je ne vous dirai rien de plus pour aujourd'hui. Adieu, monsieur le comte.

LETTRE CXII

A M. LE DUC D'HARCOURT[3].

Le 20 janvier 1701.

Que j'aurois grand besoin de vous, monsieur le duc, pour me rassurer contre la guerre qui se prépare[4]!

1. *Autographe* du cabinet de M. de Cambacérès.
2. Premier valet de chambre du roi. Il mourut le 16 janvier, âgé de soixante-quinze ans. « C'est, dit Dangeau, un homme en bénédiction à la cour, qui n'a jamais fait mal à qui que ce soit, et qui a fait beaucoup de bien. » Saint-Simon en fait encore un plus grand éloge, et ajoute : « Il étoit dans toutes les confidences du roi pour ses maîtresses, pour mille dépenses cachées, pour tous les gens à qui le roi vouloit parler, écrire ou faire savoir quelque chose en secret, et sa fidélité étoit à toute épreuve... Il avoit été un des témoins du mariage du roi avec madame de Maintenon. »
3. *Autographe* du *British Museum.* — Le duc d'Harcourt était arrivé à Bayonne au-devant de Philippe V, et formait son conseil avec le duc de Beauvilliers et le maréchal de Noailles.
4. L'empereur avait refusé de reconnaître le testament de Charles II, et faisait déjà passer des troupes dans le Tyrol pour attaquer le Milanais.

La confiance que j'ai en vous fait toute ma consolation ; mais il faut vous avouer qu'elle n'est pas si entière, que je tremble quelquefois. Prenez donc un peu de temps pour me faire un horoscope de tout ceci, aussi juste que vous me l'aviez fait sur l'affaire d'Espagne. Je ne m'en vanterai qu'autant que vous le voudrez; je croirai être bien instruite l'étant par vous. Donnez aussi vos avis sur ce qui se passe ici, et je m'en parerai dans les occasions. Vous êtes avec le roi d'Espagne ; son silence vous étonnera peut-être, mais s'il s'accoutume à vous, vous lui trouverez du bon sens, de bonnes inclinations, un grand fond de religion et de vertu. Le roi lui a donné de bons avis par écrit; il voudroit qu'il les lût souvent; il vous mettra sans doute à portée de le lui conseiller, car on lui a bien recommandé de prendre une entière confiance en vous. Les Espagnols sont trop heureux de l'avoir. Faites de votre mieux pour qu'il conserve un grand commerce avec le roi, non-seulement de roi à roi, qui sont dans les mêmes intérêts, et qui s'écrivent selon le cérémonial, mais un commerce d'un petit-fils à son grand-père, qui lui écrit tendrement, respectueusement et librement. Il est si innocent, qu'il faut l'aviser de tout, et il faut entretenir leur union ; car, quand le cœur s'en mêle, tout en va mieux. Le mien est plein d'estime et d'amitié pour vous, monsieur le duc.

J'ai senti votre peine sur le pauvre M. de Barbezieux; son successeur ne vous aime pas moins, il est rempli de droites intentions; mais je crains qu'il n'ait trop d'affaires.

LETTRE CXIII

LE DUC DE BERRY A MADAME DE MAINTENON[1].

A Bayonne, ce 23 janvier 1701.

Je n'ai pas pu laisser passer M. Noblet[2], madame, sans vous écrire. Nous avons eu hier la triste journée de la séparation du roi d'Espagne[3]. Je vous prie de m'accorder votre amitié, comme vous me l'avez fait espérer, et d'être persuadée de la mienne. Je crains de vous importuner, c'est pourquoi je finis.

CHARLES.

LETTRE CXIV

A M. LE COMTE D'AYEN[4].

25 janvier 1701.

Je ne me souviens guère de ce que je vous ai écrit, qui vous a fait tant de plaisir par rapport à l'amitié que vous avez pour moi, mais je vous assure que j'en ai pour vous beaucoup plus que je ne vous le dis.

1. *Manuscrits des Dames de Saint-Cyr.*
2. C'était le secrétaire du duc de Bourgogne, qui revenait à Versailles.
3. « M. Noblet arrive ici, qui apporte la nouvelle de la séparation de nos princes; elle se fit samedi 22, dans l'île des Faisans... Il y eut bien des larmes répandues de la part des princes, et on eut peine à les séparer. Le roi d'Espagne alla coucher à Irun et nos princes revinrent à Saint-Jean de Luz. » (Dangeau, 29 janvier. — Voir aussi Saint-Simon, t. III.) Les ducs de Bourgogne et de Berry revinrent jusqu'à Mont-de-Marsan et de là prirent le chemin de Toulouse.
4. *Autographe* du cabinet de M. de Cambacérès.

J'en ai plus dit depuis quelques jours à madame la princesse de Conti, et vous auriez été contente des louanges sérieuses que nous vous donnâmes[1]. Je vous adresse les remercîments que je fais à M. le duc d'Harcourt, sur la distraction qu'il vous a procurée, et quand il n'auroit pas pensé à moi dans cette occasion, je me tiens en droit de prendre part et de le remercier de tout ce qui peut vous être bon ou agréable. Il y a quelque chose d'irrégulier à cette phrase, mais nous n'y regardons pas de si près. J'écris derrière le dos[2] de M. de Pontchartrain, qui parle fort vite et fort haut[3], sans compter les autres distractions. J'attends vos relations avec impatience, comptant qu'elles feront plaisir à celui que vous voudriez divertir par toute sorte de personnages. Adieu. On m'assure que notre cardinal[4] sera ici dans deux jours. Il revient chargé de la confiance du pape, qui lui a marqué une estime toute particulière.

LETTRE CXV

A M. LE DUC D'HARCOURT[5].

Le 25 janvier 1701.

Je sens, comme je dois, monsieur le duc, ce que vous venez de faire pour M. le comte d'Ayen ; je ne

1. La Beaumelle met : « Que nous chantâmes en duo. »
2. La Beaumelle met : « Sur le dos. »
3. La Beaumelle met : « Qui, quoiqu'il ne dise pas grand'chose, me cause bien des distractions. »
4. Le cardinal de Noailles, qui revenait de Rome.
5. *Autographe* du *British Museum*.

vous en aurois pas tant demandé, mais en tout vous allez plus loin que les autres, et je vous assure que je ne suis point ingrate de la part que j'y puis avoir. Toute sa famille en est bien reconnaissante. Je vous souhaite autant de bonheur que vous en méritez.

M. le duc de Beauvilliers me mande que vous êtes bien content du roi d'Espagne; j'en suis ravie, et j'espère que la nécessité le contiendra de s'ouvrir à vous plus vite qu'il ne le feroit naturellement. Ce que vous avez dit de l'Espagne, et ce que l'on voit des Espagnols fait bien changer de langage à ceux qui n'étoient pas pour l'acceptation de cette couronne : je crois que vous m'entendez bien. J'attends les relations du comte d'Ayen[1] et de M. de Sézanne, pour tous les détails de l'entrée du roi dans ses États; il faut vous mettre à un autre[2]..... J'attends de vos nouvelles avec impatience dans l'espérance de quelque consolation sur la guerre. Il me semble que je n'ai plus à vous recommander M. le comte d'Ayen, que de ne pas faire trop pour lui. Adieu, monsieur le duc, comptez sur mon amitié fondée sur une singulière estime.

---

1. J'ai trouvé la relation du comte d'Ayen dans les *Manuscrits des Dames de Saint-Cyr*, et je la donnerai plus loin.
2. Un mot raturé et illisible.

LETTRE CXVI

A M. LE COMTE D'AYEN[1].

Le 28 janvier 1701.

Si on nous a dit vrai, vous êtes présentement sur des mules[2], peut-être assez fantasques pour broncher sous un roi d'Espagne, et encore plus volontiers sous un comte d'Ayen. Je crois, sans manquer au respect dû à ce grand prince, que votre voiture est assez ridicule[3]. Rien ne l'est davantage que ces marches-là, quant elles sont sérieuses, et cependant on ne peut pas toujours rire. On est mouillé, crotté, pénétré de froid et souvent environné de ceux à qui on aime le moins à parler. Votre poëte est bien aussi embarrassé là qu'à suivre des cochons ; mais vous joindrez les carrosses, et alors votre place si honorable se fera sentir. Notre roi d'Espagne soutiendra tous ces événements de son sang-froid, et ne perdra pas cette gravité dont il a été prévenu dès le ventre de madame sa mère. Vous faites très-bien d'épargner à la vôtre le louage de ces mules ; effectivement, cet argent-là n'est pas trop bien employé. Cependant il faut prendre patience, c'est le remède à tout, et le remède dont on a le plus souvent besoin.

1. *Autographe* du cabinet de M. de Cambacérès.
2. « D'Irun, Sa Majesté Catholique ira jusqu'à Vittoria à cheval ou sur des mules, et à Vittoria elle montera en carrosse. » (Dangeau, t. VIII, p. 21.)
3. La Beaumelle arrange ainsi cette phrase : « Cette voiture me paroît assez ridicule, et je le dirois si elle n'était espagnole. »

Madame la duchesse de Guiche est allée à Fontainebleau au-devant de M. le cardinal[1]. J'espère le voir demain, au matin, et dîner ensuite avec lui chez M. Chamillart, qui ne me paroît pas enflé de sa grandeur. Je crains bien qu'elle ne lui coûte cher. Vous avez raison de regarder la liberté comme le plus grand bien dont les hommes puissent jouir. Ils n'en sont pas toujours les maîtres ; et ce qu'on peut faire de mieux, quand le corps est enchaîné, est de mettre son cœur et son esprit en liberté. J'en use ainsi présentement. Je garde madame la duchesse de Bourgogne, et pendant qu'elle écrit à M. son mari, j'écris à mon cher neveu, ou plutôt à mon cher ami ; ce qui va chez moi bien loin devant les parents[2]. Montrez cet endroit de ma lettre au duc d'Hârcourt, et qu'il voie la sérieuse estime que j'ai pour vous.

LETTRE CXVII.

A M. LE COMTE D'AYEN[3].

Ce 29 janvier 1701.

Vos relations et vos lettres m'ont fait pleurer, en me remettant devant les yeux la séparation que je comprends avoir été bien triste ; mais il ne tiendra qu'au roi d'Espagne de donner la joie de le revoir.

---

1. « M. le cardinal de Noailles arriva de Rome, et vint ici tout droit avant que d'aller à Paris. » (Dangeau, t. VIII, p. 25.)
2. Madame de Maintenon a rarement de ces effusions de cœur.
3. *Autographe* du cabinet de M. de Cambacérès.

Il est vrai que je sens une grande tendresse pour lui ; vous savez qu'elle est désintéressée, et que je ne suis pas flatteuse. Je fis une grande imprudence de le convier à passer les soirs dans mon cabinet; car s'il étoit parti de son aile, je n'aurois point connu tout ce que je vis en lui de vertu, de bonté, d'esprit, de douceur, et tout ce que vous voyez présentement. Les Espagnols sont fort heureux de l'avoir; et il paroît qu'ils le sentent bien. Remerciez-le de l'honneur qu'il me fait de se souvenir de moi. Je voudrois qu'il pût voir l'état de cet appartement qu'il connoît. Les dames lisent votre relation [1] : l'une pleure de tendresse, et l'autre se réjouit de tout ce qui revient de lui; la duchesse de Bourgogne rappelle toutes ses complaisances, et le plaisir qu'il prenoit avec elle. Le roi n'a pas cessé de lui écrire depuis que sa lettre lui a été rendue. Je vous écris pour vous parler de lui, et je ne pense pas qu'on puisse en être plus occupé. Je suis ravie de tout ce que vous et le duc d'Harcourt m'en dites, et je crois avec vous que ce sera un grand roi ; Dieu le bénira, car il l'aime et le servira toute sa vie.

Le roi trouve très-bon que vous vous habilliez à l'espagnole, et que vous fassiez tout ce qui peut plaire au roi d'Espagne. Votre relation n'est point trop longue, et nous ne pouvons entendre trop parler des moindres détails de tout ce qui le regarde.

M. le cardinal de Noailles arriva hier au soir : j'ai dîné avec lui chez M. Chamillart. Son Eminence m'a

---

1. Voir plus loin, p. 391.

dit que la princesse de Savoie[1] est fort jolie; il la
trouve petite, mais par la mesure que madame la
douairière royale envoie, elle est plus grande que
madame la duchesse de Bourgogne ne l'étoit à
son âge.

Je voudrois savoir des nouvelles qui pussent réjouir le roi, car il sera ravi encore longtemps d'entendre parler de ce pays-ci. On va passer les jours
gras à Marly; il y aura trois bals. Madame la duchesse de Bourgogne danse beaucoup mieux que
l'année passée ; la dame de *carreau* danse très-
bien, mais elle n'a plus celui qui la menoit, et il
n'est pas aisé à remplacer. Mademoiselle de Bour-
nonville est très-jolie. Le roi a condamné la comtesse
d'Estrées à danser au bal par la disette où l'on se
trouve. La princesse de Conti a déclaré qu'elle ne
danseroit plus, et les dames de sa cabale suivent son
exemple. Est-ce de Monseigneur que vous me demandez des nouvelles? car le nom étoit un peu difficile à lire ; il est en parfaite santé, et j'en suis plus
contente que jamais : j'ai de grandes raisons pour
cela. Nous irons peu à Marly ce carême, parce que
le roi a de la peine à donner de la viande à tant de
gens. Nous irons à Meudon, où les séjours sont plus
courts; et pour faire plaisir à Monseigneur, qui, en
vérité, mériteroit de plus grandes complaisances.

M. le cardinal nous apporte deux jubilés, qu'on
donnera en différents temps; il faut aller à Paris
pour gagner celui de l'année sainte. Votre oncle,

1. Sœur de la duchesse de Bourgogne; et que l'on projetait de
marier à Philippe V.

courtisan alerte, qui connoît la peine que le roi auroit à y aller[1], a demandé une dispense au pape : il l'a accordée, mais nous ne savons encore si elle ne sera que personnelle, et si la cour n'y a point de part. Il faudroit que nous allassions tous passer quinze jours à Paris; ce qui ne laisseroit pas d'être assez incommode. Le roi a Trianon en tête ; la façon de parler n'est pas assez respectueuse, mais elle n'est que pour vous. Il compte donc d'y aller cet été ; et je n'en crois rien.

Mes compliments à M. le duc d'Harcourt. Je vous ai donné tout mon temps, dans l'espérance que ma lettre amusera peut-être un moment le roi d'Espagne. Je répondrai, au premier jour, à M. l'ambassadeur. Dites, s'il vous plaît, à M. le marquis de Sézanne, que sa lettre m'a fait plaisir, et que je le prie de continuer. Adieu. Il est dix heures et je suis encore debout; et tout cela, pour ce roi, à qui je désire toute sorte de bonheur, sans mélange de peine; ce qui n'est guère possible.

LETTRE CXVIII

A M. LE DUC D'HARCOURT[2].

31 janvier 1701.

Je ne comprends pas, monsieur le duc, que vous ayez trouvé le temps de m'écrire deux lettres, et je

---

1. Il n'aimait pas Paris, qui lui rappelait la Fronde et les misères de son enfance, et il n'y allait jamais que malgré lui et pour quelques heures.

2. *Autographe* tiré du *British Museum*.

vous prie de ne le plus faire que pour des choses particulières, ou pour me rassurer un peu sur la guerre. Le roi est ravi de vous voir content du roi d'Espagne, car vous savez que l'on compte sur ce que vous dites; pour moi, je n'en suis point surprise; j'ai cru voir dans les derniers jours que nous l'avons vu ici tout ce qu'il montre présentement. On croit dans notre conseil qu'il faut ménager la jalousie des Espagnols et ne pas donner lieu aux ennemis de dire que le roi gouverne l'Espagne comme la France. J'espère que M. le duc de Beauvilliers, qui a vu les choses de près et qui vous a entretenu, donnera de bons conseils.

Quelque tendresse qu'on ait pour le roi d'Espagne, je ne pense pas qu'on voulût vous perdre en vous laissant à lui pour toujours; vous connaissez tout ce qui est ici, qui envisageriez-vous pour vous succéder, si on vous en laissoit le maître? Mandez-le-moi sans façon. Vous faites une grande figure, conservez-vous pour n'en être pas accablé, et faites au comte d'Ayen les plaisirs que vous pourrez et qui ne pourront fâcher personne. Vous l'avez déjà fait, et plus que nous n'aurions osé l'espérer. N'y a-t-il rien qu'on pût envoyer au roi d'Espagne qui pût lui plaire, et qu'on n'a pas chez lui? Il faut qu'il envoye des pastilles et autres bagatelles à madame la duchesse de Bourgogne [1]... et les unir tous par toutes sortes d'endroits.

Adieu, monsieur le duc; je ne puis vous dire

---

1. Quelques mots déchirés.

combien je vous honore. Notre ministre se prépare à la guerre, comme s'il n'avoit pas les finances, et montre beaucoup de modération et de courage tout ensemble.

LETTRE CXIX

A M. LE COMTE D'AYEN[1].

A Marly, ce 6 février 1701.

Tout le monde est au bal, et je profite avec plaisir du temps qu'on me laisse pour vous entretenir un peu. J'ai eu l'honneur d'écrire au roi d'Espagne, mais madame la duchesse de Bourgogne, qui lui écrivoit aussi, ne m'a pas laissé le temps de vous adresser nos lettres. Vous voilà tout Espagnol ; vous ne quittez pas le roi, et vous avez pris l'habit. Je vous assure que vous faites fort bien votre cour au roi de France, et qu'il est bien sensible à ce qu'on fait pour aider ce prince à s'accoutumer à des manières toutes nouvelles pour lui.

M. le duc de Bourgogne écrit aujourd'hui pour demander au roi d'aller à la guerre[2]. Ne montez pas sur votre mule, à cette nouvelle ; il y en aura assez pour vous, si nous l'avons ; car pour moi j'en veux douter jusqu'à ce que M. le duc d'Harcourt, mon oracle, me l'annonce. Le roi n'a point encore dit si M. le duc de Bourgogne ira ; en attendant, il est

---

1. *Autographe* du cabinet de M. de Cambacérès.
2. Voir la lettre suivante.

assiégé par les eaux à Dax. Mandez-moi si nos princes s'écrivent.

Que vous dirai-je de la cour? J'aurois grand besoin de vous dans toutes les querelles que j'ai sur les bras. Je suis fâchée contre madame la duchesse de Noailles, je n'admire plus la comtesse d'Estrées, j'ai chanté pouille à madame d'O, et madame d'Heudicourt est brouillée avec moi; tout cela en un jour. Voilà le fait, monsieur le comte, et je n'ai pas le courage de vous en raconter les raisons; je me flatte que vous seriez assez dénaturé pour être pour moi.

Adieu, je vous donne le bonsoir, et je vous prie de faire mes compliments à M. le duc d'Harcourt. Il ne faut pas que M. le marquis de Sézanne se rebute de m'écrire. Madame d'Arpajon n'est pas bien; mais il en recevra des nouvelles plus précises par sa famille.

LETTRE CXX

LE DUC DE BOURGOGNE A MADAME DE MAINTENON [1].

A Toulouse, le 6 février 1701.

Je vous suis infiniment obligé, madame, de la peine que vous avez à faire ce que je vous ai prié, puisque c'est une marque de votre amitié; mais en même temps je vous assure que vous ne pouvez m'en donner une plus grande qu'en achevant de résoudre

1. *Autographe* de la bibliothèque du Louvre.

le roi à me permettre d'aller à la guerre, s'il y en a. Je viens de lui écrire une seconde lettre pour le presser de nouveau, en cas qu'il n'ait pas encore pris son parti [1]. Je vous conjure aussi de regarder en ceci mes intérêts, et de passer par-dessus la peine que cela vous peut faire. Je suis ravi que vous ayez approuvé le style de ma première lettre au roi. Je l'ai faite tout de mon mieux, et dans une occasion comme celle-ci, j'ai cru que je ne devois rien oublier. Je finis en vous suppliant, madame, d'être toujours persuadée de la sincère amitié que j'ai pour vous, et qui ne sauroit qu'augmenter toujours.

LOUIS.

LETTRE CXXI

A M. LE COMTE D'AYEN [2].

11 février 1701.

M. de Torcy vient de me dire qu'il a retenu les lettres que je lui avois envoyées pour le roi d'Espagne et pour vous, parce que vous les aurez plus tôt par ce courrier que vous ne les auriez eues par la poste. Que je trouve qu'on est longtemps sans en avoir des vôtres, et que je suis éloignée d'oublier les

---

1. « Monseigneur le duc de Bourgogne envoya ces jours passés au roi une lettre très-bien écrite, par laquelle il supplioit Sa Majesté très-instamment, s'il y avoit de la guerre, de le faire servir, afin qu'il pût se rendre digne de l'honneur qu'il avoit d'être son petit-fils. Le roi a paru fort content de cette lettre. » (Dangeau, t. VIII, p. 38.)

2. *Autographe* du cabinet de M. de Cambacérès.

absents que j'aime! Je vous regrette plus que jamais, car j'ai plus de temps pour vous entretenir. Je crois vous avoir mandé que je suis brouillée avec la plupart des dames du palais; les sérieuses ne sont point ici, les autres ignorent mes disgrâces, de manière que je suis assez seule, et comme je n'aurois pas avec vous la gloire de cacher mon état, nous aurions quelques conversations aussi agréables que celles que je perds. Je crains que tout ne soit raccommodé avant votre retour.

Je m'ennuie aussi de ne pas savoir tout ce que fait le roi d'Espagne, et je m'attends à une longue relation. Il doit être content du soin qu'on prend ici de ses affaires; elles doublent les conseils, et le roi n'en est point fâché. Si après tout cela nous n'avions point la guerre, nous pourrions peut-être nous promener le matin. Nous nous en allons à Meudon, et s'il faut faire le jubilé à Paris, nous passerons quinze jours à Meudon, d'où l'on ira faire ses stations. Votre musique est en faveur présentement. Le duc de Bourgogne veut aller à la guerre, et le roi y consent[1]. Le prince d'Orange ne se porte pas bien, et je veux prouver qu'on peut en conscience désirer sa mort; j'y ajoute sa conversion; ainsi il ne doit pas s'en plaindre. Je vous embrasse, mon cher neveu. Mille amitiés à M. le duc d'Harcourt; c'est par discrétion que je ne lui écris pas.

1. Voir la lettre suivante.

LETTRE CXXII

LE DUC DE BOURGOGNE A MADAME DE MAINTENON[1].

A Villefranche, ce 18 février 1701.

Je suis ravi, madame, que mon inquiétude n'ait pas été longue. J'espérois toujours que le succès seroit tel que je le souhaitois, et ce qui m'a fait un sensible plaisir est de croire que vous n'avez pas eu peu de part à ce qui me donne à présent de la joie. Je vous prie de m'excuser si j'avois été un peu inquiet de voir que vous aviez de la peine à presser le roi dans cette occasion; mais je reconnois à présent que ce n'étoit qu'un effet de votre amitié, sur quoi j'ai toujours compté et dont je ressens si souvent les effets. Je vous prie, madame, d'être persuadée de ma reconnoissance et de l'amitié que j'ai pour vous qui ne finira jamais.

LOUIS.

LETTRE CXXIII

A M. LE CARDINAL DE NOAILLES[2].

A Marly, ce 19 février 1701.

Il faut peu de chose pour m'accabler, et je suis souvent persuadée qu'une autre ne se plaindroit pas tant des peines que je vous confie, et dans lesquelles

---

1. *Autographe* de la bibliothèque du Louvre. — Publié par la Société des Bibliophiles.
2. *Autographe* du cabinet de M. de Cambacérès.

vous avez la bonté d'entrer. Mais j'ai une autre idée de ce qu'il faut que vous souffriez pour être en l'état où je vous ai vu et dont je suis si touchée que je ne cesse d'y penser. Permettez-moi de m'expliquer avec vous librement, quoique je ne dusse que vous écouter, faire ce que vous ordonnez et prier pour vous. La droiture de mes intentions excusera tout.

Vous savez, monseigneur, si c'est vous qui avez désiré la place que vous occupez, et si on a eu de la peine à vous la faire accepter. Vous ne pouvez donc douter que c'est Dieu qui vous y a mis. Quel compte auriez-vous à lui rendre si vous en sortiez de votre propre mouvement? Je ne crois pas que vous acheviez votre vie aussi commodément que vous feriez si vous preniez ce parti-là, et apparemment Dieu demande de plus grands travaux à celui à qui il a tant donné[1]. Qu'y a-t-il donc à faire, monseigneur, pour

1. La Beaumelle ajoute ou arrange ce qui suit et qui est presque entièrement de son invention : « Mais est-ce pour une vie agréable et commode que vous êtes fait? Dieu vous a-t-il donné de si grands talents pour vous seul? Le repos et le bonheur d'un archevêque dépendent-ils d'un coup d'œil d'un roi? Et parce que vous êtes entouré d'ennemis, faut-il décliner le combat? En avez-vous d'autres que les ennemis de l'Église? Vous devez donc rester dans votre place. Votre affliction est juste : quitter votre poste seroit pourtant une désertion. Mais comment répondrez-vous aux desseins de la Providence? En vous mettant en état de travailler utilement. Que vous manque-t-il? Une bagatelle : il n'y a contre vous qu'un soupçon. Ce soupçon, est-il impossible de l'effacer? Tout ce qu'on dit contre vous se réduit à la protection secrète que vous accordez au parti janséniste : personne ne vous accuse de l'être ; voudriez-vous être plus longtemps le chef et le martyr d'un corps dont vous rougiriez d'être membre? Ne lèverez-vous pas cet obstacle, le seul qui nuise au bien auquel vous paroissez destiné? »

répondre à ses desseins? Il faut vous mettre en état de travailler utilement. Un seul endroit vous manque.

Est-il impossible d'effacer ce soupçon d'aimer et de favoriser ceux qui sont du parti janséniste? car il me semble qu'on ne dit rien de plus et que personne ne vous accuse de l'être. N'est-ce pas là tout ce que vous avez à faire, et ne devez-vous pas lever cet obstacle qui s'oppose seul aux biens auxquels vous paraissez destiné? Quant aux moyens, vous les connoissez mieux que moi. On ne vous accuse point d'être quiétiste, ni tous ceux qui vous environnent. Pourquoi ne vous laveriez-vous pas tous du même soupçon sur le jansénisme? Vous essuieriez alors le déchaînement des jansénistes, comme vous l'essuyez de l'autre cabale, mais vous seriez en état d'édifier et de conduire à bien et le roi et tous ceux qui ne tiennent à aucun parti. Jamais les jésuites n'ont été plus foibles qu'ils sont [1], je le vois souvent, et la force que vous auriez si ce nuage de jansénisme pouvoit se dissiper.

On est averti que vous avez des commerces directs et indirects à Rome avec des gens qui y ont été les plus acharnés pour les jansénistes [2] et contre le roi. Croyez, monseigneur, que tout lui revient et qu'il n'a aucun tort de vous soupçonner; ce n'est point sur les discours du père de La Chaise, le bonhomme n'a

---

1. La Beaumelle ajoute : « Le père de La Chaise n'ose parler; leurs meilleurs amis en ont pitié; ils n'ont de pouvoir que dans leur collége, etc. »

2. « Pour Jansénius, » met La Beaumelle, et Jansénius était mort en 1638 !

plus de crédit; d'autres personnes parlent, écrivent; et, encore une fois, il a raison de penser comme il pense. Cependant les choses ne sont pas sans remède. Il est prévenu d'estime pour vous; il croit votre vertu sincère, et la regarde avec respect; il m'a permis de vous donner les avis que je vous donne sur vos commerces à Rome, et c'est une grande marque de considération pour vous. Je le touchai en lui disant une partie de notre dernière conversation, et je vois très-clairement, monseigneur, que si vous vous déclariez bien hautement et que vos gens de l'archevêché fissent de même, il seroit pour vous comme les gens de bien peuvent le désirer. Il me nomma ce jour-là M. de Beaufort. Je ne sais si je me trompe, mais il me semble qu'il est aisé de s'expliquer si nettement et si fortement que nous ne laissions aucun doute. Pardonnez-moi, monseigneur, toutes mes libertés, vous en voyez la cause. J'aime le bien, grâce à Dieu [1], j'aime votre personne, voilà ce qui me fait agir et me rend si sensible. Je mourrai apparemment devant vous; je voudrois voir le roi entre vos mains.

Le roi et la reine d'Angleterre sont bien touchés de se croire mal avec vous, et vous demandent de les voir pour s'expliquer sur tout ce qui s'est passé. Il ne vous convient ni aux uns ni aux autres d'être brouillés, et il ne convient pas non plus que la cause en revienne au roi. Voyez-les, monseigneur, je vous en conjure. Eh bien! ne vaudroit-il pas mieux ne

1. La Beaumelle met : « J'aime le roi, j'aime le bien public, j'aime votre personne. »

point lire l'*Année chrétienne*[1] que de donner de telles scènes? Toutes ces pénitentes du père de La Tour ont-elles d'autres livres que ceux qui s'appellent de ces *Messieurs*[2]? Les autres ne sont-ils pas dans le mépris comme ceux qui les lisent? Ne sont-ce pas là des marques de cabale, qui détruisent toute l'édification qu'on devroit tirer de la sainteté de leur vie? C'est au moins l'effet qu'a fait sur moi la conversion de madame de Caylus[3]. J'aurois été ravie si je l'avois vue simple, estimant la piété partout, lisant tout ce qui est bon sans prévention, et se tenant même à la plus grande simplicité, qui est ce qui convient à notre sexe, mais il n'y en a plus depuis ces nouveautés. Elles portent l'orgueil avec elles. Il faut des livres faits exprès; il faut de belles traductions. La *Vie des Saints* est en mépris avec Grenade, Rodriguès, saint François de Sales, etc. Je ne sais comment les conducteurs de ces femmes-là, par politique même, ne les tiennent pas plus humiliées. Leur décision marque trop clairement qu'elles soutiennent un parti.

Je reçois dans ce moment votre lettre d'hier. Si vos peines pouvaient diminuer par l'intérêt que j'y prends, je ne vous en laisserois guère. Il seroit

---

1. La Beaumelle met tout le contraire : « Ne vaudroit-il pas mieux lire l'*Année chrétienne*? »

2. Ces *Messieurs* de Port-Royal.

3. « Madame de Caylus, disgraciée depuis cinq ou six ans, avoit mis son exil à profit, dit Saint-Simon. Elle étoit retournée à Dieu de bonne foi; elle s'étoit mise entre les mains du père de La Tour. » Cette conversion, sous la direction d'un prêtre très-attaché au jansénisme, acheva de la brouiller avec madame de Maintenon. Nous verrons que cela dura jusqu'en 1705.

très-mal de nous manquer lundi. Je voudrois qu'il fût arrivé pour n'être plus ici et pour être avec vous.

CXXIV

RELATION DU VOYAGE D'ESPAGNE

ADRESSÉE PAR LE COMTE D'AYEN A MADAME DE MAINTENON.

Sa Majesté Catholique partit le 22 janvier de Saint-Jean-de-Luz, à son ordinaire, dans son carrosse, avec Messeigneurs ses frères. M. le duc d'Harcourt s'étoit avancé devant jusqu'à la rivière de Bidassoa, pour que la barque du roi et toutes celles de sa suite fussent prêtes quand il arriveroit. Dès qu'il y fut, on ne songea qu'à faire hâter tout ce qui étoit nécessaire et à faire approcher la barque, de manière que le roi y pût s'embarquer facilement. Dès que tout fut prêt, M. le duc d'Harcourt chargea M. le comte d'Ayen d'aller avertir le roi, qui attendoit à vingt pas, près du pont qu'on avoit fait construire, un peu au-dessus de l'île de la Conférence, pour le passage des équipages. Dès que le roi vit qu'il étoit prêt, il descendit de son carrosse, Messeigneurs ses frères le suivirent environ dix pas, étant fort attendris, et puis ils l'embrassèrent, en lui disant adieu. M. le duc de Beauvilliers les remena sur-le-champ dans

1. Cette relation, que Madame de Maintenon avait demandée au comte d'Ayen, renfermait plusieurs parties : nous ne possédons que celle du voyage de la frontière de France à Madrid encore n'est-elle pas complète.

leur carrosse, afin de terminer plus promptement cette séparation, qui leur faisoit beaucoup de peine; et M. le maréchal de Noailles accompagna le roi jusque sur le bord de sa barque, qui étoit auprès du pont. M. le duc d'Harcourt dit à M. le comte d'Ayen, dès que le roi y fut entré, d'y entrer aussi, et appela pendant quelque temps M. le duc d'Ossone et don Antonio de Martin, tous deux gentilshommes de la chambre; mais ne s'étant pas trouvés là sur-le-champ, il ordonna qu'on mît au large. La barque étoit parfaitement belle : il y avoit sur la poupe une petite chambre vitrée, dans laquelle il y avoit un fauteuil magnifique et plusieurs carreaux à ses pieds, le fond étoit couvert d'un parfaitement beau tapis de Turquie, qui tenoit d'un bout à l'autre, et il n'y avoit sur cette barque que deux pilotes, l'un à l'avant et l'autre à l'arrière, et quatre gentilshommes qu'on appelle les députés; ils sont choisis par la noblesse de la province pour cet honneur, parce qu'elle a droit de garder le roi dans sa barque lorsqu'il passe dans cette rivière. Cette barque étoit remorquée par quatre chaloupes; dès qu'elle fut au milieu de la rivière, le spectacle des deux rivages parut différent, car celui d'Espagne retentissoit des cris de joie de tous les habitants circonvoisins qui y étoient accourus; et celui de France, quoique ayant les mêmes sentiments et désirant la même chose, paroissoit triste et consterné. Après que le roi eut un peu séché ses larmes, M. le duc d'Harcourt lui proposa de se montrer au peuple; il sortit et avança vers la proue de sa barque : dès qu'il parut, les cris de joie redoublèrent, et le peuple l'accabla de bénédictions, les matelots mêmes qui remorquoient sa barque ne songeoient plus alors qu'à se joindre aux acclamations du peuple. Le roi passa à la vue de Fontarabie et d'Andaye, qui le saluèrent de tous leurs coups de canons; il arriva peu de temps après sur le bord de la rivière, du côté d'Irun, où il débarqua; il y trouva tous les officiers de sa maison et les détachements de ses gardes qui étoient venus au-devant de lui.

Sa Majesté Catholique a trois gardes à pied, l'une est la garde flamande, qui est la première et la plus ancienne, qui fait la même fonction auprès d'elle que font les gardes du corps auprès du roi; elle a pour arme une espèce de faux emmanchée sur une hampe d'hallebarde; les deux autres sont l'allemande et la castillane, qui sont fort inférieures à la première, et qui portent pour armes des hallebardes à l'ordinaire. Ces gardes sont fort bien vêtues : celle des Flamands a du velours, au lieu que les autres n'ont que du drap; leurs habits sont faits comme les anciens habits de pages, avec des trousses ; à la réserve qu'elles ont une gonille à l'espagnole. Ils portent tous une fort grande épée et un poignard.

Le roi marcha, entouré d'eux, à l'église, où l'évêque de Pampelune, en habits pontificaux, l'attendoit à la porte. Après lui avoir donné de l'eau bénite, il lui présenta la croix à baiser; il le conduisit de là jusqu'à son prie-Dieu, marchant toujours devant lui avec tout son clergé. On commença ensuite le *Te Deum*, qui fut chanté moitié en musique et moitié en plain-chant; quand il fut fini, l'évêque donna sa bénédiction, et le roi s'en alla à pied jusque dans sa maison, où il s'enferma un moment après pour travailler avec M. le duc d'Harcourt et le secrétaire des dépêches. A six heures, il envoya chercher M. le comte d'Ayen, pour jouer avec lui aux échecs; il y joua jusqu'à l'heure de son souper; ensuite il soupa, et fut servi par M. le marquis de Quintana, le plus ancien des gentilshommes de la chambre qui sont ici. Il y avoit la moitié des plats accommodés par les cuisiniers françois, et l'autre moitié par les cuisiniers espagnols. Il voulut bien goûter de tous ces plats, et marqua que tous les ragoûts espagnols lui plaisoient assez; ce qui fit plaisir à la nation. Après avoir soupé, il s'enferma un moment seul avec M. le duc d'Harcourt, il fit appeler ensuite ceux des deux nations qui ont les entrées chez lui, et demeura quelque temps à causer avec eux; ensuite il se déshabilla. M. le marquis de Quintana et M. le marquis de Valerio, gentilshommes de la chambre du roi, de jour, le servirent et lui firent tout ce qu'il y avoit à faire auprès de lui; car en Espagne il n'y a qu'eux qui touchent la personne du roi, hors le barbier pour le raser et le peigner; les premiers valets de chambre du roi et de sa garde-robe ne font que recevoir des mains de ces gentilshommes ce qu'ils ôtent de dessus le roi.

Le dimanche matin 23, le roi s'habilla de la même façon, et alla ensuite à la messe, qui fut célébrée par l'évêque de Pampelune; après la messe, il donna audience à M. le duc d'Harcourt, qui étoit accompagné de tous les François. Le roi étoit debout dans sa chambre, appuyé contre la table, et son chapeau sur la tête. M. le duc d'Harcourt y entra, accompagné de M. le marquis de Laillamède, majordome major; M. le duc d'Harcourt s'est couvert un moment, l'audience a été fort courte, et il est ressorti ensuite. Le roi a dîné à midi et est monté à une heure et demie à cheval pour aller à Fontarabie, où il a été reçu avec des acclamations qu'on ne peut exprimer, et qu'il a reçues avec des marques de bonté qui les ont redoublées. Il a été droit à l'église, où il a mis pied à terre sous le dais, que six des principaux de la ville portoient, où on a chanté le *Te Deum*, ensuite il a remonté à cheval pour visiter les dehors de la place[1]. Il a été jusque sur le bord de la mer et a repris le même chemin pour revenir à Irun. Fontarabie a salué Sa Majesté Catholique de trois décharges après qu'elle a été sortie de la place, et Andaye a répondu; le roi s'est retiré chez lui et a changé parce qu'il étoit très-mouillé.

Le 24, le roi partit d'Irun. Il y avoit dans son carrosse M. le duc d'Harcourt placé vis-à-vis de lui; M. le comte d'Ayen étoit dans une portière, et M. le marquis de Quintana, grand d'Espagne, qui fait la charge de sommelier du corps, comme le plus ancien des gentilshommes de la chambre qui soit ici, se mit à côté de lui, et à l'autre portière étoit don

---

1. Dangeau ajoute ceci : « Pendant qu'il faisoit le tour de la place, les François qui avoient l'honneur de le suivre lui demandèrent en badinant s'il trouvoit bon que le duc d'Harcourt et eux tous vissent la place; il leur répondit : « On m'a bien laissé voir « Bayonne. » La réponse plut aux Espagnols. »

Antonio de Martin, gentilhomme de la chambre du roi, fils du duc d'Albe, de l'ancienne maison de Tolède. Le roi alla ainsi jusqu'à la dînée, où il fut servi à l'espagnole et à la françoise ; les seigneurs françois et espagnols furent servis après lui. Les Espagnols avoient préparé un lit au roi pour y faire la sieste, mais, loin de s'en servir, il monta à cheval, malgré une pluie continuelle et très-abondante, et fit une lieue et demie en cet état. Il trouva sur sa route trois bataillons de bourgeoisie, qui firent chacun trois décharges de mousqueterie après qu'il fut passé, et il arriva ensuite à Hernani, par des chemins très-escarpés et très-difficiles, environ vers les cinq heures du soir. Après qu'il se fut reposé quelque temps, il envoya chercher M. le comte d'Ayen pour jouer aux échecs avec lui ; il soupa sur les sept heures et demie, à l'ordinaire, et se coucha à dix heures.

Le lendemain il entendit la messe dans une chapelle qui est dans la maison, d'où il ne put sortir pendant le jour à cause de la pluie qui continua opiniâtrément ; la même raison l'empêcha de partir les deux jours d'après, 26 et 27, à cause des torrents qui s'étoient débordés sur la route d'Hernani à Toloza. La pluie néanmoins discontinua le 27, et le roi, après avoir entendu la messe dans sa chapelle et déjeuné à dix heures, monta sur une mule avec les étriers à l'espagnole, accompagné de M. le duc d'Harcourt, de M. le comte d'Ayen, de tous les François et de tous les Espagnols qui sont auprès de sa personne pour aller à Saint-Sébastien, où toutes les femmes étoient sur des balcons, la bourgeoisie sous les armes, et où l'on a fait les mêmes acclamations qu'à Fontarabie ; la citadelle a fait trois décharges de tout son canon, et les soldats trois décharges de mousqueterie. Le roi alla à l'église, où l'on chanta le *Te Deum*. Saint-Sébastien est une ville située très-avantageusement ; elle a un port de mer et ne peut être attaquée que par une langue de terre où il y a du sable en tout temps. Le roi, après l'avoir visitée, revint à Hernani.

Ici manquent huit feuillets qui contenaient le récit du voyage de Hernani, par Toloza, Bergara, Vittoria, Miranda, à Bribiesca. On était parti de Hernani le 28 janvier et l'on arriva à Bribiesca le 5 février.

Le roi partit de Bribiesca le 6 février à huit heures du matin, pour arriver à Burgos ; la journée a encore été très-longue, les chemins assez beaux, mais le froid excessif. Le roi arriva à sept heures du soir ; on avoit préparé des illuminations à une demi-lieue de la ville. Il y avoit des flambeaux de cire blanche à toutes les fenêtres, et, dès que le roi eut soupé, on tira un feu d'artifice assez beau. Burgos est une assez grosse ville entourée de vieilles murailles ; il y a de belles maisons, mais par-dessus toutes choses de magnifiques églises et de riches couvents. Le lendemain 7, on y séjourna, et le roi, après son dîner, alla voir la Chartreuse, qui est à une petite demi-lieue ; c'est un très-beau couvent ; le tombeau de Jean II, roi de Castille, leur fondateur, s'y voit ; il est superbe ; les pères donnèrent la collation au roi et lui présentèrent à boire dans la coupe qui servoit jadis au roi Jean. Le roi alla, au retour, visiter les autres couvents de la ville, et l'église cathédrale qui est très-belle; celle des Jacobins est jolie. Le roi alla aux Augustins, qui sont hors de la ville, où l'on montre un crucifix qu'ils disent avoir trouvé dans la mer, et qui est célèbre, à ce que l'on croit, par des miracles; on assure même qu'il y a des temps où il sue prodigieusement. On y voit un autel magnifique et un nombre infini de lampes d'argent toujours allumées dans ce lieu. Le roi se mit à genoux, et, après que l'on eut tiré trois rideaux, on vit la figure du Christ qui est assez belle, on la regarda et on retira les rideaux un moment après; cela finit par l'apparition d'un moine qui présenta de la main droite une croix à baiser, et de la gauche [1]... dans lequel il fallut mettre quelque chose; on tira encore le soir quelques fusées.

Le lendemain 8, le roi alla, à neuf heures et demie, à la messe au couvent des dames religieuses de Las Guelgas, de l'ordre de Cîteaux. Tous les François le suivirent : ce couvent est à un petit quart de lieue de Burgos. On entra dans la maison, et, selon leur coutume, quand les rois, princes ou princesses du sang y entrent, on abattit une porte toujours murée, hors en cette occasion, que l'on remure immédiatement après que le roi en est sorti. L'abbesse et toutes les religieuses le reçurent à cette porte, et après lui avoir baisé les mains tour à tour, elles entonnèrent le *Te Deum;* elles le conduisirent ainsi en le chantant jusque

---

1. Le mot manque.

dans leur chœur qui est superbe ; on y avoit préparé
un dais magnifique ; le roi se mit dessous et entendit
la messe les rideaux ouverts, qui fut célébrée dans le
dehors par l'archevêque de Burgos. La messe finie, l'abbesse et les religieuses lui baisèrent la main ; ensuite
elles le conduisirent dans leur maison, qui est plutôt un palais qu'un couvent ; on entra enfin dans une
salle où un fauteuil et un autre dais étoient placés.
Le roi s'y mit et on lui donna et à tout le monde une
quantité prodigieuse de toutes sortes de confitures
sèches, de chocolat et de différents vins de liqueurs ;
le tout fut mis au pillage dès que le roi en eut goûté.
L'archevêque de Burgos le vint rejoindre en cet endroit. Il sortit enfin, les religieuses le reconduisirent
et lui baisèrent pour une troisième fois la main ;
après quoi il remonta en carrosse. Il revint à Burgos. Il y a trente religieuses dans ce couvent, plusieurs sœurs converses, et beaucoup de servantes ;
leur habit est très-propre et presque galant ; elles
ont cinquante mille écus de revenus ; l'abbesse est
souveraine de soixante villes et de quatorze couvents ; elle exerce haute et moyenne justice indépendamment du roi. Les priviléges vont encore plus
loin : elle examine les confesseurs de son ordre,
donne des démissoires pour les bénéfices, qu'elle
donne de son autorité ; peut interdire les prêtres,
les punir, et ne reconnoît ni roi, ni évêques, sinon
le pape. Il faut faire de grandes preuves de noblesse
pour être reçu dans ce couvent. Il fut fondé par
Alphonse, surnommé le Sage, roi de Castille. On
voit toujours au-dessus de la porte que l'on abat

pour le roi qui entre dans la maison, les armes du dernier qui y est venu, avec une inscription de la date de son entrée : le dernier étoit Charles II, et dès que le roi fut sorti, on remura la porte et on mit les armes de Philippe V.

L'après-dînée il y eut une fête de seize taureaux de combattus, tant à pied qu'à cheval : elle fut plus belle que les autres; le soir il y eut encore un feu d'artifice.

Le 9, premier jour du carême, le roi se leva à sept heures, alla à la messe et prit des cendres à la grande église; il partit à huit heures de Burgos, dans son carrosse; il dîna à Cugollos, qui est un petit village assez misérable, il arriva à Lerma à quatre heures et fut loger dans le château du duc de l'Infantado, qui est en procès avec Médina Céli, à présent vice-roi de Naples, au sujet de la duché de Lerma, qui est une petite ville assez bien située, mais fort vilaine et très-peu peuplée; il y a une fort belle abbaye dont l'abbé ne relève que du pape. Le roi fut se promener et tuer des oiseaux, revint chez lui jouer, soupa de bonne heure, et se coucha de même.

Le 10, il se leva à sept heures, alla dans un couvent de religieuses entendre la messe, après quoi il monta dans son carrosse pour aller dîner à Sillerovelle, à trois lieues de Lerma. Le roi arriva à quatre heures à Aranda, qui est une ville au roi d'Espagne. Tous les officiers de justice vinrent au-devant de lui à cheval. La journée a été très-longue, mais on a eu le plus beau temps, le plus chaud, et le plus beau chemin du monde; la terre est peu cultivée dans tout ce pays, quoique très-belle; les habitants des villages sont en très-petit nombre et très-pauvres, la terre est cependant très-bonne et leur seule paresse fait leur misère. Aranda est une ville assez grosse placée dans les plaines. La rivière d'el Duero la traverse; elle porte bateaux; peu de temps après, elle traverse l'Espagne, le Portugal, et va se jeter dans l'Océan, à Porto, évêché de Portugal. Les habitants de cette ville (Aranda) qui croyoient que le roi devoit séjourner chez eux, avoient tout disposé pour une fête de quatorze taureaux; mais le roi n'y demeurant qu'une nuit, ils se sont contentés d'un feu d'artifice très-beau et d'un taureau que l'on a combattu aux flambeaux avec des pétards et des fusées, ce qui a été un spectacle très-plaisant.

On parla ce jour-là beaucoup de guerre dans le carrosse du roi, et la question de savoir s'il étoit mieux au roi de commander en personne ses armées ou de les faire commander par ses lieutenants généraux fut fort agitée. Il parut que le roi, tout jeune qu'il étoit, penchoit absolument du parti de les commander lui-même; cette résolution fit grand plaisir à quelques jeunes seigneurs de bonne volonté, mais beaucoup de chagrin aux grands qui, depuis un temps infini, n'en ont pas ouï parler que par les gazettes. Le roi a fait délivrer de l'argent et des commissions, pour faire des levées dans la Grenade et dans la Catalogne, qui sont les provinces les plus peuplées et dont les peuples sont plus aguerris.

Le 11, le roi se leva à sept heures, et partit à huit

heures dans son carrosse, pour aller à Saint-Étienne-de-Gormas, où il arriva vers les cinq heures. Il y a dix bonnes lieues d'Aranda à Saint-Étienne-de-Gormas[1]; le chemin est fort beau, on suit presque toujours le Duéro en remontant. On trouve sur la route un couvent de Prémontrés, où le roi dîna ; il est très-bien situé. Le corrégidor et les gens de justice allèrent au-devant de lui avec des danseurs du pays devant eux ; ils complimentèrent le roi, qui alla ensuite tirer. Après être rentré chez lui, il fut quelque temps renfermé avec M. le duc d'Harcourt; ensuite il joua, soupa, et après il vit tirer un feu et toute l'illumination qu'on lui avoit préparée ; le tout fini, il se coucha. A Saint-Étienne-de-Gormas, il y a un très-beau pont et fort grand ; la ville est fort misérable ; il y a trois églises, et un ancien château qui étoit du temps des comtes de Castille ; la ville est au duc de Scalone, elle est dans la Vieille-Castille et dans l'évêché d'Osma. Les peuples sont toujours très-vilains et très-pauvres, il n'y en a presque pas un qui ne demande l'aumône.

Nous avons appris ici que la reine[2] étoit partie de Madrid pour aller loger à Tolède, et que le grand inquisiteur est relégué, ce qui donne de la joie à tous les Espagnols[3].

---

1. Philippe V et son cortége, pour aller d'Aranda à Madrid, prennent une route qui n'est plus suivie : au lieu de traverser les montagnes entre le Duero et le Tage, dans la Somo Sierra, ils les traversent dans la Sierra Pela, entre Berlanga et Jadraque.

2. La reine douairière, qui était très-opposée à Philippe V.

3. C'était le nouveau roi qui avait exilé l'un et l'autre par le

Le 12, le roi se leva à sept heures, entendit la messe à huit heures, monta en carrosse pour aller dîner à Osma, chez l'évêque qui est un cordelier ; la maison est très-belle ; il est fort vieux et homme de bien. Il lui fit des présents que Sa Majesté envoya à l'hôpital, qui est fort beau et bien bâti. Osma est une petite ville très-jolie, bien bâtie ; les rues y sont assez larges, bien claires, bien pavées et ornées de quantité de jolies maisons. L'église épiscopale s'appelle Saint-Jean ; elle est fort belle et fort spacieuse ; le chef de saint Pierre confesseur y est tout entier, c'est une relique fort considérable dans le pays. Le roi arriva à Berlanga à cinq heures ; il logea dans le château du connétable de Castille, qui est fort grand et fort spacieux ; il alla se promener dans le jardin où il tira ; après qu'il fut retiré, il joua avec quelques François et Espagnols, il soupa et se coucha vers les dix heures.

Le 13, le roi se leva à huit heures, alla à la messe à neuf heures, à Sainte-Marie ; elle fut célébrée par l'évêque de Séquenza ; quatre prêtres portoient le poële, qui le conduisirent jusqu'à son carrosse, où il monta, pour s'en retourner ; on le salua de quelques pièces de canon qui étoient au château, entre lesquelles pièces il y en avoit deux qui avoient

---

conseil du cardinal Portocarrero. Louis XIV blâma ces rigueurs. « J'aurois souhaité, écrivit-il au duc d'Harcourt, qu'il eut différé davantage à reléguer l'inquisiteur général, quand ce n'auroit été que pour éviter d'écrire au pape sur ce sujet. Cette résolution étant exécutée, il faut la soutenir : mais il est très-nécessaire, dans les commencements de son règne et jusqu'à ce qu'il ait pris une connaissance exacte des affaires, qu'il soit lent à punir. »

été à François Ier. La salamandre y étoit gravée. Le roi dîna à onze heures, et, après avoir dîné, il monta en carrosse pour aller à la chasse, d'où il ne revint que le soir. Il tua quelques lapins; après son retour, il se renferma avec M. le duc d'Harcourt, pour lire quelques lettres qu'il avoit reçues de Madrid. Il joua, il soupa, et se coucha à son ordinaire. Berlanga est une petite ville qui est de la Vieille-Castille; elle est au connétable, et relève de l'évêché de Séquenza. L'église collégiale s'appelle Sainte-Marie; il y a des chanoines dont les bénéfices sont fort bons; le connétable les donne et dispose du temporel et de toute la justice haute et basse. Il y a un château fort beau où le roi a logé, au delà duquel il y a une vieille espèce de forteresse au haut d'une petite montagne assez élevée : il passe deux petites rivières, l'une au-dessous du château, qu'on appelle le Alaty, qui va se jeter dans le Duero, et au-dessous de la ville, le Talagone qui va aussi s'y jeter; la ville est très-mal située.

Le 14, le roi se leva à sept heures, il alla dans son carrosse à la messe à Sainte-Marie, qui est l'église paroissiale de Berlanga; l'évêque de Séquenza y célébra encore la messe; après quoi il partit et alla dîner à Romanillos, qui est un petit village dans la Nouvelle-Castille. Il vint coucher à Tiensa, où il arriva à quatre heures, et logea dans la maison d'un *higodealgo*, c'est-à-dire d'un gentilhomme. Dès qu'il fut arrivé, il travailla, joua, et soupa à huit heures; après qu'il eut soupé on tira un feu d'artifice devant le palais, après quoi il se coucha. De Berlanga à Tiensa, il y a cinq grandes lieues; Tiensa est dans la Nouvelle-Castille, et dans l'évêché de Séquenza; de Berlanga à Tiensa, ce n'est que montagnes et vallées, c'est le plus mauvais et le plus misérable pays que nous ayons encore trouvé sur toute la route d'Espagne; les chemins n'en sont pas mauvais. Tiensa est une petite ville au pied d'une montagne au haut de laquelle il y a un ancien château où les peuples se retiroient du temps des Maures; la ville et le château sont au roi. L'église principale est Saint-Jean; elle est assez jolie, surtout la menuiserie du maître-autel. Il y a une petite chapelle où l'on fait voir un morceau de bois de la vraie croix, et deux épines de la couronne de Notre-Seigneur. La ville est fort mal bâtie et fort pauvre, les rues mal pavées et presque toujours hautes et basses.

Le 15, le roi se leva à sept heures, alla à la messe dans une église près de son palais, et partit à huit heures. Il dina à Rebolossa et arriva à trois heures à Guadraqué, où il tira après son arrivée, ensuite joua, soupa et se coucha à son ordinaire. On a appris ce jour-là que les commerçants de Séville lui avoient fait présent de quatre à cinq cent mille livres. Guadraqué[1] est une petite ville où il y a une église très-jolie, bâtie à la moderne, dédiée à la Vierge. Il y a hors de la ville un fort joli couvent de Capucins. La place est assez jolie. La ville est au duc de Pastrano. Il y a un fort vieux château au haut

1. Ou *Jadraque*, sur le Henarez.

d'une montagne qui domine la ville qui avoit été bâtie du temps des Maures. La ville est de l'évêché de Séquenza et de la province de la Nouvelle-Castille.

Le 16, le roi partit à huit heures, après avoir été à la messe aux Capucins; il vint dîner dans un couvent de Bénédictins, à trois lieues de Guadraqué, qu'on appelle Sabétran, où il y a une Notre-Dame miraculeuse; il arriva à quatre heures à Guadalaxara, d'où sortirent beaucoup de gentilshommes, montés sur de très-beaux chevaux, pour venir au-devant du roi. Il n'y avoit pas encore eu de ville sur la route d'Espagne où le peuple montrât tant de joie que dans celle-là; toutes les rues étoient tapissées jusqu'au palais du duc de l'Infantado où a logé le roi, qui fut complimenté de la part de toute la ville. Son premier aumônier, qui est patriarche des Indes, vint de Madrid au-devant de lui. Le roi alla se promener dans les jardins où il tira sur des oiseaux, après il se renferma pendant quelque temps pour travailler avec M. le duc d'Harcourt; il soupa ensuite en public. Après le souper, des cavalcades de masques firent sous ses fenêtres mille jeux; on tira après un feu d'artifice qui étoit vis-à-vis le palais, dans la place, lequel feu étoit très-magnifique et plus beau qu'aucun qu'on eût encore vu depuis que le roi est entré en Espagne. Le palais étoit tout illuminé et aussi toutes les rues. Guadalaxara est une ville bien située, qui est assez grande; elle est au roi; il y a une justice souveraine; le duc de Pastrano ou duc de l'Infantado en est seigneur. Il y a un fort beau et un fort grand château ou palais où le roi a logé; la ville est de l'archevêché de Tolède, quoique dans la Nouvelle-Castille ; elle est dans une petite province particulière qu'on appelle Algaria ; il y a une petite rivière qui va se jeter dans le Tage, qui se nomme Hénarès ; l'église paroissiale se nomme Sainte-Marie. Il y a des chanoines que M. le duc de l'Infantado nomme. Il y a sept paroisses, sept couvent de moines, et sept de religieuses. Il y a un lieu dans les Cordeliers qu'on appelle le Panthéon, qui est la sépulture des ducs de Pastrano. Il y a un autre lieu qu'on appelle la salle d'armes, où il y en a une quantité de toutes sortes, c'est-à-dire des armures tout entières, à la mauresque, à l'indienne, à la persane, et enfin comme on les portoit anciennement en Espagne. Il y avoit un ancien château ou forteresse contre les Maures qui est à présent tout ruiné. Il y a deux places. Ils avoient fait un jardin artificiel dans celle qui est devant la maison de ville, et devant celle du palais du roi un feu d'artifice très-magnifique, qui fut très-bien exécuté.

Le 17, à huit heures, le roi alla à la messe. Après il vint danser sous ses fenêtres des hommes sur des échasses, et d'autres à pied au son d'un tambour et d'un fifre qui tous dansèrent fort adroitement. Le roi dîna et partit à dix heures de Guadalaxara, pour aller à Alcala, où il arriva à deux heures ; toutes les rues étoient magnifiquement tapissées. Le roi alla descendre au palais du cardinal Portocarrero, qui est très-magnifique ; il alla tirer et se promener dans les jardins ; ensuite il donna audience au nonce du pape, à l'ambassadeur de Venise et à celui de Savoie ; après quoi il joua quelque temps et se renferma avec M. le duc d'Harcourt, pour travailler, jusqu'à l'heure de son soupé, où tous les ambassadeurs et seigneurs espagnols qui étoient arrivés de Madrid y étoient. Dès que le roi eut soupé, ils l'accompagnèrent à un balcon pour voir tirer un feu d'artifice qui fut encore plus beau que celui de Guadalaxara. La place étoit très-grande et étoit environnée d'artifices. A Alcala, il y a université; la ville est assez jolie et assez grande. Après le feu tiré, le roi se coucha.

Le lendemain 18, il se leva à sept heures, entendit la messe, dîna à dix heures, et monta en carrosse aussitôt, pour se rendre sur la route de Madrid. Il y avoit pendant trois lieues de chemin, des deux côtés, double rang de carrosses et une grande populace qui faisoit des acclamations et des cris de joie que l'on ne peut exprimer. Le roi descendit au Retiro, qui est un palais, près de la porte de la ville; il y trouva le cardinal Portocarrero[1], qui voulut à plusieurs reprises se jeter à ses pieds; le roi l'en empêcha et l'embrassa autant de fois. Il traversa ensuite un petit parc, et fut conduit à la chapelle du château, au pied de l'escalier de la tribune qu'on lui avoit destinée; il trouva le marquis de Léganès, qui lui présenta les clefs du Retiro, dont il étoit gouverneur. Le roi les lui rendit, c'est-à-dire le confirma dans sa charge. On chanta le *Te Deum* en musique. Le roi repassa une allée de son jardin et entra dans son palais : il est carré, d'une

---

1. C'était le chef du conseil d'Espagne, et il avait eu la principale part au testament de Charles II.

grandeur immense et orné des plus magnifiques tapisseries en hiver, et d'une quantité d'excellents originaux en été. Il y a un salon peint par Jourdan[1] qui est magnifique. Après que le roi eut passé une longue galerie, il alla s'asseoir dans un fauteuil qu'on lui avoit préparé ; là les grands du royaume lui vinrent baiser les mains. Il passa ensuite dans un autre appartement, où les gens titrés et les fils des grands lui en firent autant ; mais la foule augmentant considérablement, le cardinal de Portocarrero et M. le duc d'Harcourt, qui étoient à ses côtés, l'enlevèrent à la multitude et le conduisirent dans son appartement.

Le lendemain 19, il donna audience au nonce du pape et aux ambassadeurs de Savoie et de Venise en même temps ; le nonce étoit au milieu. Le lendemain 20, il prit l'habit espagnol et la gonille, il n'a paru en aucune façon embarrassé. Il donna la clef d'or à.....; il donna la charge de grand écuyer qu'avoit l'amirauté de Castille au duc de Médina Cidonia, qui étoit majordome-major. Le lendemain 21, il alla à la chasse au Prado ; il tua, dit-on, plus de quatre-vingts lapins et un sanglier de sa main ; le 22, il alla encore l'après-dînée à la chasse, dans le Retiro ; le 23, il donna une secrète audience au nonce, après laquelle il fit travailler Jourdan, le peintre, devant lui. Il y a eu tous ces jours-là deux conseils par jour. Le 24, il travailla après le conseil à ses dépêches, et alla vers les quatre heures à Notre-Dame-d'Atocha, qui est une église desservie

---

1. Luca Giordano. Les palais et les églises de Madrid renferment un très-grand nombre de tableaux de ce maître.

par les Dominicains ; la chapelle de la Vierge est magnifique, ornée de quantité de tableaux, de plafonds et d'une balustrade dorée qui règne d'un bout à l'autre. Il y a deux rangs de lampes d'argent très-belles. La première balustrade qui enferme l'autel est de cuivre, et la seconde d'argent ; la table du maître-autel et des crédences sont de même métal ; l'autel est d'une sculpture de bois doré, très-magnifique. L'image de la Vierge[1] est en haut : son habit, sa coiffure et celle de l'enfant Jésus et des doubles rayons qui leur environnent la tête sont chargés d'un nombre infini de diamants et de pierreries. On y joua de l'orgue pendant quelque temps, après quoi il se retira chez lui.

LETTRE CXXV

PHILIPPE V A MADAME DE MAINTENON [2].

Madrid, le 24 février 1701.

Je vous prie, madame, de rendre cette lettre à madame la duchesse de Bourgogne, et de l'assurer en même temps de l'amitié que j'ai pour elle. J'ai reçu votre lettre du 5 de ce mois, dans laquelle j'ai été ravi de voir que la tendresse du roi pour moi ne diminue point. Je tâcherai de l'entretenir toujours par ma bonne conduite, et je vous prie de continuer de votre côté vos bons offices pour moi auprès de

1. On sait que cette image est regardée comme la patronne de Madrid et de la famille royale.
2. *Autographe* de la collection de M. C***.

lui. J'ai été fort aise aussi de voir que vous commencez à me donner vos avis. Je vous prie de continuer et de me dire toujours la vérité, afin qu'avec l'aide de Dieu je puisse me corriger et devenir un roi selon son cœur.

Vous savez l'estime, l'affection et la reconnoissance que j'ai toujours eues pour vous. Je vous prie d'être bien persuadée que je suis toujours tel pour vous que quand je vous ai quittée.

PHILIPPE.

LETTRE CXXVI

LE DUC DE BERRY A MADAME DE MAINTENON[1].

A Montpellier, ce 27 février 1701.

Je m'ennuie fort, madame, de ne vous plus revoir et de ne plus jouer avec vous. Je vous prie d'avoir toujours pour moi la même amitié que vous avez toujours eue, et de m'en donner des marques. Je vous prie d'être persuadée de la mienne. Je vous prie aussi de me mander l'état de votre santé, car j'y prends très-grande part. Cela me fera une grande joie quand j'apprendrai que vous vous portez très-bien. Adieu, madame; je vous prie de faire ressouvenir le roi de moi de temps en temps.

CHARLES.

1. *Autographe* de la bibliothèque du Louvre.

LETTRE CXXVII (La B.)

A MADAME DE SAINT-GÉRAN [1].

Ce 2 mars 1701.

Je sais, j'ai prévu les discours qu'on a tenus contre M. de Chamillart. Mais on ne sait pas qu'il a refusé la succession de M. de Barbezieux, et que le roi a voulu qu'il acceptât, parce qu'en temps de guerre il est bon d'avoir affaire à un seul. M. de Chamillart est honnête homme; s'il gouverne les finances du royaume comme celles de Saint-Cyr, nous ne trouverons pas à dire Colbert. Le roi lui a promis de partager avec lui le travail du département de la guerre; cela seul a pu rassurer sa modestie. Madame la duchesse de Bourgogne a pris de l'affection pour lui, et il travaillera quelquefois avec M. le duc de Bourgogne pour le former. Ses manières honnêtes lui ont gagné tous les cœurs. Il emploiera nos amis, et ne se fera pas un chagrin comme M. de Louvois et son fils de travailler avec le roi en bonne compagnie. Le comte d'Avaux négocie un accommodement; on doute fort qu'il y réussisse; cependant le roi est tranquille; il en sait plus que toute sa cour.

1. Cette lettre ne se trouve que dans la collection de La Beaumelle, édit. de Nancy, t. II, p. 106; édit. d'Amsterdam, t. II, p. 153. Louis Racine l'annote : *je la crois très-fausse*. D'après tout ce que nous avons dit des lettres à madame de Saint-Géran, je pense qu'il est inutile de la discuter.

LETTRE CXXVIII

A M. LE COMTE D'AYEN[1].

5 mars 1701.

C'est un miracle que ce que nous voyons entre les Espagnols et les François. Dieu tourne les cœurs comme il lui plaît, et selon ses desseins. Je suis ravie de tout ce que vous me mandez du roi d'Espagne, et je n'en suis point surprise ; mais je voudrois bien qu'au milieu de ses grandeurs il ne mourût pas de faim. On mande qu'il n'a ni pain ni vin, et qu'il ne s'accoutumera jamais à la nourriture qu'on lui présente. Je voudrois bien lui en envoyer, car nous comptons pour beaucoup la bonne chère, comme vous savez.

Quand reviendrez-vous ? L'entrée se fera-t-elle bientôt[2] ? Songez-vous que, s'il y a de la guerre, vous ne ferez que passer à la cour ? Vos lettres deviennent si rares, qu'il n'y a plus de plaisir à vous écrire. Notre pauvre duchesse de Guiche se consume dans la crainte de la guerre, et ne veut point attendre à s'affliger[3]. L'idée que j'ai du duc d'Harcourt est très-convenable à tout ce que vous me mandez ; c'est un honnête et habile homme. Adieu, je vous quitte pour lui écrire[4].

1. *Autographe* du cabinet de M. le duc de Cambacérès.
2. L'entrée solennelle dans Madrid. Nous avons vu que le roi demeurait en attendant au Buen-Retiro.
3. On lit dans le *Journal de Dangeau* à la date du 6 mars :
« Outre toutes les troupes que le roi avoit destinées pour l'Italie, il y envoie encore dix de ses meilleurs régiments. Les troupes de l'empereur commencent à se mettre en mouvement. »
4. Voir la lettre suivante.

Mettez-moi aux pieds du roi, et assurez-le qu'il n'a point de sujette plus attachée à lui que je la suis. Je n'ose lui écrire souvent, quoiqu'il me l'ait permis. Il a écrit une belle et bonne lettre à notre roi, qui me paroît y répondre avec empressement.

LETTRE CXXIX

A M. LE DUC D'HARCOURT[1].

5 mars 1701.

La confiance que j'ai dans votre bon esprit, monsieur, me fait lire avec plaisir qu'on ne nous fera pas tant de mal qu'on se l'imagine[2]; Dieu veuille que vous jugiez bien! Je crois qu'on reviendra de l'opinion où on étoit que vous ne désirez pas entrer dans le gouvernement d'Espagne; on est persuadé qu'on a toujours bien fait de s'en faire prier plus d'une fois. Vous n'êtes soupçonné d'aucune envie de vous faire valoir et vous devez être bien content de l'opinion qu'on a de vous. Je ne vous dis rien en particulier de mon estime, car je vous en crois persuadé aussi bien que de mon amitié, qui chez moi est à peu près la même chose.

Trouvez bon que je remercie ici monsieur votre frère de la bonté qu'il a de m'écrire; j'en fais fort bien sa cour, mais que n'aurois-je pas à vous dire,

---

1. *Autographe du British Museum.*
2. Le bruit couroit que le Parlement anglais avait refusé d'entrer dans une nouvelle guerre.

monsieur le duc, sur tout ce que vous faites pour M. le comte d'Ayen?

LETTRE CXXX

LE DUC DE BOURGOGNE A MADAME DE MAINTENON[1].

A Marseille[2], le 9 mars 1701.

Je suis fort sensible, madame, à l'intérêt que vous prenez à ma santé. Je crois que présentement vous êtes hors de l'inquiétude où elle vous a mise, et que vous savez que je suis parfaitement rétabli. Je vis hier les galères dans le port, et j'en fus charmé. Je souhaiterois bien de pouvoir les voir en mer; mais il fait ici un vent qui ne leur permet pas de sortir. Je vous avoue que depuis que le roi m'a assuré que j'irois à la guerre, et qu'il prépare tout pour cela, comme vous me l'avez mandé, je suis encore plus curieux de nouvelles qu'auparavant, quoique naturellement je le sois beaucoup. Excusez, madame, si ma lettre est si courte, mais nous sommes ici dans un endroit où je n'ai pas beaucoup de temps et où il y a toujours quelque chose de nouveau à voir; mais je vous supplie d'être toujours persuadée de la sincère amitié que j'ai pour vous.

LOUIS.

1. *Autographe* de la bibliothèque du Louvre.
2. Les princes étaient alors à Marseille chez M. de Grignan, lieutenant général au gouvernement de Provence, gendre de madame de Sévigné.

LETTRE CXXXI

A M. LE COMTE D'AYEN [1].

11 mars 1701.

Il est temps de finir votre absence ; je n'aime plus votre commerce, parce qu'il devient trop rare. Vous recevez trois lettres de moi à la fois, vous m'y répondez, et je ne me souviens point du tout de ce que je vous ai mandé. Nous sommes ravis de ce qui nous revient de votre roi ; il est aimé tendrement ici. Je travaille pour lui envoyer le portrait qu'il m'a ordonné de lui faire faire. Voici deux après-dîners que je reviens de Saint-Cyr pour obliger le roi à se faire peindre. La goutte est venue à notre secours, et sans elle nous ne l'aurions pas tenu trois ou quatre heures [2]. Faites-moi bien valoir auprès du roi d'Espagne de l'aimer mieux que Saint-Cyr, que j'aime pourtant plus que jamais. La tendresse qui est entre les Espagnols et les François est un vrai miracle ; Dieu tourne les cœurs comme il lui plaît. Il faut bien les aimer pour leur pardonner la guerre qu'ils nous attirent, car on n'en doute presque plus ici.

Vous n'aviez pas besoin de la faveur pour en connoître les suites. Vous avez été gelé de froid sur un strapontin, pendant que votre poëte étoit dans le fond d'un bon carrosse ; je voudrois le servir, mais

---

1. *Autographe* du cabinet de M. le duc de Cambacérès.
2. Dangeau écrit le 10 mars : « La goutte du roi continue ; il se fit peindre l'après-dînée par Rigaud pour envoyer son portrait au roi d'Espagne à qui il l'a promis. »

il faut trouver quelque conjoncture; je n'ai pas entendu parler de sa famille.

Adieu, ne reviendrez-vous pas bientôt? La joie que j'aurai de vous voir sera bien diminuée, en envisageant un second adieu.

Nous avons pensé perdre M. Fagon, et j'en ai été bien alarmée[1]. Le roi d'Angleterre s'en ira, je crois, bientôt en l'autre monde[2], où il sera mieux qu'en celui-ci, et la pauvre reine pleurera seule. Adieu, mon cher comte; je n'ose écrire à M. le duc d'Harcourt par discrétion. Que les grandes places sont éloignées du bonheur et de la paix!

LETTRE CXXXII

LE DUC DE BERRY A MADAME DE MAINTENON[3].

A Bausset, ce 13 mars 1701.

Je crois, madame, que vous n'auriez pas été fâchée de voir tout ce que nous avons vu à Marseille. Il n'y a rien qui marque si bien la grandeur et la majesté du roi que toutes ces galères et tous ces arsenaux.

---

1. Dangeau écrit le 8 mars : « M. Fagon se trouva mal chez le roi sur les six heures ; il fut longtemps sans connoissance. Sur les dix heures, tous les remèdes qu'on lui avoit fait prendre l'avoient tellement soulagé, qu'il vouloit aller au coucher du roi. » Fagon ne mourut pas de cette maladie : il survécut au roi jusqu'en 1718.

2. Dangeau écrit le 4 mars : « Le roi d'Angleterre tomba dans une grande foiblesse dans la chapelle de Saint-Germain et fut évanoui pendant une demi-heure. » Il ne succomba pas à cette attaque, mais il ne fit que languir jusqu'au 16 septembre où il mourut.

3. *Autographe* de la bibliothèque du Louvre.

Nous vîmes hier au soir l'illumination des galères, où il y avoit sur chaque galère plus de sept à huit mille fanaux; et après chaque décharge de canon et de mousqueterie, il partoit une quantité de fusées volantes à la fois, au nombre de quatre mille huit cents, et cela par trois fois; enfin on ne peut pas exprimer la beauté dont cela étoit. Je vous prie, madame, de ne pas me discontinuer votre amitié, comme vous me l'avez promise, et de croire que la mienne ne diminuera jamais.

CHARLES.

LETTRE CXXXIII

NOTE PRÉLIMINAIRE

On lit dans le *Journal de Dangeau*, à la date du 19 mars : « Monseigneur alla tirer à Meudon, et revint ici au souper du roi, où il mangea beaucoup. Il entra dans le cabinet du roi après souper, comme à son ordinaire; il y fut même très-gai. Il descendit chez lui par le petit degré, en riant, étant de la meilleure humeur du monde. Il se mit à son prie-Dieu, et en se relevant il perdit connoissance; beaucoup de ses domestiques montèrent chez le roi fort éperdus, cherchant M. Fagon et M. Félix. Le roi, qui étoit à son prie-Dieu, descendit par le petit degré, qui est fort difficile, malgré un peu de goutte qui lui reste encore; il trouva Monseigneur dans un triste état. Madame la duchesse de Bourgogne y entra en même temps que le roi. On ne peut rien s'imaginer de plus triste que l'état où tout le monde étoit. M. Félix saigna Monseigneur, qui se défendoit contre la saignée, et à qui la connoissance n'étoit pas encore revenue; elle lui revint après la saignée. Il nous reconnut, et nous nomma tous. Le roi se rapprocha de lui, le pria de prendre les remèdes que M. Fagon lui faisoit donner; depuis ce moment Monseigneur fut toujours de mieux en mieux. Il étoit environ minuit, et sur les deux heures l'émétique qu'il avait pris en grande quantité commença à agir par haut et par bas. La nature se dégagea, et il fut entièrement hors de péril... Le roi étoit dans une affliction inconcevable, ne pouvant retenir ses larmes, et n'ayant presque pas la force de parler... »

A M. LE COMTE D'AYEN[1].

20 mars 1701.

Quel spectacle nous venons d'avoir, mon cher comte! Monseigneur aux portes de la mort, le roi saisi de douleur, toute la cour dans les larmes. Il est très-bien revenu, parce qu'il a été secouru très-promptement, et M. Fagon est persuadé que cet accident sera sans retour. J'en suis présentement plus malade que lui, et par dessus mon abattement j'ai un mal de dents qui me met hors d'état d'écrire une plus longue lettre.

LETTRE CXXXIV

A M. LE CARDINAL DE NOAILLES[2].

Jeudi saint, 24 mars 1701.

J'ai brûlé depuis quelques jours la lettre des Carmélites de Rome, ne prévoyant pas qu'elle pût me servir, aimant naturellement à me défaire des papiers.

1. *Autographe* du cabinet de M. de Cambacérès.
2. *Autographe* du cabinet de M. de Cambacérès.

M. le maréchal de Noailles vous aura rendu compte sans doute de sa dernière conversation avec le roi, qui vous fera voir que MM. de Bouillon n'obtiendront rien de nouveau en cette occasion. Ainsi, monseigneur, je ne crois pas qu'il y ait rien à dire ni à faire présentement; il faut voir ce que deviendra l'accommodement particulier [1].

Je prie Dieu, monseigneur, de tourner tout ce qui vous touche pour sa plus grande gloire. Nous aurions grand sujet de nous désespérer si nous jugions de l'avenir par le présent. On met vos lettres entre les mains de M. de Pontchartrain, qui n'est pas toujours disposé à bien traiter les ecclésiastiques. Je dis au roi que vous trouviez que cet abbé avait tort dans le commencement de l'affaire, mais que la procédure personnelle contre lui vous paraissoit violente; il en demeura d'accord.

Il y a des demoiselles à Perpignan qui ont été élevées à Saint-Cyr, et qui résistent jusqu'ici à l'envie que leur mère a de les perdre. Je voudrois prier M. l'évêque de les placer dans un couvent. Le pourroit-il et voudroit-il entrer dans cette affaire, dont monsieur votre frère a connoissance? Je vous demande pardon, monseigneur, de vous fatiguer, mais ce seroit une bonne œuvre.

Voudriez-vous voir ce qu'on en mande à monsieur le maréchal? Je crois la lettre du père recteur des Jésuites.

---

1. Il y avait entre le duc de Bouillon et le duc d'Albret une dispute scandaleuse relativement à un testament du maréchal de Bouillon. — Voir là-dessus Saint-Simon, t. III, p. 242.

LETTRE CXXXV

LE DUC DE BERRY A MADAME DE MAINTENON[1].

A Avignon; ce 26 mars 1701.

Je crois, madame, que vous trouverez bon que je vous écrive pour vous marquer l'effroi dans lequel j'ai été[2], mais en même temps la joie d'apprendre que cela n'avoit point de suite. Je vous prie, madame, de me continuer votre amitié, comme vous avez déjà fait, et d'être persuadée de la mienne. Soyez aussi persuadée qu'il me tarde fort de ne vous point voir.   CHARLES.

LETTRE CXXXVI

A M. LE CARDINAL DE NOAILLES[3].

2 avril 1701.

Je vous envoie la réponse que le cardinal de Janson me fait sur les deux commissions que vous m'aviez données auprès de lui, monseigneur. Je crois que la fête de lundi nous empêchera d'avoir l'honneur de vous voir. J'ai bien de l'impatience de dîner avec vous et que ce bon maréchal soit revenu[4]. On ne compte pas de mener madame de Noailles à Marly ce voyage; il est destiné pour les dames qui mon-

---

1. *Autographe* de la bibliothèque du Louvre.
2. De la maladie de Monseigneur.
3. *Autographe* du cabinet de M. de Cambacérès.
4. Il était avec les ducs de Bourgogne et de Berry.

tent à cheval. Je prie Dieu, monseigneur, de bénir tout ce que vous faites et de nous rendre dignes de notre pasteur.

LETTRE CXXXVII

LE DUC DE BOURGOGNE A MADAME DE MAINTENON[1].

A Romans, le 2 avril 1701.

Je suis ravi, madame, que le roi m'ait permis de prendre la poste à Dijon[2], et j'espère, par ce moyen, me rendre le 20 à Versailles. Nous avons appris ce matin les propositions que les Hollandois font au roi; il me paroît que ce n'est pas une marque qu'ils veuillent la paix[3]. Vous savez bien que je n'en serois pas fâché; mais il faut attendre là-dessus les dispositions de la divine Providence, qui sait mieux que nous-mêmes ce qui nous convient. J'ai appris aussi que la plupart des dames du palais étoient malades

1. *Autographe* de la bibliothèque du Louvre.
2. Sur la nouvelle de la maladie de Monseigneur. « Monseigneur le duc de Bourgogne, dit Dangeau, a écrit une lettre au roi sur la maladie de Monseigneur, dont Sa Majesté est contente au dernier point. Son bon cœur, son bon esprit et sa religion y paraissent également. »
3. « Dans les conférences que les Hollandois ont eues avec M. d'Avaux, leurs députés ont fait des propositions fort extraordinaires. Ils demandent que les Espagnols leur laissent mettre garnison dans Luxembourg, Namur, Mons et d'autres places. L'envoyé d'Angleterre, qui assistoit à ces conférences, ajoute à cela que l'on laisse mettre des troupes d'Angleterre dans Ostende et Nieuport. On a fait imprimer ces propositions pour faire voir à toute l'Europe le ridicule de leurs prétentions. » (Dangeau, t. VIII, p. 67).

par la crainte du départ de leurs maris, ou d'autres par leur départ même. Je suis ravi quand je songe que je serai moi-même bientôt témoin de ces afflictions! Mais ce n'est pas cela qui me touche le plus de mon arrivée. Vous connoissez des gens que je ne serai pas fâché de revoir, comme je vous l'ai déjà dit. Vous voulez bien que je finisse, madame, en vous remerciant des avis que vous me donnez dans votre lettre, et en vous assurant que je ne crois pas pouvoir trouver de meilleure manière pour vous marquer mon amitié qu'en exécutant de si sages conseils.

LOUIS.

LETTRE CXXXVIII

A M. LE DUC D'HARCOURT[1].

16 avril 1701.

Que je vous plains, monsieur le duc, quoique vous fassiez la plus grande et la plus singulière figure qu'un particulier puisse faire[2]! mais je comprends vos peines; vous êtes de bonne foi, vous aimez le bien, et il s'y trouve plus de difficultés qu'à faire le mal. Quoique les opérations de ce pays ici soient plus promptes que celles du conseil de Madrid, je crains qu'elles ne soient encore trop lentes pour tout ce qu'il y auroit à faire. Comme je dis plus mon avis sur les affaires de dames que sur les autres, je propose

---

1. *Autographe* du *British Museum*.
2. M. le duc d'Harcourt était en réalité le principal ministre de Philippe V.

que ce soit madame de Bracciano qui vous mène la princesse de Savoie[1] ; c'est une femme qui a de l'esprit, de la douceur, de la politesse, de la connoissance des étrangers, qui a toujours représenté et s'est fait aimer partout ; elle est grande d'Espagne, elle est sans mari, sans enfants, et ainsi sans prétentions embarrassantes. Je vous dis tout ceci sans dessein ni intérêt particulier, mais simplement parce que je la crois plus propre à ce que vous désirez qu'aucune femme que nous ayons ici.

M. le comte de Sézanne s'est très-bien acquitté de vos commissions, et ne parle pas en jeune homme ; il a des audiences favorables. J'attends le comte d'Ayen, qui me dira de vos nouvelles ; mais tout ce que vous me mandez est une peinture si vive de votre état et de celui des autres, que je crois vous voir et ne vous envie point. Je suis très-occupée de vous, et si je pouvois ce que je désire, vous seriez aussi content que vous pouvez l'être. Le roi d'Espagne m'avoit ordonné de lui écrire souvent et franchement sur sa conduite ; mais je ne puis croire que des avis de si loin fussent utiles, et je hais bien ce qui n'est bon à rien. Je suis, monsieur le duc, votre très-humble et très-obéissante servante.

1. Le roi avait fait un traité avec le duc de Savoie par lequel il était déclaré généralissime des troupes françaises et espagnoles en Italie, et s'engageait à joindre à ces troupes 10,000 hommes des siennes. De plus, sa seconde fille devait épouser le roi d'Espagne. Cette princesse n'avait que treize ans. On cherchait quelque grande dame qui pût non-seulement l'amener d'Italie en Espagne, mais lui servir de guide et de conseil. Madame de Maintenon avait pensé à la duchesse de Bracciano ou princesse des Ursins.

LETTRE CXXXIX

A MADAME L'ABBESSE DE FONTEVRAULT[1].

18 avril 1701.

J'ai donné votre lettre au roi, qui m'a dit qu'il vouloit y répondre. Il est vrai, madame, que M. le Dauphin a donné une grande alarme, et que l'on passa une triste nuit; le roi en fut encore plus touché qu'on ne l'auroit pu croire, et il a une grande raison, car il n'y eut jamais un fils si digne d'être aimé de son père. Grâce à Dieu, ce mal a eu de très-heureuses suites. M. le Dauphin a grand soin de sa santé, et, ce qui vaut encore mieux, il pense très-sérieusement à son salut; ainsi il n'y a qu'à remercier Dieu. Votre amie, madame la duchesse de Bourgogne, donna dans cette occasion bien des marques de son bon naturel, et de sa tendresse pour Monseigneur, qui en est fort touché. Il a eu le plaisir de voir combien il est aimé.

Je vous avoue tout simplement, madame, que j'avois oublié que je vous eusse promis le portrait de notre princesse; mais puisque je vous l'ai fait attendre, ayez encore la bonté de me mander de quelle grandeur et de quelle figure vous le voulez, et je vous promets de réparer ma faute.

Je ne manquerai pas, madame, à parler à M. de Chamillart, et je le ferai en présence du roi, afin qu'il joigne sa sollicitation à la mienne, qui pourra être de quelque considération auprès de son ministre.

1. *Manuscrits des Dames de Saint-Cyr.*

Vous ne me nommez pas le nom de madame de Montespan, et je ne saurois faire de même ; elle m'est trop souvent présente ; je lui souhaite tout ce que je me souhaite à moi-même. Apprenez-lui, madame, la mort de madame de Brinon [1], et croyez l'une et l'autre que par les sentiments que j'ai pour vous, je mérite vos bontés pour moi.

LETTRE CXL

A M. LE CARDINAL DE NOAILLES [2].

29 mai 1701:

Je vous supplie, monseigneur, de me faire toujours part des choses principales que vous faites. Il me semble que j'en dois être instruite pour être en état de répondre.

J'ai bien de la peine à pardonner à M. de Pontchartrain l'alarme qu'il m'a donnée [3] ; et je tâchai de

---

1. Elle était morte le mois précédent.
2. *Autographe* du cabinet de M. de Cambacérès.
3. Voici à quelle occasion : On lit dans le *Journal de Dangeau* (t. VIII, p. 117) : « La Touanne et Sauvion, trésoriers de l'extraordinaire de la guerre, avertirent M. de Chamillart, il y a quelques jours, que leurs affaires étoient en mauvais état ; M. de Chamillart approfondit aussitôt leurs affaires en travaillant avec Sauvion, et il a trouvé qu'ils devoient près de dix millions et n'avoient que six millions d'effets, sans que le roi leur dût pas un sou. Sauvion a été mis à la Bastille... Le roi se charge de payer toutes leurs dettes, et prend en cela un parti bien juste et bien noble, et en même temps bien sage, car il conservera le crédit qu'il est nécessaire qu'aient des gens qui ont ces charges... »

Et plus loin : « Cette banqueroute faisoit grand bruit dans

faire faire au roi ses réflexions là-dessus et juger combien il devoit être en garde contre ce qu'on lui disoit; que pour moi j'avois cru tout perdu, et qu'enfin toute cette affaire qui pouvoit détruire le crédit dans un instant, qui étoit plus nuisible à la France que la perte d'une province, qui étoit peut-être un effet de la plus raffinée politique du prince d'Orange; que tout cela, dis-je, soit un rien! Je dis ensuite au roi une partie de la réprimande que j'avois faite à son ministre de ne vous avoir pas averti d'abord, d'avoir pensé à parler à M. de Rheims avant d'aller à vous, et j'ajoutai que toute cette conduite étoit maligne. Je dis les reproches que j'avois faits sur la haine qu'on témoignoit pour les dévots, et le roi dit que cela étoit vrai. Enfin, monseigneur, je n'oubliai rien pour donner de la défiance de cet homme, me trouvant d'ailleurs malheureuse que ma vocation soit de dire du mal de mon prochain. Quand j'irai trop loin, monseigneur, c'est à vous à m'arrêter. Mais revenons à vous : le roi étoit parfaitement content de votre conversation; vous l'aviez mis à son aise, et il étoit bien disposé à m'écouter.

J'ai vu ce matin M. de Chamillart, qui, conjointement avec M. de Pontchartrain, se déchaîne contre vos répartitions de don gratuit et de capitation; ils disent qu'il n'y a ni ordre ni équité dans ce que font

Paris; mais comme on a appris dès le même jour que le roi se chargeoit de payer leurs dettes, les créanciers ont été tranquilles, et tout le monde bénit le roi qui remédie à la faute qu'ont faite ces malheureux. »

les évêques qui ne songent qu'à se soulager et leur chapitre¹.

Je rendrai compte à madame la comtesse de Gramont de l'état de l'affaire du religieux de Sainte-Geneviève.

J'ai vu ce matin M. l'évêque de Meaux, bien convaincu qu'il faut laisser madame Guyon en prison.

LETTRE CXLI[2]

A LA MÈRE MARIE-CONSTANCE
SUPÉRIEURE DE LA VISITATION DE CHAILLOT[3].

1ᵉʳ juin 1701.

Qu'avez-vous pensé de moi, ma chère mère, de n'avoir pas reçu de ma part un signe de vie dans tout ce qui vous est arrivé, et de n'avoir pas répondu un mot à vos chères *déposées*[4], qui se sont données la peine de me faire part des nouvelles de Chaillot. Il y a un mois que je souffre d'une fluxion sur les dents et sur les yeux qui m'a mis hors d'état d'écrire. Je suis mieux présentement, et je commence, ma très-

---

1. La Beaumelle ajoute : « Et jettent le fardeau sur des épaules moins fortes. L'honneur de l'épiscopat voudroit bien, ce me semble, que des répartitions plus justes fissent cesser ces propos. »
2. *Autographe* du cabinet de M. Feuillet de Conches.
3. Cette religieuse était restée à Saint-Cyr comme maîtresse des novices pendant sept à huit ans. Elle en était sortie en 1700, et à son retour dans le couvent de Chaillot, elle avait été élue supérieure.
4. C'est-à-dire les religieuses de Chaillot qui étaient venues à Saint-Cyr pour travailler à la réforme de cette maison, et qui, avant leur retour à Chaillot, avaient été *déposées* de leurs charges.

révérende mère, par vous faire mes compliments sur votre supériorité. Je vous crois bien fâchée, et je n'ai pourtant pu m'empêcher d'en être bien aise. Vous savez, ma chère sœur, la dévotion que j'ai à la parabole des talents; je veux qu'on les emploie pour les autres, et je sais combien vous êtes capable de gouverner. Consolez-vous donc par les grands biens que vous allez faire; je dois en juger par ceux que vous avez faits ici, et en espérer beaucoup davantage : je vous avois donné des filles imparfaites, et vous en avez d'admirables, si elles sont comme vous nous les dépeignez.

J'ai fait tous vos compliments au roi, qui n'a point été surpris de votre élection, ayant tant entendu parler de votre capacité, et qui conserve pour vous toutes une grande estime; il m'a bien ordonné de vous en assurer.

Vous voulez bien que je vous parle un peu de Saint-Cyr; il y a bien des nouvelles. J'ai voulu voir de près les classes, pour juger d'où vient le mal que nous trouvons dans les demoiselles qui ne peuvent soutenir le noviciat, et qui en tout ne paroissent pas trop raisonnables. Il y a quatre mois que je passe mes journées aux *rouges*, et je vous écris des *vertes*, dont je vais m'occuper[1]. Je crois qu'il faudra changer

---

1. Voici ce qu'on lit dans les *Mémoires des Dames de Saint-Cyr* : « Madame de Maintenon donna aux classes une grande application dans ce temps-là : elle fut presque deux ans à les suivre du matin au soir, les jours qu'elle venoit ici, qui étoient quasi tous ceux de la semaine. Je l'ai vue souvent arriver avant six heures du matin, afin d'être au lever des demoiselles et suivre

l'ordre de leur journée ; il est trop rempli de dérangement et de récréations. Priez, je conjure, que nous prenions le bon parti. Les Dames de Saint-Louis sont fort zélées pour se livrer tout entières à l'éducation des demoiselles.

J'ai une grande envie d'aller à Chaillot, et si ma santé revient un peu, je vous surprendrai un de ces jours. Je remercierai aussi vos sœurs de Strasbourg, qui m'ont fait un présent dont je suis toujours honteuse. Mille compliments à vos chères mères, je vous en supplie, et à ma sœur Marie-Élisabeth ; est-il vrai qu'elle est toujours malade ?

LETTRE CXLII

NOTE PRÉLIMINAIRE

Monsieur, duc d'Orléans, frère du roi, mourut frappé d'apoplexie le 9 juin 1701, à Saint-Cloud. Le roi en témoigna

ensuite toute leur journée en qualité de première maîtresse, pour pouvoir mieux juger de ce qu'il y avoit à faire et à établir, dans le dessein où elle étoit de mettre les choses sur un pied où elles pussent se soutenir. Elle aidoit à peigner et habiller les petites ; elle passoit deux ou trois heures de suite à une classe, y faisoit observer l'ordre de la journée, leur parloit en général et en particulier, reprenoit l'une, encourageoit l'autre, donnoit à d'autres les moyens de se corriger. Les demoiselles étoient charmées de ses instructions ; elle leur en faisoit sur toute sorte de sujets, mais principalement sur la religion, la crainte de Dieu, l'horreur du péché, l'amour de la bonne réputation qui doit être une recommandation aux personnes de notre sexe, la bonne gloire, la probité, la droiture, la raison, la simplicité, la véritable dévotion, etc... » On trouvera ces instructions dans les *Lettres et Entretiens sur l'éducation*.

une grande douleur. Le duc de Chartres, le lendemain matin, vint le trouver. « Sa Majesté lui parla avec toute sorte de bonté et d'amitié, dont ce prince parut fort touché et fort reconnoissant. Le roi lui dit qu'il falloit qu'il le regardât présentement comme son père ; qu'il auroit soin de sa grandeur et de tous ses intérêts ; qu'il oublioit tous les petits sujets de chagrin qu'il avoit eus contre lui, qu'il espéroit que de son côté il les oublieroit aussi, et qu'il le prioit que les avances d'amitié qu'il lui faisoit servissent à l'attacher encore davantage à lui, et à lui redonner son cœur comme il lui donnoit le sien. Ce prince est pénétré de douleur de la mort de Monsieur, son père, et pénétré de reconnoissance de toutes les bontés du roi... » (*Dangeau*, t. V.)

Le 12 juin, Dangeau ajoute : « Le roi avoit eu quelque petit mécontentement de Madame ; elle eut hier une conversation, dans laquelle ils se parlèrent à cœur ouvert ; le roi en sortit content de Madame, et Madame demeura pénétrée des bontés du roi, et plus attachée à lui que jamais. Elle avoit eu une grande conférence avec madame de Maintenon avant que de parler au roi. »

On sait que Madame était animée contre madame de Maintenon de la haine la plus furieuse, la plus aveugle ; que, dans sa correspondance avec ses parents d'Allemagne, elle n'en parle qu'avec les injures les plus grossières, en ramassant contre elle les calomnies les plus insensées. Madame de Maintenon savait tout cela, et n'en avait jamais rien témoigné à Madame ; elle profita de l'entrevue que lui demandait cette princesse allemande si orgueilleuse, si insolente, pour en tirer une digne vengeance.

Voici d'abord comment cette entrevue est racontée par Madame elle-même, dans une lettre à sa tante :

« Madame de Maintenon me fit dire (après la mort de Monsieur) que c'étoit le bon moment pour me réconcilier avec le roi. En conséquence, je chargeai le duc de Noailles de dire de ma part à cette dame que j'étois tellement touchée de toute l'amitié qu'elle m'avoit témoignée dans mon malheur, que je la priois de prendre la peine de venir chez moi, car je ne pouvois pas sortir. Elle est venue, en effet, à six heures. Je lui ai d'abord répété combien j'étois contente d'elle, et je lui ai demandé son amitié. Je lui ai avoué aussi que j'avois été fâchée contre elle parce que je croyois qu'elle me haïssoit et m'ôtoit les bonnes grâces du roi; ce que j'avois d'ailleurs appris par le Dauphin. J'ai ajouté que j'étois prête à tout oublier si elle vouloit seulement être mon amie. Là-dessus elle me dit beaucoup de belles et éloquentes choses, me promit son amitié, et nous nous embrassâmes. Je lui dis ensuite que ce n'étoit pas assez de m'avoir mandé que le roi étoit indisposé contre moi, qu'il falloit aussi me donner le moyen de rentrer en grâce. Elle me conseilla alors de parler au roi en toute franchise, de lui avouer moi-même que je l'avois haïe parce que je pensois qu'elle me rendoit de mauvais offices auprès de lui, et de dire également au roi pourquoi je lui en avois voulu. J'ai suivi ce conseil, et comme Monsieur m'avoit dit que le roi étoit aussi mécontent de ce que je vous écrivois trop à cœur ouvert, j'ai également traité cet article... Lorsque j'eus tout exposé au roi, et lui eus montré clairement que, quelque mal qu'il m'eût traitée, je l'avois néanmoins toujours respecté et aimé, il m'embrassa, me pria d'oublier le passé, et me promit ses bonnes grâces. Il rit aussi quand je lui dis tout naturellement : « Si je ne « vous avois pas aimé, je n'aurois pas tant haï madame de « Maintenon, croyant qu'elle m'ôtoit vos bonnes grâces. « Enfin, tout s'est très-bien passé[1]. »

Voici maintenant le récit de Saint-Simon, qui ne peut être suspect, car pour la haine, les injures et les calomnies contre madame de Maintenon, le duc et pair est le digne camarade de la princesse.

Il dit d'abord que Madame, fort inquiète de sa situation depuis la mort de son mari « où il y alloit de tout pour

---

1. *Lettres nouvelles de la princesse Palatine*, publiées par M. Rolland.

elle, » engagea madame de Ventadour (sa dame d'honneur) à demander conseil à madame de Maintenon; que celle-ci ne s'expliqua qu'en général, et dit seulement qu'elle iroit chez Madame au sortir de son dîner, sous la condition que madame de Ventadour seroit en tiers dans la visite... C'était le dimanche 12 juin. « Après les premiers compliments, ce qui étoit là sortit, excepté madame de Ventadour. Alors Madame fit asseoir madame de Maintenon, et il fallait pour cela qu'elle en sentît tout le besoin. Elle entra en matière sur l'indifférence avec laquelle le roi l'avoit traitée pendant toute sa maladie, et madame de Maintenon la laissa dire tout ce qu'elle voulut, puis lui répondit que le roi lui avait ordonné de lui dire que leur perte commune effaçoit tout dans son cœur, pourvu que dans la suite il eût lieu d'être plus content d'elle qu'il n'avoit eu depuis quelque temps, non-seulement sur ce qui s'étoit passé à l'égard de M. le duc de Chartres, mais sur d'autres choses encore plus intéressantes dont il n'avoit pas voulu parler, et qui étoient la vraie cause de l'indifférence qu'il avoit voulu lui montrer pendant qu'elle avoit été malade. A ce mot, Madame, qui se croyoit bien assurée, se récria, protesta que, excepté le fait de son fils, elle n'a jamais rien dit ni fait qui pût déplaire, et enfila des plaintes et des justifications. Comme elle y insistoit le plus, madame de Maintenon tira une lettre de sa poche et la lui montra, en lui demandant si elle en connaissoit l'écriture. C'étoit une lettre de sa main à sa tante, la duchesse de Hanovre, à qui elle écrivoit tous les ordinaires, où, après des nouvelles de cour, elle lui disoit en propres termes : « Qu'on ne savoit plus que dire du com« merce du roi et de madame de Maintenon, si c'étoit mariage « ou concubinage; » et de là tomboit sur les affaires de dehors et sur celles du dedans, et s'étendait sur la misère du royaume, qu'elle disoit ne s'en pouvoir relever. La poste l'avoit ouverte, comme elle les ouvroit et les ouvre encore presque toutes, l'avait trouvée trop forte pour se contenter à l'ordinaire d'en donner un extrait, et l'avoit envoyée au roi en original. On peut penser si, à cet aspect et à cette lecture, Madame pensa mourir sur l'heure. La voilà à pleurer, et madame de Maintenon à lui représenter modestement l'énormité de toutes les parties de cette lettre et en pays étranger ; enfin, madame de Ventadour à verbiager pour laisser à Madame le temps de respirer et de se remettre assez pour dire quelque chose. Sa meilleure excuse fut l'aveu de ce qu'elle ne pouvoit nier, des pardons, des repentirs, des prières, des promesses.

« Quand tout cela fut épuisé, madame de Maintenon la supplia de trouver bon qu'après s'être acquittée de la commission que le roi lui avoit donnée, elle pût aussi lui dire un mot d'elle-même, et lui faire ses plaintes de ce que, après l'honneur qu'elle lui avoit fait autrefois de vouloir bien désirer son amitié et de lui jurer la sienne, elle avoit entièrement changé depuis plusieurs années. Madame crut avoir beau champ. Elle répondit qu'elle étoit d'autant plus aise de cet éclaircissement, que c'étoit à elle à se plaindre du changement de madame de Maintenon, qui tout d'un coup l'avoit laissée et abandonnée, et forcée de l'abandonner à la fin aussi, après avoir essayé de la faire vivre avec elle comme elles avoient vécu auparavant. A cette seconde reprise, madame de Maintenon se donna le plaisir de la laisser enfiler comme à l'autre les plaintes, et de plus les regrets et les reproches ; après quoi, elle avoua à Madame qu'il étoit vrai que c'étoit elle qui la première s'étoit retirée d'elle, et qui n'avoit osé s'en rapprocher ; que ses raisons étoient telles, qu'elle n'avoit pu moins que d'avoir cette conduite ; et par ce propos, fit redoubler les plaintes de Madame et son empressement de savoir quelles pouvoient être ses raisons. Alors madame de Maintenon lui dit que c'étoit un secret qui jusqu'alors n'étoit jamais sorti de sa bouche, quoiqu'elle fût en liberté depuis dix ans qu'étoit morte celle qui lui avoit confié sur sa parole de n'en parler à personne ; et de là raconta à Madame mille choses plus offensantes les unes que les autres qu'elle avoit dites d'elle à madame la Dauphine lorsqu'elle étoit mal avec cette dernière, qui, dans leur raccommodement, les lui avoit redites mot à mot. A ce second

coup de foudre, Madame demeura comme une statue. Il y eut
quelques moments de silence. Madame de Ventadour fit son
même personnage pour laisser reprendre les esprits à Madame, qui ne sut que faire comme l'autre fois, c'est-à-dire
qu'elle pleura, cria, et pour fin demanda pardon, avoua,
puis repentirs et supplications. Madame de Maintenon
triompha froidement d'elle assez longtemps, la laissant
s'engouer de parler, de pleurer et de lui prendre les mains.
C'était une terrible humiliation pour une si rogue et si fière
Allemande. A la fin, madame de Maintenon se laissa toucher
comme elle l'avoit bien résolu, après avoir pris toute sa
vengeance. Elles s'embrassèrent, et se promirent oubli parfait
et amitié nouvelle. Madame de Ventadour se mit à en pleurer
de joie; et le sceau de la réconciliation fut la promesse de
celle du roi, et qu'il ne lui diroit pas un mot des deux matières qu'elle venoit de traiter, ce qui plus que tout soulagea
Madame...

« Le roi, qui n'ignoroit ni la visite de madame de Maintenon à Madame, ni de ce qui s'y devoit traiter, donna
quelque temps à cette dernière de se remettre, puis alla le
même jour chez elle ouvrir en sa présence, et de M. le duc
de Chartres, le testament de Monsieur... Il tint la parole de
madame de Maintenon, il ne parla de rien, et fit beaucoup
d'amitié à Madame et à M. le duc de Chartres, qui fut prodigieusement bien traité.

« Le roi lui donna, outre les pensions qu'il avoit et qu'il
conserva, toutes celles qu'avoit Monsieur, en sorte qu'avec
son apanage et ses autres biens, il lui restoit 1,800,000 francs
de rentes avec le Palais-Royal, en sus Saint-Cloud et ses
autres maisons. Il eut des gardes, des suisses, un chancelier,
un procureur général, etc., etc. » (t. V, p. 235).

Trois jours après, Madame écrivit à madame de Maintenon :

MADAME LA DUCHESSE D'ORLÉANS A MADAME DE MAINTENON[1].

Ce mercredi, 15 juin à onze heures du matin.

Si je n'avois eu la fièvre et de grandes vapeurs, madame, du triste emploi que j'eus avant-hier d'ouvrir les cassettes de Monsieur, toutes parfumées des plus violentes senteurs, vous auriez eu plus tôt de mes nouvelles; mais je ne puis tenir de vous marquer à quel point je suis touchée des grâces que le roi a faites hier à mon fils et de la manière qu'il en use pour lui et pour moi. Comme ce sont des suites de vos bons conseils, madame, trouvez bon que je vous en marque ma sensibilité, et que je vous tiendrai très-inviolablement l'amitié que je vous ai promise. Je vous prie de me continuer vos conseils et avis et de ne jamais douter de ma reconnoissance, qui ne peut finir qu'avec ma vie.

ÉLISABETH-CHARLOTTE.

LETTRE CXLIII

PHILIPPE V A MADAME DE MAINTENON[2].

23 juin 1701.

Je n'ai jamais douté, madame, de l'amitié que vous avez pour moi, et j'y suis, je vous assure, très-sensible; je suis aussi bien obligé au comte d'Ayen de

---

1. *Autographe de la bibliothèque du Louvre.*
2. *Manuscrits des Dames de Saint-Cyr.*

tout le bien qu'il vous a dit de moi, mais je ne mérite pas tant de louanges; je ne fais que commencer, et c'est seulement de ma bonne volonté dont on peut me savoir quelque gré; j'aurois grand besoin d'être secouru, car j'ai trouvé toutes choses dans un étrange état, et surtout mes finances, sans quoi on ne sauroit rien faire.

Je vous remercie de la part que vous prenez à mon mariage[1]; Dieu veuille qu'il soit heureux! Je le lui demande tous les jours et vous prie, madame, de le lui demander pour moi. Je n'ai pas oublié le comte d'Ayen sur la Toison que je lui ai promise, je lui tiendrai ma parole. Faites mes compliments, je vous prie, à madame la duchesse de Bourgogne; je lui écrirai une autre fois moins sérieusement, puisqu'elle le veut, et je quitterai la gonille[2]. On ne peut être plus sensible que je le suis à l'amitié que le roi a pour moi, et quoique je lui écrive souvent, je vous prie, madame, de lui en témoigner ma reconnoissance le plus souvent que vous pourrez, et d'être bien persuadée pour toujours de mon amitié et de mon estime.

PHILIPPE.

1. Philippe V avait déclaré son mariage le 4 mai; mais ce mariage ne fut célébré, à Turin, par procuration, que le 12 septembre. La princesse partit le lendemain pour Gênes, où elle devait trouver la princesse des Ursins. — Voir, dans le t. V, l'appendice à 1701.

2. C'est-à-dire la roideur ou la gravité espagnole. La *gonille* était une sorte de collerette empesée en usage à la cour.

LETTRE CXLIV

LA DUCHESSE DE LORRAINE[1] A MADAME DE MAINTENON.

A Lunéville, ce 25 juin 1701.

Si quelque chose me pouvoit adoucir, madame, ma cruelle douleur[2], ce seroit la part que vous y prenez; à quoi j'ai été très-sensible. Madame m'a mandé comme mon frère et elle étoient comblés des bontés du roi en cette occasion; elle m'a mandé aussi, madame, comme elle étoit touchée de toutes les amitiés que vous lui avez marquées et des soins que vous avez pris d'elle. En vérité, je ne puis assez vous témoigner ma reconnoissance en mon particulier de tout ce que vous avez fait pour Madame, et vous supplier de la marquer bien au roi. N'ayant plus de protection auprès de lui, après la cruelle perte que j'ai faite, madame, de Monsieur, je vous prie de trouver bon que je m'adresse à vous pour faire quelquefois ressouvenir le roi de moi. Ayant un respect et un attachement infinis pour Sa Majesté et pour vous, madame, je vous prie d'être bien persuadée que personne ne vous estime, honore et aime plus que moi.

ÉLISABETH-CHARLOTTE.

1. Nous savons qu'elle était fille de Monsieur, frère de Louis XIV, et d'Élisabeth-Charlotte de Bavière. Elle eut pour fils le duc de Lorraine, François-Étienne, qui devint l'époux de Marie-Thérèse.
2. De la mort de Monsieur.

LETTRE CXLV

A MADAME LA DUCHESSE DE VENTADOUR[1].

Ce 27 juin 1701.

Je vous conjure, ma chère duchesse, de ne pas souffrir que Madame s'inquiète de la manière dont elle m'aura reçue; la plus grande marque de bonté qu'elle puisse me donner, selon mon goût, est la liberté, et je me croirois bien avec elle si elle me renvoyoit quelquefois, ou qu'elle ne me dît pas grand'chose. Je suis entièrement de votre avis sur les filles[2]; il y a cent raisons pour les ôter, et pas une pour les garder, et surtout n'y en ayant plus que chez vous. Le roi ne peut pas en parler le premier; mais je ne doute pas qu'il n'opine à les ôter si on lui en dit quelque chose[3].

M. de La Carte me fait grand'pitié, et surtout depuis que vous m'assurez qu'il a eu de bonnes intentions[4]. Il me semble que M. le duc d'Orléans en use très-généreusement pour les officiers de Monsieur. J'ai été bien fâchée de la mort du confesseur de Madame, et je prie Dieu de tout mon cœur de lui en donner un qui lui fasse bien connoître sa religion et ses devoirs. Vous êtes admirable, madame, de n'être mêlée dans rien au milieu d'une cour si sujette aux

1. *Manuscrits des Dames de Saint-Cyr.*
2. Les filles d'honneur de Madame. Il y en avait quatre.
3. Ce changement ne se fit que l'année suivante.
4. M. de La Carte avait épousé, par la protection de Monsieur, la fille de la duchesse de La Ferté, sous la condition qu'il en prendrait le nom et les armes.

orages; j'espère qu'à l'avenir elle sera plus calme, et que vous ne nous quitterez plus. Je vous donne le bonjour et bien matin, car je n'ai pour moi que les moments où on croit que je dors.

LETTRE CXLVI

A MADAME L'ABBESSE DE FONTEVRAULT[1].

A Marly, ce 29 juin 1701.

Le roi me vit recevoir votre lettre, madame, et me demanda s'il n'y en avoit pas une pour lui. Je lui lus la mienne, et il vit la raison qui vous empêchoit de lui écrire. Il vous remercie, madame, de la part que vous avez prise à sa douleur; elle a été très-grande. Il aimoit Monsieur, il en étoit aimé; ils ne s'étoient jamais quittés; la manière de la mort étoit effrayante, le spectacle bien triste. Tout cela, madame, fit une impression qui inquiéta tout le monde pour la plus précieuse santé qu'il y ait à conserver. La cour et les affaires sont très-bonnes dans les afflictions; il faut se dissiper et se contraindre; on en profite.

Vous faites justice à madame la duchesse de Bourgogne, madame, quand vous l'avez crue touchée, elle l'a été au-dessus de son âge; elle commençoit à aimer Monsieur, l'humeur gaie de l'un et de l'autre s'accommodoient parfaitement. Cette princesse fut témoin de cette mort, et elle a joint aux

1. Recueil de huit lettres qui ont appartenu à la Maison de Saint-Cyr. Voir t. III, p. 37.

sentiments de tendresse une peur de son âge, de sorte qu'elle ne pouvoit dormir; elle s'en est trouvée mal, et cela avec un certain dérangement donne quelque espérance, peu fondée pourtant, qu'elle pourroit être grosse. Elle conserve un goût pour vous, madame, dont vous ne douteriez pas si vous étiez plus près d'elle. Elle me charge de vous bien remercier de tout ce que vous me dites sur son sujet. Elle n'a que trop de goût pour l'esprit; il n'est plus guère à la mode, et ceux qui n'en ont point lui sauront mauvais gré de le trouver.

J'ai bien pensé à madame de Montespan en cette occasion, et je ne suis point surprise qu'elle coure les champs. Je crois tout ce qu'elle pense et par combien d'endroits elle est touchée. Je ne sais, madame, comment on pourroit supporter la tristesse de la vieillesse et ses réflexions, si on n'espéroit une autre vie qui ne finira point. Croyez, madame, que tant que la mienne durera, je serai la personne du monde qui vous honore le plus.

LETTRE CXLVII

A M. LE CARDINAL DE NOAILLES[1].

A Saint-Cyr, 12 juillet 1701.

Je suis très-affligée, monseigneur, de la sottise que je fis hier; mais vous ne m'avez jamais paru empressé pour venir à la cour, et je ne crus point qu'étant venu

---

1. *Autographe* du cabinet de M. de Cambacérès.

à Marly on vous vît sitôt à Versailles. M. le maréchal avoit accoutumé de m'avertir dès le soir, et je n'entendis parler de rien. Je vous en demande très-humblement pardon; j'en ai été punie; j'espère réparer cette perte jeudi matin. Je viens ici chercher du repos; j'en ai besoin encore quelque temps, quoique d'ailleurs je me croie entièrement guérie.

LETTRE CXLVIII

A M. LE CARDINAL DE NOAILLES[1].

A Saint-Cyr, 10 août 1701.

C'est toujours dans les mauvaises affaires qu'on a recours à vous, monseigneur, et en voici une qui m'embarrasse. Vous savez l'amitié que j'ai pour M. le duc de Richelieu. Il a exigé de moi plusieurs sollicitations contre madame d'Acigné[2]. Je meurs de peur d'aider à soutenir une injustice. Il me revient par plus d'un endroit qu'il y en auroit en empêchant qu'elle ne fût tutrice de ses petits-enfants. Donnez-moi votre avis; j'y règlerai ma conduite sans vous commettre[3]. Quand est-ce que nous vous verrons, monseigneur?

1. *Autographe* du cabinet de M. de Cambacérès.
2. Mère de sa seconde femme.
3. La Beaumelle arrange ainsi cette fin : « On me dit de toutes parts que c'en est une d'empêcher qu'elle soit tutrice de ses petits-enfants. Donnez-moi votre avis. Je ne voudrois pas manquer à ce que je dois à mon ancien ami; je voudrois encore moins manquer à ce que je dois à ma conscience. Votre conseil. Il règlera ma conduite sans vous commettre, dût madame d'Acigné m'accuser d'être injuste ou M. de Richelieu d'être ingrate. »

LETTRE CXLIX

A M. LE CARDINAL DE NOAILLES [1].

Meudon, jeudi 1er septembre, à huit heures du soir.

Le roi a lu votre mandement, monseigneur, et il a rayé ce qu'il croit qu'il vaudroit mieux ôter pour ne rien exciter en Angleterre et ne leur donner aucun prétexte de se plaindre [2]. Comme il y a plusieurs endroits barrés, j'ai mis une croix où le roi a commencé de rayer et une où il a fini. Je me presse de vous le renvoyer, et n'ajoute pas ici ce que j'aurois à vous dire.

LETTRE CL

PHILIPPE V A MADAME DE MAINTENON [3].

A Madrid, ce 3 septembre 1701.

J'ai appris, madame, avec bien du chagrin, que vous aviez été malade; mais comme on m'a mandé que vous preniez du quinquina, j'espère que la fièvre

---

1. *Autographe* du cabinet de M. de Cambacérès.
2. Le roi Jacques était presque à l'agonie et mourut le 16 septembre. Il était question de lui dans le mandement de l'archevêque de Paris. Quant au roi Guillaume, il était fort malade; mais il ne perdait rien de son activité, et le Parlement britannique avait décidé « qu'il seroit mis en état d'aider ses alliés dans la guerre projetée pour la cause des libertés de l'Europe. » Dès les premiers jours d'août, il avait décidé de rompre complétement avec la France, et le 7 septembre il devait signer à la Haye le traité de la grande alliance avec l'empereur, les Provinces-Unies, l'Empire, etc.
3. *Manuscrits des Dames de Saint-Cyr.*

vous aura quittée. Je ne doute point que la maladie de madame la duchesse de Bourgogne n'ait contribué à votre mal, car je connois la bonté de votre cœur [1]. Pour moi, j'ai été délivré de cette inquiétude, ayant seulement su qu'elle étoit guérie, dont je suis très-aise, et je vous prie de vouloir bien lui témoigner. Je vous remercie des soins que vous avez pris pour me procurer le portrait du roi, que j'attends avec impatience. La duchesse d'Harcourt m'a rendu compte de l'intérêt que vous prenez à tout ce qui me regarde, dont je vous remercie. Je pars lundi pour m'aller marier [2]; je n'ai pourtant point de nouvelles du départ de la reine. Je vous prie, madame, de compter sur toute mon amitié.

LETTRE CLI

AU ROI D'ESPAGNE [3].

20 septembre 1701.

Je suis confuse et bien reconnoissante de la bonté de Votre Majesté, d'avoir donné un moment d'attention à la maladie que j'ai eue, et de vouloir m'assurer elle-même qu'elle est bien aise du retour de ma santé. Je puis bien dire avec vérité à Votre Ma-

1. La princesse avait été grièvement malade pendant presque tout le mois d'août.
2. Il partit le 5 pour aller attendre la princesse de Savoie à Barcelone. Cette princesse lui était amenée par la princesse des Ursins : elle ne partit de Turin que le 14 septembre.
3. *Manuscrits des Dames de Saint-Cyr.*

jesté qu'elle n'a personne plus attachée à elle que je le suis, et que je m'intéresse à ses plus petites affaires, comme aux plus grandes. Son divertissement même ne m'est pas indifférent, et j'avois pris de grands soins de bien instruire madame la duchesse d'Harcourt pour qu'elle y contribuât de tout son pouvoir.

J'espère que Votre Majesté trouvera de la joie avec la reine, qu'on dit être pleine d'esprit. Madame la princesse des Ursins est très-propre à vous aider à la former [1]. Il ne faut pas que Votre Majesté l'abandonne à faire sa volonté, comme la bonté du roi a abandonné madame la duchesse de Bourgogne, qui a tant mangé et tant veillé, qu'elle en a été à la mort. Je me souviens que vous disiez un jour dans mon cabinet qu'il falloit contraindre la jeunesse. Voici le temps de mettre cette maxime en pratique. Ces deux princesses ont été très-bien élevées et fort retenues, de sorte que la nôtre s'est livrée à la liberté qu'on lui a laissée, et a abusé de son bon tempérament. Mais si sa maladie a dû être regardée comme un effet du déréglement de la vie qu'on faisoit, elle a d'ailleurs été bien glorieuse à notre princesse, qui y a montré toute la religion qu'on pouvoit désirer. Elle voulut se confesser, et le fit dans des dispositions et avec un courage et une résignation que son âge ne promettoient pas. Sa raison et sa patience n'étoient pas moins surprenantes dans un naturel si vif. Mais il ne faut pas

1. Voir dans le t. V, à l'appendice de l'année 1701, les lettres de la princesse des Ursins à M. de Torcy.

parler de mort sans dire à Votre Majesté, qui l'aura bien appris, d'ailleurs, que nous en venons de voir une qui a dû réjouir le ciel et qui a édifié tous ceux qui en ont été témoins [1]. Je ne parle pas seulement des gens de bien, mais les plus libertins de la cour ne voyoient pas le roi d'Angleterre sans étonnement. Il a été six jours sans qu'on pût rien espérer pour sa vie. Tout le monde le voyoit; il communia deux fois; il parla à son fils, à ses domestiques catholiques, aux protestants, à notre roi, à la reine, et à toutes les personnes de sa connoissance; mais tout cela avec une présence d'esprit, une paix, une joie, un zèle, une fermeté, une simplicité dont tout le monde revenoit charmé. Quand on ouvrit son corps, les médecins et les chirurgiens prenoient quelque chose pour en faire des reliques; les gardes trempoient leurs mouchoirs dans son sang, les autres faisoient toucher leurs chapelets. Je crains d'abuser de la patience de Votre Majesté, à qui l'on a peut-être mandé toutes ces particularités. Votre piété, Sire, vous les fera goûter. Nous savons qu'elle la conserve, et qu'elle ne perd pas d'occasions d'en donner des marques [2]. Je n'ai point d'avis à donner à Votre Majesté. Il ne revient d'elle qu'une conduite qui passe tout ce qu'on pouvoit en attendre. Nous n'avons à lui souhaiter qu'un peu plus de secours, jusqu'à ce qu'elle puisse tout faire par elle-même. Le roi voit avec beaucoup de peine que le duc d'Harcourt ne revient point de

---

1. Jacques II était mort le 16 septembre.
2. Voir à l'appendice de l'année 1701 deux lettres du duc de Bourgogne à Philippe V sur la maladie et la mort de Jacques II.

sa maladie[1] ; c'est un homme à conserver. Vous savez les services qu'il vous a rendus, et nous connoissons votre reconnoissance. J'espère que le portrait du roi partira bientôt ; nous n'en avons point qui en approche. Tout le monde, Sire, vous porte ici dans son cœur ; on passe bien des heures à parler de Votre Majesté, et l'on envie le bonheur de l'Espagne. Dieu veuille qu'elle le connoisse, et combler Votre Majesté de toutes sortes de bénédictions !

LETTRE CLII

A M. LE CARDINAL DE NOAILLES [2].

Fontainebleau, 24 septembre 1701.

Je priai hier le roi de lire votre lettre, monseigneur, pour lui tenir lieu de lecture spirituelle. Il seroit difficile d'en faire une meilleure. Dieu veuille la bénir ! On la lut avec attention et sans réponse, hors sur la foire Saint-Germain, disant que c'est M. de Chamillart qui s'oppose qu'on la change, et qu'il falloit défendre les boutiques où l'on donne à boire et à manger.

Je vis hier, et je vous le dis en secret, un mémoire de M. le procureur général, spécieux, éloquent, qui conclut à supprimer la plus grande partie des communautés établies sans lettres patentes, et à faire des

---

1. Il était très-gravement malade depuis le mois d'avril. On fut obligé de lui donner un successeur, M. de Marsin, et il revint en France au mois de novembre.
2. *Autographe* du cabinet de M. le duc de Cambacérès.

règlements pour celles qu'on voudra garder, qui établiront la visite et l'autorité des magistrats sur la conduite intérieure et extérieure de ces maisons. Vous serez consulté là-dessus. Je prends la liberté de dire que je ne croyois pas impossible de faire un mémoire contre celui de M. d'Aguesseau, et que je ne pouvois croire qu'il y eut tant à craindre d'établissements que l'on pouvoit séparer d'un moment à l'autre; que je ne croyois pas que cette affaire fût la plus pressée des nôtres. En effet, monseigneur, il me semble que ces réformes seroient plus à propos dans un temps de paix. Je soumets, comme de raison, mes vues aux vôtres.

On parla hier au *bon père* pour ce que vous savez, et aussi doucement que vous l'avez désiré; il ne m'est point revenu qu'on parle d'un successeur.

Nous avons la triste cour d'Angleterre. Je n'ai vu la reine qu'une fois. Le mauvais temps fait que le roi est toujours chez moi; ainsi je ne puis en sortir. Il y eut hier une musique dans ma chambre, où je crois que personne ne se divertit.

Je ne sais point de nouvelles, et M. le maréchal ne vous laisse pas ignorer celles qui méritent d'aller jusqu'à vous. Je crois devoir à vos bontés pour moi la confiance de vous dire que je me porte bien.

LETTRE CLIII

NOTE PRÉLIMINAIRE

Nous avons vu que le roi Jacques II était mort le 16 septembre. On lit à ce sujet dans le *Journal de Dangeau*, à la date du 13 : « Le roi alla à Saint-Germain à deux heures. Il vit d'abord le roi d'Angleterre, qui ouvrit les yeux un moment quand on lui annonça que le roi étoit là, et il les referma dans l'instant. Le roi lui dit qu'il étoit venu le voir pour l'assurer qu'il pouvoit mourir en repos sur le prince de Galles, et qu'il le reconnoitroit roi d'Angleterre, d'Écosse et d'Irlande. Le roi alla ensuite chez la reine, à qui il déclara la même chose, et lui proposa de faire venir le prince de Galles pour le mettre dans la confidence d'un secret qui lui était si important ; on le fit venir, et le roi lui parla avec des bontés dont il parut bien pénétré... Quand le roi déclara au roi d'Angleterre qu'il reconnoîtroit le prince de Galles roi, tous les Anglais qui étoient dans la chambre se jetèrent à ses genoux et crièrent *Vive le roi!* La reine est si touchée de cette grande action, qu'elle ne peut parler que de sa reconnoissance ; mais la douleur qu'elle a de voir le roi son mari en l'état où il est, l'empêche de goûter cette joie-là bien purement. Au retour de Saint-Germain, le roi apprit à tous les courtisans ce qu'il venoit de faire pour le prince de Galles... Dès que le roi Jacques fut mort, le nonce reconnut de la part du pape le prince de Galles pour roi d'Angleterre. »

Saint-Simon raconte ces événements dans les mêmes termes, car il copie presque partout le *Journal de Dangeau*, et il attribue la guerre de la grande alliance à cette reconnaissance maladroite du prince de Galles comme roi d'Angleterre.

« C'étoit, dit-il, offenser sa personne (Guillaume III) par l'endroit le plus sensible, et toute l'Angleterre avec lui et la Hollande à sa suite ; c'étoit montrer le peu de fond qu'ils avoient à faire sur le traité de Ryswick, leur donner beau jeu à rassembler avec eux tous les princes qui y avoient contracté sous leur alliance, et de rompre ouvertement sur leur propre fait, indépendamment de celui de la maison d'Autriche. »

Presque tous les historiens ont répété les accusations de Saint-Simon, mais la vérité est que le traité de la grande alliance, nous l'avons déjà dit, était signé dès le 7 septembre, c'est-à-dire dix jours avant la mort de Jacques II, de sorte que la déclaration de Louis XIV à Saint-Germain ne changea rien à sa situation, et n'augmenta nullement les dangers de la France; elle eut seulement pour effet de les irriter davantage.

Quelques jours après la mort de Jacques II, le pape envoya à Louis XIV le bref suivant.

LE PAPE INNOCENT XII AU ROI LOUIS XIV.

Septembre 1701.

Très-cher fils en Jésus-Christ, salut et bénédiction apostolique. Lorsque nous croyions ne pouvoir trouver de consolation à la vive douleur que nous a causée la mort d'un prince aussi rempli de piété, aussi zélé pour la religion catholique que Jacques, roi de la Grande-Bretagne, nous avons senti cette même douleur promptement soulagée par les témoignages que Votre Majesté a donnés à ce roi mourant de son ancienne et véritable amitié pour lui, témoignage illustre, grand, et qu'on ne peut assez louer, étant une preuve de votre piété singulière; car enfin celui que vous aviez reçu auparavant avec tant de magnanimité, celui que vous aviez assisté comme un ami avec une libéralité vraiment royale, celui qui avoit éprouvé en lui tous les changements du sort, que les événements malheureux avoient si longtemps agité, quoique orné de toutes les bonnes qualités de l'âme et de toutes les vertus ; ce même prince est parvenu par votre moyen à ce qu'il désiroit le plus, lorsque abandonnant cette vie terrestre pour la céleste, vous lui avez fait connoître que vous assisteriez de votre secours et de votre autorité un fils qu'il laissoit, d'un excellent naturel, et que le traitant comme héritier de la dignité paternelle, vous lui accorderiez aussi les honneurs de roi, pourvu qu'il suivît les exemples de vertu que son père lui avoit laissés, et qu'il s'efforçât de l'imiter, principalement par un zèle constant et perpétuel pour la religion catholique. C'étoit la seule chose que pouvoit souhaiter un bon père, moins inquiet encore pour la fortune et pour les intérêts que pour la religion du prince son fils. Cette preuve que vous avez donnée d'un cœur véritablement chrétien nous a fait une si grande impression, nous avons été si touché de voir que vous vous proposiez uniquement pour objet votre zèle pour la religion et pour la justice, rejetant loin de vous toutes les raisons humaines qui vous auroient pu conseiller le contraire, que bien que toutes nos pensées semblent nous occuper de la perte de ce roi que tous les gens de bien doivent déplorer, nous avons cru cependant qu'il étoit de notre tendresse pontificale de louer infiniment en Notre Seigneur la résolution glorieuse que vous avez prise. Ainsi nous prions instamment l'auteur de tous les biens de vous rendre par l'abondance de ses dons ce nouveau mérite que vous avez envers son Église. Nous ne croyons pas aussi qu'il soit nécessaire de vous exhorter beaucoup de servir de père au nouveau roi, de conduire sa jeunesse déjà portée à toutes sortes de vertus; ce que vous avez fait jusqu'à cette heure de vous-même est sans bornes, et ne nous laisse rien à vous demander, ni même à désirer de votre part. Ainsi ce qui est arrivé en cette occasion, et que notre vénérable frère Philippe-André, archevêque d'Athènes, nous a fait promptement savoir par un courrier, étant digne non-seulement de la mémoire de la postérité, mais encore des monuments de l'éternité, ne sortira jamais de notre cœur, rempli pour vous de tendresse paternelle, et c'est avec ces sentiments que nous donnons à Votre Majesté notre bénédiction apostolique.

LETTRE CLIV

A MADAME L'ABBESSE DE FONTEVRAULT [1].

A Fontainebleau, ce 1er octobre 1701.

J'ai à répondre à trois de vos lettres, madame, et je serois bien honteuse, si je n'avois une très-bonne excuse. Je suis tombée malade aussitôt après l'extrémité où nous avions vu madame la duchesse de Bourgogne, et comme nos âges sont différents, nos ressources le sont aussi. Elle est parfaitement guérie et je suis encore abattue et dans l'usage du quinquina qui m'enivre deux fois par jour, ce qui n'est pas

---

1. Tirée d'un Recueil manuscrit ayant appartenu aux Dames de Saint-Cyr. Voir t. III, p. 37.

propre aux têtes attaquées de migraine. Mais venons à vos lettres, madame, que j'ai devant les yeux.

Il est question dans la première de l'abbaye de Ronceray dont le roi n'a point encore la démission. Il n'y a guère d'affaires dont je me mêle moins que de celles des bénéfices, croyant très-dangereux d'en charger ma conscience[1]. J'ai lu, madame, tout ce que vous me dites de madame votre nièce ; vous savez l'estime que le roi a pour vous ; il est fâcheux que l'évêque y fut contraire, car on les consulte en pareil cas. Je ne comprends point qu'en cela vos intérêts soient contraires à ceux de madame de Ronceray, puisque vous ne prétendez à l'abbaye que lorsqu'elle ne voudra plus ou ne pourra plus en jouir.

Votre seconde lettre, madame, est sur la maladie de madame la duchesse de Bourgogne qui est très-sensible à la part que vous y avez prise. Elle est tout à fait rétablie et me charge de vous remercier de ce que vous ne l'oubliez pas. Le roi a reçu avec plaisir, madame, les compliments que vous lui auriez faits là-dessus.

Venons à la troisième lettre qui est sur le portrait de cette princesse. Votre extrême politesse ne vous permettroit pas d'y trouver à redire, tel qu'il peut être, mais il nous a paru charmant. J'ai choisi cet habit parce qu'il me paroissoit avantageux, madame la duchesse de Bourgogne ayant le col

---

1. On voit par là à quoi se bornait l'influence de madame de Maintenon : aux affaires d'Église, des évêques, des particuliers. Quant aux affaires d'État, elle n'y prit de part que plus tard, dans les malheurs de la guerre de la succession d'Espagne.

un peu plus long. On a pris sa mesure juste sur sa taille. Vous parlez trop bien, madame, sur la coiffure; il est très-vrai qu'on lui cache trop le front parce qu'elle l'a trop grand. Notre princesse est laide, mais si elle avoit des dents, elle seroit plus aimable que les plus belles femmes. Elle devient grande et donnera, s'il plaît à Dieu, de beaux enfants. Elle a bien été contente de se voir traiter par vous de mérite solide, et elle l'est assez pour préférer cette louange à celle de sa personne. Elle n'a aucun ridicule là-dessus et devient très-raisonnable. Je voudrois qu'elle aimât un peu moins le jeu, mais il est difficile de s'en passer à la cour et encore plus de s'y modérer. Je vous quitte, madame, pour aller prendre un verre de vin qui me mettra hors d'état de continuer ma lettre et de vous faire des protestations que je vous espère qui ne sont point nécessaires pour vous persuader un véritable attachement pour vous.

LETTRE CLV

LA REINE D'ANGLETERRE A MADAME DE MAINTENON [1].

A Saint-Germain, ce 22 octobre 1701.

Je remercie Dieu de tout mon cœur de la parfaite santé du roi, cela m'a causé un véritable plaisir, ainsi qu'au roi, mon fils, qui vous prie avec moi d'en assurer Sa Majesté de notre part; il n'aura pas de

1. *Autographe* tiré des archives de Mouchy.

peine à le croire, sachant combien de raisons nous avons pour le souhaiter. Nous nous portons tous bien ici, et je suis fort étonnée que les souffrances de mon pauvre cœur n'aient eu aucun effet sur mon corps ; elles m'ont ôté le sommeil, et cependant je ne suis pas malade. Cette dernière nuit a été la première depuis sept semaines qui n'a pas été mauvaise. Dieu seul connoît mon état, et lui seul peut me soutenir. Je l'espère de sa miséricorde, et je vous prie de lui demander pour moi. Si je n'avois promis à M. l'évêque d'Autun de le faire le porteur de ce que j'ai mis à part pour vous et le roi, je l'aurois envoyé l'autre jour par le duc de Berwick, car il y a longtemps que j'ai tout prêt ; mais M. d'Autun m'ayant dit qu'il partiroit cette semaine, je l'ai attendu ; cependant nous voici à samedi au soir, et il n'est pas encore parti ; il a mandé qu'il viendra demain prendre congé pour aller à Fontainebleau, et de là à son diocèse. Je vous enverrai une vieille bourse qu'il avoit dans sa poche quand il est tombé malade, un livre qui était son favori, et dont il se servoit tous les jours, un chapelet, du linge teint de son sang, et de ses cheveux ; il y en a peu, mais je n'en ai pas davantage moi-même, car je ne pensois pas à cela pendant sa maladie, et quand je revins d'ici à Chaillot, tout le monde s'étoit emparé de tout cela, et ils ont bien de la peine à s'en défaire, car on n'appelle partout ce qui lui appartient autrement que des reliques. Je vous prie de vous faire conter par M. d'Autun comment il est guéri de la fistule qu'il avoit à l'oreille ; vous y trouverez quelque chose de fort extraordinaire. J'en sais bien d'autres qui sont trop longues pour une lettre; cela ne surprend pas ceux qui l'ont vu mourir et qui le connoissoient à fond. Son confesseur fait une courte relation de ses vertus et de sa mort; cela est très-édifiant, et mérite d'être imprimé; je ne puis le lire sans larmes, mais en même temps je sens bien que ce qui est là-dedans devrait les arrêter. J'ai une vraie impatience de vous entretenir sur cet aimable sujet, et de vous faire voir ses écrits et les instruments de sa pénitence. Je me fais violence pour finir ce discours, car si je me laissois aller, je remplirois bien des pages, mon cœur et mon esprit en sont remplis; mais il faut achever ma lettre en vous assurant de ma parfaite amitié. Je meurs d'envie d'aller à Chaillot pour la Toussaint; je crois pouvoir me donner ce pauvre petit plaisir.

MARIE, REINE.

LETTRE CLVI

MADAME LA DUCHESSE D'ORLÉANS A MADAME DE MAINTENON [1].

23 octobre 1701.

La reine douairière d'Espagne [2] est cause, madame, qu'il faut que je vous importune encore d'une assez

---

1. *Manuscrits des Dames de Saint-Cyr.*
2. Nous avons dit (voir p. 402) que la reine douairière, Marie-Anne de Neubourg, étant à la tête d'un parti qui pouvait embarrasser le gouvernement de Philippe V, avait reçu l'ordre d'aller prendre séjour à Tolède.

mauvaise lecture, et vous prie de faire lire au roi ma lettre, pour voir si Sa Majesté approuve ma réponse. Ayez la bonté, je vous prie, en cas que le roi y trouve quelque chose à retrancher ou à augmenter, de me le mander. Il faut aussi, madame, que je vous dise la joie que j'ai eue d'une nouvelle bonté que le roi m'a témoignée, de trouver bon que je l'aie vu avant-hier dans son cabinet après le souper; comme toutes ses bontés me viennent de vous, en ce que vous m'avez rapprochée du roi, je vous prie de croire que je n'en reçois aucunes marques que ma reconnoissance pour vous n'augmente dans mon cœur, et je vous assure que mon amitié pour vous, madame, va bientôt égaler l'estime qui vous est due.

ÉLISABETH-CHARLOTTE.

LETTRE CLVII

A M. LE CARDINAL DE NOAILLES.[1]

5 novembre 1701.

M. l'archevêque de Sens m'a envoyé ce matin la lettre que vous lui avez écrite, monseigneur, sur l'affaire de madame de Beuvron. Il a été à Moret, et l'a résolue d'en partir au premier jour. C'est le meilleur parti qu'elle pouvoit prendre, sa communauté étant prévenue au point qu'elle l'étoit, et jamais elle n'eût fait de bien dans cette maison-là. Mais dans l'état où sont ces filles depuis qu'elle avoit déclaré qu'elle s'en

---

1. *Autographe* du cabinet de M. le duc de Cambacérès.

iroit, elle y auroit fait bien du mal par les brigues qui s'y faisoient et pour et contre elle, et jamais la paix n'y auroit été. Toutes ces raisons nous ont fait prendre la résolution de vous la renvoyer, puisque vous avez la charité, pour elle et pour nous, de vouloir encore vous en charger, monseigneur, ce qui n'auroit pas été facile à obtenir d'un autre, et sans vous il eût fallu que les religieuses de Moret l'eussent gardée. Elles prieront Dieu de vous récompenser du repos que vous leur procurez. Madame de Beuvron paroît une bonne fille : peu d'esprit, peu de piété, fort occupée de sa personne, excessivement propre, visionnaire sur sa santé, ménagère, assez douce et sage ; persuadée qu'elle a un rang à soutenir, froide, sèche, incapable de la patience qu'il faut avoir avec des filles, difficile à aborder, ne se faisant point aimer, en général, des favorites ; enfin, une vraie religieuse comme elles sont d'ordinaire, c'est-à-dire sans éducation, sans maxime, sans droiture et sans dévotion solide. Elle sera mardi à Paris. Elle va en relais dans mon carrosse, accompagnée de Nanon et de mademoiselle d'Osmond, que j'ai auprès de moi. Elle emporte tout ce qu'elle avoit acheté à l'usage de sa personne comme linge, habits, couvert et écuelle d'argent. Je lui ai toujours donné cent écus tous les ans, afin qu'elle n'eût rien à demander à la maison. Elle les a employés pour elle, et il ne lui manque rien. Elle aura deux cents francs de Moret, et M. de Sens se charge d'établir cette pension en cour de Rome. Elle en sera bien payée tant que je vivrai, car il retiendra cette somme sur ce que je leur donne, et elle passera entre vos mains. Je lui donnerai quatre cents francs, quoique je n'en aie promis que deux cents, et ainsi vous pouvez compter, monseigneur, sur deux cents écus, et en avances ce qu'il vous plaira sur ma parole. Voilà vous importuner longtemps d'une même affaire, mais c'est pour n'y plus revenir. Il faut pourtant que je vous remercie encore de la complaisance que vous avez pour moi en cette occasion.

LETTRE CLVIII

LA REINE D'ANGLETERRE A MADAME DE MAINTENON[1].

A Saint-Germain, ce 5 novembre 1701.

En revenant de Chaillot avant-hier au soir, j'ai reçu votre chère lettre du 2, par laquelle je suis bien aise d'apprendre que vous ayez enfin reçu par M. d'Autun ce que vous attendiez avec une sainte impatience. J'ai appris à Chaillot ce que vous me mandez de la guérison d'une Dame de Saint-Louis; Dieu est admirable dans ses saints; je ne suis point surprise de tout cela, et si mon cœur étoit capable de sentir de la joie, ce seroit en des choses de cette nature qu'il en auroit; mais je vous avoue que rien ne me touche à présent que ma privation et ma désolation; je connois bien que tout cela est trop humain, et je tremble de peur de perdre mon temps, et tout le mérite que j'aurois pu avoir dans une si

1. *Autographe* des archives du château de Mouchy.

grande occasion. Toutes les filles de Chaillot sont touchées de dévotion et comblées de consolations, depuis que ce cher cœur est dans leur maison ; les solitaires sont tout le jour à prier Dieu dans la tribune où il est ; elles m'ont assuré qu'elles y trouvent toutes sortes de remèdes et de soulagements à leurs infirmités spirituelles et corporelles ; il n'y a eu que moi qui n'ai point senti de consolations ; cependant il me semble que ma douleur a été assez tranquille les trois jours que j'ai passés là-dedans, et qu'il y a eu plus de tendresse que d'amertume dans mes larmes. Je prétends y retourner à la Présentation, mais j'espère vous embrasser auparavant.

Je voudrois bien qu'on eût quelque assurance de la grossesse de madame la duchesse de Bourgogne, mais il est difficile d'en avoir qu'après deux mois ; j'espère que cela ne reculera pas le retour du roi. Je n'ai rien su de la maladie du prince d'Orange, que ce qui m'en est revenu de Fontainebleau ; j'en crois peu, et j'en parle encore moins. La dévotion de la maison royale me fait plaisir ; je prie Dieu qu'il les comble de toutes sortes de bénédictions. Par charité, priez Dieu pour moi, aimez-moi toujours, et conduisez-moi en tout ; j'ai besoin de tout cela, et l'amitié tendre et sincère que j'ai pour vous me met en droit de vous le demander, et votre bon cœur vous oblige à me l'accorder.

MARIE, REINE.

LETTRE CLIX

A MADAME L'ABBESSE DE FONTEVRAULT [1].

9 novembre 1701.

Le roi m'ordonne de vous mander, madame, qu'il a lu votre lettre avec attention, qu'il trouve bon que vous disiez vos raisons à M. le chancelier, et que bien loin de vous retrancher ce qui est permis aux autres, il vous accorderoit volontiers par son inclination ce qu'il refuseroit au reste du monde. Je me réjouis avec vous, madame, de cette continuation de la considération que j'ai toujours vue dans le roi pour vous. Après ce compliment, venons au portrait de madame la duchesse de Bourgogne.

Vous n'avez plus la hauteur, madame; elle est présentement aussi grande que moi, et le sera bientôt davantage; sa taille est encore embellie, parce que le sein lui vient, mais je la trouve un peu déparée d'avoir perdu ses cheveux après sa grande maladie. Il n'est question ici que de la reine d'Espagne [2]. Les portraits qu'on en fait ressemblent fort à notre princesse. Mais ce qu'on mande de son esprit est surprenant, et effraye les Espagnols. Voilà finir bien court, madame, ce n'étoit pas mon intention.

1. Recueil de huit lettres, etc. — Voir t. III, p. 37.
2. Voir dans le tome V les lettres de l'appendice de 1701.

LETTRE CLX

A M. LE CARDINAL DE NOAILLES [1].

21 décembre 1701.

Je vous supplie, monseigneur, de voir le mémoire que je vous envoie ; il est d'un homme que je considère infiniment et auquel je ne voudrois rien refuser. Mais vous savez, monseigneur, que je ne puis rien en cette occasion. Je voudrois de tout mon cœur que mon frère voulût donner de l'argent pour soutenir un établissement qui méritoit de trouver plus de protection. Les temps ne sont pas favorables pour demander au roi ; et quant à ce qui me regarde, je vous assure que ce sera le comte d'Ayen qui payera les deux mille écus que je donnai pour cette œuvre il y a quelque temps ; car je l'empruntai sur la terre de Maintenon, n'étant jamais en état de donner de pareilles sommes. Mes aumônes sont réglées sur ce que je touche d'argent ; et je ne sais personne à qui il en coûtât davantage d'en faire d'extraordinaires. Je n'ai aucun crédit sur l'esprit de mon frère ; je ne sais si, dans le fond, il seroit fâché que la communauté le quittât. Quoi qu'il en puisse arriver, il devroit se réduire pour pouvoir donner davantage. Il a trop de domestiques pour la vie qu'il fait présentement, mais c'est à ces messieurs à le persuader. Je suis bien édifiée et bien honteuse de ce que M. de Madot fait pour lui. Il faudra bien tâcher de tirer

---

1. *Autographe* du cabinet de M. de Cambacérès.

quelque chose du roi pour lui. Parlez franchement à ces messieurs, une fois pour toutes, car il m'est impossible de rien faire pour eux. Vous savez combien de fois vous avez été refusé, quand vous avez parlé pour cet établissement du temps du bon M. Doyen[1].

LETTRE CLXI

A MADAME LA PRINCESSE DE SOUBISE [2].

29 décembre 1701.

Je ne m'aperçois point, madame, de la faveur dont vous m'assurez ; il me paroît qu'on ne sait que me dire quand on se trouve seul avec moi, mais peut-être suis-je prévenue là-dessus. Madame la duchesse de Bourgogne alla hier à Meudon ; elle n'y vit personne, et on lui fit jouer gros jeu, qui est sa passion dominante. On est très-embarrassé avec tous ces gens-là. M. d'Antin m'a écrit pour le faire duc, il remue tout pour cela ; l'affaire ne me paroît pas en bon train ; il ne faut pourtant répondre de rien[3].

1. A la suite de cette lettre se trouve le mémoire dont il y est parlé, exposant les embarras de la communauté où s'était retiré M. d'Aubigné, à cause des promesses qu'il avait données et non remplies.

2. *Autographe* du cabinet de M. Feuillet de Conches.

3. « M. de Montespan mourut dans ses terres de Guyenne, trop connu par la funeste beauté de sa femme. Il n'en avait eu qu'un fils unique avant l'amour du roi, qui était le marquis d'Antin, menin de Monseigneur, lequel sut tirer un grand parti de la honte de sa maison. Dès que son père fut mort, il écrivit au roi pour lui demander de faire examiner ses prétentions à la dignité de duc

Je suis charmée, madame, de M. le coadjuteur de Strasbourg[1], et bien fâchée d'avoir vu un homme comme lui sur le grand chemin ; rien n'est égal à la retenue et à la véritable modestie dont il reçut mes louanges, car il n'est pas possible de s'empêcher de lui en donner. Vous êtes trop heureuse, madame, d'avoir mis au monde un prélat qui, selon toutes les apparences, servira Dieu, l'Église, et le roi. J'ai peine à finir sur ce sujet, et je prends grande part, madame, à la satisfaction que vous devez avoir.

d'Épernon. Tous les enfants de sa mère en supplièrent le roi après son souper ou de le faire duc, le duc d'Orléans portant la parole... » Saint-Simon (t. VII, p. 59) copie la fin de cette phrase sur le *Journal de Dangeau*, et ajoute : « Ils ne trouvèrent pas que leur proposition fût bien reçue. »

1. Fils de la princesse de Soubise. Il avait été sacré coadjuteur de l'évêque de Strasbourg à l'âge de vingt-sept ans, le 26 juin de cette année. — Voir Saint-Simon, t. VI, page 4.

FIN DU QUATRIÈME VOLUME.

TABLE
DU TOME QUATRIÈME

TROISIÈME PARTIE
(1684-1697)
(suite.)

ANNÉE 1695. Note préliminaire....................	1
LETTRE CCCXLVII (*Autographe*). A M. L'ÉVÊQUE DE CHALONS. — 17 janvier....................	2
LETTRE CCCXLVIII (*Autographe*). A M. L'ÉVÊQUE DE CHALONS. — Février....................	3
LETTRE CCCXLIX (*Autographe*). A M. L'ÉVÊQUE DE CHALONS. — 28 avril....................	4
LETTRE CCCL (*Autographe*). A M. L'ÉVÊQUE DE CHALONS. — 18 mai....................	5
LETTRE CCCLI (*Autographe*). A M. L'ÉVÊQUE DE CHALONS. — 25 mai....................	7
LETTRE CCCLII (*Autographe*). A M. L'ÉVÊQUE DE CHALONS. — 9 juin....................	10
LETTRE CCCLIII (*Autographe*). A M. L'ÉVÊQUE DE CHALONS. — 13 août....................	11
LETTRE CCCLIV (*Autographe*). A M. L'ÉVÊQUE DE CHALONS. — 18 août....................	12
Appendice à la lettre CCCLIV....................	13
LETTRE CCCLV (*Man. de Mlle d'Aumale*). A Mme DE BRINON. — 28 août....................	15
LETTRE CCCLVI (*Autographe*). A M. L'ARCHEVÊQUE DE PARIS. — 29 août....................	16
Appendice à la lettre CCCLVI....................	17
LETTRE CCCLVII (*Autographe*). A M. L'ARCHEVÊQUE DE PARIS. — 9 septembre....................	19
LETTRE CCCLVIII (*Autographe*). A M. LE MARÉCHAL DE NOAILLES. — 12 septembre....................	20
LETTRE CCCLIX (*Autographe*). A M. L'ARCHEVÊQUE DE PARIS. — 28 septembre....................	22

LETTRE CCCLX (*Autographe*). A M. L'ARCHEVÊQUE DE
    PARIS. — Septembre.   23
LETTRE CCCLXI (*Autographe*). A M. L'ARCHEVÊQUE DE
    PARIS. — 1ᵉʳ octobre.   23
LETTRE CCCLXII (*Autographe*). A M. L'ARCHEVÊQUE DE
    PARIS. — 6 octobre.   24
LETTRE CCCLXIII (*Autographe*). A M. L'ARCHEVÊQUE DE
    PARIS. — 9 octobre.   25
LETTRE CCCLXIV (*Autographe*). A M. L'ARCHEVÊQUE DE
    PARIS. — 12 octobre.   26
LETTRE CCCLXV (*Autographe*). A M. L'ARCHEVÊQUE DE
    PARIS. — 14 octobre.   28
LETTRE CCCLXVI (*Autographe*). A M. L'ARCHEVÊQUE DE
    PARIS. — 19 octobre.   29
LETTRE CCCLXVII (*Autographe*). A M. L'ARCHEVÊQUE
    DE PARIS. — 22 octobre.   30
LETTRE CCCLXVIII (*Autographe*). A M. L'ARCHEVÊQUE
    DE PARIS. — 22 octobre.   31
LETTRE CCCLXIX (*Autographe*). A M. L'ARCHEVÊQUE DE
    PARIS. — 2 novembre.   32
LETTRE CCCLXX (*Autographe*). A M. L'ARCHEVÊQUE DE
    PARIS. — 6 novembre.   32
LETTRE CCCLXXI (*Autographe*). A M. L'ARCHEVÊQUE DE
    PARIS. — 8 novembre.   33
LETTRE CCCLXXII (*Autographe*). A M. L'ARCHEVÊQUE DE
    PARIS. — 15 novembre.   34
LETTRE CCCLXXIII (*Autographe*). A M. L'ARCHEVÊQUE
    DE PARIS. — 15 novembre.   37
LETTRE CCCLXXIV (*Autographe*). A M. L'ARCHEVÊQUE
    DE PARIS. — 26 novembre.   38
LETTRE CCCLXXV (*Autographe*). A M. L'ARCHEVÊQUE
    DE PARIS. — Décembre.   39
LETTRE CCCLXXVI (*Autographe*). A M. L'ARCHEVÊQUE
    DE PARIS. — Décembre.   40
LETTRE CCCLXXVII (*Autographe*). A Mᵐᵉ DE BRINON. —
    12 décembre.   41
LETTRE CCCLXXVIII (*Autographe*). A M. L'ARCHEVÊQUE
    DE PARIS. — 13 décembre.   42
LETTRE CCCLXXIX (*Autographe*). A M. L'ARCHEVÊQUE
    DE PARIS. — 21 décembre   43
    Appendice à la lettre CCCLXXIX.   45
LETTRE CCCLXXX (*Autographe*). A M. L'ARCHEVÊQUE DE
    PARIS. — 25 décembre.   50

LETTRE CCCLXXXI (*Autographe*). A M. L'ARCHEVÊQUE DE PARIS. — 26 décembre. 51
LETTRE CCCLXXXII (*Autographe*). A M. L'ARCHEVÊQUE DE PARIS. — 27 décembre. 52
LETTRE CCCLXXXIII (*Man. des Dames de Saint-Cyr*). A M. L'ABBÉ TIBERGE. — 1695. 55

ANNÉE 1696. Note préliminaire. 57

LETTRE CCCLXXXIV (*Autographe*). A M. L'ARCHEVÊQUE DE PARIS. — 1er janvier. 57
LETTRE CCCLXXXV (*Autographe*). A M. L'ARCHEVÊQUE DE PARIS. — 2 janvier. 58
LETTRE CCCLXXXVI (*Man. des Dames de Saint-Cyr*). INNOCENT XII A Mme DE MAINTENON. — 3 janvier. . . . 59
LETTRE CCCLXXXVII (*Autographe*). A M. L'ARCHEVÊQUE DE PARIS. — 5 janvier. 60
LETTRE CCCLXXXVIII (*Autographe*). A M. L'ARCHEVÊQUE DE PARIS. — 9 janvier. 62
LETTRE CCCLXXXIX (*Autographe*). A M. L'ARCHEVÊQUE DE PARIS. — 25 janvier. 63
LETTRE CCCXC (*Autographe*). A M. L'ARCHEVÊQUE DE PARIS. — 28 janvier. 64
LETTRE CCCXCI (*Autographe*). A M. L'ARCHEVÊQUE DE PARIS. — 2 février. 65
LETTRE CCCXCII (*Autographe*). A M. DE HARLAY. — 5 mars. 65
LETTRE CCCXCIII (*Autographe*). A M. DE HARLAY. — 6 mars. 66
LETTRE CCCXCIV (*Autographe*). FÉNELON A Mme DE MAINTENON. — 7 mars. 67
LETTRE CCCXCV (*Autographe*). A M. L'ARCHEVÊQUE DE PARIS. — 9 mars. 70
LETTRE CCCXCVI (*Autographe*). Note préliminaire. . . . 71
A M. L'ARCHEVÊQUE DE PARIS. — 11 mars. 74
LETTRE CCCXCVII (*Apocr. de La B.*). A Mme DE SAINT-GÉRAN. — 12 mars. 75
Appendice à la lettre CCCXCVII. 76
LETTRE CCCXCVIII (*Man. des Dames de Saint-Cyr*). A Mme DE BRINON. — 17 mars. 77
LETTRE CCCXCIX (*Man. des Dames de Saint-Cyr*). Note préliminaire. 79
Mme DE MIRAMION A Mme DE MAINTENON. — 24 mars. 80

LETTRE CD (*Autographe*). La reine d'Angleterre a Mme de Maintenon. — 29 mars. 82
LETTRE CDI (*Man. de Mlle d'Aumale*). A M. de Villette. — 1er avril. 83
LETTRE CDII (*Autographe*). A M. l'archevêque de Paris. — 2 avril. 85
LETTRE CDIII (*Autographe*). A M. l'archevêque de Paris. — 8 avril. 86
LETTRE CDIV (*OEuvres de Fénelon*). Le duc de Beauvilliers a Mme de Maintenon. — 9 avril. 87
LETTRE CDV (*Autographe*). A M. l'archevêque de Paris. — 13 avril. 89
LETTRE CDVI (*Autographe*). A M. l'archevêque de Paris. — 24 avril. 91
LETTRE CDVII (*Autographe*). A M. l'archevêque de Paris. — 27 avril. 92
LETTRE CDVIII (*Autographe*). A M. l'archevêque de Paris. — 30 avril. 94
LETTRE CDIX (*Autographe*). A M. l'archevêque de Paris. — 5 mai. 95
LETTRE CDX (*Man. des Dames de Saint-Cyr*). Le cardinal de Janson a Mme de Maintenon. — 15 mai. 96
LETTRE CDXI (*Autographe*). A M. l'archevêque de Paris. — 18 mai. 97
LETTRE CDXII (*Autographe*). A M. de Harlay. — 28 mai. 98
LETTRE CDXIII (*Autographe*). A M. l'archevêque de Paris. — 1er juin. 99
LETTRE CDXIV (*Man. des Dames de Saint-Cyr*). Le roi a Mme de Maintenon. — 8 juin. 100
LETTRE CDXV (*Man. des Dames de Saint-Cyr*). L'évêque de Chartres a Mme de Maintenon. — 21 juin. . . 101
LETTRE CDXVI (*Autographe*). A Mme la marquise de Caylus. — 24 juin. 101
LETTRE CDXVII (*Autographe*). A M. de Harlay. — 8 juillet. 102
LETTRE CDXVIII (*Autographe*). A M. l'archevêque de Paris. — 11 juillet. 103
LETTRE CDXIX (*Man. des Dames de Saint-Cyr*). Note préliminaire. 103
Le roi a Mme de Maintenon. — 16 juillet. 104
LETTRE CDXX (*Autographe*). A M. de Harlay. — 31 juillet. 104

LETTRE CDXXI. (*Autographe*). A M. L'ARCHEVÊQUE DE
PARIS. — 3 août. 105
LETTRE CDXXII (*Autographe*). A M. L'ARCHEVÊQUE DE
PARIS. — 5 août. 107
LETTRE CDXXIII (*Autographe*). A M. L'ARCHEVÊQUE DE
PARIS. — 14 août. 108
LETTRE CDXXV (*Apocr. de La B.*). Note préliminaire. . 109
A Mme DE SAINT-GÉRAN. — 24 août. 110
LETTRE CDXXVI (*Autographe*). A M. L'ARCHEVÊQUE DE
PARIS. — 29 août. 111
LETTRE CDXXVII (*Autographe*). A M. L'ARCHEVÊQUE DE
PARIS. — 4 septembre. 113
LETTRE CDXXVIII (*Autographe*). A M. DE HARLAY. —
6 septembre. 114
LETTRE CDXXIX (*Autographe*). A M. L'ARCHEVÊQUE DE
PARIS. — 7 septembre. 115
LETTRE CDXXX (*Autographe*). A M. L'ARCHEVÊQUE DE
PARIS. — 8 septembre. 116
LETTRE CDXXXI (*Autographe*). A M. L'ARCHEVÊQUE DE
PARIS. — 16 septembre. 117
LETTRE CDXXXII (*Relation du Quiétisme*). FÉNELON A
Mme DE MAINTENON. — Septembre. 118
LETTRE CDXXXIII (*Autographe*). A M. L'ARCHEVÊQUE
DE PARIS. — 25 septembre. 120
LETTRE CDXXXIV (*Autographe*). A M. L'ARCHEVÊQUE
DE PARIS. — 7 octobre. 121
LETTRE CDXXXV (*Man. des Dames de Saint-Cyr*). A Mme DE
BRINON. — 9 octobre. 122
LETTRE CDXXXVI (*Man. des Dames de Saint-Cyr*). Note
préliminaire. 123
A M. LE MARQUIS DE DANGEAU. — 24 octobre. . . . 125
LETTRE CCCXXXVII (*Man. des Dames de Saint-Cyr*). A
M. LE MARQUIS DE DANGEAU. — 26 octobre. 125
LETTRE CDXXXVIII (*Autographe*). A M. L'ARCHEVÊQUE
DE PARIS. — 4 novembre. 126
Appendice à la lettre CDXXXVIII. 128
LETTRE CDXXXIX (*Autographe*). Note préliminaire. . . 129
LE ROI A Mme DE MAINTENON. — 4 novembre. 130
LETTRE CDXL (*Mémoires inédits de Mlle d'Aumale*). A
Mme LA DUCHESSE DE SAVOIE. — 5 novembre. . . . 133
LETTRE CDXLI (*Mémoires de Mlle d'Aumale*). A Mme LA
DUCHESSE DE SAVOIE. — 6 novembre. 134

LETTRE CDXLII (*Autographe*). A M. L'ARCHEVÊQUE DE
    PARIS. — 7 novembre. 136
LETTRE CDXLIII (*Man. des Dames de Saint-Cyr*). A Mme DE
    BRINON. — 10 novembre. 137
LETTRE CDXLIV (*Autographe*). A M. L'ARCHEVÊQUE DE
    PARIS. — 30 novembre. 138
LETTRE CDXLV (*Autographe*). A M. L'ARCHEVÊQUE DE
    PARIS. — 22 décembre. 140
LETTRE CDXLVI (*Man. des Dames de Saint-Cyr*). A Mme DE
    BRINON. — 1696. 140

ANNÉE 1697. Note préliminaire. 141

LETTRE CDXLVII (*Man. de Mlle d'Aumale*). A M. DE
    VILLETTE. — 3 janvier. 142
LETTRE CDXLVIII (*Autographe*). A M. L'ARCHEVÊQUE
    DE PARIS. — 14 janvier. 143
LETTRE CDXLIX (*Autographe*). A M. L'ARCHEVÊQUE DE
    PARIS. — 8 février. 144
LETTRE CDL (*Autographe*). A M. L'ARCHEVÊQUE DE
    PARIS. — 21 février. 144
LETTRE CDLI (*Autographe*). A M. L'ARCHEVÊQUE DE
    PARIS. — 26 février. 147
LETTRE CDLII (*Man. des Dames de Saint-Cyr*). A M. LE
    MARQUIS DE DANGEAU. — Mars. 148
LETTRE CDLIII (*Autographe*). A M. L'ARCHEVÊQUE DE
    PARIS. — 7 mars. 149
LETTRE CDLIV (*Autographe*). A M. DE VILLETTE. —
    8 mars. 150
LETTRE CDLV (*Autographe*). A M. L'ARCHEVÊQUE DE
    PARIS. — 16 mars. 151
LETTRE CDLVI (*Autographe*). A M. L'ARCHEVÊQUE DE
    PARIS. — 3 avril. 151
LETTRE CDLVII (*Autographe*). A M. L'ARCHEVÊQUE DE
    PARIS. — 30 avril. 154
LETTRE CDLVIII (*Autographe*). A M. L'ARCHEVÊQUE DE
    PARIS. — 11 mai. 155
LETTRE CDLIX (*Autographe*). A M. L'ARCHEVÊQUE DE
    PARIS. — 13 mai. 156
LETTRE CDLX (*Man. des Dames de Saint-Cyr*). A M. MAN-
    CEAU. — 20 mai. 159
LETTRE CDLXI (*Apocr. de La B.*). Note préliminaire. . . . 160
    A Mme DE SAINT-GÉRAN. — 25 mai. 160

LETTRE CDLXII (*Autographe*). A M. L'ARCHEVÊQUE DE
    PARIS. — Mai. 161
LETTRE CDLXIII (*Autographe*). A M. L'ARCHEVÊQUE DE
    PARIS. — 29 mai. 162
LETTRE CDLXIV (*Autographe*). A M. L'ARCHEVÊQUE DE
    PARIS. — 31 mai. 164
LETTRE CDLXV (*Autographe*). A M. L'ARCHEVÊQUE DE
    PARIS. — Juin. 165
LETTRE CDLXVI *Man. des Dames de Saint-Cyr*). A M. LE
    MARQUIS DE DANGEAU. — 24 juin. 166
LETTRE CDLXVII (*Autographe*). A M. L'ARCHEVÊQUE DE
    PARIS. — 12 juillet. 168
LETTRE CDLXVIII (*Autographe*). A M. L'ARCHEVÊQUE
    DE PARIS. — 13 juillet. 169
LETTRE CDLXIX (*Autographe*). A M. L'ARCHEVÊQUE DE
    PARIS. — 19 juillet. 170
LETTRE CDLXX (*Autographe*). A M. L'ARCHEVÊQUE DE
    PARIS. — 17. 172
LETTRE CDLXXI (*Autographe*). A M. L'ARCHEVÊQUE DE
    PARIS. — 1697. 173
LETTRE CDLXXII (*Histoire de Fénelon*). FÉNELON A Mme DE
    MAINTENON. — 29 juillet. 173
LETTRE CDLXXIII (*OEuvres de Fénelon*). FÉNELON A
    Mme DE MAINTENON. — 1er août. 176
LETTRE CDLXXIV (*Autographe*). A M. L'ARCHEVÊQUE DE
    PARIS. — 17 août. 177
LETTRE CDLXXV (*Autographe*). AU CARDINAL DE BOUIL-
    LON. — 22 août. 177
LETTRE CDLXXVI (*Autographe*). A M. L'ARCHEVÊQUE
    DE PARIS. — 9 septembre. 178
LETTRE CDLXXVII (*Autographe*). A M. L'ARCHEVÊQUE
    DE PARIS. — 24 septembre. 179
LETTRE CDLXXVIII. Note préliminaire. 181
    Mme DE MONTESPAN A M. PELLETIER. — 27 septembre. 181
LETTRE CDLXXIX (*Man. des Dames de Saint-Cyr*). A Mme DE
    GLAPION, DAME DE SAINT-CYR. — 28 septembre. . . 182
LETTRE CDLXXX (*Apocr. de La B.*). A Mme DE SAINT-
    GÉRAN. 183
LETTRE CDLXXXI (*Autographe*). A M. L'ARCHEVÊQUE
    DE PARIS. — 7 octobre. 184
LETTRE CDLXXXII (*Autographe*). A M. L'ARCHEVÊQUE
    DE PARIS. — 1er novembre. 185

LETTRE CDLXXXIII (*Autographe*). A M. L'ARCHEVÊQUE
 DE PARIS. — 6 novembre. 186
LETTRE CDLXXXIV (*Autographe*). Note préliminaire. . . 188
 LE DUC DE LORRAINE A Mme DE MAINTENON. — 22 nov. 189
LETTRE CDLXXXV (*Autographe*). LA DUCHESSE DE LOR-
 RAINE A Mme DE MAINTENON. — Novembre. 190
LETTRE CDLXXXVI (*Apocr. de La B.*). A Mme DE SAINT-
 GÉRAN. — 10 décembre. 190
LETTRE CDLXXXVII (*Autographe*). LE DUC DE BOURGOGNE
 A Mme DE MAINTENON. — 28 décembre. 191
LETTRE CDLXXXVIII. BILLETS DU ROI A Mme DE MAIN-
 TENON. — 1697 ou 1698. 192
LETTRE CDLXXXIX. Note préliminaire. 193
 L'ÉVÊQUE DE CHARTRES AU ROI. — 1697. 193
CDXC (*Man. des Dames de Saint-Cyr*). Note préliminaire. . . 197
 RÉPONSE DE Mme DE MAINTENON A UN MÉMOIRE TOU-
 CHANT LA MANIÈRE LA PLUS CONVENABLE DE TRA-
 VAILLER A LA CONVERSION DES HUGUENOTS. — 1697. 198
 Appendice à l'année 1697. 206
LETTRE CDXCI (*Apocr. de La B.*). A Mme DE FONTENAY. 207
LETTRE CDXCII (*Apocr. de La B.*). A Mme DE FONTENAY. 207
LETTRE CDXCIII (*Apocr. de La B.*). A Mme DE FONTENAY. 208
LETTRE CDXCIV (*Apocr. de La B.*). A Mme DE FONTENAY. 209
LETTRE CDXCV (*Apocr. de La B.*). A Mme DE FONTENAY. 209
LETTRE CDXCVI (*Apocr. de La B.*). A Mme DE FONTENAY. 210

QUATRIÈME PARTIE

(1698-1705)

ANNÉE 1698. Note préliminaire. 211

LETTRE PREMIÈRE (*Autographe*). A M. L'ARCHEVÊQUE
 DE PARIS. — 3 janvier. 212
LETTRE II (*Autographe*). A M. LE CARDINAL DE BOUILLON.
 — 3 février. 213
LETTRE III (*Autographe*). LE DUC DE LORRAINE A Mme DE
 MAINTENON. — 8 février. 214
LETTRE IV (*OEuvres de Racine*). RACINE A Mme DE MAIN-
 TENON. — 13 février. 215
 Appendice à la lettre IV. 218

LETTRE V (*Man. des Dames de Saint-Cyr*). L'ÉVÊQUE DE CHARTRES A Mme DE MAINTENON. — Février. 219
LETTRE VI (*Autographe*). A M. L'ÉVÊQUE DE CHALONS, A CHALONS. — 15 février. 222
LETTRE VII (*Autographe*). A Mme LA COMTESSE DE CAYLUS. — 16 février. 223
LETTRE VIII (*Autographe*). A M. L'ARCHEVÊQUE DE PARIS. — 13 mars. 224
LETTRE IX (*Apocr. de La B.*). A Mme DE SAINT-GÉRAN. — 4 mars. 225
LETTRE X (*Autographe*). A Mme LA COMTESSE DE CAYLUS. — 14 mars. 226
LETTRE XI (*Autographe*). A M. L'ARCHEVÊQUE DE PARIS. — 1er avril. 226
LETTRE XII (*Autographe*). A M. L'ARCHEVÊQUE DE PARIS. — 3 avril. 227
LETTRE XIII (*Autographe*). A M. L'ÉVÊQUE DE MEAUX. — 3 avril. 228
LETTRE XIV (*Autographe*). A M. LE DUC DE SAVOIE. — 13 avril. 229
LETTRE XV (*Man. de Mlle d'Aumale*). A M. DE VILLETTE. — 24 avril. 230
LETTRE XVI (*Autographe*). A M. L'ARCHEVÊQUE DE PARIS. — 28 avril. 231
LETTRE XVII (*Autographe*). A M. L'ARCHEVÊQUE DE PARIS. — 6 mai. 232
LETTRE XVIII (*Autographe*). A M. L'ARCHEVÊQUE DE PARIS. — 24 mai. 233
LETTRE XIX (*Autographe*). LE DUC DE LORRAINE A Mme DE MAINTENON. — 7 juin. 234
LETTRE XX (*Autographe*). A M. L'ARCHEVÊQUE DE PARIS. — 25 juin. 234
LETTRE XXI (*Autographe*). Note préliminaire. 235
A M. L'ARCHEVÊQUE DE PARIS. — 29 juin. 236
LETTRE XXII (*Man. des Dames de Saint-Cyr*). LE ROI A Mme DE MAINTENON. — 2 juillet. 238
LETTRE XXIII (*Autographe*). A M. L'ARCHEVÊQUE DE PARIS. — 3 juillet. 238
LETTRE XXIV (*Autographe*). A M. L'ARCHEVÊQUE DE PARIS. — 19 juillet. 239
LETTRE XXV (*Autographe*). A M. L'ARCHEVÊQUE DE PARIS. — 26 juillet. 241

LETTRE XXVI (*Man. des Dames de Saint-Cyr*). Le roi a Mme de Maintenon. — Juillet 244
LETTRE XXVII (*Autographe*). A M. l'archevêque de Paris. — 7 août. 244
LETTRE XXIX (*Autographe*). A M. l'archevêque de Paris. — 3 septembre. 246
Appendice à la lettre XXIX. 247
LETTRE XXXI (*Autographe*). A M. l'archevêque de Paris. — 9 septembre. 252
LETTRE XXXII (*Autographe*). A M. l'archevêque de Paris. — 12 septembre. 256
LETTRE XXXIII (*Autographe*). A M. l'archevêque de Paris. — 27 septembre. 257
LETTRE XXXIV (*Autographe*). A M. l'archevêque de Paris. — 6 octobre. 258
LETTRE XXXV (*Autographe*). A M. l'archevêque de Paris. — 10 octobre. 259
LETTRE XXXVI (*Autographe*). A M. l'archevêque de Paris. — 12 octobre. 260
LETTRE XXXVII (*Autographe*). Note préliminaire. 260
A M. l'archevêque de Paris. — 13 octobre. 261
LETTRE XXXVIII (*Autographe*). A M. l'archevêque de Paris. — 22 octobre. 263
LETTRE XXXIX (*Autographe*). Note préliminaire. 264
Mme de Montespan a la duchesse de Noailles. — 19 novembre. 264
LETTRE XL (*Man. des Dames de Saint-Cyr*). A Mme de Brinon. — 30 novembre. 266
LETTRE XLI (*Man. des Dames de Saint-Cyr*). A Mme l'abbesse de Fontevrault. — 17 décembre. 267
LETTRE XLII (*Autographe*). A M. l'archevêque de Paris. — 22 décembre. 268

ANNÉE 1699. Note préliminaire. 269

LETTRE XLIII (*Autographe*). A M. l'archevêque de Paris. — 3 janvier. 270
LETTRE XLIV (*Autographe*). Note préliminaire. 270
La princesse des Ursins a Mme de ***. — 10 janvier. 272
LETTRE XLV (*Autographe*). A M. l'archevêque de Paris. — 20 janvier. 274
LETTRE XLVI (*Autographe*). A M. l'archevêque de Paris. — 27 janvier. 276

LETTRE XLVII (*Autographe*). A M. L'ARCHEVÊQUE DE
PARIS. — 15 février. 277
LETTRE XLVIII (*Autographe*). A M. L'ARCHEVÊQUE DE
PARIS. — 6 mars. 278
LETTRE XLIX (*Autographe*). LOUIS XIV A Mme DE
MAINTENON. — 22 mars. 278
LETTRE L (*Autographe*). A M. L'ARCHEVÊQUE DE PARIS.
— 25 avril. 280
LETTRE LI (*Man. des Dames de Saint-Cyr*). A M. BERNARD,
INTENDANT DES DAMES DE SAINT-LOUIS. — 2 mai. . 281
LETTRE LII (*Autographe*). A M. L'ARCHEVÊQUE DE
PARIS. — 4 juin. 281
LETTRE LIII (*Autographe*). A M. L'ARCHEVÊQUE DE
PARIS. — 7 août. 283
LETTRE LIV (*Man. des Dames de Saint-Cyr*). A Mme LA
COMTESSE DE CAYLUS. — 14 août. 284
Appendice à la lettre LIV. 284
LETTRE LV (*Autographe*). A M. L'ARCHEVÊQUE DE PARIS.
— 22 août. 286
LETTRE LVI (*Autographe*). A M. L'ARCHEVÊQUE DE PARIS.
— Septembre. 287
LETTRE LVII (*Autographe*). A M. L'ARCHEVÊQUE DE
PARIS. — 7 septembre. 288
LETTRE LVIII (*Autographe*). A M. L'ARCHEVÊQUE DE
PARIS. — 20 septembre. 289
LETTRE LIX (*Man. des Dames de Saint-Cyr*). Note préli-
minaire. 291
LE DUC DU MAINE A Mme DE MAINTENON. — 25 octobre. 292
Appendice à la lettre LIX. 293
LETTRE LX (*Autographe*). A Mme LA COMTESSE DE
MORNAY. — Novembre. 294
LETTRE LXI (*Autographe*). Mme DE MONTESPAN A LA DU-
CHESSE DE NOAILLES. — 2 novembre. 294
LETTRE LXII (*Autographe*). A M. L'ARCHEVÊQUE DE
PARIS. — 2 novembre. 296
LETTRE LXIII (*Autographe*). A M. L'ARCHEVÊQUE DE
PARIS. — 5 novembre. 298
LETTRE LXIV (*Autographe*). A M. L'ARCHEVÊQUE DE
PARIS. — 25 novembre. 299
Appendice à la lettre LXIV. 300
LETTRE LXV (*Autographe*). A M. L'ARCHEVÊQUE DE
PARIS. — 26 novembre. 301

LETTRE LXVI (*Man. des Dames de Saint-Cyr*). A Mme DE
    QUIERJAN. — 8 décembre. 302
LETTRE LXVII (*Autographe*). A M. L'ARCHEVÊQUE DE
    PARIS. — 17 décembre. 303
LETTRE LXVIII (*Autographe*). A M. L'ARCHEVÊQUE DE
    PARIS. — 17 décembre. 304
LETTRE LXIX (*Autographe*). A M. L'ARCHEVÊQUE DE
    PARIS. — 26 décembre. 305

ANNÉE 1700. Note préliminaire. 305

LETTRE LXX (*Autographe*). A M. L'ARCHEVÊQUE DE
    PARIS. — 10 janvier. 306
LETTRE LXXI (*Autographe*). A M. L'ARCHEVÊQUE DE
    PARIS. — 13 janvier. 307
LETTRE LXXII (*Autographe*). A M. L'ARCHEVÊQUE DE
    PARIS. — 31 janvier. 308
LETTRE LXXIII (*Man. des Dames de Saint-Cyr*). BREF DU
    PAPE INNOCENT XII A Mme DE MAINTENON. — 2 fév. 311
LETTRE LXXIV (*Autographe*). A M. L'ARCHEVÊQUE DE
    PARIS. — 18 février. 313
LETTRE LXXV (*Autographe*). A M. L'ARCHEVÊQUE DE
    PARIS. — 22 février. 314
LETTRE LXXVI (*Autographe*). A M. L'ARCHEVÊQUE DE
    PARIS. — 23 février. 316
LETTRE LXXVII (*Autographe*). A M. L'ABBÉ D'AUBIGNÉ.
    — 26 février. 318
LETTRE LXXVIII (*Autographe*). A M. L'ARCHEVÊQUE DE
    PARIS. — 27 février. 318
LETTRE LXXIX (*Autographe*). A Mme LA COMTESSE DE
    CAYLUS. — 9 mars. 319
LETTRE LXXX (*Autographe*). A M. L'ARCHEVÊQUE DE
    PARIS. — 11 mars. 321
LETTRE LXXXI (*Man. des Dames de Saint-Cyr*). A Mme LA
    DUCHESSE DE VENTADOUR. — 18 mars. 322
LETTRE LXXXII (*Autographe*). A M. L'ARCHEVÊQUE DE
    PARIS. — 1er avril. 324
LETTRE LXXXIII (*Autographe*). A M. L'ARCHEVÊQUE DE
    PARIS. — 9 avril. 325
LETTRE LXXXIV (*Autographe*). A M. L'ARCHEVÊQUE DE
    PARIS. — 18 avril. 326
LETTRE LXXXV (*Autographe*). A M. L'ARCHEVÊQUE DE
    PARIS. — 3 mai. 327

LETTRE LXXXVI (*Autographe*). A M. L'ARCHEVÊQUE DE PARIS. — 10 mai. 328
LETTRE LXXXVII (*Autographe*). A M. L'ARCHEVÊQUE DE PARIS. — 5 juin. 328
LETTRE LXXXVIII (*Autographe*). A M. L'ARCHEVÊQUE DE PARIS. — 7 juin. 329
LETTRE LXXXIX (*Autographe*). A M. L'ARCHEVÊQUE DE PARIS. — 27 juin. 330
   Appendice à la lettre LXXXIX. 330
LETTRE XC (*Autographe*). A M. LE CARDINAL DE NOAILLES. — 6 juillet 331
LETTRE XCI (*Autographe*). A M. LE CARDINAL DE NOAILLES. — 23 juillet. 332
LETTRE XCII (*Autographe*). A M. LE CARDINAL DE NOAILLES. — 24 août. 333
LETTRE XCIII (*Autographe*). A M. LE CARDINAL DE NOAILLES. — 11 septembre. 333
LETTRE XCIV (*Autographe*). A M. LE CARDINAL DE NOAILLES. — 27 septembre. 334
LETTRE XCV (*Autographe*). A M. LE CARDINAL DE NOAILLES. — 28 septembre. 336
LETTRE XCVI (*Autographe*). A M. LE CARDINAL DE NOAILLES. — 24 octobre. 336
LETTRE XCVII (*Autographe*). A M. LE CARDINAL DE NOAILLES. — 5 novembre. 339
LETTRE XCVIII (*Autographe*). A M. LE CARDINAL DE NOAILLES. — 8 novembre. 341
   Appendice à la lettre XCVIII. 342
LETTRE XCIX (*Autographe*). Note préliminaire. 343
   A M. LE CARDINAL DE NOAILLES. — 17 novembre. . . . 344
LETTRE C (*Autographe*). A M. LE CARDINAL DE NOAILLES. — 25 novembre. 346
LETTRE CI (*Autographe*). Note préliminaire. 349
   A M. LE DUC D'HARCOURT, A MADRID. — 3 décembre. 350
   Appendice à la lettre CI. 352
LETTRE CII (*Autographe*). A M. LE CARDINAL DE NOAILLES. — 8 décembre. 354
LETTRE CIII (*Autographe*). Note préliminaire. 355
   A M. LE COMTE D'AYEN. — 12 décembre. 355
LETTRE CIV (*Autographe*). A M. LE COMTE D'AYEN. — 19 décembre. 358
LETTRE CV (*Autographe*). A M. LE COMTE D'AYEN. — 22 décembre. 360

Appendice à l'année 1700. 362
LETTRE CVI (*Apocr. de La B.*). A Mme DE SAINT-GÉRAN. 363
LETTRE CVII (*Apocr. de La B.*). A Mme DE SAINT-GÉRAN. 363

ANNÉE 1701. Note préliminaire. 364

LETTRE CVIII (*Man. des Dames de Saint-Cyr*). BREF DU PAPE
    CLÉMENT XII A Mme DE MAINTENON. — Janvier. . . 365
LETTRE CIX (*Autographe*). A M. LE COMTE D'AYEN. —
    7 janvier. 366
LETTRE CX (*Autographe*). A M. LE COMTE D'AYEN. —
    11 janvier. 369
LETTRE CXI (*Autographe*). A M. LE COMTE D'AYEN. —
    14 janvier. 371
LETTRE CXII (*Autographe*). A M. LE DUC D'HARCOURT.
    — 20 janvier. 371
LETTRE CXIII (*Man. des Dames de Saint-Cyr*). M. LE DUC
    DE BERRY A Mme DE MAINTENON. — 23 janvier. . . 373
LETTRE CXIV (*Autographe*). A M. LE COMTE D'AYEN. —
    26 janvier. 373
LETTRE CXV (*Autographe*). A M. LE DUC D'HARCOURT.
    25 janvier. 374
LETTRE CXVI (*Autographe*). A M. LE COMTE D'AYEN. —
    28 janvier. 376
LETTRE CXVII (*Autographe*). A M. LE COMTE D'AYEN. —
    29 janvier. 377
LETTRE CXVIII (*Autographe*). A M. LE DUC D'HARCOURT.
    — 31 janvier. 380
LETTRE CXIX (*Autographe*). A M. LE COMTE D'AYEN. —
    6 février. 382
LETTRE CXX (*Autographe*). LE DUC DE BOURGOGNE A
    Mme DE MAINTENON. — 6 février. 383
LETTRE CXXI (*Autographe*). A M. LE COMTE D'AYEN. —
    11 février. 384
LETTRE CXXII (*Autographe*). LE DUC DE BOURGOGNE A
    Mme DE MAINTENON. — 18 février. 386
LETTRE CXXIII (*Autographe*). A M. LE CARDINAL DE
    NOAILLES. — 19 février. 386
CXXIV (*Man. des Dames de Saint-Cyr*). RELATION DU VOYAGE
    D'ESPAGNE. 394
LETTRE CXXV (*Autographe*). PHILIPPE V A Mme DE
    MAINTENON. — 24 février. 410

LETTRE CXXVI (*Autographe*). Le duc de Berry a Mme de Maintenon. — 27 février. 411
LETTRE CXXVII (*Apoc. de La B.*). A Mme de Saint-Géran. — 2 mars. 412
LETTRE CXXVIII (*Autographe*). A M. le comte d'Ayen. — 5 mars. 413
LETTRE CXXIX (*Autographe*). A M. le duc d'Harcourt. — 5 mars. 414
LETTRE CXXX (*Autographe*). Le duc de Bourgogne a Mme de Maintenon. — 9 mars. 415
LETTRE CXXXI (*Autographe*). A M. le comte d'Ayen. — 11 mars. 416
LETTRE CXXXII (*Autographe*). Le duc de Berry a Mme de Maintenon. — 13 mars. 417
LETTRE CXXXIII (*Autographe*). Note préliminaire. . . . 418
A M. le comte d'Ayen. — 20 mars. 419
LETTRE CXXXIV (*Autographe*). A M. le cardinal de Noailles. — 24 mars. 419
LETTRE CXXXV (*Autographe*). Le duc de Berry a Mme de Maintenon. — 26 mars. 421
LETTRE CXXXVI (*Autographe*). A M. le cardinal de Noailles. — 2 avril. 421
LETTRE CXXXVII (*Autographe*). Le duc de Bourgogne a Mme de Maintenon. — 2 avril. 422
LETTRE CXXXVIII (*Autographe*). A M. le duc d'Harcourt. — 16 avril. 423
LETTRE CXXXIX (*Man. des Dames de Saint-Cyr*). A Mme l'abbesse de Fontevrault. — 18 avril. . . . 425
LETTRE CXL (*Autographe*). A M. le cardinal de Noailles. — 29 mai. 426
LETTRE CXLI (*Autographe*). A la mère Marie-Constance. — 1er juin. 428
LETTRE CXLII (*Autographe*). Note préliminaire. 430
Mme la duchesse d'Orléans a Mme de Maintenon. — 15 juin. 436
LETTRE CXLIII (*Man. des Dames de Saint-Cyr*). Philippe V a Mme de Maintenon. — 23 juin. 436
LETTRE CXLIV (*Autographe*). La duchesse de Lorraine a Mme de Maintenon. — 25 juin. 438
LETTRE CXLV (*Man. des Dames de Saint-Cyr*). A Mme la duchesse de Ventadour. — 27 juin. 439
LETTRE CXLVI (*Man. des Dames de Saint-Cyr*). A Mme l'abbesse de Fontevrault. — 29 juin. 440

LETTRE CXLVII (*Autographe*). A M. LE CARDINAL DE
    NOAILLES. — 12 juillet................ 441
LETTRE CXLVIII (*Autographe*). A M. LE CARDINAL DE
    NOAILLES. — 10 août................. 442
LETTRE CXLIX (*Autographe*). A M. LE CARDINAL DE
    NOAILLES. — 1er septembre............443
LETTRE CL (*Man. des Dames de Saint-Cyr*). PHILIPPE V
    A Mme DE MAINTENON. — 3 septembre........ 443
LETTRE CLI (*Man. des Dames de Saint-Cyr*). AU ROI
    D'ESPAGNE. — 20 septembre............ 444
LETTRE CLII (*Autographe*). A M. LE CARDINAL DE
    NOAILLES. — 24 septembre............. 447
LETTRE CLIII. Note préliminaire............ 449
    LE PAPE INNOCENT XII AU ROI LOUIS XIV.—Septembre. 450
LETTRE CLIV (*Man. des Dames de Saint-Cyr*). A Mme L'AB-
    BESSE DE FONTEVRAULT. — 1er octobre........ 452
LETTRE CLV (*Autographe*). LA REINE D'ANGLETERRE A
    Mme DE MAINTENON. — 22 octobre.......... 454
LETTRE CLVI (*Man. des Dames de Saint-Cyr*). Mme LA
    DUCHESSE D'ORLÉANS A Mme DE MAINTENON. — 23 oct. 456
LETTRE CLVII (*Autographe*). A M. LE CARDINAL DE
    NOAILLES. — 5 novembre.............. 457
LETTRE CLVIII (*Autographe*). LA REINE D'ANGLETERRE
    A Mme DE MAINTENON. — 5 novembre........ 459
LETTRE CLIX (*Man. des Dames de Saint-Cyr*). A Mme L'AB-
    BESSE DE FONTEVRAULT. — 9 novembre........ 461
LETTRE CLX (*Autographe*). A M. LE CARDINAL DE
    NOAILLES. — 21 décembre............. 462
LETTRE CLXI (*Autographe*). A Mme LA PRINCESSE DE
    SOUBISE. — 29 décembre............. 463

FIN DE LA TABLE DU TOME QUATRIÈME.

Paris.—Imprimerie P.-A. BOURDIER et Cie, rue des Poitevins, 6.

www.ingramcontent.com/pod-product-compliance
Lightning Source LLC
Chambersburg PA
CBHW050250230426
43664CB00012B/1903